厦门大学新世纪教材大系

基础化学实验(一)

厦门大学化学系教学实验中心基础化学实验(一)教学组　组编

蔡维平　主编

科学出版社

北　京

内 容 简 介

本书是在《无机化学实验》和《分析化学基础实验》两本教材（均为厦门大学出版社出版）的基础上，通过大幅度的修改、充实和提高而编成的。本书把无机化学实验和分析化学实验有机地融合在一起，形成一个新的实验教学体系。本书分别介绍了基础知识和基本实验技能、元素化学实验、化学原理实验、制备与分析实验、综合设计与研究性实验以及颇具特色的6个外文文献实验。

本书可作为综合性大学和高等师范院校的化学、化工、生物化学、海洋化学及环境化学等学科或专业的实验课教材，也可供从事化学工作的科技人员参考。

图书在版编目(CIP)数据

基础化学实验(一)／蔡维平主编.—北京：科学出版社，2004

(厦门大学新世纪教材大系)

ISBN 978-7-03-012976-5

Ⅰ.基… Ⅱ.蔡… Ⅲ.化学实验-高等学校-教材 Ⅳ.O6－3

中国版本图书馆CIP数据核字(2004)第019904号

责任编辑：刘俊来 杨向萍 丁 里／责任校对：刘小梅

责任印制：张 伟／封面设计：陈 敬

科学出版社出版

北京东黄城根北街16号

邮政编码：100717

http://www.sciencep.com

北京凌奇印刷有限责任公司印刷

科学出版社发行 各地新华书店经销

*

2004年7月第 一 版 开本：720×1000 1/16

2025年8月第十八次印刷 印张：23 3/4 插页：1

字数：451 000

定价：39.00元

(如有印装质量问题，我社负责调换)

前　　言

化学是一门实践性很强的学科。化学实验是培养学生动手能力、实验技能乃至创新意识的重要课程，在造就未来化学家和化学工作者的教学环节中，占有极其重要的地位。面对21世纪科学技术的突飞猛进和社会进步的迫切需要，化学实验课的教学改革不断深入发展，原来分设四门基础实验课和一门二级学科专业实验课的模式已经被打破，我们将化学实验课独立设置，逐步建立新的实验课教学体系。基于这样的时代要求及基础实验课老师长期的教学积累，编写了《基础化学实验(一)》这本教材。

本书是在整合《无机化学实验》(陈坚固、杨森根等编著，厦门大学出版社出版)和《分析化学基础实验》(欧阳耀国、郭祥群、蔡维平编著，厦门大学出版社出版)两本教材为《基础化学实验(一)》讲义并试用三年的基础上，通过较大幅度的修改、充实和提高编写而成的。在教材体系上，将无机化学实验和分析化学实验有机地融合，使其基本操作、合成制备、性质鉴定及分析、实验内容及方法相互交融，相得益彰，形成一个内在密切联系的实验教材新体系。在教材内容上，除对以往的实验内容进行精选外，同时编写了一些有助于学生拓展知识及创新思维的新实验。既注意到实验的基础性和系统性，也注意到其实用性和先进性；既注意到与基础理论密切结合，也注意到与工、农、医、环境、三废利用等方面的广泛联系。在教学观念上，更注重能力的培养和综合素质的提高，每一个实验开头就是"预习要点"，在实验独立设课及实验课超前于理论课的情况下，引导学生自主地进行预习更为重要。不少实验编进了"延伸实验"，引导学生拓展思维空间及知识面。加大了综合设计及研究性实验的内容及力度，着眼于培养学生的创新意识及能力。精选了颇具特色的外文文献实验，为学生打开了另一扇"窗口"，使学生在低年级时就有机会了解国外实验教学的某些侧面，学习一些较为复杂的实验课题，提高分析问题、解决问题的能力。在教学理念中，融进了绿色化学和环境保护的意识，常量、半微量、微量实验方法相结合，尽可能使实验微型化。在实验常识部分编写了三废的处理，在实验内容部分编入三废的综合利用及某些环境监测项目。

参加本书编写的有蔡维平、陈坚固、朱亚先、任艳平、杨利民、王翊如、林金华、杨士姚、陈小兰等老师，全书由蔡维平教授修改和审阅。杨利民、陈小兰等老师做了许多实验工作。翁玉华、刘明宏、余晴等同志做了大量的文字、图表工作。在编写和出版过程中，得到时任厦门大学化学化工学院副院长(现任厦门大学研究生院副院长)郭祥群教授、厦门大学化学系教学实验中心主任胡荣宗教授、厦门大学化学化工学院及厦门大学教务处各级领导的热情关心和强有力的支持，得到科学出版社的多方指导和帮助。在此，向他们致以衷心的谢意！

限于编者的学识水平，书中错漏和不妥之处在所难免，恳请读者批评指正。

编　者

2004.6

目　录

绪　　论

0.1　基础化学实验(一)的学习目的

化学是一门以实验为基础的自然科学，化学实验在培养造就未来化学家和化学工作者的教学环节中，占有特别重要的地位。基础化学实验(一)作为化学类学生第一门必修的实验课，它除了各门化学实验课的普遍重要性外，在引导学生进入并重视大学化学实验、启迪学生的学习方法、训练学生的基础性操作、培养学生的学习兴趣和良好作风、为以后其他实验课的学习打下扎实的基础等方面，具有独特的意义。基础化学实验(一)是一门独立设置的课程，但又与相应的理论课——无机化学和分析化学——有密切的联系。这门课程的学习目的是：

① 学生通过各种层次的实验，直接获取大量的化学事实，经过思维、分析和归纳、总结，由感性认识提升为理性认识，从而学习无机化学和分析化学相关的基本理论和基本知识，并进一步用于指导实验。

② 学生经过严格的训练，能较规范地掌握基本操作、基本技能，正确使用各类相关的仪器，具有准确取得实验数据和做出结果判断的能力。通过实验，掌握阐明化学原理的实验方法，掌握无机物的一般制备、分离、提纯及常见化合物和离子性质、鉴定的实验方法，掌握化学分析的常用方法并能在试样分析中加以应用。

③ 通过实验培养学生正确掌握实验记录、数据处理及结果表达的方法，确立严格的“量”的概念，并逐步提高对实验现象及实验结果进行分析判断、逻辑推理和做出正确实验结论的能力。

④ 通过综合设计、研究性实验，使学生逐渐能自己动手进行整体的实验，包括查找资料、方案设计、动手实验、观察现象、获取数据、分析问题、解决问题，并加以处理和表达，最后得出结论等各个环节，提高学生的综合素质和独立工作的能力，增强学生的释疑欲望和创新意识，为今后的科研工作逐步奠定基础。

⑤ 在培养学生智力因素的同时，还要培养学生的科学精神和科学品德，使学生从一开始就要逐步树立严谨务实的科学态度、勤奋好学的思想品质、认真细致的工作作风、条理整洁的良好习惯和互助协作的团队精神。

0.2　基础化学实验(一)的学习方法

为了达到上述学习目的，不仅需要学生有一个正确的学习态度，即要十分明确化学实验的重要性，高度重视实验课的学习，自觉、认真地做好每个实验，而且还需要有一个好的学习方法。现归纳如下几个方面，供学生学习时参考。

一、认真预习，做好预习报告

实验前务必做好预习，通过深入、仔细地学习本书的有关章节，参阅有关教科书或参考资料，达到明了本实验的目的要求，弄懂、弄通实验原理和注意事项，熟悉实验内容和步骤，掌握该实验所涉及的基本操作和仪器的使用、实验数据的处理方法，解答书上提出的思考题等。

预习报告是学生在预习中，通过自己的思维，把学习心得、体会，用自己的语言简明而又清楚地书写在实验专用的预习本（一般也是实验的记录本）上，切忌抄书或草率应付，尽可能用方框、符号、箭号、表格形式表达。报告内容应包括实验基本原理及注意事项，实验方法、步骤，记录现象或数据的图、表，预习中不够清楚需问老师的问题等。

二、积极参加实验课堂讨论，注意倾听老师的实验讲解

实验之前或实验之后，指导老师经常组织学生进行课堂讨论，学生应认真准备，踊跃发言，将自己在预习中的心得、体会，在实验中对现象的观察、思考，对实验结果的分析、判断，对整体实验的评说、创意等进行交流。这不仅是自己对实验的进一步学习和提高，而且是对自己口头交流、表达甚至是讲演能力的极好训练。

实验课上，指导老师也经常对实验内容进行讲解、操作示范或总结、讲评，学生必须认真注意听讲和领会，对一些重点、要点和注意事项还应做好笔记，对不理解的问题及时发问，还可以对实验的内容、安排或其他问题提出意见或建议。

三、实验中应该认真务实，按预先安排好的顺序有条不紊地进行，要做到“四勤”

“勤动手”：独立动手做实验，对于一些基本操作要反复练习，做到操作准确、熟练自如，对实验中异常或有疑问的现象应重做或进行空白对照、标准对照。实验中应胆大、心细，做到既不急于求成，匆忙做完实验了事，又不能磨蹭拖拉，完不成实验。

“勤观测”：要集中精力，仔细观测实验现象及数据，诸如物态、颜色、温度、压力、流量等的变化或演变过程，善于捕捉某些细微的、瞬间的现象，寻找实验的“闪光点”，触发头脑的“灵感区”。

“勤思考”：实验过程中要积极开动脑筋，手脑并用，要善于思考实验中所观察到的现象，特别是那些与预期不相同的现象，更应深入地分析，寻找产生的原因，提出解决的办法。对于综合设计和研究性实验应该既有敢想敢做的思想，又有科学分析的态度，开拓思路，勇于创新，敢于试验。

“勤记录”：要及时、正确地把实验现象和数据记录在专用的实验记录本或原始数据记录表上，要书写端正，养成严谨、工整的习惯，不用铅笔记录，不记在草稿纸或其他纸片上，原始数据不得涂改或用橡皮擦拭，如有记错应在原数据上划一道杠，再于旁边写上正确值。

四、实验后要及时、认真、独立完成实验报告

实验报告是实验的结晶，并把直接的感性认识上升为理性认识。写好实验报告是培养学生思维能力、书写能力和总结能力的有效方法。实验报告要求格式统一，简明扼要，表达清楚，字迹端正，条理整洁，数据表达及处理采用图、表的形式。实验报告的内容一般包括如下几个方面。

(1) 实验名称、日期

(2) 实验目的、要求

(3) 实验基本原理　包括理论依据、实验重要条件、反应方程式等。对于元素性质实验这一部分可以从简或略去。

(4) 实验方法、步骤　用箭号、符号、方框、表格等形式简洁明了地表达实验进程。

(5) 实验记录及数据处理　尽可能用表、图形式表达。定量分析及常数测定的数据记录及结果处理(包括结果运算表示、误差或偏差统计分析等)一律用表格表示。

(6) 实验讨论　对实验现象，尤其是异常现象或疑难问题进行分析，提出见解；对实验结果进行判断，评价其可靠性和合理性；对定量分析及常数测定中的误差、偏差进行分析，寻找产生的原因；对实验方法、内容等发表看法、意见，提出创新建议等。

0.3　基础化学实验(一)的成绩评定

学生实验成绩的评定是对学生实验综合素质和能力全面考查的结果，主要依据如下几个方面。

① 对实验基础知识和基本原理的理解和掌握的情况，主要从学生的预习报告，实验课的讨论、提问，以及最后的实验报告中考查。

② 对实验方法、实验基本操作技能的掌握和熟练情况，主要从实验过程及专门的操作考查中体现。

③ 实验结果，包括对实验现象及原始数据的记录，数据记录的正确性及实验结果的精密度、准确性，同时包含运算技能、有效数字、图表技术的掌握等。

④ 思维能力和创新精神，体现在实验过程及报告中观察问题、分析问题和解

决问题的能力,在设计性、研究性实验中的设计思想、创新意识、创新能力等。

⑤ 实验整个过程中的科学精神和品德,包括严谨求实、勤奋认真、条理整洁、团结协作、遵守规章等。

⑥ 每学期实验结束后,进行综合的实验笔试,笔试成绩占总成绩的一部分,其比例视具体情况确定。

根据基础化学实验(一)不同类型实验的特点,成绩评定的侧重点有所不同,但可以肯定的是,实验结果决不会是最后成绩的惟一决定因素。

0.4 基础化学实验(一)的实验守则

① 认真学习实验室安全与防护知识,严格遵守实验室安全守则,严防触电、中毒、燃烧、爆炸、化学品伤害等安全事故的发生。

② 遵守实验纪律,不迟到,不早退,不无故缺席,实验中不得擅自离开实验岗位,提前完成实验者必须经指导老师同意方可离开实验室;保持实验室的安静,不大声喧哗或嬉笑;不得穿背心、赤脚或穿拖鞋进实验室,要注意衣冠整洁。

③ 实验中要集中精力,认真操作,仔细观察,积极动脑分析问题、解决问题。要及时、正确地把实验现象和数据记录在专用的实验记录本或原始记录表上,不得记在其他任何地方,更不得随意涂改或伪造数据。根据原始记录认真处理数据,按时做好并缴交实验报告。

④ 实验仪器、设备是国家的财产,务必小心使用,注意爱护。使用各种仪器、设备,必须严格遵守其操作规程,精密仪器必须经老师许可后方可使用,发现异常或故障,应立即停止使用,报告老师。若因严重违反操作规程造成仪器损坏者,应负担一定的赔偿责任。玻璃仪器破损时,应填写破损单并按一定比例赔偿。

⑤ 遵守实验试剂、药品的取用规则,注意爱护和节约试剂、药品,应按规定的规格、浓度、用量取用,防止试剂的混错或沾污。公用试剂、物品或仪器用毕后应立即放回原位。要注意节约水、电、煤气等。

⑥ 实验中或实验后的废物、废液、碎玻璃等应分别放入废液缸或废物桶中,有毒物质应严格放入特定的容器中,需回收的物品或药品应放入指定的回收瓶中。

⑦ 要始终保持实验室的整洁,实验台上的仪器要摆放整齐、有序,台上不留水滴,不放书包或与实验无关的书籍、物品。不准往地上乱扔纸屑或其他杂物。

⑧ 每次实验结束后要按照程序关好仪器的各种旋钮、开关,仔细检查并登记后交指导老师签名。玻璃仪器要认真洗净并有序地放入柜中。清理和擦净实验台和试剂架,最后检查水、电、煤气是否关妥。

⑨ 实验室实行学生轮值制度。值日生在实验过程中,有责任协助老师维持实验室的公共秩序、卫生,搬放仪器、试剂、实验用水。实验结束后,打扫、拖洗实验

室，整理擦拭通风橱、公用台面、试剂架和仪器，清理废液、废物，检查水、电、煤气等安全情况，最后在值日生登记本上逐项检查登记后交指导老师签注。

⑩ 下列情况之一者，不允许进行实验：没有预习及写好预习报告或不合格者；违反操作规程又不听老师指导，造成较严重后果者；严重违反实验室规章制度又不听老师劝导，造成不良影响者；无正当理由迟到超过规定时间者。

第1章 基础知识和基本实验技能

1.1 实验基本常识

1.1.1 实验室的安全与防护

实验室安全是需要人人十分关注的事情。如果发生事故不仅损害个人的健康，还会危及周围的人们，并使国家的财产受到损失，影响工作的正常进行，因此首先需要从思想上重视安全工作，决不能麻痹大意。

一、化学实验室一般安全守则

① 必须先经过学习安全守则及安全防护知识，才准许进入实验室工作。

② 在实验室内进行每一项新工作以前，都得有针对性地了解并制定预防事故发生的措施。

③ 指导教师有责任定期地、经常地检查学生关于实验室安全知识掌握情况。

④ 应了解实验室内各种灭火及防护设备的情况，如沙箱、灭火器、淋水龙头、急救箱等器材的安放位置，并应定期检查与演练，学会使用方法。

⑤ 在藏有爆炸物、危险物和特殊器材的地方，需要履行特别的安全制度。例如，禁止明火、禁止吸烟、禁止可能产生火花的摩擦等。

⑥ 严格遵守化学试剂的领用和管理制度。除特殊原因经有关负责人批准外，不准将化学试剂带出实验室。

⑦ 使用高压气体钢瓶时，要严格按操作规程进行操作。

⑧ 不准赤脚、穿拖鞋、穿背心进入实验室。绝对禁止在实验室进食或吸烟，不准把食品放在实验容器中，严禁试食化学药品。

⑨ 实验结束后，应该细心洗手，以防化学药品中毒。最后离开实验室的人员应仔细检查室内是否存在火灾、爆炸或漏水、漏气的隐患。例如，是否已完全熄灭了火源，是否关闭水电及各种气体开关。

⑩ 进出实验室应经指导教师或实验室工作人员的同意。

二、预防事故发生的措施

① 严格遵守各种试剂的配制和添加程序，不允许把各化学药品随意混合，以免发生意外事故。

② 加试剂时，不得俯视容器，以防飞沫溅到脸上或衣服上引起事故。稀释浓硫酸时，只能在不断搅拌下把浓硫酸慢慢地注入水中。严防因疏忽而把水倒入浓硫酸中，也不能把大量浓硫酸快速倾入水中。

③ 加热试管里的液体或易爆跳的固体时，管口不得对着自己或他人，也不得俯视正在加热的液体，以免液体突然溅出引起烫伤。

④ 检验无毒害气体的气味时，应离容器稍远些，用手轻轻煽动容器口上方的空气，使带有一小部分该气体的气流飘入鼻孔。

⑤ 易燃和具有腐蚀性的药品及毒品的使用规则：

a. 氢气与空气的混合物遇火会发生爆炸，因此产生氢气的装置要远离明火，点燃氢气前，必须检验氢气的纯度。进行产生大量氢气的实验时，应把尾气排入通风橱，并要注意室内的通风。

b. 浓酸和浓碱具有强腐蚀性，切勿溅到皮肤或衣物上。废酸应倒入酸缸中，但不要往酸缸中倾倒碱液，以免因酸碱中和放出大量的热而发生危险。

c. 强氧化剂（如氯酸钾）和某些混合物（如氯酸钾与红磷、碳、硫等的混合物）易发生爆炸，保存及使用这些药品时，应特别注意安全。

d. 银氨溶液放久后会变成氮化银而引起爆炸，因此用剩的银氨溶液必须酸化后回收。

e. 活泼金属钾、钠等不得与水接触或暴露在空气中，应将它们保存在煤油中，使用时用镊子取用。

f. 白磷剧毒，并能灼伤皮肤，切勿让它与人体接触。白磷在空气中易自燃，应保存在水中，应在水面下进行切割，取用时，也要用镊子。

g. 有机溶剂（乙醇、乙醚、苯、丙酮等）易燃，使用时一定要远离明火。用后要把瓶塞塞紧，放在阴凉的地方。

h. 下列实验应在通风橱内进行：制备具有刺激性的、恶臭和有毒的气体或进行能产生这些气体的反应（如硫化氢、氯气、一氧化碳、二氧化氮、三氧化硫、溴等）；使用有毒溶剂的实验；加热、蒸发或分解能产生 HF、HCl、HNO_3 等强腐蚀性气体的实验。

i. 可溶性汞盐、铅盐、铬的化合物、氮化物、锑盐、镉盐、钡盐、砷盐和氰化物都有毒，有的还是极毒，使用时应严防误入口内或接触伤口。氰化物遇到酸，立即反应放出极毒的 HCN，使人中毒。含氰化物废液不能倒入下水道，应统一回收并处理。金属汞易挥发，人若吸入其蒸气会引起慢性中毒。一旦有汞洒落在桌面或地上，必须尽可能收集起来，然后用硫磺粉盖在洒落的地方，使汞变成不挥发的硫化汞。

⑥ 实验完毕后，应把毒品收集并处理好，熄灭灯焰，关闭水、电、气等开关，方能离开实验室。

三、意外事故的处理

1. 失火

对易燃物保存不合理、使用不恰当，加热器发生故障，加热过程违反操作规则等原因，常会发生失火事故。失火时应及时把可燃性物品移离火区，如有防火布或耐热板可立即用以隔离火源，然后根据燃烧品的性质采取不同的灭火方法。

① 固体物品着火时，可用防火布覆盖燃烧物并撒上细沙或用水扑灭。如果火焰不是很大，使用二氧化碳灭火器最为方便。

② 液体着火时，可用防火布覆盖燃烧物并撒上细沙。应设法不使液体流散以防火焰蔓延。不溶于水，相对密度又比水小的液体（如苯、乙醚、汽油等）燃烧时，切勿用水扑灭，因为用水不仅达不到灭火的目的，反而使燃烧的液体随水漂流，使火焰蔓延，造成更大的灾害。

③ 身上或者衣服着火时，不得惊慌失措，到处乱跑，必须迅速用厚布盖住身体，或者及时躺在地上翻滚，把火苗压灭，或者迅速脱掉着火衣物并把火扑灭。

④ 电器着火时，应立即切断电源，并选择上述合适的方法扑灭火苗，或者使用二氧化碳灭火器或干粉灭火器，切忌用二氧化碳泡沫灭火器。

2. 灼伤

灼烧固体或加热液体时，应注意防止热物迸出容器烫伤皮肤，尤其是眼睛。如果由于不慎或其他原因烫伤皮肤，若伤势较轻，可用大量自来水反复冲洗，再用高锰酸钾溶液或苦味酸溶液润湿伤处，或用苏打水洗涤，然后搽上烫伤药膏或凡士林并用纱布包扎。倘若皮肤严重烫伤或眼睛受伤应立即送医院诊治。

3. 中毒

在化学实验室中，使用具有毒性的试剂为数不少，实验前应该熟悉实验用的毒性试剂的性状、使用规则及预防中毒的常识，实验时应严格按照规定方法使用，实验完毕必须立即收集处理，用剩的毒性试剂及有毒的废液应交给指导教师，不得随便乱放，以确保安全。实验中遭到有毒物质伤害时，应及时处理。

① 吸入有毒气体或蒸气时，应迅速将中毒者移至有新鲜空气的地方，并使其嗅闻解毒剂蒸气。

② 皮肤沾染毒物时，必须先用大量水冲洗，再用消毒剂洗涤伤处。如沾染毒物的地方有伤痕，应迅速处理并立即请医生治疗。

③ 吃进毒品危险性最大，因此在化学实验室中必须养成良好的工作习惯，实验工作要有条理，工作台应经常保持干净。使用有毒试剂要谨慎，避免毒品撒落在桌上，如偶有掉落应及时处理。实验时应确保手和衣服不沾染毒物，实验后应把手

充分洗净，以免毒物引入口中。如果万一不慎发生中毒现象应立即急救，先让中毒者喝温热的水或饮服稀硫酸铜溶液，然后将手指伸入喉部，促其呕吐，随后迅速送医院诊治。

常见毒品及解毒急救方法简要列于表1.1中。

表1.1　常见毒品及解毒急救方法

毒品	解毒急救方法
氯、溴、氯化氢蒸气	吸入稀氨水与乙醇或乙醚的混合液蒸气
胂(砷化氢)、膦(磷化氢)	呼吸新鲜空气
硫化氢、一氧化碳、氢氰酸	呼吸氧气，施行人工呼吸
氨、苛性碱	吸入水蒸气，或服1%乙酸溶液，同时服吞小冰块
氰化钾、砷盐	服新沉淀的氢氧化铁悬浮液(混合 Na_2CO_3 和 $FeSO_4$ 溶液)

4. 腐蚀

溴、白磷、浓酸、浓碱对人体皮肤和眼睛具有强烈的腐蚀作用，有些固态物质(如重铬酸钾)在研磨时扬起的细尘对皮肤及视神经也有破坏作用，进行任何实验时均应注意保护眼睛，使其不受任何试剂的侵蚀。

① 受碱液腐蚀时，应立即用大量的水冲洗伤处，然后用2%稀乙酸溶液冲洗，必要时洗完以后加以包扎。

② 受酸液腐蚀时，应先用自来水冲洗或用甘油擦洗伤处，然后包扎。

③ 受白磷腐蚀时，伤处应立即用1%硝酸银溶液或2%硫酸铜溶液或浓的高锰酸钾溶液擦洗，然后用2%硫酸铜溶液润湿过的绷带盖覆在伤处，最后包扎。

如果眼睛受腐蚀，必须及时用大量的水冲洗，然后迅速送医院治疗。

四、灭火器简介

如果实验室内发生火灾，应根据具体情况，立即采取措施尽快扑灭。一般燃烧需要足够的氧气来维持，因此可以采用下列方法扑灭火焰。

① 移去或隔绝燃料的来源。

② 隔绝空气来源。

③ 冷却燃烧物质，使其温度降低到它的着火点以下。

某些类型的灭火器就是利用②、③两种作用制造的。灭火器的种类很多，下面对两类常见的灭火器的构造原理和使用方法做简单介绍。

1. 二氧化碳灭火器

常见的二氧化碳灭火器有两种。

（1）泡沫灭火器　泡沫灭火器的结构如图 1.1 所示。

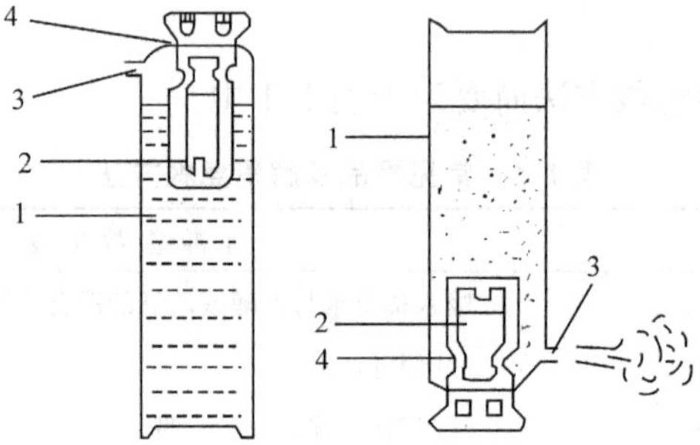

图 1.1　泡沫灭火器构造简图

1. 钢制圆筒；2. 玻璃瓶；3. 喷口；4. 金属支架

钢筒内几乎装满浓的碳酸氢钠（或碳酸钠）溶液，并掺入少量能促进起泡沫的物质。钢筒的上部装有一个玻璃瓶，内装硫酸（或硫酸铝溶液）。使用时，把钢筒倒翻过来使筒底朝上，并将喷口朝向燃烧物，此时硫酸（或硫酸铝）与碳酸氢钠接触，随即作用产生二氧化碳气体。被二氧化碳所饱和的液体受到高压，掺着泡沫形成一股强烈的激流喷出，覆盖住火焰，使火焰隔绝空气；另外，由于水的蒸发使燃烧物的温度降低，因此火焰就被扑灭。泡沫灭火器用来扑灭液体的燃烧最有效，因为稳定的泡沫能将液体覆盖住使之与空气隔绝。但因为灭火时喷出的液体和泡沫是一种电的良导体，故不能用于电器失火或漏电所引起的火灾。遇到这种情况应先把电源切断，然后再使用其他灭火器灭火。

（2）二氧化碳灭火器　将二氧化碳装在钢瓶内，使用时将喷口朝向燃烧物，旋开阀门，二氧化碳即喷出覆盖于燃烧物上，由于钢瓶喷出的二氧化碳温度很低，燃烧物温度剧烈下降，同时借二氧化碳气层把空气与燃烧物隔开，以达到灭火目的。这一类的灭火器比泡沫式灭火器优越，因为二氧化碳蒸发后没有余留物，不会使精密仪器受到污损，而且对有电流通过的仪器也可使用。

2. 干粉灭火器

手提贮压式干粉灭火器是一种新型高效的灭火器，它用磷酸铵盐（干粉）作为灭火剂，以氮气作为干粉驱动气。灭火时，手提灭火器，拔出保险销，手握胶管，在离火面有效距离内，将喷嘴对准火焰根部，按下压把，推动喷射。此时应不断摆动喷嘴，使氮气流及载出的干粉横扫整个火焰区，可迅速把火扑灭。灭火过程中，机头应朝上，倾斜度不能过大，切勿放平或倒置使用。这种灭火器具有灭火速度快、效率高、质量轻、使用灵活方便等特点，适用于扑救固体有机物质、油漆、易燃液体、气体和电器设备的初起火灾，已在各种部门中得到广泛使用。

此外，以前还常用有机物质（如四氯化碳、溴代甲烷等）灭火器，由于灭火剂有毒，遇火分解成烟和卤化氢，有时还会产生极毒的光气，所以现在已不再使用。

3. 灭火器的维护和使用注意事项

① 应经常检查灭火器的内装药品是否变质和零件是否损坏，药品不够，应及时添加，压力不足，应及时加压，尤其要经常检查喷口是否被堵塞，如果喷口被堵塞，使用时灭火器将发生严重爆炸事故。

② 灭火器应挂在固定的位置，不得随意移动。

③ 使用时不要慌张，应以正确的方法开启阀门，才能使内容物喷出。

④ 灭火器一般只适用于熄灭刚刚产生的火苗或火势较小的火灾，对于已蔓成大火的情况，灭火器的效力就不够。不要正对火焰中心喷射，以防着火物溅出使火焰蔓延，而应从火焰边缘开始喷射。

⑤ 灭火器一次使用后，可再次装药加压，以备后用。

1.1.2 实验室用水的规格、制备与检验

一、水的规格

化学实验对实验用水的质量要求较高，除初洗玻璃器皿或某些仪器外，不能直接使用自来水，而应根据所做实验对水质量的要求合理选用不同规格的纯水。

我国已建立了实验室用水规格的国家标准（GB 6682—86），GB 6682—86 中规定了实验室用水的技术指标、制造方法及检验方法。其主要指标如表 1.2 所示。

表 1.2 实验室用水的级别及主要指标

指标名称	一级	二级	三级
pH 范围（25℃）	—	—	5.0～7.5
电导率（25℃）/（$\mu S \cdot cm^{-1}$）	≤0.1	≤1.0	≤5.0
吸光度（254nm，1cm）	≤0.001	≤0.01	—
二氧化硅/（$mg \cdot L^{-1}$）	≤0.02	≤0.05	—

"标准"只规定了一般的技术指标，在实际工作中，有些实验对水还有特殊的要求，还要检验有关的项目，例如铁、钙、氯等离子的含量及细菌指标等。

电导率是纯水质量的综合指标。一级和二级水的电导率必须"在线"测定（即将电极装入制水设备的出水管道中）。纯水与空气接触或储存过程中，容器材料可溶解成分的引入或吸收空气中的 CO_2 等气体及其他杂质，都会引起电导率的改变。水越纯，影响越显著。水的纯度也可以用电阻率表示，电阻率是电导率的

倒数。

二、纯水的制备方法

目前制备纯水的方法有蒸馏法、离子交换法和电渗析法。

一级水：基本上不含有溶解或胶态离子杂质及有机物，可用二级水经进一步处理制得。例如，可将二级水用石英蒸馏器进一步蒸馏、通过离子交换混合床或0.2μm的过滤膜的方法制备。

二级水：可含有微量的无机、有机或胶态杂质，采用蒸馏、反渗透或去离子后再经蒸馏等方法制备。

三级水：适用于一般实验室工作（包括化学分析），可采用蒸馏、反渗透、去离子（离子交换及电渗析法）等方法制备。

三级水是最普遍使用的纯水，过去多采用蒸馏（用铜质或玻璃蒸馏装置）的方法制备，故通常称为蒸馏水。目前多改用离子交换法、电渗析法或反渗透法制备。

蒸馏法设备成本低，操作简单，但能量消耗大，只能除去水中非挥发性杂质，不能完全除去水中溶解的气体杂质。

离子交换法去离子效果好（也称去离子水），但不能除去水中非离子型杂质，使去离子水中常含有微量的有机物。

电渗析法是在直流电场作用下，利用阴、阳离子交换膜对原水中的阴、阳离子选择性渗透的性质而除去离子型杂质。同离子交换法相似，电渗析法也不能除去非离子型杂质。

三、纯水的检验

纯水质量的主要指标是电导率（或换算成电阻率），一般的分析化学实验可参考这项指标选择适用的纯水。测定电导率应选用适于测定高纯水的电导率仪（最小量程为0.02$\mu S \cdot cm^{-1}$），测定一、二级水时，电导池常数为0.01～0.1，进行“在线”测定。测定三级水时，电导池常数为0.1～1，用烧杯接取约300mL水样，立即测定。如电导率仪无温度补偿功能，则应在测定电导率的同时测定水温，再换算成20℃时的电导率。

此外，一种简易检查水中金属离子的化学方法是：取纯水25mL，加1滴0.2%铬黑T指示剂和5mL pH＝10.0的氨缓冲液，如水呈蓝色，说明Fe^{3+}、Zn^{2+}、Pb^{2+}、Ca^{2+}、Mg^{2+}等阳离子含量甚微，水质合格。如呈紫红色，说明水不合格。

1.1.3 环境保护及三废处理

在化学实验过程中，常有废液、废气、废物，即“三废”的排放。三废中往往含有大量的有毒物质，会对环境造成污染，威胁人们的健康。如 SO_2、NO、Cl_2 等气体对人的呼吸道有强烈的刺激作用，对植物也有伤害作用；As、Pb 和 Hg 等化合物进入人体后，不易分解和排出，长期积累会引起胃疼、皮下出血、肾功能损伤等；氯仿、四氯化碳等能致肝癌；多环芳烃能致膀胱癌和皮肤癌；某些铬的化合物触及皮肤破伤处会引起其溃烂不愈等。因此，为了保证实验人员的健康，防止环境污染，必须对实验过程中产生的毒害物质进行必要的处理后再排放。

一、常用的废液处理方法

1. 中和法

（1）酸性废液　不能直接倒入水槽中，以防腐蚀管道。将废酸液用适当浓度的碳酸钠或氢氧化钙水溶液中和后，再用大量水冲稀排放。

（2）氢氧化钠、氨水　用适当浓度的盐酸溶液中和后，再用大量水冲稀排放。

2. 萃取法

萃取法主要适用于一些含有机物质的废水液。将与水不互溶但对污染物有良好溶解性的萃取剂加入废水中，充分混合，以提取污染物，从而达到净化废水的目的。例如，含酚废水就可采用二甲苯作为萃取剂。

3. 化学沉淀法

废液中的重金属离子如汞、镉、铜、铅、镍、铬离子等，碱土金属离子如钙、镁离子，及某些非金属离子如砷、硫、硼离子等，可采用此法除去。即在废液中加入某种化学试剂，与其中的污染物发生化学反应，生成沉淀，分离除去。它包括：

（1）氢氧化物沉淀法　如用 NaOH 作为沉淀剂处理含重金属离子的废水。

（2）硫化物沉淀法　如用 Na_2S、H_2S 或 $(NH_4)_2S$ 等作为沉淀剂处理含汞、砷、锑、铋等离子的废液。

（3）铬酸盐法　如用 $BaCO_3$ 或 $BaCl_2$ 作为沉淀剂除去废水中的 CrO_4^{2-} 等。

4. 氧化还原法

水中溶解的有害无机物或有机物，可通过化学反应将其氧化或还原，转化成无害的新物质或易从水中分离除去的形态。常用的氧化剂主要是漂白粉，用于含氮废水、含硫废水及含酚废水等的处理。常用的还原剂有 $FeSO_4$、Na_2SO_3 等，用于还原 Cr(Ⅵ)。此外，还有某些金属，如铁屑、铜屑、锌粒等，可用于除去废水中的汞。

二、常用的废气处理方法

1. 溶液吸收法

溶液吸收法是指采用适当的液体吸收剂处理气体混合物，除去其中有害气体的方法。常用的液体吸收剂有水、酸性溶液、碱性溶液、氧化剂溶液和有机溶剂，它们可用于净化含有 SO_2、NO_x、HF、SiF_4、HCl、Cl_2、NH_3、HCN、汞蒸气、酸雾、沥青烟和各种含有有机物蒸气的废气。

2. 固体吸收法

固体吸收法是将废气与固体吸收剂接触，废气中的污染物吸附在固体表面即被分离出来。它主要用于废气中低浓度的污染物的净化，常用的吸附剂及处理的吸附物质见表 1.3。

表 1.3 常用吸附剂及处理的吸附物质

固体吸附剂	吸附物质
活性炭	苯、甲苯、二甲苯、丙酮、乙醇、乙醚、甲醛、汽油、乙酸乙酯、苯乙烯、氯乙烯、恶臭物、H_2S、Cl_2、CO、CO_2、SO_2、NO_x、CS_2、CCl_4、$HCCl_3$、H_2CCl_2
浸渍活性炭	烯烃、胺、酸雾、硫醇、H_2S、Cl_2、HF、HCl、NH_3、Hg、HCHO、CO、CO_2、SO_2
活性氧化铝	H_2O、H_2S、SO_2、HF
浸渍活性氧化铝	酸雾、Hg、HCl、HCHO
硅胶	H_2O、NO_x、SO_2、C_2H_2
分子筛	NO_x、H_2O、CO_2、CS_2、SO_2、H_2S、NH_3、C_mH_n、CCl_4
焦炭粉粒	沥青烟
白云石粉	沥青烟
蚯蚓类	恶臭类物质

三、常用的废渣处理方法

固体废渣主要采用掩埋法处理。有毒的废渣须先经化学处理后深埋在远离居民区的指定地点，以免毒物溶于地下水而混入饮用水中；无毒废渣可直接掩埋，掩埋地点应做记录。有毒且不易分解的有机废渣（或废液）可以用专门的焚烧炉进行焚烧处理。

1.2 实验基本操作

化学实验需要使用许多种不同的化学仪器，每一种仪器都有一定的特点。因此，进行化学实验以前，必须先了解一些基本仪器的特性、用途和使用方法，实验时应严格遵守仪器的使用规则，这样才能使仪器在实验过程中不致发生故障或损坏，保证实验顺利进行，同时也能延长仪器的使用期限。

1.2.1 玻璃器皿及其洗涤与干燥

制造一般玻璃仪器的材料有软质玻璃和硬质玻璃两种。软质玻璃的主要成分为钠与钙的硅酸盐和二氧化硅，因此也称钠钙玻璃，其软化温度较低，通常用于制造非加热用的器皿。硬质玻璃中二氧化硅的含量较高，并含有钾(钾玻璃)或硼(硼硅玻璃)，其软化温度较高，热膨胀系数较小，故用于制造加热用的仪器。

一、玻璃器皿

1. 度量仪器

度量仪器用于量取一定体积的液体，仪器上有刻度线，表示在一定温度下的容量。这类仪器不宜用于量取混有固态物质的液体，不能作为反应容器用，更不得加热。量取一定体积的液体时，若量取的体积精确度要求不高，使用量筒[图 1.2(a)]最为方便，欲精确量取液体时，就必须使用其他更精确的度量仪器。

容量瓶[图 1.2(b)]用于精确配制一定体积与一定浓度的溶液。使用容量瓶时应特别小心配套使用的瓶塞，勿跌落打碎或遗失。容量瓶不用时应在瓶塞与磨口之间夹放一小纸片。

基础化学试验(一)所用的度量仪器，还有移液管(包括吸量管)和滴定管，这些内容将在 1.2.9 节中叙述。

使用度量仪器时，必须掌握观察液体体积的正确方法，如图 1.3 所示。测量时必须使视线同度量仪器内液体的凹液面最低处保持水平，才能准确地读取体积的数值，否则读出的数值将偏高或偏低。

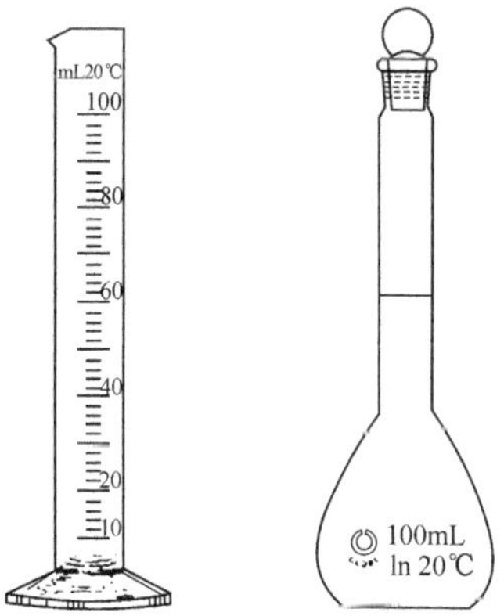

(a) 量筒　　(b) 容量瓶

图 1.2　度量仪器

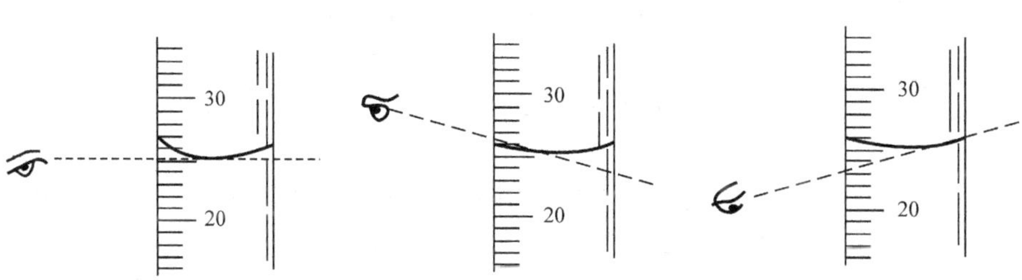

视线与凹液面水平　　视线偏高　　视线偏低

图 1.3　测量度量仪器内液体的体积

2. 反应容器

反应容器通常是用硬质玻璃制成的，可以较长时间地加热，但骤热或骤冷也会破裂，所以加热时容器底部必须垫有石棉铁丝网，以使容器受热均匀。热的器皿不得与冷的物体接触，以防局部骤冷而破裂。

进行物质的性质实验及定性分析时，经常使用试管。试管可以减少试剂的用量，而且便于摇荡和加热溶液。离心试管的底部是锥状的，当含有少量沉淀的溶液经离心后，沉淀便沉积于锥形底部，便于观察沉淀的量和颜色。离心试管不得直接用灯焰加热。

反应物用量较多时，应根据实验的需要采用烧杯、锥形瓶(图 1.4)、圆底烧瓶(图 1.5)或平底烧瓶(图 1.6)。

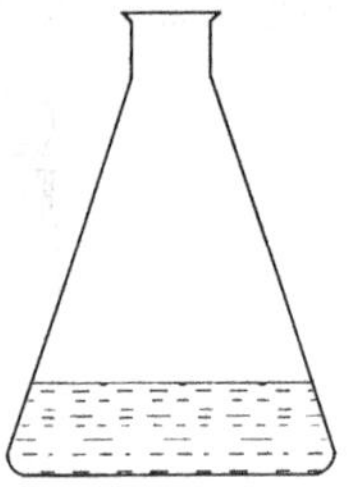

图 1.4　锥形瓶

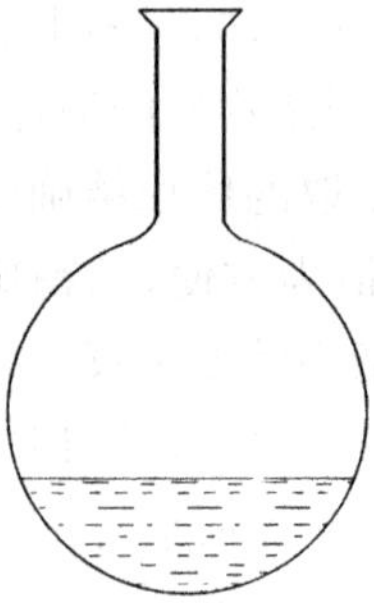

图 1.5　圆底烧瓶

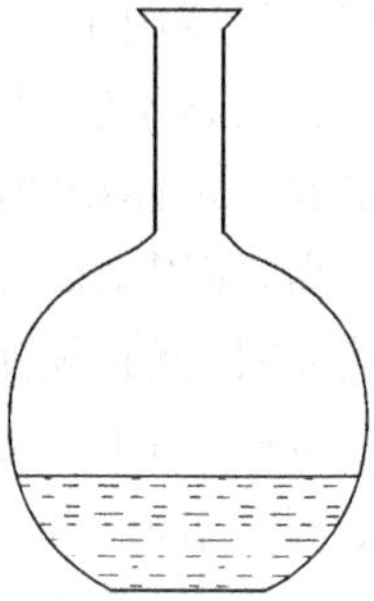

图 1.6　平底烧瓶

3. 玻璃瓶

玻璃瓶皆用软质玻璃制造，瓶壁厚薄不均匀，因此不宜加热，在实验室中常用来储存药品。

试剂瓶与滴瓶有无色和棕色两种，无色的瓶子用于盛一般的试剂，遇光照射易分解的药品必须储存在棕色的瓶子里。

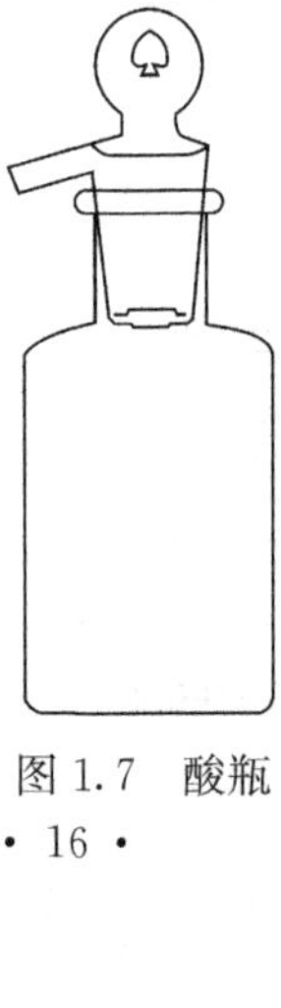

图 1.7　酸瓶

酸瓶(图 1.7)只能用于盛酸溶液，它的瓶颈和瓶塞各有小沟，用时只需转动瓶塞使小沟相通，用食指按着瓶塞，使瓶身倾斜，酸液便慢慢地滴出来。不用时，必须把瓶塞转动到另一个位置，使瓶塞与瓶颈的小沟不相通，以防一些挥发性的酸(如盐酸、硝酸)挥发。

制备气态物质时，常用广口瓶收集气体产物，在广口瓶中气态物质与其他试剂反应的情况比较容易观察。但广口瓶不能加热，因此，如果试剂能在该气体中燃烧，则应注意不使火焰或炽热物触及瓶壁。进行这一类实验时，通常在瓶底铺上一层细沙，以防炽热的物体掉落瓶底致使广口瓶因局部受热而破裂。

玻璃瓶中还有一种用来盛装称量物质的称量瓶，其形状及使用见1.3.1节。

4. 其他玻璃仪器

表面皿(图1.8)常作为烧杯的盖，避免加热液体至沸腾时液滴溅出，同时也可防止空气中的尘埃掉入。表面皿盖烧杯时，必须弯凹面朝上。它有时也作为点滴反应或结晶的器皿。当作为蒸发液体的容器时，必须置于蒸汽浴上加热，不得用灯焰直接加热。

图1.8 表面皿

漏斗的样式很多，当常压过滤或液体倒入口径较小的容器时，经常使用普通玻璃漏斗(图1.9)。在制备气体或其他需要随时加入液体的实验时，常常使用分液漏斗(图1.10)，分液漏斗更多用于萃取操作。抽滤瓶(图1.11)的壁较厚，可经受一定的压力，它通常与瓷质布氏漏斗或砂芯玻璃坩埚配合同时使用，并借助抽气机或水泵进行减压过滤，以加快过滤速率，抽干晶体。

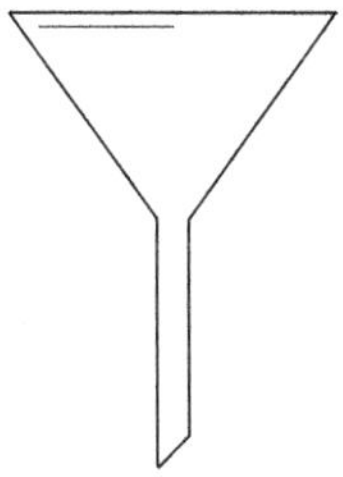

图1.9 漏斗

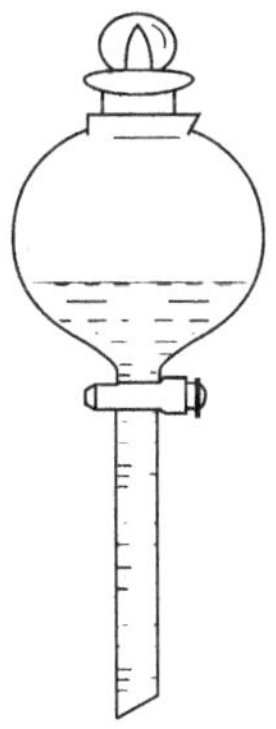

图1.10 分液漏斗

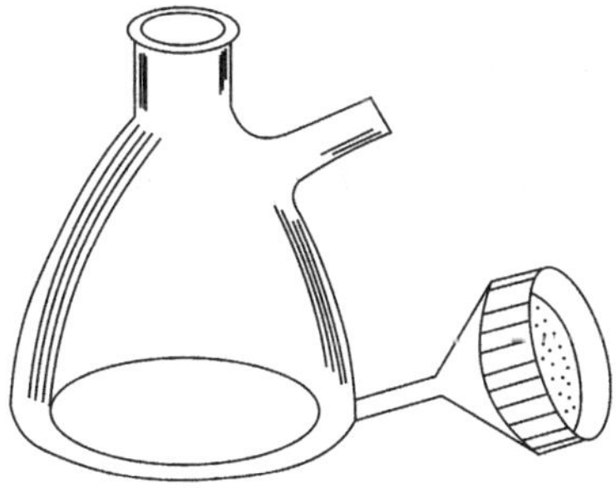

图1.11 带有布氏漏斗的抽滤瓶

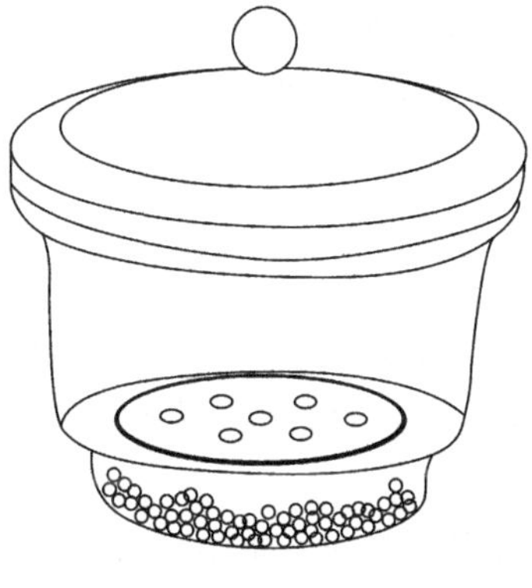

图1.12 干燥器

易潮解的或易吸水分解的药品以及须保持干燥的器皿(称量瓶、坩埚等)都应储存在盛有干燥剂的干燥器里(图1.12)，干燥器配有磨砂口的盖，磨口涂有少量凡士林，可盖得很紧密。欲揭开干燥器的盖，必须一手按住干燥器，另一手捏住盖顶隆起的小球，沿水平方向推移。刚经灼烧而温度还很高的物品不能立即放入干燥器，否则会使干燥器胀裂或者干燥器中的热空气冷却后收缩减压使盖子揭不开。干燥器内的干燥剂必须常常更换以保证有效的干燥。

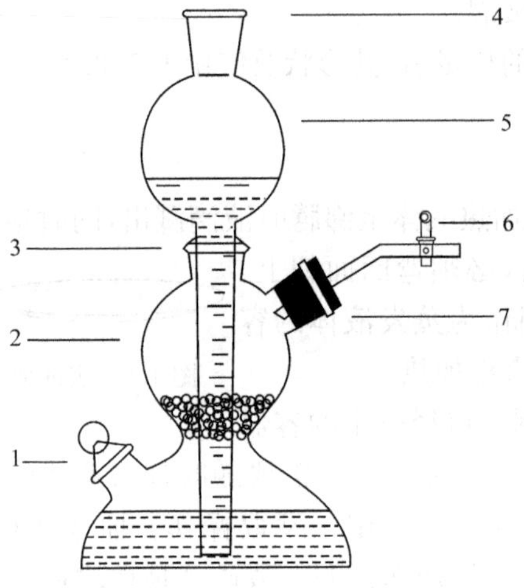

图 1.13　启普发生器
1. 排液口；2. 反应容器；3. 接口；
4. 安全漏斗（未画出）；5. 球形漏斗；
6. 活塞；7. 开口

启普发生器(图 1.13)用于制备较大量的气体。它由一葫芦状的容器 2 及球形漏斗 5 组成，两者以磨砂口在 3 连接。使用时，将固态反应物破碎成大小合适的碎块，从开口 7 处放入容器 2 上球底部（容器 2 上球底部应先垫上一些玻璃丝，防止碎块掉落至下半部）。液态反应物（通常是酸液），由安全漏斗 4 注入，液体储存在容器 2 下半部和球形漏斗 5 中。当出气管的活塞 6 开启时，液面便上升至容器 2 上半部，并与固态反应物接触，发生反应并产生气体。若关闭活塞 6，则由于容器 2 内压力增加，就将液体压向球形漏斗，液态和固态反应物两相分离，反应即停止。溶液中的反应物（如酸）耗尽后，废液可从排液口 1 放出。移动启普发生器时，应紧握容器 2 的腰部，不得随便移动球形漏斗 5，以免损坏仪器。

二、一般玻璃仪器的洗涤方法

化学实验所用的仪器必须洁净，否则可能得到不正确的结果。洗涤仪器时，应根据实验性质、要求及仪器上沾污物的性质，选择合适的洗涤方法。下面介绍几种常用的洗涤方法。

1. 用自来水洗涤

自来水可洗去仪器上的尘土和可溶于水的污物。洗涤时器皿内盛 1/3～1/2 的清水，用大小合适的刷子洗刷器皿，洗涤 2～3 次。器皿壁的污垢除去后，再用清水冲洗几次。

2. 用去污粉或碱液洗涤

去污粉主要成分是苏打（Na_2CO_3）、小苏打（$NaHCO_3$）及白土、细砂等添加物。这两种化合物的水溶液呈碱性，因此可洗去自来水难以洗去的油污或有机物。有时也可用热的碱液或适当的有机溶剂洗涤。

在湿的器皿中放入少量去污粉，先用刷子刷洗，后用水冲洗。如器皿为大量油脂沾污，则可把热的碱液倒入容器，浸泡一段时间（此时不能用刷子刷洗）。以后把碱液倒出，再用水冲洗，直到器皿遗留的碱液全部洗去为止。

3. 用铬酸洗液洗涤

（1）铬酸洗液的配制　把 30g 研细的重铬酸钾（$K_2Cr_2O_7$）加于 100mL 水中，加热使之溶解，冷却后在不断搅拌下慢慢地注入 800mL 工业浓硫酸，此溶液称为铬酸洗液。配好的洗液为深褐色。由于它具有很强的酸性和氧化性，去污能力很强。

（2）使用铬酸洗液的操作要求　用铬酸洗液洗仪器时，最好先用水或去污粉把仪器洗一遍，用水冲洗几遍，并尽量把器皿内的水倒去，然后把洗液小心倒入器皿，洗液用量约为器皿容量的 1/3，慢慢地转动器皿使器皿的内壁皆为洗液所润湿，片刻后把洗液倒回洗液瓶，并盖好瓶盖（用过的洗液可再使用，不得倒掉，更不能倒入水槽，以防腐蚀水管、水泥槽！）。最后用水把残留器皿内的洗液洗去。如器皿很不清洁，可让洗液放在器皿内浸泡一段时间或用热的洗液洗，效果更好。

4. 用浓盐酸洗涤

用铬酸洗液洗过之后，如仪器还有污物（多半是一些具氧化性的物质），可用浓盐酸洗涤，洗涤方法与用碱液洗涤相同。

已经洗净的仪器，其内壁不应沾有任何污物或油脂，若加少量水于仪器中，然后把仪器倒转，使口朝下，让水沿壁流出，此器壁应能均匀地被水润湿，没有水珠附着，这表明仪器已洗净。

按上述方法洗净的仪器，其内壁总附着一层自来水，一般情况下，还必须再用蒸馏水润洗。润洗的方法是：往仪器内注入少量蒸馏水，转动仪器，使蒸馏水润湿器皿内壁各部分，倾出蒸馏水，再注入少量蒸馏水依上法润洗，如此重复二三次即可。大部分仪器可用洗瓶喷出的蒸馏水细流淋洗器壁。这样既可洗得干净，又能节约蒸馏水。洗净的仪器口朝下，倒放在洁净的实验柜内晾干（口径小的仪器，如锥形瓶只能平放，也可倒插在特制的支架上）。

注意事项

① 用碱液、浓盐酸或铬酸洗涤仪器时，由于这些洗涤液具有很强的腐蚀性，切勿使洗涤液溅到衣服、皮肤或桌子上，不能使用刷子刷洗；

② 装铬酸洗液的瓶子应随时盖密，防止洗液吸水，降低去污能力；

③ 仪器避免用肥皂洗，更不能把肥皂与酸性洗涤液混合使用，否则生成的硬脂酸将粘在器壁上，很难洗净；

④ 洗净的仪器内壁不应再用布或滤纸擦拭，因为擦拭以后器壁上必会黏附纤维或油垢，反而把仪器弄脏。

三、一般玻璃仪器的干燥

1. 加热法干燥仪器

(1) 烘干　洗净的仪器可以放在恒温箱内烘干。放置仪器时，应注意使仪器的口朝下(倒置后不稳定的仪器则平放)。应该在恒温箱的最下层放一搪瓷盘，承接从仪器上滴下的水珠，以免电炉丝碰到水滴而损坏。

(2) 烤干　烧杯或蒸发皿可置于石棉网上，用火烤干。试管的干燥，也常采用烤干的方法。操作时试管要略微倾斜，管口向下并不时来回翻转试管，开始先加热试管底部，待底部水分赶尽后，沿着从底部到管口方向加热试管，以便把水气赶尽(图 1.14)。

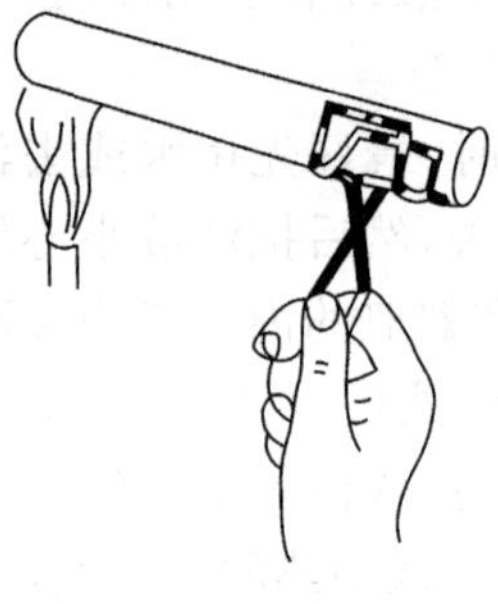

图 1.14　烤干试管

2. 不加热的方法干燥仪器

(1) 晾干　洗净的仪器可倒置于干净的实验柜(倒置后不稳定的仪器如量筒等，则不宜这样做)或仪器架上晾干。

(2) 吹干　用压缩空气(或电吹风)把仪器吹干。

(3) 用有机溶剂干燥　有些有机溶剂可以和水互相溶解，最常用的是乙醇。在仪器内加入少量乙醇，把仪器倾斜，转动仪器，器壁上的水即与乙醇混合，然后倾出乙醇。最后，留在仪器内的乙醇挥发，而使仪器干燥。往仪器内吹入干燥空气，可以使乙醇挥发得快一些。

带有刻度的度量仪器不能用加热的方法进行干燥，因为加热会影响这些仪器的精确度。厚薄不匀的玻璃仪器也不宜用加热的方法进行干燥(特别不能烤干)，因为厚薄不匀的玻璃仪器受热时容易破裂。

1.2.2　玻璃加工与塞子钻孔

一、截断玻璃管(棒)的操作

第一步，将玻璃管平放在桌面上，用锉刀的棱或小砂轮片(或破瓷片的断口)在左手拇指按住玻璃管的地方用力锉出一道凹痕(图 1.15)。应该向一个方向锉，不要来回锉，锉出来的凹痕应与玻璃管垂直，这样才能保证折断后的玻璃管截面是平整的。然后双手持玻璃管(凹痕向外)，用拇指在凹痕的背面轻轻外推，同时用食指和拇指把玻璃管向外拉，以折断玻璃管(图 1.16)。截断玻璃棒的操作与截断玻璃管相同。

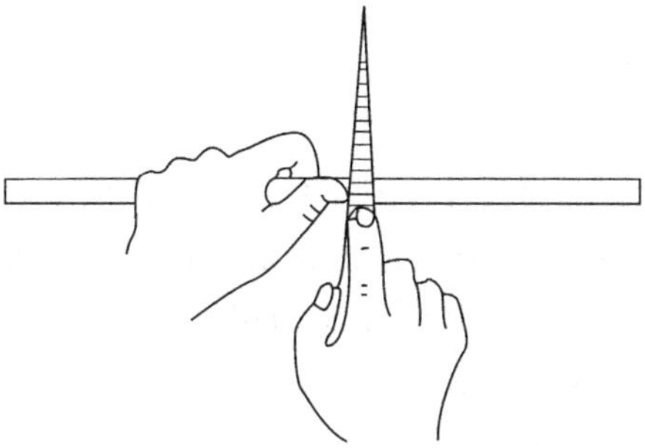

图 1.15　玻璃管的锉割

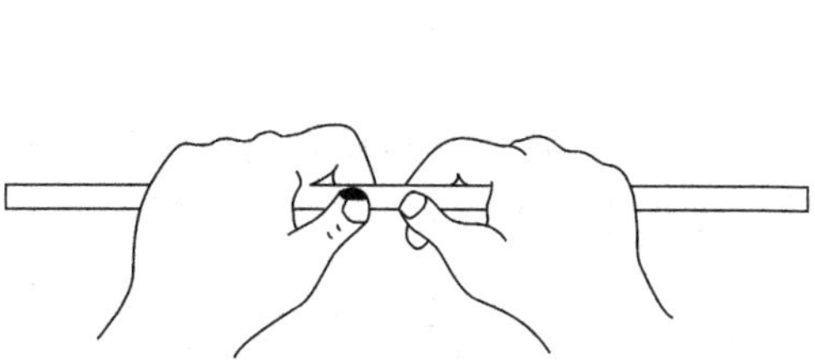

图 1.16　玻璃管的截断

第二步，玻璃管的截断面很锋利，容易把手划破，且难以插入塞子的圆孔内，所以必须把截断面斜插入灯的氧化焰中熔烧，缓慢转动玻璃管使熔烧均匀，直到截断面光滑为止(不要熔烧过头)。灼热的玻璃管应放在石棉网上冷却，不得放在桌上，不许用手触摸，以免烫伤。玻璃棒的截断面也同样需要熔烧。

二、弯曲玻璃管的操作

第一步，如图 1.17 所示，先将玻璃管在罩有鱼尾灯头的煤气灯上用小火预热片刻，然后双手持玻璃管，把待弯曲的部位放在鱼尾灯头的氧化焰中加热(如无鱼尾灯头，可将待弯部位斜插入煤气灯的氧化焰中，以增大玻璃管的受热面积)。同时缓慢而均匀地转动玻璃管，两手用力均等，转速要一致，以免玻璃管在火焰中扭曲。加热到玻璃管发黄变软。

第二步，自火焰中取出玻璃管，稍等 1～2s，使各部分温度均匀，然后把它弯成所需的角度。弯管的正确手法是"V"字形，两手在上方，玻璃管的弯曲部分在两手中间的下方(图 1.18)。弯好后，等其冷却变硬才把它放在石棉网上继续冷却。冷却后，

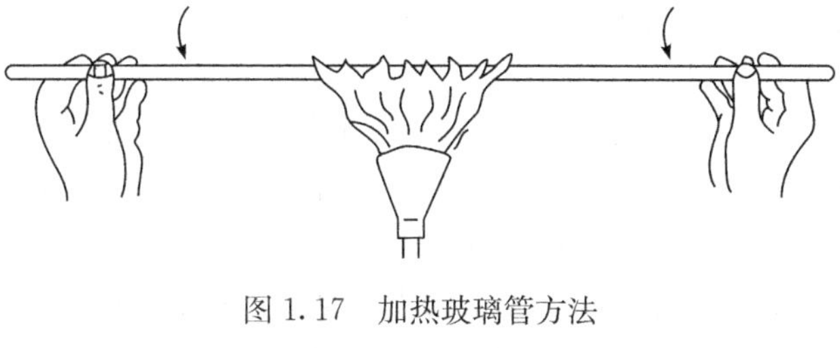

图 1.17　加热玻璃管方法

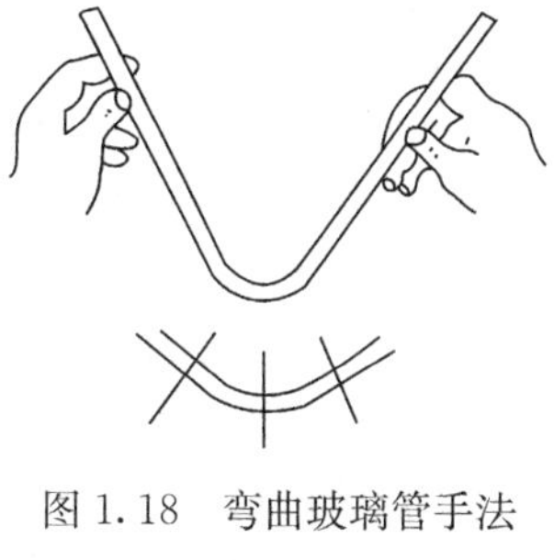

图 1.18　弯曲玻璃管手法

应检查其角度是否准确，整个玻璃管是否处在同一平面上。120°以上的角度，可以一次弯成。较小的锐角可分几次弯成，先弯成一个较大的角度，然后在第一次受热部位的稍偏左和稍偏右处进行第二次和第三次加热和弯曲，直至弯曲成所需的角

度为止。

三、拉玻璃管的操作

拉玻璃管时加热玻璃管的方法与弯玻璃管时基本上一样，不过要烧得更软一些。玻璃管应烧到红黄时才从火焰中取出，顺着水平方向边拉边来回转动玻璃管(图 1.19)，拉到所需要的粗细时，一手持玻璃管，使玻璃管垂直。冷却后，可按需要长度截断。如果要求细管部分具有一定的厚度(如滴管)，必须在烧软玻璃管过程中一边加热一边两手轻轻向中间用力挤压，使中间受热部分管壁加厚，然后按上述方法拉细。

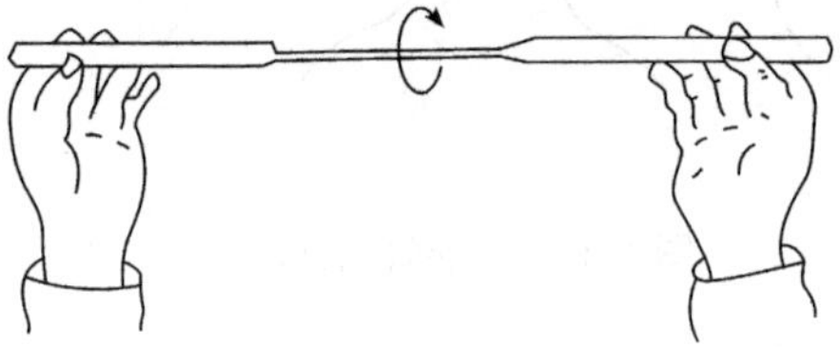

图 1.19　拉管手法

四、塞子钻孔

容器上配的塞子有软木塞、橡皮塞和玻璃磨口塞。软木塞易被酸、碱所损坏，但与有机物作用较小。橡皮塞可以把瓶子塞得很严密，并可以耐强碱性物质的侵蚀，但它易被强酸和某些有机物质(如汽油、苯、氯仿、丙酮、二硫化碳等)所侵蚀。玻璃磨口塞子把瓶子也塞得很严，它适用于除碱和氢氟酸以外的一切盛放液体或固体物质的瓶子。

各种塞子都有大小不同的型号，可根据瓶口或仪器口径的大小来选择合适的塞子。通常是选用能塞进瓶口或仪器口 1/2～2/3 的塞子，过大或过小的塞子都是不合适的。

实验时，有时需要在塞子上安装温度计，有时需要插入玻璃管，所以要在软木塞或橡皮塞上钻孔。钻孔要使用钻孔器(图 1.20)或钻孔机。钻孔器是一组直径不同的金属管，一端有柄，另一端的管口很锋利，可用来钻孔。另外，还有一根带圆头的细铁棒，用来捅出钻孔时进入钻孔器中的橡皮或软木。

钻孔的步骤如下：选择一个比要插入橡皮塞的玻璃管略粗一点的钻孔器。将塞子的小头向上，放置在桌面上，用左手按住塞子，右手握住钻孔器的手柄(图 1.21)，在选定的位置上，沿顺时针方向垂直地边转边往下钻，钻到一半深时，反方向旋转并拔出钻孔器。调换橡皮塞另一头，对准原孔的方位按同样的操作钻孔，直到打通为止。钻孔时要注意保持钻孔器与塞子的平面垂直，以免把孔钻斜。

钻孔时，可用一些润滑剂(如甘油、凡士林)涂在钻孔器前端，以减小摩擦力。

软木塞的钻孔方法和橡皮塞相同。只是钻孔前，应先用压塞机把软木塞压结实一些，以免钻孔时钻裂。另外，选择钻孔器的直径应比玻璃管略细一些，因为软木塞没有橡皮塞那样大的弹性。

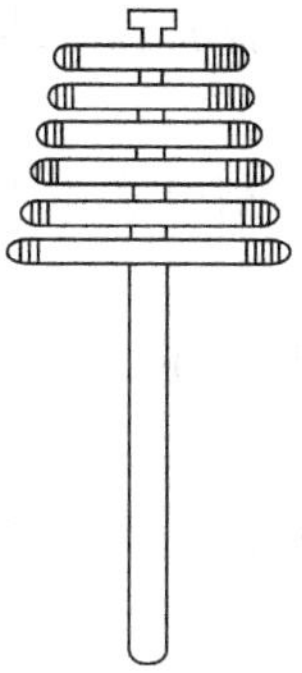

图 1.20　钻孔器

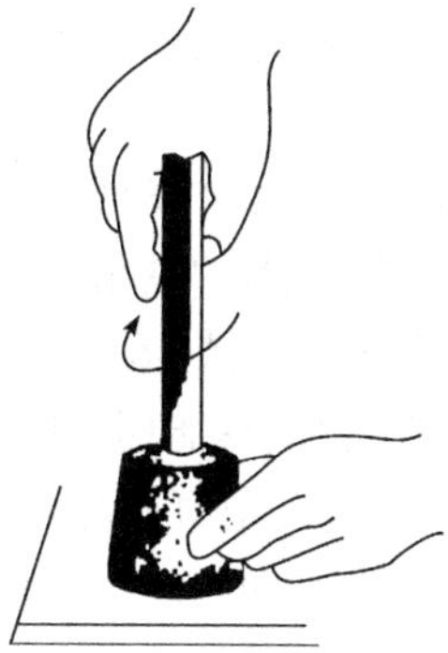

图 1.21　钻孔法

1.2.3　其他器具及其使用

一、瓷质器皿

瓷质器皿耐热性能较玻璃为佳，热膨胀系数比较小，高温实验的器皿多数是瓷质的。

蒸发液体时通常把液体盛在瓷蒸发皿(图 1.22)中，因为它口径大，其中液体的表面大，蒸气易随空气飘散，故蒸发速度快。

实验室常用的瓷质器皿还有瓷坩埚(图 1.23)、瓷研钵(图 1.24)和点滴板、泥三角等。

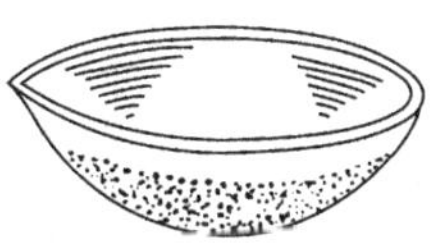

图 1.22　瓷蒸发器

图 1.23　瓷坩埚

图 1.24　瓷研钵

二、加热器

加热是化学实验中最基本的操作之一。在化学实验室最常用的加热器有酒精灯、酒精喷灯、煤气灯、煤气喷灯和电炉等。

1. 酒精灯的构造和使用方法

常用的酒精灯是玻璃制的，有磨口的盖，灯头中心有一条棉纱芯。酒精灯不用时，总是罩上盖。酒精灯灯焰温度为 300～600℃，适用于温度不需要太高的实验。

使用酒精灯应注意以下几点：

① 点燃酒精灯之前，先把盖拿走，并把灯头的瓷管向上提一下，使灯内的酒精

蒸气逸出，这样才可避免点燃时酒精蒸气因燃烧膨胀而使瓷管连灯芯一并弹出，引起燃烧事故；

② 点燃酒精灯应用火柴杆引燃，绝不能拿燃着的酒精灯去引燃另一个酒精灯，因为这样做将使灯内的酒精从灯头流出引起燃烧；

③ 熄灭酒精灯时，把灯盖罩上，片刻后再把灯盖提起一下，然后再罩上(以免灯盖揭不开，为什么?)，不能用口吹熄；

④ 添加酒精时，应先熄灭灯焰，然后借助漏斗把酒精加入灯内，灯内酒精的储量以充满酒精灯总容量的 2/3 为宜。

2. 酒精喷灯的构造及其使用方法

酒精喷灯是金属制成的，它的火焰温度很高，可达 1000℃以上，灼烧固体或加工玻璃管时必须使用这种喷灯。

座式酒精喷灯的构造如图 1.25(a)所示，灯座 6 储存酒精，旋盖 1 为酒精加入口(加酒精后，应立即把盖旋紧)，管 2 上端封闭，下端接连灯座，管 3 与管 2 并排焊接，中间由一细管沟通。点燃时，盛少量酒精于预热盘 5 中，点燃酒精使管 2 受热，此时灯座中的酒精就气化，并由管 2 经细管冲入管 3 中，在管 3 上口引燃酒精蒸气，此时可调节升降器 4，以控制空气的进入量(提高升降器，则空气的入口大，因而燃烧更完全)，获得最高温度，此时火焰是蓝色的。不用时，旋开旋盖 1，使酒精蒸气由此逸出，火焰就自行熄灭。火焰熄灭后，应把管口再旋紧，避免酒精挥发。

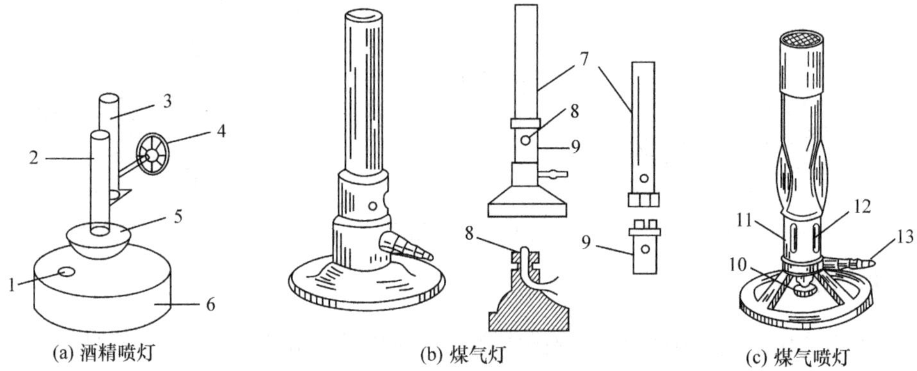

图 1.25　座式喷灯的构造

1. 旋盖；2. 管；3. 管；4. 升降器；5. 预热盘；6. 灯座；7. 灯管；
8. 煤气出口；9. 铁环；10. 底部螺丝；11. 铁环；12. 灯管孔口；13. 侧管

使用酒精喷灯应注意以下几点：

① 喷灯的酒精蒸气喷出口(即细管末端的小孔)，应经常用特制的金属针穿通，以防阻塞；

② 应注意保护升降器 4 的螺旋，不得猛力旋紧，以免损伤其中的螺纹；

③ 喷灯用过一段时间以后，应把灯座内部清洗干净。

3. 煤气灯、煤气喷灯的构造及使用方法

(1) 煤气灯　煤气灯的构造如图 1.25(b)所示。旋转后取下灯管，可以看到煤气的出口，空气通过铁环的通气孔进入管中，转动铁环，利用孔隙的大小，调节空气的输入。

(2) 煤气喷灯　煤气喷灯的构造如图 1.25(c)所示。它不仅能调节空气的输入量，还能调节煤气的流入量，煤气从侧管输入，转动底部螺丝，可调节煤气流量大小(螺丝针向下旋转，煤气流量增加)。

空气的输入经由灯的空口，管外套有一个可转动的铁环，用以调节气孔的大小。

(3) 煤气及煤气灯的使用　由于煤气中含有的 CO 是一种窒息性的有毒气体(燃烧产物无害，$2CO+O_2 = 2CO_2$)，当煤气和空气混合到一定比例时，遇火源即可发生爆炸，所以绝对不允许把煤气排到室内。不用时，一定要注意把煤气龙头关紧，离开实验室时再检查一下是否关好。

点燃煤气前，先旋转金属灯管使圆孔关小，空气入口不大，擦燃火柴，打开煤气龙头 2～3s 以后，把煤气点燃，旋转金属灯管或管外的铁环，调节空气进入量使火焰不发黄色。

如空气和煤气的进入量调节得不合适，会发生不正常的火焰。当空气不足时，煤气燃烧不完全，并且部分分解产生碳粒，火焰呈黄色，这种火焰称还原焰。此时，火焰温度不高，常使被加热的器皿底部结有黑炭。当火焰脱离金属灯管的管口临空燃烧而产生临空火焰时，说明空气的进入量太大或煤气和空气的进入量都很大，需重新调节。

有时煤气在金属管内燃烧，在管口有细长的火焰并常常带绿色(灯管是铜的)，这种火焰称为侵入火焰。这是在空气进入量很大，而煤气的进入量很小或者中途煤气供应突然减小时发生的，侵入火焰常使灯管烧得很热，并有未燃烧完全的煤气臭味。如果出现这种现象，应立即将煤气灯关闭，重新点火调节。

(4) 煤气灯的简单维修　由于煤气中常夹有未除尽的煤焦油，久而久之，它会把煤气龙头和煤气灯内的孔道堵塞。一般可把金属灯管和螺丝针取下，用细铁丝畅通孔道。堵塞严重时，可用苯洗去煤焦油。

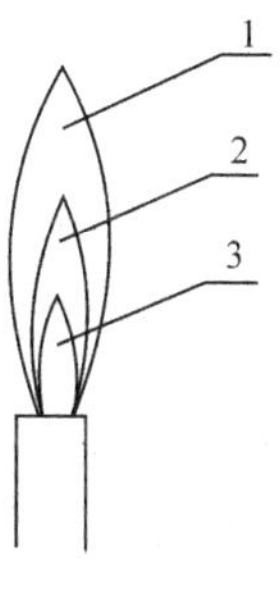

图 1.26　灯焰示意图
1. 氧化焰；2. 还原焰；3. 焰心

4. 灯焰的构造和温度

(1) 灯焰的构造　任何灯的火焰皆有三个锥形区(图 1.26)，内层 3(焰心)是没燃烧的气体。中层 2(还原焰)气体燃烧不完全，并有灼热的碳粒，故具还原性。最外层1(氧化焰)空气充足,气体燃烧完全,具有过量的氧气,因此有氧化性(表1.4)。其中以最外层的火焰温度最高,加热时应充分利用这一层火焰。

表1.4 灯焰的构造

项目	各层火焰中所含的物质			灯焰温度
	酒精灯	酒精喷灯	煤气灯	
焰　心	酒精蒸气	酒精蒸气	煤气与空气的混合物	最 低
还原焰	C、H_2O	C、H_2O	C、H_2O	较 高
氧化焰	CO_2、O_2	CO_2、O_2	CO_2、O_2	最 高

(2) 几种灯焰的温度　酒精灯的火焰温度较低(300～600℃),而酒精喷灯和煤气灯的火焰温度很高(1000～1500℃)。用一支镍铬丝插入灯内各层火焰,根据镍铬丝灼烧后的颜色可粗略估计火焰的温度。

暗红色——500℃　　橙　色——1100℃

红　色——700℃　　炽白色——1500℃

三、其他金属或木质器具

实验室中,还使用各种金属或木材等制成的器具,如坩埚钳、铁方座、滴定管夹、铁环、石棉网、试管刷、试管夹和试管架等。

1.2.4 常用试剂及其规格与取用

化学试剂的规格是以其中所含杂质的多少来划分,一般分为四个等级。表1.5是我国化学试剂等级标志对照表。

表1.5 我国化学试剂等级标志对照表

质量顺序	1	2	3	4
级别	一级品	二级品	三级品	
中文标志	保证试剂 优级纯	分析试剂 分析纯	化学纯 纯	生物试剂
符号	G.R	A.R	C.P	B.R,C.R
瓶签颜色	绿	红	蓝	黄色等
美、英、德通用符号	G.R	A.R	C.P	

此外,还有一些特殊用途的所谓高纯试剂,如基准试剂、光谱纯试剂、色谱纯试剂等。基准试剂的纯度相当于(或高于)一级品,常作为滴定分析的基准物,也可直接用于配制标准溶液,使用浅绿色瓶签。光谱纯试剂(符号S.P)的杂质含量用光谱分析法已测不出或者杂质含量低于某一限度。这种试剂主要作为光谱分析中的

标准物质，但不应把这类试剂作为化学分析的基准试剂来使用。

化学试剂中，指示剂纯度往往不太明确。除少数标明“分析纯”、“试剂四级”外，经常遇到只写明“化学试剂”、“企业标准”、“部颁暂行标准”、“生物染色素”等。常用的有机溶剂、掩蔽剂也经常见到级别不明的情况，平常只可作为“化学纯”试剂使用，必要时需进行提纯。

生物化学中使用的特殊试剂，纯度表示和化学中一般试剂表示也不相同，如蛋白质类试剂，经常以含量表示，或以某种方法（如电泳法）测定杂质含量来表示；酶是以每单位时间能酶解多少物质来表示其纯度，即以其活力来表示的。

在一般分析工作中，通常要求使用 A. R 级的分析纯试剂。分析工作者必须对化学试剂标准有一明确的认识，做到合理使用化学试剂，既不超规格使用而造成浪费，又不随意降低规格使用而影响分析结果的准确度。

固体试剂装在广口试剂瓶中，液体试剂装在细口试剂瓶或带有滴管的滴瓶中。每一个试剂瓶都贴有标签，标明试剂的名称和规格（液体试剂还应注明浓度）。

取用试剂应注意保持清洁，防止试剂被沾污或变质，必须遵守下列规则：

① 手不能与药品直接接触，严禁试尝药品的味道。目的是保持药品的纯净和保证安全（因为大多数药品是有毒的或有腐蚀性的）。

② 打开试剂瓶后，瓶塞不得正面放在桌上，应将它翻转朝上倒放在桌上，以防止瓶塞沾污。取用试剂后，应立即盖好瓶塞，并放回原位，不要弄错瓶塞或瓶盖。

③ 已经取出的药品（实验试剂除外），不得倒回原试剂瓶。

取用固体试剂，必须使用洁净的药勺（牛角勺、瓷勺或玻璃勺等）。如果药品是块状的，放入容器时，应先倾斜容器，把固体轻放在容器内壁，让它慢慢滑落到容器底部，不能让药品从容器口直接倒到底部，避免容器底部被击破。如容器的口径较小，可事先把药品放在研钵中研细，然后放入容器。

粉末状的药品可直接放入容器，如容器的口径较小（如试管、烧瓶等），为避免粉末黏附在容器口颈的内壁上，可先把药品放在一张折成槽状的纸条上，然后把盛有药品的纸条插入斜放的容器中，使容器直立，用手指轻弹纸条，让药品落到容器底部（图 1.27）。

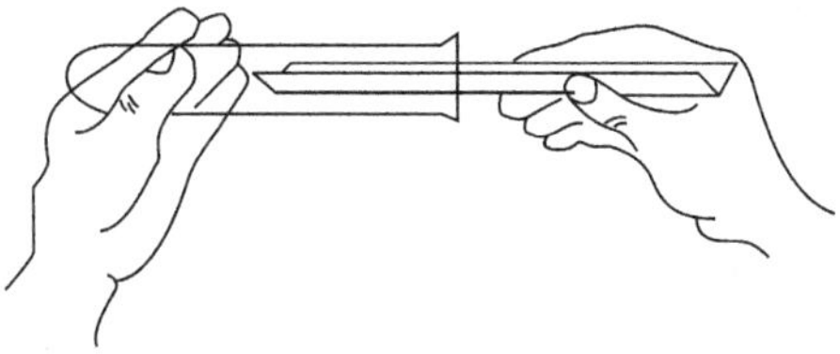

图 1.27　粉末药品倾入试管

取用较大量的液态试剂时，可直接从试剂瓶中倾出。倾倒时瓶上的标签要朝向手心，以免瓶口残留的少量液体顺瓶壁流下而腐蚀标签。倾倒时必须使液体沿着洁净的玻璃棒徐徐流入容器(图 1.28)，以免液体溅出容器外。

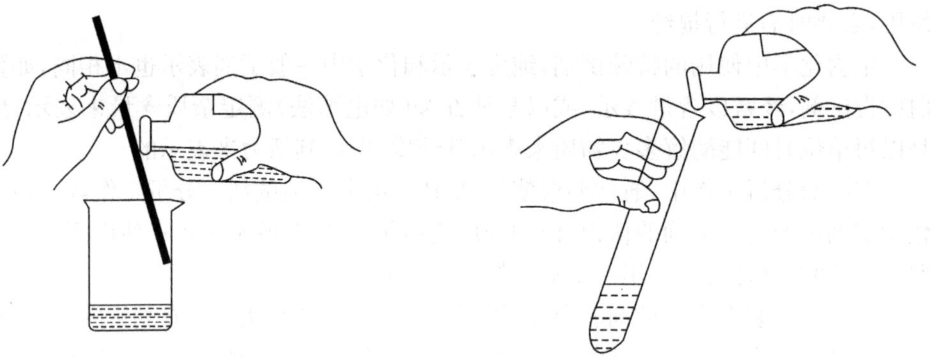

图 1.28　倾注液体

进行试管实验时，往往只需要少量的液体试剂，这时使用滴管最为方便(滴瓶通常配有滴管)，用滴管把液体注入试管时，切勿使滴管的末端碰到试管的内壁，以免滴管沾染化合物并将其带进滴瓶中，正确操作如图 1.29 所示。滴管用过后，应立即放回滴瓶，不得随便乱放，滴管不能平握或倒置(以免药液倒流入橡皮帽)。

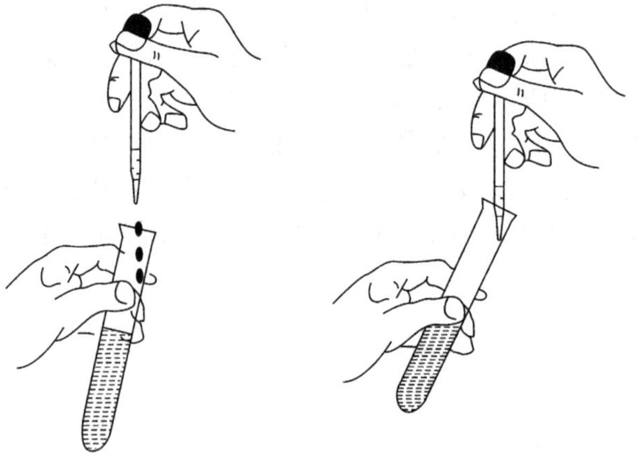

正确　　　　错误

图 1.29　滴管加入液体试剂

从酸瓶里取用浓酸时，应严格遵守使用酸瓶的操作要求(参阅 1.2.1 中“玻璃瓶”的有关部分)。

1.2.5 加热与冷却

一、加热的方法

为了提高化学反应速率，或者加速固态物质在溶剂中的溶解，或者进行溶液的浓缩等，常常采用加热的办法。有些化学反应仅在加热的条件下才能进行，因此必须熟练掌握加热的操作方法。

1. 液体的加热

① 在烧杯或烧瓶中加热液体时，应先将烧杯或烧瓶的外壁拭干，容器底部垫上石棉铁丝网，使加热时底部受热均匀，防止破裂。

② 在试管中加热液体时，管内所盛的液体不得超过试管总容积的 1/3。加热时，用试管夹夹住试管上端离管口约为试管长度的 1/3 处(图 1.30)。把试管倾斜并使其底部置于火焰最外层(不得触及灯芯)，试管与火焰的接触部位应比管内液面低，且加热时应不断摇动试管内液体使受热均匀。如果加热部位在液面附近，常因高于液面和低于液面部分管壁因散热速率不同而破裂。在加热过程中，管口始终不能对着任何人的身体，以防溶液沸腾时溅出而遭伤害。

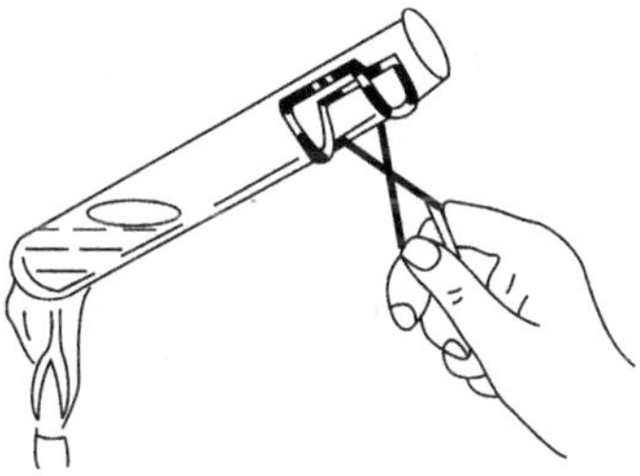

图 1.30 加热试管内的液体

③ 在蒸发皿内加热液体使其蒸发时，盛在蒸发皿内的液体不得超过蒸发皿容积的 2/3。加热时可把蒸发皿放在泥三角架上直接加热。为了不使液体溅出或者避免尘埃掉入液体中，常在蒸发皿上放一玻璃三角架(也可用玻璃钩)，并盖上表面皿。

在用蒸发皿蒸发溶液以获得固态物质的操作中，当溶液蒸发至较少量时，应不停地搅动溶液(图 1.31)，以免发生暴溅，当有固态物质析出时，应立即停止加热，在继续搅拌下利用余热把溶液蒸干。

2. 固体的加热

① 加热较少量的固体时可在试管内进行。把盛有固体的试管用铁夹固定在铁架台上，为了避免加热过程产生的水分在管口冷凝、倒流而使试管破裂，加热时必须使管口稍微向下倾斜(图 1.32)。应先小火预热一下试管底部，然后集中加热放置固体的部位。

图 1.31　蒸发

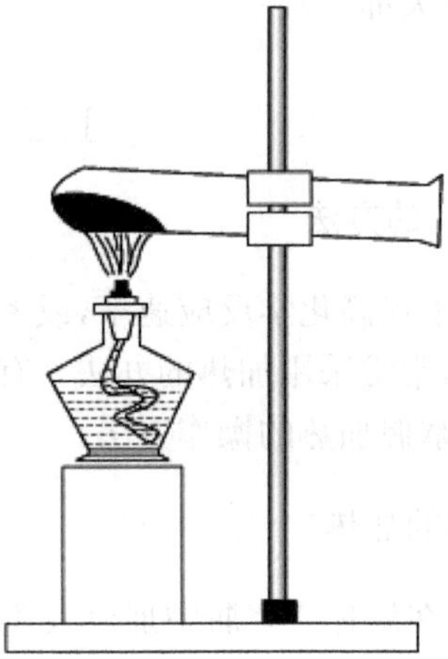

图 1.32　加热试管内的固体

② 加热较多的固体时，可把固体放在蒸发皿中进行。应注意充分搅动，以使固体受热均匀。

③ 灼烧或熔融固态物质应在耐热的坩埚中进行，根据物质的性质不同可选用瓷坩埚、铁坩埚、镍坩埚、石墨坩埚或铂坩埚。灼烧时，将盛有灼烧物的坩埚放在泥三角架上(图 1.33)，开始时先用小火烘烧，然后逐渐加大火焰，最后强热灼烧。有时把坩埚稍微倾斜地放在泥三角架上，半盖着坩埚盖进行灼烧，目的是使火焰的热量反射到坩埚内，提高坩埚内的温度。如果灼烧物质受热后会爆裂，则应将盖盖密，以免坩埚内容物迸出，影响实验结果。

要夹持高温的坩埚时，必须用坩埚钳，而且夹坩埚之前最好把坩埚钳的钳爪预热片刻。坩埚钳用后，应将钳爪朝上，平放在桌上。

3. 水浴加热

当要求被加热的物质受热均匀，温度不超过 373K(100℃)时，或者加热离心管、小试管里的溶液时，一般采用水浴加热。

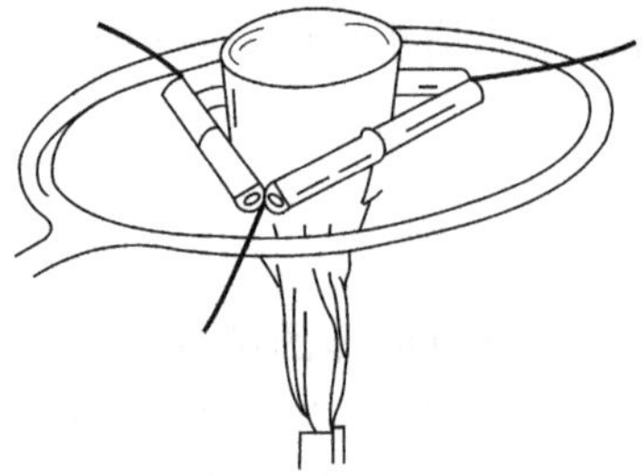

图 1.33　灼烧坩埚

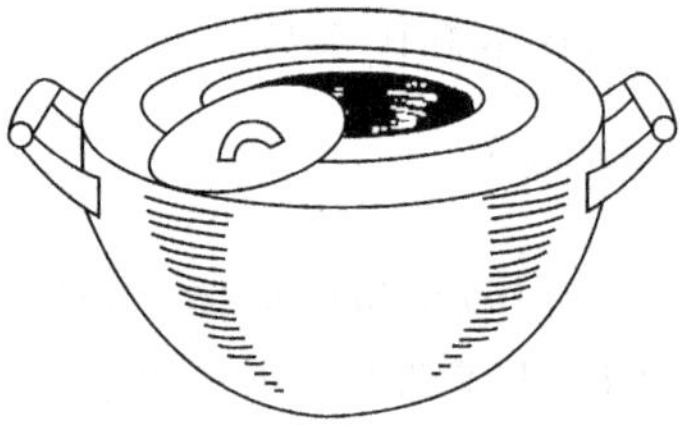

图 1.34　水浴锅

水浴加热蒸发皿或烧杯等容器内的溶液时，使用铜(铝)水浴锅(图 1.34)，而水浴加热离心管或小试管里的溶液时，则用烧杯以便观察加热后的变化。

使用水浴加热时应注意以下几点：

① 浴锅内盛水量一般占其总容量的 2/3，应随时往水浴锅中补充少量热水，以保持其中的水量，以防干涸；

② 当不慎把水浴锅中的水烧干时，应立即停止加热，待水浴锅冷却后，再加水继续加热；

③ 注意不要把烧杯等直接放在水浴锅底上加热，应选用水浴锅上大小合适的套圈，以承受器皿，或用铁夹把仪器固定在铁架台上，或在水浴锅底垫一块布。

4. 油浴和砂浴加热

当要求被加热物质受热均匀，温度又要高于 373K 时，可使用油浴或砂浴加热。

以油代替水浴锅中的水即是油浴，油浴所能达到的最高温度取决于所用油的沸点。使用油浴要小心，防止着火。

砂浴是将均匀细砂盛在一个铁制器皿内，被加热的器皿的底部部分埋入砂中，若要测量温度，可把温度计插入砂中。

二、冷却的方法

1. 空气中自然冷却

大多数实验在加热后，让加热物质及容器置于空气中自然冷却，再进行后续实验。

2. 流水冷却

有时加热后，为了节省实验时间以不间断实验，或者反应需严格控制加热时间，需迅速降温以阻止反应继续进行时，则可用流水冷却。将容器倾斜，在摇动下直接用流动的自来水冷却。

3. 冰水浴冷却

有的反应或者结晶需在低于室温下进行，则可将盛有反应物的容器置于冰水中冷却。

4. 冰盐浴冷却

有的实验需要在 273K(即 0℃)以下进行，则可用冰盐浴。冰盐浴由容器及致冷剂(冰盐或水盐的混合物)组成，所能达到的温度由冰盐的比例和盐的种类决定，干冰和有机溶剂混合时,温度更低。为了达到较好的冷却效率,要选择绝热率较好的容器,如杜瓦瓶等。表 1.6 列出了常用的致冷剂及其达到的温度。

表 1.6 常用的致冷剂及其达到的温度

致冷剂	T/K	致冷剂	T/K
30 份 NH_4Cl+100 份水	270	125 份 $CaCl_2 \cdot 6H_2O$+100 份碎冰	233
4 份 $CaCl_2 \cdot 6H_2O$+100 份碎冰	264	150 份 $CaCl_2 \cdot 6H_2O$+100 份碎冰	224
29gNH_4Cl+18gKNO_3+冰水	263	5 份 $CaCl_2 \cdot 6H_2O$+4 份碎冰	218
100 份 NH_4NO_3+100 份水	261	干冰+二氯乙烯	213
75g NH_4SCN+15g KNO_3+冰水	253	干冰+乙醇	201
1 份 NaCl(细)+3 份冰水	252	干冰+乙醚	196
100 份 NH_4NO_3+100 份 $NaNO_3$+冰水	238	干冰+丙酮	195

1.2.6 溶解、结晶、固液分离及固体的干燥

一、固体的溶解

固体的颗粒较大时,在溶解前应先进行粉碎。固体的粉碎应在洁净和干燥的研钵中进行。研钵中所盛固体的量不要超过研钵容量的 1/3。

溶解固体时,常用搅拌、加热或超声波等方法加快溶解速率。加热时应注意被加热物质的稳定性,以选用不同的加热方法。

二、蒸发与浓缩

蒸发浓缩一般在水浴上进行,若溶液太稀,也可先放在石棉网上直接加热蒸发,再放在水浴上加热蒸发。蒸发的快慢不仅和温度的高低有关,而且和被蒸发的液体的表面积大小有关。常用的蒸发容器是蒸发皿,它能使被蒸发的液体有较大的表面积,有利于蒸发的进行。蒸发皿内所盛液体的量不应超过其容量的 2/3。

随着水分的不断蒸发,溶液逐渐被浓缩。浓缩到什么程度,则取决于溶质溶解度的大小及结晶对浓度的要求。如果溶质的溶解度较小或其溶解度随温度变化较大,则蒸发到一定程度即可停止,如果溶解度较大则应蒸发得更浓一些。另外,如结晶时希望得到较大的晶体,就不宜浓缩到太大的浓度。

三、重结晶

重结晶是提纯固体物质的重要方法之一。它主要是利用不同化合物在某溶剂中溶解度不同,重结晶达到分离提纯的目的。一般是选用适当的溶剂,使得温度升高时产品在其中溶解度增大。温度降低时,产品溶解度减少,而杂质在其中不论温度高低溶解度都较大,或者不溶。把待提纯的物质溶解在适当的溶剂中,滤去不溶

物后，进行蒸发浓缩。浓缩到一定浓度的溶液，经冷却就会析出溶质的晶体。析出晶体颗粒的大小与条件有关，如溶液浓度较高、溶质的溶解度较小、冷却速率较快、不时搅拌溶液、摩擦器壁等，这些因素都能使析出的晶体较小。如果溶液浓度适当，投入小粒晶种后静置溶液，缓慢冷却（如放在温水浴上冷却），就能得到较大的晶体。

晶体颗粒的大小要适当。颗粒较大且均匀的晶体挟带母液较少，易于洗涤；晶体太小且大小不匀时，能形成稠厚的糊状物，挟带母液较多，不易洗净；只得到几粒大晶体时，母液中剩余的溶质较多，影响产率，所以结晶颗粒大小适宜且较为均匀有利于物质的提纯。如果剩余母液太多，还可再次进行浓缩、结晶，但所得晶体的纯度不如第一次高。

当结晶一次所得物质的纯度不合要求时，可以重新加入尽可能少的溶剂溶解晶体，经蒸发后再进行结晶。这样可以提高晶体的纯度，当然产率会有所降低。

四、固液分离

1. 倾析法

分离沉淀与溶液时，如果沉淀的颗粒较大，静置后能沉降至容器底部，可采用倾析法，即待沉淀已下沉至容器底部，小心地把上层澄清的溶液沿着玻璃棒倾入另一容器（图 1.35）。洗涤沉淀时，可往盛着沉淀的容器中加入少量的洗涤剂，把沉淀与溶液充分搅匀，静置使沉淀下沉，倾出上层的液体，如此重复两三次，则可把沉淀洗净。

图 1.35　倾倒溶液

2. 离心分离法

当被分离的沉淀的量很少时，若用一般方法过滤，沉淀会粘在滤纸上，难以取下，这时可以应用离心分离法。

将盛有沉淀和溶液的离心管放在离心机中，高速旋转时，沉淀受到离心力的作用，向离心管的底部移动，因此沉淀聚集在管底尖端，上面是澄清溶液。

实验室常用的离心仪器是电动离心机，如图 1.36 所示，其使用方法见 1.3.7 节“实验室某些常用公用设备的使用”。

离心沉淀后，需将沉淀与溶液分离时，用左手斜持离心管，右手拿毛细吸管，挤捏吸管的橡皮胶头以排出其中的空气，然后按图 1.37 所示，把毛细管伸入离心管，直到毛细管末端恰好进入液面为止。然后慢慢减小手对橡皮胶头上的挤压力量，清液被慢慢吸入毛细吸管。随着离心管中的液面的降低，毛细吸管应逐渐下移，至全部清液吸入毛细吸管为止。毛细吸管的末端接近沉淀时，操作要特别小心。最后取出毛细吸管，将清液放在接受器中。沉淀和溶液分离后，沉淀表面仍有少量溶液，必须经过洗涤，才能得到纯净的沉淀。为此，往盛沉淀的离心管中加入适量的蒸馏水或其他作为洗涤用的电解质溶液，用玻璃棒充分搅拌后(图 1.38)，进行离心沉降，用毛细吸管将上层清液吸出。如此反复洗涤 2～3 次，每次用等于沉淀体积 2～3 倍的洗涤液即可。

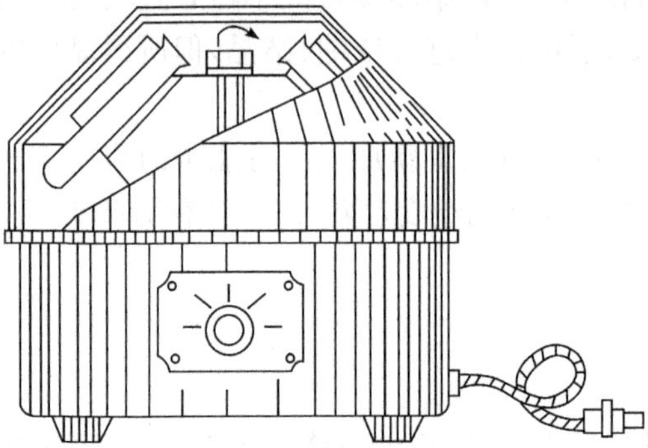

图 1.36 电动离心机

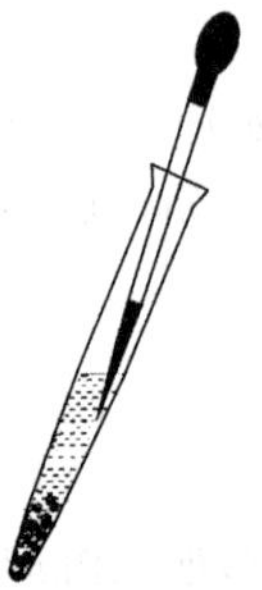

图 1.37 吸出溶液

图 1.38 洗涤沉淀

3. 过滤法

分离沉淀与溶液最常用的方法是过滤。过滤时，先把上层澄清液倾入装有滤纸的漏斗中，然后再把沉淀与溶液的混合物一齐倾入漏斗中。这样过滤速率较快，沉淀留在滤纸上，溶液则通过滤纸流入接受器，过滤后的溶液称为滤液。

(1) 常压过滤　这是最简便和最常用的过滤方法，过滤前，根据沉淀物的多少，选择大小合适的玻璃漏斗和滤纸。常压过滤操作见 1.2.11 节的“重量分析的基本操作”。

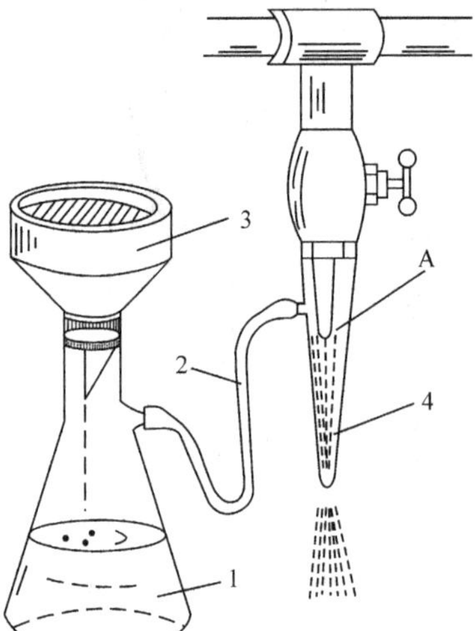

图 1.39 减压过滤装置
1. 抽滤瓶；2. 抽气管；
3. 布氏漏斗；4. 水抽气泵

(2) 减压过滤　过滤较大量的液体且其中包含的沉淀颗粒较大时，可采用减压过滤法。减压过滤的装置如图 1.39 所示。过滤部分由布氏漏斗和抽滤瓶组成，连接水泵以抽气减压，水泵在 A 处有一窄口，当水急剧流经 A 处时，水即把空气带出，而使与水泵相连的抽滤瓶压力降低。在泵与抽滤瓶之间常接有一安全瓶，以避免关闭水泵或泵中水流速率变化时，水倒流入抽滤瓶。实验室常用真空泵代替水泵。

进行减压过滤操作前，先剪取一张大小合适的滤纸，把它平放在布氏漏斗的底部，它的面积应比布氏漏斗底部面积略小，但又能把所有的细孔盖住，用少许蒸馏水润湿滤纸，微启水泵（或真空泵），使抽滤瓶内压力略微降低，把滤纸紧吸平贴在布氏漏斗上。然后，往布氏漏斗中徐徐注入溶液与沉淀的混合物，并逐渐增大水泵中的水流速率，使抽滤瓶中压力降低，加速过滤速率。过滤完毕后，先拔出抽滤瓶上的橡皮管，然后关闭水泵（或真空泵）。过滤后的沉淀往往需要洗涤，这时，可加入适宜的洗涤液，使所有沉淀都能均匀湿润，如果不许使用较大量的洗涤液，则洗涤液应淹没所有的沉淀。再微开水泵，连上橡皮管，让洗涤液慢慢透过全部沉淀。最后开大水泵，抽吸干燥。如需多次洗涤，则重复操作至达到要求为止。洗涤后的沉淀如果是实验的产物（如提纯食盐时的食盐），可用手掌轻轻拍打漏斗的四周，使其中的沉淀疏松，然后把布氏漏斗倒盖在表面皿上，上下震动几次使沉淀连同滤纸脱离布氏漏斗，然后用玻璃棒小心地把粘在滤纸上的沉淀刮下。

腐蚀性强的溶液（如 $KMnO_4$）会破坏滤纸，因此不能用上述的方法过滤，通常用玻璃丝或石棉纤维代替滤纸。在较精确的实验中往往使用砂芯玻璃坩埚（不能用于碱性滤液）。

（3）热过滤　有时在较高温度下制得的饱和溶液中含有不溶性物质，为避免溶解物质因溶液冷却过早析出晶体，往往采用热过滤法。过滤时，把玻璃漏斗放在铜质的热水漏斗内以维持溶液的温度（图 1.40）。

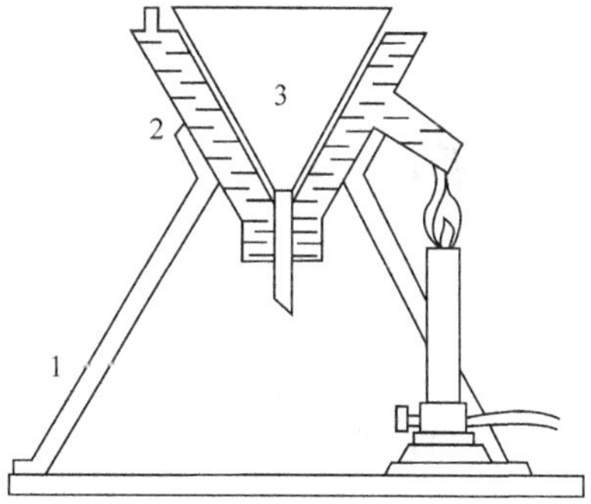

图 1.40　热过滤漏斗

1. 铁三角架；2. 漏斗套；3. 短颈漏斗

五、固体的干燥

过滤后得到的晶体或沉淀，总含有一些母液或溶剂，往往需要干燥处理。

在化学实验中常常把样品置于烘箱中干燥，烘干样品时，应根据该物质的热稳定性及溶剂的挥发性调节电烘箱的温度，以免因温度过高致使物质分解。

受热不易分解的物质如氯化钠等可置于蒸发皿中直接加热去除水分。晶体较大的或受热易分解的物质，可用滤纸碎片轻压吸去水分或置于白瓷片上晾干，也可置于表面皿上储存于盛有干燥剂的干燥器里，常用的干燥剂有浓硫酸、无水氯化钙、硅胶、苏打石灰和五氧化二磷等。选用何种干燥剂应视被干燥物质的性质而定，例如，容易脱去氨的氨合物不宜使用浓硫酸或无水氯化钙作为干燥剂，而必须用苏打石灰。

1.2.7 气体的发生与收集

一、气体的发生

由块状的固态物质与溶液反应产生气体的装置最合适的是启普发生器(见图1.13及相关文字叙述),如氢气、二氧化碳和硫化氢等气体的制取。由颗粒细小的固态物质与溶液反应或由液态与液态物质之间反应产生气体的装置如图1.41所示。这两种装置制得的气体都带有酸雾和水汽,因此必须经净化处理。一般使气体通过装有玻璃丝的容器或洗气瓶以除去酸雾,而用浓硫酸、无水氯化钙或其他合适的干燥剂吸收水汽。浓硫酸可装在洗气瓶内使用,氯化钙等固体干燥剂则装在干燥塔、U形管、干燥管内使用。

由固态物质产生气体装置如图1.42所示。

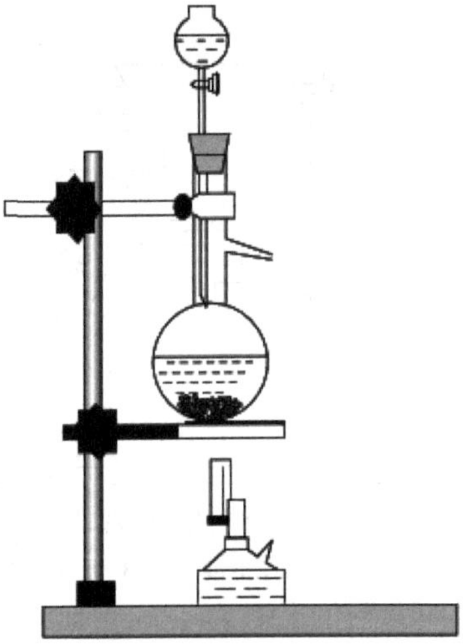

图1.41 加热溶液反应产生气体

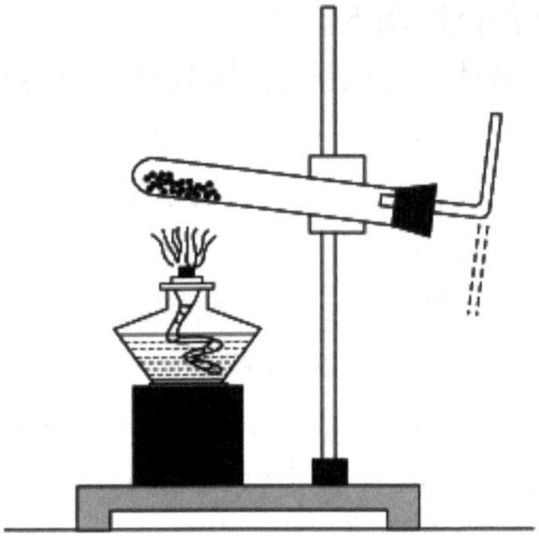

图1.42 加热固体反应产生气体

装配好气体发生装置以后,必须检查系统的气密性。为此,将反应器的导气管插入水中一小段,用手掌紧贴反应器的外壁(或用酒精灯微热),若能看到导气管口有气泡冒出,当停止对反应器加热,片刻后反应器因冷却,水上升到导管里,形成一段水柱,就说明反应器没有漏气。

二、气体的收集

净化过的气体,根据其性质可分别采用排水法或排气法收集。

在水中溶解度很小的气体如氧气、氮气、一氧化碳等可用排水集气法收集(图 1.43)。易溶于水而比空气轻的气体(如氨)可按图 1.44 装置收集。易溶于水而比空气重的气体(如氯化氢)可按图 1.45 装置收集。

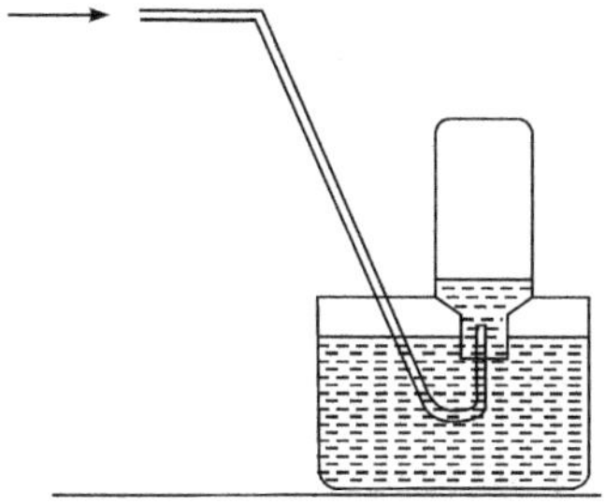

图 1.43　排水集气法

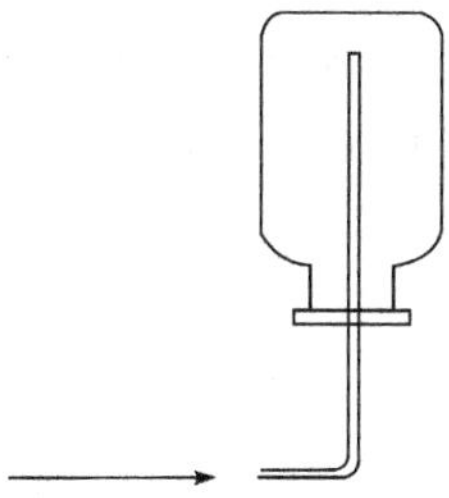

图 1.44　排气法收集比空气轻的气体

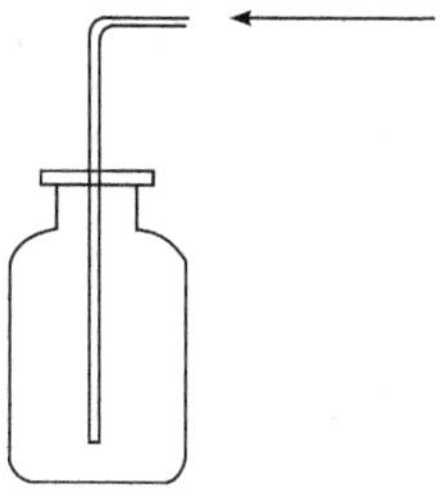

图 1.45　排气法收集比空气重的气体

由图 1.41、图 1.42 装置发生气体,而且是用排水集气法收集气体(或把气体发生器的导管插入液态的反应物里),操作时必须谨防倒流,以防发生事故。因此,反应器停止加热之前,必须把导气管从水(或其他液体)中移开(为什么?)。

1.2.8　试纸的使用

在实验室中经常使用试纸来定性检验一些溶液的性质或某些物质是否存在,操作简单,使用方便。

一、试纸的种类

试纸的种类很多,实验室常用的有:pH 试纸、乙酸铅试纸和碘化钾-淀粉试纸。

1. pH 试纸

pH 试纸用以检验溶液的 pH。一般有两类:一类是广泛 pH 试纸,变色范围在 pH=1～14,用来粗略检验溶液的 pH;另一类是精密 pH 试纸,这种试纸在 pH 变化较小时就有颜色的变化,它可用来较精细地检验溶液的 pH。这一类有很多种,如变色范围在 pH=2.7～4.7、3.8～5.4、5.4～7.0、6.9～8.4、8.2～10.0、9.5～13.0 等。

2. 乙酸铅试纸

乙酸铅试纸用以定性地检验反应中是否有 H_2S 气体产生(即溶液中是否有

S^{2-}存在)。使用时先用蒸馏水润湿试纸，将待测溶液酸化，如有 S^{2-}，则生成 H_2S 气体逸出，遇到试纸，即溶于试纸上的水中，然后与试纸上的 $Pb(Ac)_2$ 反应，生成黑色的 PbS 沉淀：

$$Pb(Ac)_2 + H_2S = PbS\downarrow + 2HAc$$

试纸呈黑褐色并有金属光泽(有时颜色虽较浅，但仍显示出特征的金属光泽)。当溶液中 S^{2-} 的浓度较小时，用此试纸不易检出。

3. 碘化钾-淀粉试纸

碘化钾-淀粉试纸用以定性地检验氧化性气体(如 Cl_2、Br_2 等)。使用时先用蒸馏水将试纸润湿。氧化性气体溶于试纸上的水后，将 I^- 氧化为 I_2：

$$2I^- + Cl_2 = I_2 + 2Cl^-$$

I_2 立即与试纸上的淀粉作用，使试纸变为蓝紫色。要注意的是，如果氧化性气体的氧化性很强且气体浓度较大，则有可能将 I_2 继续氧化成 IO_3^-，而使试纸又褪色，这时不要误认为试纸没有变色，从而得出错误结论。

二、试纸的使用方法及注意事项

1. pH 试纸

将一小块试纸放在点滴板上，用沾有待测溶液的玻璃棒点试纸的中部，试纸即被待测溶液润湿而变色。不要将待测溶液滴在试纸上，更不要将试纸泡在溶液中。试纸变色后，与色阶板比较，得出 pH 或 pH 范围。

2. 乙酸铅试纸与碘化钾-淀粉试纸

将一小块试纸润湿后粘在玻璃棒的一端上，然后用此玻璃棒将试纸放在试管口，如有待测气体逸出则变色。有时逸出的气体较少，可将试纸伸进试管，但要注意，勿使试纸接触管壁和溶液。

使用试纸时要注意节约，应将试纸剪成小片，储于盖密的容器内，每次用一片。取出试纸后，应立即将装试纸的容器盖严，以免被实验室内的一些气体沾污。

1.2.9 滴定分析主要器皿的使用与滴定操作

吸管(包括移液管和吸量管)、滴定管、容量瓶、量筒等，是化学实验中测量溶液体积的常用量器。它们的正确使用是化学(尤其是滴定分析法)实验的基本操作技术之一，在此，简要地介绍这些量器(不含量筒)的规格和使用方法。

一、吸管

吸管分为移液管(也称无分度吸管)和吸量管(也称分度吸管)两种。

1. 移液管

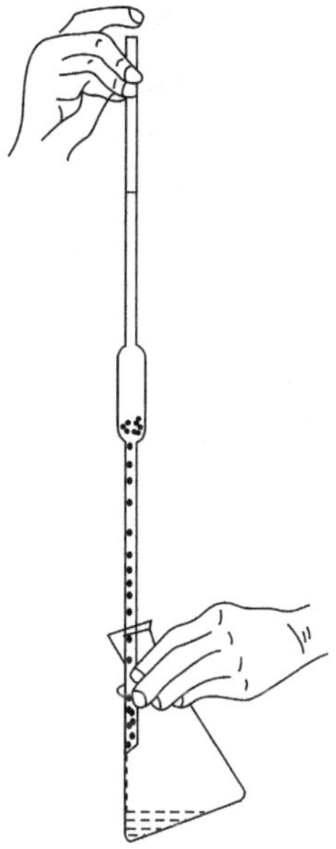

图 1.46　移液管的操作

移液管是用于准确移取一定体积溶液的量出式玻璃量器,正规名称是“单标线吸量管”,通常称为移液管。它中间有一膨大部分(图 1.46),管颈上部刻有一标线,此标线的位置是由放出溶液的体积决定的。

移液管的容量单位为毫升,其容量为在 20℃时按下述方式排空后所流出纯水的体积:洁净的移液管充入纯水至标线以上几毫米,在移液管垂直状态下将下降的液面调定于刻线,即弯液面的最低点与刻线的上边缘水平相切(视线在同一水平面),此时即调定零点。除去粘于流液口外面的液滴,然后将管内纯水排入另一稍倾斜(约 30°)的容器中,当液面降至流液口处静止时,再等待 15s。这样所流出的体积即为该移液管的容量。

移液管产品按其容量精度分为 A 级和 B 级。国家规定的容量允差和水的流出时间见表 1.7。

表 1.7　常用移液管的规格

标称容量/mL		2	5	10	20　25	50	100
容量允差/mL	A	±0.010	±0.015	±0.020	±0.030	±0.05	±0.08
	B	±0.020	±0.030	±0.040	±0.060	±0.10	±0.16
水的流出时间/s	A	7～12	15～25	20～30	25～35	30～40	35～40
	B	5～12	10～25	15～30	20～35	25～40	30～40

使用移液管时应注意以下几点:

① 用铬酸洗液将其洗净,使其内壁及下端的外壁均不挂水珠。使用时用吸水纸片将流液口内外残留的水吸去。

② 移取溶液之前,先用欲移取的溶液涮洗三次。方法是:吸入溶液至刚入膨大部分,立即用右手食指按住管口(尽量勿使溶液回流,以免稀释),将管横过来,用两手的拇指及食指分别拿住移液管的两端,转动移液管并使溶液布满全管内壁,当溶液流至距上口 2～3cm 时,将管直立,使溶液由尖嘴(流液口)放出,弃去。

③ 用移液管移取溶液时,右手拇指及中指拿住管颈刻线以上的地方(无名指

及小指依次靠拢中指)，将移液管垂直插入液面以下 1～2cm 深度。不要插入太深，以免外壁粘带溶液过多；也不要插入太浅，以免液面下降时吸空。左手拿洗耳球，挤捏球部，排除空气后紧按在移液管口上，借吸力使液面慢慢上升。眼睛注视正在上升的液面位置，移液管应随原容器中液面的下降而下降。当移液管中的液面上升至刻线以上时，迅速用右手食指紧按密封管口(食指最好是潮而不湿)，抽出移液管，用吸水纸擦去管尖外部的溶液。然后，左手持原容器，并使其倾斜约 30°。移液管保持竖直，并使其流液口与原容器的内壁接触，视线与移液管的标线在同一水平线上，稍松食指，用拇指及中指轻轻捻转管身，使液面缓慢下降，直至弯液面的最下缘与标线相切。按紧食指，使溶液不再流出，将移液管移至准备接受溶液的容器中，仍使移液管垂直且其流液口接触倾斜约 30°的器壁，松开食指，使溶液自由地沿壁流下(图 1.46)，待下降的液面静止后，再等待 15s，然后拿出移液管。不可借助外力把移液管流液口内残留的溶液吹入或震入接收的容器中。

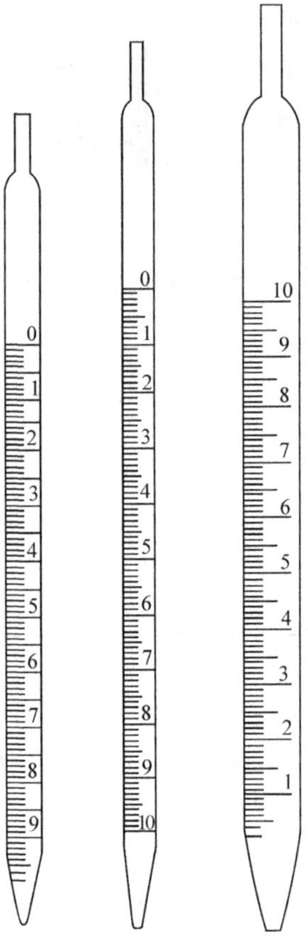

图 1.47　分度吸量管

2. 吸量管

吸量管的全称是“分度吸量管”，它是带有分度的量出式量器(图 1.47)，用于移取非固定量的溶液。吸量管容量的精度级别分为 A 级和 B 级，其产品大致分为以下三类。

(1) 规定等待时间 15s 的吸量管　这类吸量管的容量精度均为 A 级。零位在上，完全流出式[图 1.47(a)]，它的任一分度线的容量定义为：在 20℃时，从零线排放到该分度线所流出水的体积(mL)。移液过程中当液面降至该分度线以上几毫米时，应按紧管口停止排液 15s，再将液面调到该分度线。在量取吸量管的全容量溶液时，排液过程中水流不应受到限制，液面降至流液口处静止时，应等待 15s，再从接受液容器中移走吸量管。

(2) 不规定等待时间的吸量管　这类产品分为 A 级和 B 级，有三种形式：

① 完全流出式，零位在上，如图 1.47(a)；

② 不完全流出式，零位在上，如图 1.47(b)；

③ 完全流出式，全容量在上，如图 1.47(c)。

这种吸量管可以从欲量取体积的分度线调节零点。

不规定等待时间，即一旦确定液面已静止，吸量管即可与接受容器脱离接触。

(3) 快流速和吹出式吸量管　这类吸量管的容量精度均为B级。不规定等待时间，有零点在上和零点在下两种形式，均为完全流出式。快流速的产品上标示“快”字，吹出式产品上标示“吹”字。使用吹出式吸量管的全容量时，液面降至流液口静止后随即将最后一滴残留液一次吹出。这两种吸量管流速快、精度低。适于在仪器分析实验中加试剂用，最好不用它加标准溶液。

吸量管的使用方法与移液管大致相同，这里只强调几点：

① 由于吸量管的容量精度低于移液管，所以在移取2mL以上固定量溶液时，应尽可能使用移液管。

② 使用吸量管时，尽量在最高标线调整零点，然后控制放液至所需的体积。

③ 吸量管的种类较多，要根据所做实验的具体情况，合理地选用吸量管。但由于种种原因，目前市场上的产品不一定都符合标准，有些产品标志不全，有的产品质量不合格，使得用户无法分辨其类型和级别，如果实验精度要求很高，最好经容量校准后再使用。

二、滴定管

滴定管是可取出不固定量液体的量出式玻璃量器，主要用于测量滴定分析中的滴定剂体积。它的主要部分管身是用细长而内径均匀的玻璃管制成，上面刻有均匀的分度线，下端的流液口为一尖嘴，中间通过玻璃旋塞或乳胶管(管中套有玻璃珠)连接以控制滴定速率。

1. 滴定管的分类

滴定管大致有以下几种类型：普通的具塞和无塞滴定管、自动定零位滴定管、侧边三通活塞自动定零位滴定管等。滴定管的全容量最小的为1mL，最大的为100mL，常用的是10mL、25mL、50mL容量的滴定管。国家规定的容量允差和水的流出时间列于表1.8。

自动定零位滴定管(图1.48所示是其中的一种)是将贮液瓶与具塞滴定管通过磨口塞连接在一起的滴定装置，加液方便、自动调零点，适用于常规分析中的经常性滴定操作。使用时用打气球向贮液瓶内加压，使瓶中的标准溶液压入滴定管中，滴定管管顶熔接了一个回液尖嘴，使零线以上的溶液自动流回贮液瓶而恰好调定零点。这种滴定管结构比较复杂，清洗和更换溶液都比较麻烦，价格较贵，因此并不普遍使用。在教学和科研中广泛使用的是普通滴定管，在此主要介绍两种普通滴定管。

表 1.8 常用滴定管容量允差和水的流出时间

标称容量/mL		5	10	25	50	100
分度值/mL		0.02	0.05	0.1	0.1	0.2
容量允差/mL	A	±0.010	±0.025	±0.04	±0.05	±0.10
	B	±0.020	±0.050	±0.08	±0.10	±0.20
水的流出时间/s	A	30～45		45～70	60～90	70～100
	B	20～45		35～70	50～90	60～100
等待时间/s				30		

(1) 具塞滴定管　具塞普通滴定管的外形如图 1.49(a)所示，这种滴定管是利用转动玻璃旋塞控制滴定速率，由于它不能长时间盛碱性滴定剂(避免腐蚀磨口及旋塞)，所以习惯称为酸式滴定管。

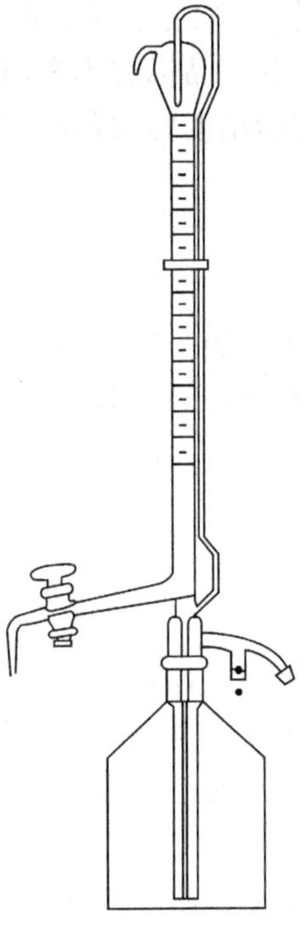

图 1.48　自动定零位滴定管

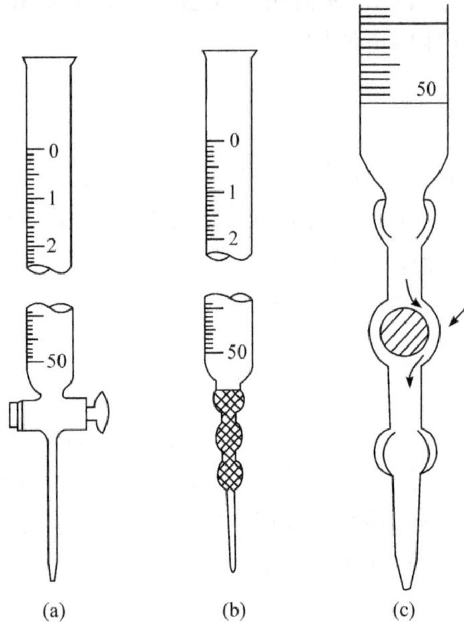

图 1.49　普通滴定管

使用前的准备工作：首先检查外观和密合性，将旋塞用水润湿后插入活塞套内，管中充水至最高标线，垂直挂在滴定台上，5min 后漏水不应超过 1 个分度(50mL 滴定管的分度值为 0.1mL)。然后将活塞涂油(起密封和润滑作用)，方法是：将滴定管中的水倒掉，平放在实验台上，抽出旋塞，卷上一小片滤纸再插入活塞套内，转动旋塞几次，再带动滤纸一起转动几次，这样可以擦去旋塞和活塞套表面的水及油污，再换 1～2 次滤纸反复擦拭。将最后一张滤纸暂时留在活塞套内，抽出旋塞，均匀地涂上很薄的一层凡士林(图 1.50)，随后取出滤纸并迅速将旋塞插入活塞套内(图 1.51)，沿同一方向旋转几次，此时活塞部位应呈透明无纹络，否则说明未擦净或凡士林涂得不合适，应重新处理。注意，首先是保证擦干擦净，其次是涂凡士林要少而均匀，涂得太多会堵塞旋塞通道。涂好凡士林的旋塞应该是润滑而不漏水，将滴定管装满水，夹在滴定台上放置 2min，观察流液口及活塞两侧，均不应有水渗出，将旋塞转动 180°再试一次，如果漏水，说明活塞不密合，应重新处理和涂凡士林或更换滴定管。

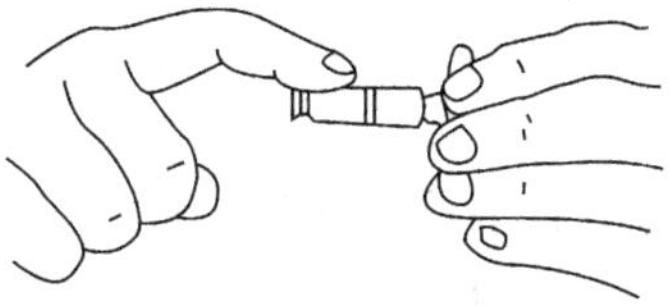

图 1.50　旋塞涂油

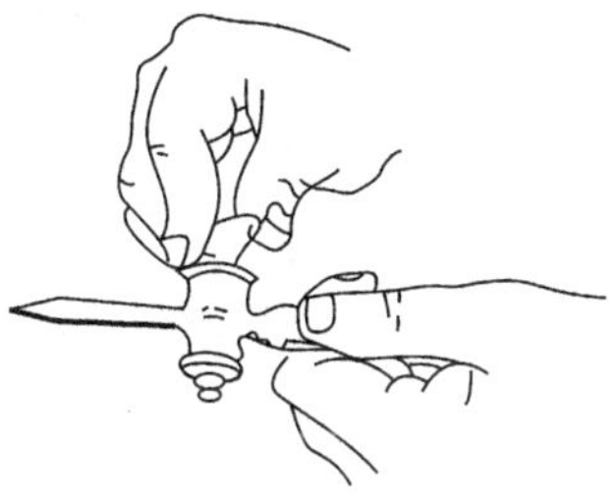

图 1.51　插入旋塞

为了避免旋塞被碰松动时脱落损坏，涂好凡士林的滴定管应在旋塞末端套上一个小橡皮圈。注意，此时应用手指抵住旋塞柄，不使旋塞松动。如果套橡皮圈时使旋塞松动，不但影响密合性，而且可能使旋塞掉在地上摔坏。

最后是洗涤滴定管，倒入铬酸洗液至液面接近管口，夹挂在滴定台上放置几分钟，将洗液倒回原瓶，用自来水将洗液涮净，再用纯水洗三次，每次用水约 10mL。洗净的滴定管倒挂在滴定台上备用。

(2) 无塞滴定管　无塞普通滴定管的外形如图 1.49(b)所示，由于它可盛碱性溶液，故通常称为碱式滴定管。管身与下端的细玻管(流液口)之间用乳胶管连接，胶管内放一粒玻璃珠，用手指捏玻璃珠周围的橡皮时，便会形成一条狭缝，溶液即可流出[图 1.49(c)]，并可控制流速。玻璃珠的大小应合适，过小会漏液或在使用时上下移动，过大则在放液时手指很吃力，操作不方便。碱式滴定管不宜盛放对乳胶管有腐蚀作用的溶液，如 $KMnO_4$、I_2、$AgNO_3$ 溶液等。

使用前的准备工作：先进行洗涤，将玻璃珠向上推至与滴定管管身下端相接触(以阻止洗液与乳胶管接触)，然后加满铬酸洗液，放置几分钟，把洗液倒回原瓶，再依次用自来水和纯水洗净。如果乳胶管已经老化，应及时更新，并配上合适的玻璃珠。更换乳胶管或玻璃珠后，应再用纯水洗两次，然后倒挂在滴定台上备用。

2. 滴定管的使用方法及滴定操作

(1) 操作溶液(标准溶液或待标定溶液)的装入　先将操作溶液摇匀,使凝结在瓶壁上的水珠混入溶液。用该溶液润洗滴定管 2～3 次,每次用 10mL 左右溶液,双手拿住滴定管两端无刻度部位,在转动滴定管的同时,使溶液流遍内壁,再将溶液由流液口放出(弃去)。润洗之后,随即装入溶液,左手拿住滴定管上端无刻度部位,右手拿盛溶液的细口试剂瓶,将溶液直接加入滴定管(不可借助于漏斗、烧杯、滴管等器皿加入溶液),然后排除管下端的气泡:对于酸式滴定管,右手拿住管上端的无刻线部位(或夹在滴定台上),左手握住旋塞,握塞的方式见图 1.56,迅速旋开旋塞同时观察旋塞以下的细管中的气泡是否全部被溶液冲出,排除气泡后随即关闭旋塞;对于碱式滴定管,右手拿住管身上端,并使管身稍倾斜,左手捏乳胶管中玻璃珠周围,并使尖嘴向上翘起(图 1.52),使溶液迅速冲出,同时观察玻璃珠以下的管内气泡是否排尽。

(2) 零点的调定和读数方法　装入溶液至滴定管零线以上几毫米(若装入溶液过多则应先放出溶液至液面降至零线以上几毫米),挂在滴定台上等待 30s,然后即可调节零点。调定零点和读数时要注意以下几点:

① 滴定管要垂直,操作者身体要站正,视线与零线或弯液面(滴定读数时)在同一水平线上。调零点时可以观察到零线(环线)前后线重合,在此情况下缓慢放出溶液至弯液面最低点与零线上边缘相切,即已调定零点。注意,调零或读数时如果眼睛的位置偏高或偏低,会使读数偏低或偏高(图 1.53)。

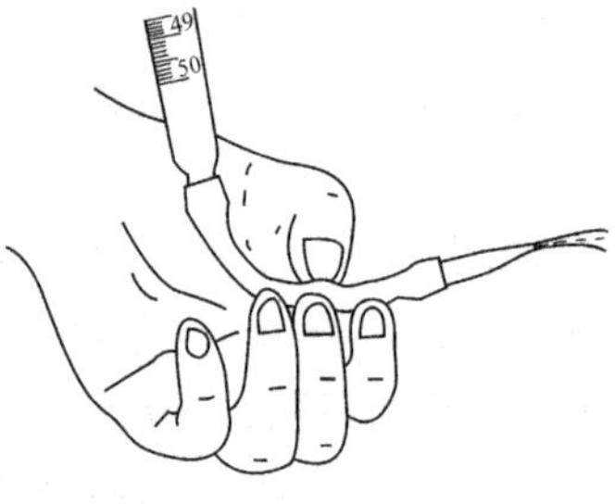

图 1.52　排除气泡

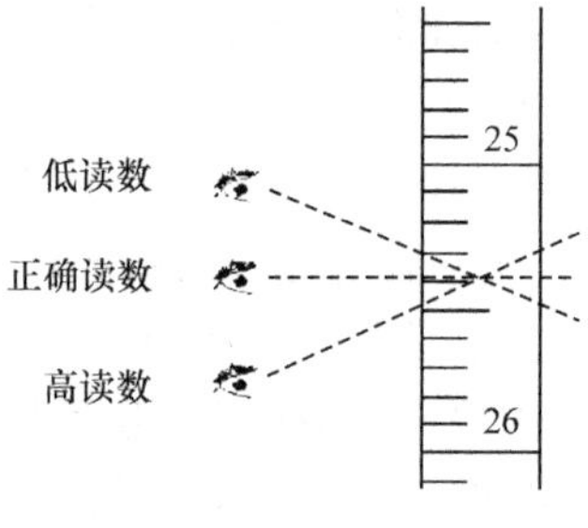

图 1.53　无色及浅色溶液的读数

② 为了使弯液面下缘更清楚,调零和读数时可在液面后方衬一读数卡,该卡是在厚白纸上涂黑一长方形(图 1.54),使用时将读数卡紧贴于滴定管后面,并使黑色的上边缘位于弯液面最低点下方约 1mm 处。注意:调零和滴定读数时的条件要一致,或都使用读数卡,或都不使用读数卡;位置、光线、背景的色调等也应一致,读数时要提高滴定管使液面躲开蝴蝶夹,这一点在不使用读数卡时很重要。

③ 深色溶液(如 $KMnO_4$、I_2 溶液等)的弯液面不易观察,应观察液面的上边缘(图 1.55)。在光线较暗处读数时可用白纸卡片作后衬。

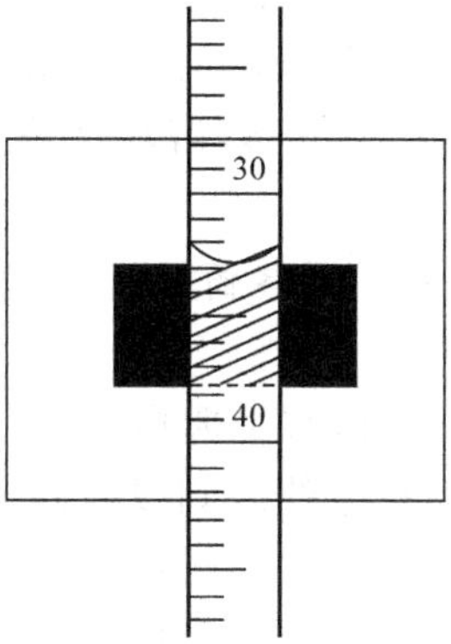

图 1.54　衬黑白卡读数

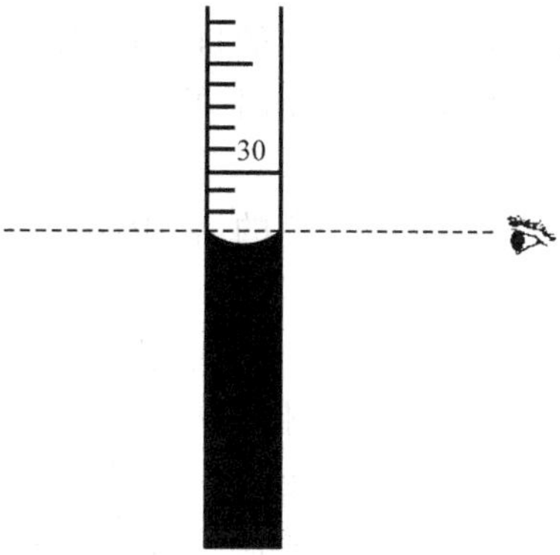

图 1.55　深色溶液的读数

④ 使用碱式滴定管时，调节零点的操作难度较大，如果捏胶管位置偏上，调定零点后手指一松开，液面就会降至零线以下；如果捏胶管的位置偏下，手一松开尖嘴（流液口）就会吸入空气，这两种情况都直接影响滴定结果。滴定读数时，若发现尖嘴内有气泡必须先小心排出。

⑤ 滴定体积的读数和记录必须读记至毫升后小数点第二位，即在两小刻度间估计到 0.01mL。

（3）滴定操作　酸式滴定管的握塞方式及滴定操作如图 1.56 所示。左手无名指及小指弯向掌心并位于管的左侧，无名指的中间节轻触旋塞下方的玻璃管，拇指放于管右侧旋塞柄上方的中间，中指和食指分别放于旋塞柄下方的两端，利用三指头的杠杆力旋转旋塞，以开、关旋塞及控制滴定速率。三指头应有轻微向手心的回力。左手手心内凹，手心不得接触旋塞芯的细端，以防止旋塞松动造成漏液。滴定过程中左手不得离开旋塞而任溶液自流。

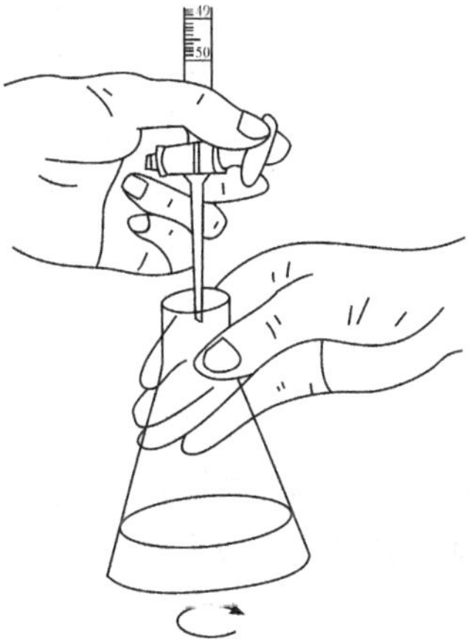

图 1.56　酸式滴定管的操作

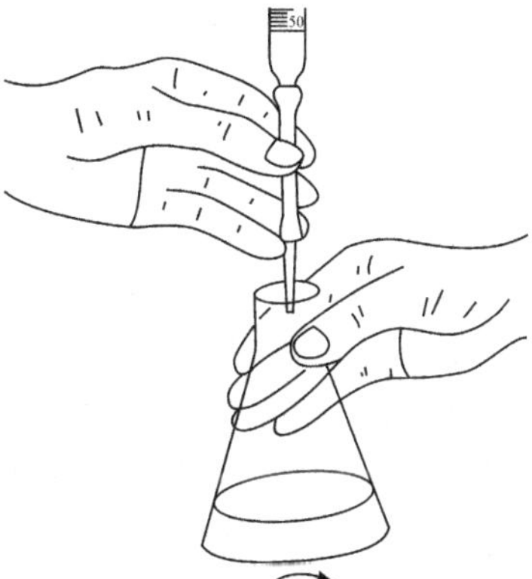

图 1.57　碱式滴定管的操作

碱式滴定管的操作如图 1.57 所示。用左手的中指和无名指轻轻夹住出口玻璃管，以减少滴定时乳胶管的抖动和扭曲，拇指与食指的指尖轻轻捏挤玻璃珠所在乳胶管的右侧或右侧稍偏上的部位，使玻璃珠稍往左边偏移，溶液从形成的缝隙中流出。

滴定台应是白色的，否则应放一块白瓷砖，便于观察滴定过程中溶液颜色的变化。

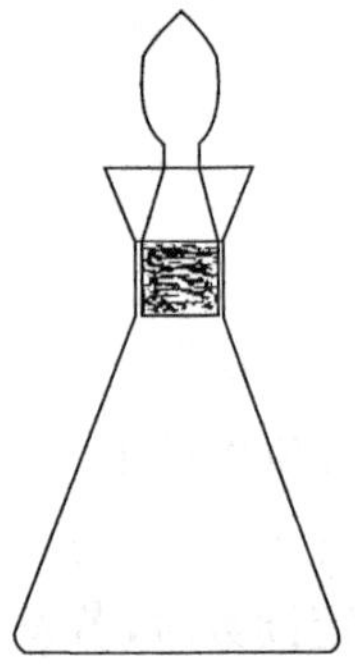
图 1.58　碘量瓶

滴定通常都在锥形瓶中进行，右手拇指、食指及中指握住锥形瓶的颈部，其余指头辅助在瓶的内侧或外侧。滴定时，提起锥形瓶，使滴定管出口末端插入锥形瓶口下方约 1cm，瓶底离滴定台 2～3cm，在左手控制滴定速率的同时，右手靠手腕摇动锥形瓶，使瓶内溶液做同心圆运动并形成漩涡，使溶液混匀。溴酸钾法、碘量法（滴定碘法）等需在碘量瓶中进行反应和滴定。碘量瓶是带有磨口玻璃塞和水槽的锥形瓶（图 1.58），喇叭形瓶口与瓶塞柄之间形成一圈水槽，槽中加纯水可形成水封，防止瓶中溶液反应生成的气体（Br_2、I_2 等）逸失。反应完成后，右手手心向上，用食指和中指反向夹住瓶塞拔起，水即流下并可冲洗瓶塞和瓶壁，接着进行滴定。有些样品宜在烧杯中滴定（例如高锰酸钾法测定钙），烧杯放在滴定台上，滴定管尖嘴伸入烧杯左后方（不可靠壁）约 1cm，左手控制滴定管，右手拿玻璃棒搅动溶液。近终点时所加的半滴溶液可用玻璃棒下端轻轻沾下，再浸入溶液中搅匀。

要控制适当的滴定速率，一般情况下以每分钟 10mL 左右为宜。接近终点时速率要放慢，加一滴溶液摇几秒钟，最后还要加 1 次或几次半滴溶液直至终点。欲加半滴溶液时，要仔细观察流液口出现的悬而未落的液滴的大小，估计有半滴左右时立即关闭旋塞或松开捏胶管的手指，然后用锥形瓶内壁将半滴溶液沾落，再用洗瓶（内盛纯水）将附于瓶壁上的溶液冲下去，继续摇动，观察颜色变化。当通过加入 1 滴或半滴溶液而使颜色发生明显变化，出现终点时应有的颜色并保持半分钟不消失即为滴定终点。注意，半滴溶液靠入锥形瓶后，用洗瓶冲时，要使用很少量的水，如果冲洗次数太多（一般 1～2 次）、用水量较大，使溶液过分稀释，就可能导致终点时变色不敏锐。最好用涮壁法，即半滴溶液靠入锥形瓶（尽量使尖嘴伸入瓶中较低处）后，将瓶倾斜，用瓶中的溶液将附于壁上的半滴溶液涮入瓶中。

（4）滴定结束后滴定管的处理　标准溶液不宜长时间放在滴定管中。滴定完毕应将管中溶液倒掉，依次用自来水和纯水洗净，然后装满纯水挂在滴定台上，上口用一器皿罩上，下口套一段洁净的橡皮管。或倒尽水后收在仪器柜中，也要注意保持管口和尖嘴的清洁。

三、容量瓶

1. 容量瓶的规格

容量瓶是细颈梨形平底玻璃瓶，由无色或棕色玻璃制成(图 1.59)。带有磨口玻璃塞或塑料塞，颈上有一标线。容量瓶均为量入式，颈上应标有“In”字样。精度级别分为 A 级和 B 级，国家规定的容量允差列于表 1.9。

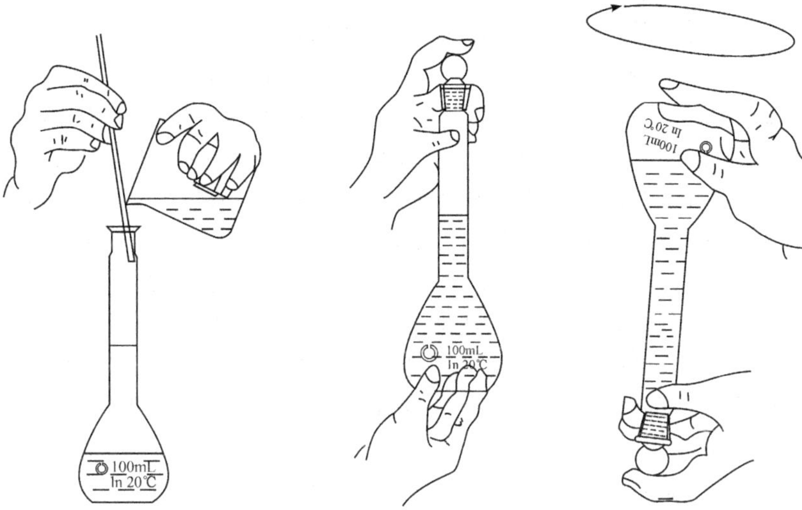

图 1.59 容量瓶的使用

表 1.9 常用容量瓶的规格

标称容量/mL		10	25	50	100	200	250	500	1000	2000
容量允差/mL	A	±0.020	±0.030	±0.05	±0.10	±0.15	±0.15	±0.25	±0.40	±0.60
	B	±0.040	±0.060	±0.10	±0.20	±0.30	±0.30	±0.50	±0.80	±1.20

容量瓶的容量定义为：在 20℃时，充满至标线所容纳水的体积，以毫升计。通常采用下述方法调定弯液面：调节液面使刻度线的上边缘与弯液面的最低点水平相切，视线应在同一水平面。

2. 容量瓶的使用

容量瓶的主要用途是配制准确浓度的溶液或定量地稀释准确浓度的溶液。它常和移液管配合使用，可把配成溶液的某种物质分成若干等份。

(1) 检查瓶口是否漏水　向容量瓶加水至标线，盖上瓶塞颠倒 10 次(每次颠倒过程中要停留在倒置状态 10s)以后不应有水渗出(可用滤纸片检查)。将瓶塞旋转 180°再检查一次,合格后用橡皮筋或塑料绳将瓶塞和瓶颈上端拴在一起,以防摔碎或与其他瓶塞混乱。

(2) 容量瓶的洗涤　用铬酸洗液清洗内壁,然后用自来水和纯水洗净。某些仪器分析实验中还需用硝酸或盐酸洗液清洗。

(3) 用容量瓶配制溶液　用分析天平称取所需固体物质(基准试剂或被测样品)的质量,放于烧杯中,加水或所需溶剂将固体物质完全溶解后转移至容量瓶中。转移时要使溶液沿玻璃棒流入瓶中,其操作方法如图 1.59(a)所示。烧杯中的溶液倒尽后,烧杯不要直接离开玻璃棒,而应在烧杯扶正的同时使杯嘴沿玻璃棒上提 1～2cm,随后烧杯即离开玻璃棒,这样可避免杯嘴与玻璃棒之间的一滴溶液流到烧杯外面。然后再用少量水涮洗烧杯 4～5 次,每次用洗瓶或滴管冲洗杯壁和玻璃棒,按同样的方法移入瓶中。加水至溶液达 2/3 容量时,应将容量瓶沿水平方向轻轻摆动几周以使溶液初步混匀。再加水至标线以下约 1cm,等待 1～2min,最后用滴管从标线以上 1cm 以内的一点沿颈壁缓缓加水至弯液面最低点与标线上边缘水平相切,随即盖紧瓶塞,左手捏住瓶颈上端,食指压住瓶塞,右手指托住瓶底[图 1.59(b)],将容量瓶颠倒 15 次以上,每次颠倒时都应使瓶内气泡升到顶部,倒置时应水平摇动几周[图 1.59(c)],如此重复操作,可使瓶内溶液充分混匀。

(4) 用容量瓶稀释溶液　按照所要求的稀释倍数,选择配套合适的移液管和容量瓶,用移液管移取浓溶液于容量瓶中,加水稀释至标线,按上述方法摇匀。

1.2.10　标准物质和标准溶液

一、标准物质

为保证分析、测试的结果有一定的准确性,并具有公认的可比性,必须要用标准物质校准仪器、标定溶液浓度和评价分析方法。可见,标准物质是物质成分、结构测定中不可缺少的一种计量标准。

1. 标准物质的定义和特征

参照国际化组织的标准物质委员会提出的标准物质的定义,国家计量局颁布了标准物质的定义:已确定其一种或几种特性,用于校准测量器皿、评价测量方法或确定材料特性量值的物质。因此,它必须具备以下特征:材质均匀、性能稳定、批量生产、准确定值,有表明标准值及定量的准确度等项内容的标准物质证书。此外,标准物质还应具有与待测物质相近似的组成与特性,以消除待测试样因与主体成分的差异给测定结果带来的系统误差。

2. 标准物质的分级

标准物质分为两个级别:一级标准物质主要用于研究与评价标准方法、二级标准物质的定值等;二级标准物质主要用于评价现场分析方法、现场实验室的质量保证和不同实验室之间的质量保证。二级标准物质常称为工作标准物质。

3. 化学试剂中的标准物质

化学试剂中仅有容量分析基准试剂和 pH 基准试剂属于标准物质。

容量分析基准试剂(一级标准物质)的主体含量为 99.98%~100.02%。工作基准试剂(二级标准物质)的主体含量为 99.95%~100.05%,这是滴定分析工作中常用的计量标准,可使被标定溶液的不确定值在 0.2%以内。

一级 pH 基准试剂(一级标准物质)的 pH(S)总不确定度为±0.005,用这种试剂按规定方法配制的溶液称为一级 pH 标准缓冲溶液,用于二级 pH 基准试剂的定值和高精密度 pH 计的校准。二级 pH 基准试剂(二级标准物质)的 pH(S)总不确定度为±0.01,用这种试剂按规定方法配制的溶液称为 pH 标准缓冲溶液,主要用于 pH 计的校准(定位)。

二、标准溶液

标准溶液是已确定其主体物质浓度或其他特征量值的溶液。化学实验中常用的标准溶液有滴定分析用的标准溶液、仪器分析用的标准溶液和 pH 测量用的标准缓冲溶液。

1. 滴定分析用的标准溶液

标准溶液是用来滴定的具有准确浓度的溶液,其浓度的不确定度一般在 0.2%以内,在滴定分析中,标准溶液的浓度常用物质的量浓度 c($mol \cdot L^{-1}$)表示,其意义是物质的量除以溶液的体积,即 $c=n/V$。吸光光度分析中的标准溶液常用 $mg \cdot L^{-1}$或 $\mu g \cdot L^{-1}$表示。

标准溶液通常有两种配制方法:

(1) 直接法　用分析天平准确称取一定量的工作基准试剂,溶解后定量地转入容量瓶中,用纯水稀释至刻度。根据称取物质的质量与容量瓶的体积,计算出该标准溶液的准确浓度。

基准试剂是纯度很高、组成一定且与化学式完全一致、性质稳定的试剂,它可用于直接配制标准溶液或用于标定溶液的准确浓度。常用的工作基准试剂列于附录 5 中。

(2) 标定法　实际上只有少数试剂符合基准试剂的要求,因此很多试剂不能用直接法配制成准确浓度的标准溶液，而要用间接的方法，即标定法。即先配制成接近所需浓度的溶液，然后用基准试剂或另一种已知准确浓度的标准溶液来标定它的准确浓度。

在实际工作中特别是在工厂实验室，还常采用“标准试样”来标定标准溶液的浓度。“标准试样”含量已知，且组成与被测物相近，因此用标准试样标定可使分析过程的系统误差抵消，提高结果的准确度。

必须指出：储存的标准溶液，由于水分蒸发，水珠凝于瓶壁，使用前应将溶液摇匀。如果溶液浓度有了改变，必须重新标定，对于不稳定的溶液应定期标定其浓度。

2. pH 测定用的标准缓冲溶液

配制方法：

(1) 用袋装 pH 基准试剂配制　将塑料袋内的试剂全部溶解并稀释至规定的体积即可使用。

(2) 用 pH 基准试剂配制　将 pH 基准试剂干燥处理后，用高纯水配制成规定的浓度。

缓冲溶液一般可保存 2～3 个月，若发现有混浊、沉淀或发霉时，不能再使用。

1.2.11　重量分析的基本操作

重量分析中，试样的称取及溶解等操作与其他分析方法相同，这里就不再叙述了，只是应注意，重量分析中，称取试样的量应不使得到的沉淀过多或过少，即结晶形沉淀不超过 0.5g，胶状沉淀不超过 0.2g。

一、沉淀

进行沉淀的条件，即加入试剂的次序、加入试剂的量和浓度、加入速度、沉淀时溶液的温度和沉淀陈化的时间，随沉淀类型的不同而异，都分别在各实验的实验内容中写清，要仔细按照分析的具体步骤进行，否则会产生较大误差。

沉淀所需的试剂溶液应事先准备好，浓度只需准确至 1%，因此一般加入固体试剂只需用粗天平称取，加入液体试剂用量筒量取就行了。

试剂如果可以一次加到溶液里，则应将它沿着烧杯壁倒入或是将其沿着玻璃棒加到溶液中，要小心，不要使溶液溅出。通常加入沉淀剂是用滴管逐滴加入，并同时搅拌，不使沉淀剂局部过浓。搅拌时不要使玻璃棒敲打和磨划烧杯壁。沉淀若要在热溶液中进行，则不得使溶液沸腾，否则会引起水星的溅出或雾沫的飞散而造成损失，所以最好使用水浴。

沉淀后应检查沉淀是否完全。待沉淀下沉后，在上层清液中，缓缓滴加几滴沉淀剂，仔细观察是否有新的沉淀生成，若有，则表明沉淀剂尚不足，应补加沉淀剂，使沉淀完全。

进行沉淀时，所用烧杯必须配备玻璃棒和表面皿，三者一套，不许分离，直到过滤后沉淀完全转移出烧杯为止。

二、沉淀的过滤和洗涤

根据沉淀在灼烧中是否会被纸灰还原及称量物的性质，以决定是采用坩埚过滤还是滤纸过滤。若采用滤纸，则其大小及致密程度要看沉淀的性质，如 $BaSO_4$、CaC_2O_4 为结晶沉淀，用较小而致密的滤纸（直径为 9～11cm）；$Fe_2O_3 \cdot xH_2O$ 为蓬松的胶状沉淀，质黏而体积庞大，难于过滤，则需用大而疏松的滤纸（直径为 11～12.5cm）。

滤纸放入漏斗后，绝不能高于漏斗，其边缘应比漏斗上缘低 0.5～1cm，将沉淀转移至滤纸中后，沉淀的高度不得超过滤纸的1/3。

1. 滤纸的折叠与安放

标准的漏斗具有 60°的圆锥角，但有一些漏斗往往并非正好 60°，因此，在过滤沉淀前，应按下面的方法折叠并安放好滤纸。

用洁净干燥的手将滤纸叠成圆锥体，放入漏斗，此时，滤纸锥体的上缘应与漏斗密合，而下部与漏斗内壁形成缝隙。为此，先把滤纸整齐地对折，然后再对折。为保证滤纸与漏斗密合，第二次对折时不要折死，先将圆锥体打开放入漏斗（此时漏斗应干净而且干燥），如果滤纸上边缘与漏斗不十分密合，可以稍稍改变滤纸的折叠角度，直到与漏斗密合为止。然后把第二次的折边折死，张开滤纸，一边是单层，另一边是三层的锥体，把三层一边的外面两层撕去一小角，这样可以使内层滤纸更密地贴在漏斗上，否则此处会有空隙（滤纸的折叠和安放如图 1.60 所示）。撕下来的纸角保存在干燥的表皿上，以备以后擦烧杯用。把张开成锥体的滤纸放入漏斗，一手按住滤纸三层一边，由洗瓶挤出细水流把滤纸湿润，用手指堵住漏斗下口，稍稍掀起滤纸三层的一边，用洗瓶向滤纸和漏斗间的空隙里加水，直到漏斗颈及锥体的一小部分被水充满，然后把滤纸轻轻按紧，排除气泡，再缓缓放开下面堵住口的手指，此时漏斗颈中的水柱即可形成。如果水柱不能保留，则是滤纸与漏斗没有密合；如果水柱虽然形成，但纸边仍有微小空隙，水柱保持不会长久，可以再将纸边按紧。有时，水柱不能连续性是因为漏斗颈不干净，这时应重新清洗。在全部过滤过程中，漏斗颈必须一直被液体所充满，这样才能因液柱的重力而产生抽吸作用，过滤才能迅速。注意：湿滤纸多次按紧、摩擦易变薄致使破裂或沉淀穿滤，此时应弃去重做。滤纸放妥后，用纯水洗 1～2 次。

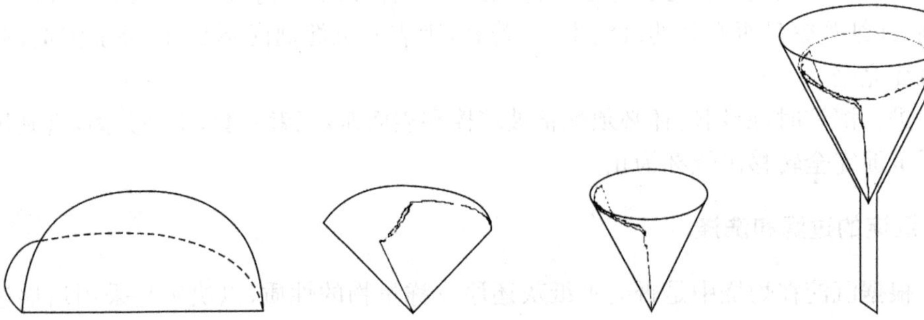

(a) 对折　(b) 折成合适角度并撕出一小角　(c) 展开成锥体　(d) 放进漏斗

图 1.60　滤纸的折叠和安放

将准备好的漏斗放在漏斗架上，漏斗下面放一盛接滤液的洁净烧杯（一般为400mL)，盖上表面皿，漏斗颈口要紧贴杯壁，滤液能沿烧杯壁流下。漏斗位置的高低，以过滤过程中漏斗颈的出口不接触滤液为度。漏斗必须放置得很端正，使其边缘在同一水平上，否则会使滤纸一边较高，在洗涤沉淀时，这部分较高的地方就不能经常被洗涤液浸没，而使一部分杂质垢留。

在同时进行几个平行分析时，应把装有待滤溶液的烧杯分别放在相应的漏斗之前。

2. 过滤和洗涤

过滤一般是用倾注法（或称倾泻法，图 1.61)。即待沉淀下沉到烧杯底部后，把上层清液先倒至漏斗内，尽可能不搅起沉淀。上层清液倒出后，将洗涤液加于烧杯中，搅起沉淀充分洗涤，再静置片刻，待沉淀下沉后再倒出上层清液。这样不但可以加速过滤，不致使沉淀堵塞滤纸，而且对沉淀的洗涤更加充分。具体操作如下：

图 1.61　倾泻法过滤

沉淀下沉后，右手拿玻璃棒（应将末端轻触一下杯内壁，以防沾上溶液或沉淀带到杯外损失），垂直地立在滤纸的三层部分上方（防止液流冲破滤纸），但勿触滤纸。另一只手小心将盛着沉淀的烧杯拿起，使杯嘴贴着玻璃棒，慢慢将烧杯倾斜，尽量不搅起沉淀，将上层清液慢慢沿玻璃棒倒于漏斗中。溶液最多加到距滤纸上边缘约 0.5cm 处，过高会使沉淀因毛细作用而越过滤纸上边缘，造成损失。停止倾注溶液时，将杯嘴沿玻璃棒往上提 1～2cm，同时逐渐扶正烧杯，片刻后杯嘴再离开玻璃棒。此过程应保持玻璃棒位置不动，绝不能让杯嘴离开玻璃棒，也不要沿杯嘴抽回玻璃棒，这样才可以使最后一滴溶液也顺着玻璃棒流下，而不致流到烧杯外壁。烧杯离开玻璃棒后，将玻璃棒放回烧杯，但勿使它靠在烧杯嘴上。

用洗瓶（或滴管）沿烧杯内壁旋转着挤入 10～15mL 洗涤液，玻璃棒搅起沉淀充分搅拌，然后将烧杯斜放在白瓷板边缘，烧杯稍微倾斜且杯嘴斜向下，使沉淀集中在靠杯嘴的杯底一侧，这样易将溶液倒出。待沉淀下沉后，再按上述方法倾出和过滤清液。洗涤应遵循少量多次的原则，洗涤次数要看沉淀的性质及杂质的含量而定。同时，在每次用纯水洗涤的间隙，应用少许纯水冲洗滤纸，以免滤纸的纤维吸附其他杂质离子，影响沉淀的洗涤效果。

为了把沉淀转移到滤纸上，在加入洗涤液后用玻璃棒将沉淀搅起（加入洗涤液的量，应该是滤纸内一次能容纳的量），立刻将悬浮液按上述的方法转移到滤纸上。这样大部分沉淀就可以从烧杯中移出。这一步骤容易引起沉淀的损失，必须严格遵循上面所述操作规范。然后用洗瓶挤水，洗下烧杯壁和玻璃棒上的沉淀，再搅起沉淀，转移到滤纸上。这样经过几次就可以基本上将沉淀全部转移到漏斗中。最后极少量的沉淀，则可把烧杯倾斜着拿在漏斗上方，烧杯嘴向着漏斗，将玻璃棒架在烧杯口上，下端向着滤纸的三层部分，烧杯口略低烧杯底，用洗瓶挤出的液流，旋转着冲洗烧杯内壁，涮出沉淀立刻随液流转移到漏斗上（注意上下照应，防止漏斗中溶液充满），这样可以使“爬壁”或较沉重的沉淀更好地转入漏斗中（图 1.62）。

实验中往往有一些牢牢地粘在烧杯壁上的沉淀洗不下来，需要用淀帚把沉淀“扫活”后再冲洗，接着用一小块无灰滤纸（就是折叠滤纸时撕下的纸角），用水湿润后，先擦拭玻璃捧上的沉淀，再用玻璃棒按住此纸块沿杯壁自上而下旋转着把沉淀擦“活”，然后把滤纸块挑出放入该漏斗中心的滤纸上，再用洗瓶按图 1.62 的方法吹洗烧杯，把擦“活”的沉淀微粒涮洗入漏斗中。最后在明亮处仔细检查烧杯内壁、玻璃棒、表面皿是否干净，不黏附沉淀。若仍有一点点痕迹需再行擦拭、转移，直到完全为止。

最后，用洗瓶直接挤出洗涤液洗涤滤纸中的沉淀。由于洗瓶导管中有空气，挤捏洗瓶时，开始出来的水流带有空气，会猛烈冲击沉淀，造成沉淀喷失。为此，应先将洗瓶对着空烧杯（或水槽），挤出洗涤液，使之充满洗瓶的导管后，再将洗瓶拿在漏斗上方，缓缓挤出洗涤液淋在滤纸三层部分上沿稍下的地方。然后再自上而下螺旋式淋洗，并借此将沉淀集中到滤纸圆锥体的下部（图 1.63）。也可用滴管吸取洗涤液洗涤沉淀。

多次洗涤过程中，应该在前一次洗涤液完全滤出以后，再进行下一次洗涤。如果所用的洗涤液总量相同，则用“少量多次”的洗涤操作法比“多量少次”的效果要好得多。

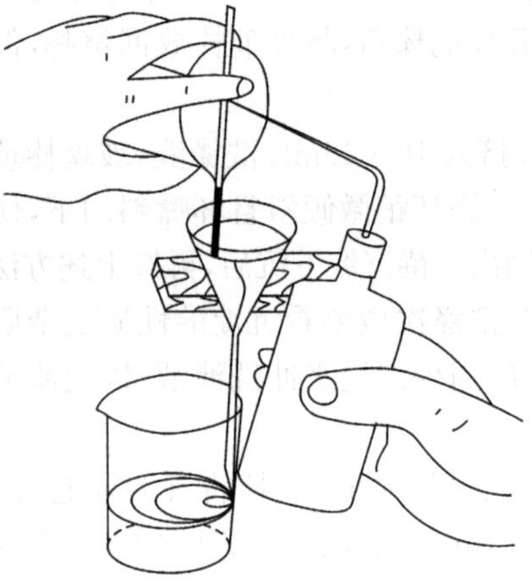

图 1.62　冲洗转移沉淀的方法

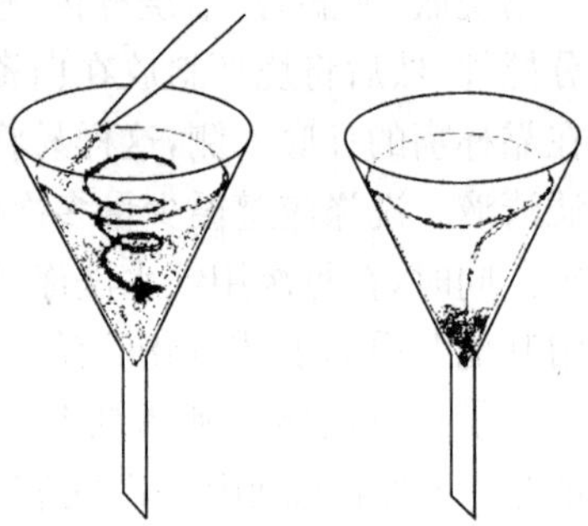

图 1.63　沉淀在漏斗上的洗净

过滤后的沉淀应洗涤至不挥发的杂质完全除去为止。沉淀洗涤数次后,用干净表面皿或试管接取约 1mL 滤液(这时如果漏斗下端触及下面的滤液,则检验毫无意义!),选择灵敏而又迅速显示结果的定性反应来检验洗涤是否充分。

过滤与洗涤沉淀的操作,必须不间断地一气完成,否则间隔较久,沉淀就会干涸,粘成一团,这样就几乎无法将其洗涤干净了。

3. 使用玻璃坩埚的过滤操作

对于一些可以或必须在低温烘干的沉淀,应该用玻璃坩埚过滤。沉淀的过滤、洗涤、转移操作规程及注意事项和滤纸过滤基本上相同,其不同点如下:玻璃坩埚必须在减压下过滤,所以先要准备有安全瓶的抽滤设备,负压不必很大,水泵或电动循环水泵均可。先用抽滤法将坩埚洗净,在指定温度下烘干至恒重。过滤沉淀时需先减压,后倒溶液,操作一直是在抽吸情况下进行的,但应控制压力勿使过滤速率太快,否则会降低洗涤效率。黏附在杯壁上的沉淀不能用滤纸块去擦,只能用淀帚将其擦活或擦下,然后用洗瓶吹洗入坩埚内。停止过滤时应先从安全瓶放气,常压后再取下坩埚,关闭水泵。凡细微呈浆状的沉淀不能用玻璃坩埚过滤,因为会堵塞细孔并可能穿滤。

三、沉淀的灼烧

1. 坩埚的准备

沉淀的灼烧是在一个预先已经洗净、经过两次以上的灼烧而至恒重的坩埚中进行的。先将瓷坩埚用自来水尽量洗去其中污物，然后将其放入热盐酸（洗去Al_2O_3、Fe_2O_3）或热铬酸洗液中（洗去油脂）浸泡数十分钟，用洁净的玻璃棒夹出，先用自来水，再用纯水涮洗干净，放在干净的表面皿上于烘箱中烘干。用纯水涮干净后的坩埚一定不能再用手拿取，挪动时必须用坩埚钳（坩埚钳头部的铁锈应先用砂纸磨光洗净）。洗净烘干后的坩埚，只能放在干净的表面皿、白瓷板或泥三角上，不得放在桌上，以免弄脏。将烘干的坩埚放在架于铁环上的泥三角上，下面用天然气灯逐步加热灼烧，或送入高温炉中灼烧。

灼烧新坩埚时，会引起坩埚瓷釉组分中的铁发生氧化，而引起坩埚质量的增加，也会因水蒸发及某些物质在高温下烧失而减重。因此必须牢记，灼烧空坩埚的条件必须和以后灼烧沉淀时相同。

空坩埚灼烧15～30min。撤火后，让坩埚先在泥三角上稍稍冷却至红热退去，用预热过的坩埚钳把它夹下，迅速放入保干器中。红热的坩埚不得立即放进保干器中，否则与凉的瓷板接触会破裂。坩埚钳应仰放在白瓷板上。

将热坩埚放在保干器后，它会引起保干器中空气的膨胀，压力很大，有时甚至会将保干器的盖胀开并摔落到桌面或地上。但当放置后，由于其中空气冷却，压力降低，又会将盖吸住而打不开。因此，热坩埚放入保干器中2～3s后，应将盖慢慢推开一细缝，放出热空气，再盖严。反复几次，使内外压力基本平衡。在冷却过程中也不时开闭一、二次，这样既不会把盖打落，也不会打不开盖了。

由于坩埚的大小、厚薄不同，因而其充分冷却的时间也就不同，一般40～50min就够了。冷却坩埚时，保干器应先放在实验室20min，然后再放在天平室中冷却至室温，这样可以保证天平室的温度不变。冷却坩埚的时间，每次必须相同（无论是空的还是有沉淀的）。不允许将坩埚放在保干器中听任其过夜，再来称量。

坩埚完全冷却后，才能进行称量。称量一个没有完全冷却的坩埚不仅使自己的称量得出不正确的结果，同时还会因为天平左梁臂的受热而增长，致使称量发生误差。将称得的质量准确地记录下来。再将坩埚按上述的手续，再灼烧、冷却、称量。这样直到连续两次称量质量之差不超过0.2mg，就可以认为坩埚已达到恒重了，取两次称量的平均值即为坩埚的质量。

2. 沉淀的包裹

用顶端细而烧圆的玻璃棒，从滤纸的三层部分将其挑起，再用洗净的手将滤纸和沉淀一起取出。包裹沉淀时，不应将滤纸完全打开。若包裹结晶形沉淀，可按图1.64所示的任一种方法，将沉淀包好，最好包得紧些，但不要用手指压沉淀。将沉淀包好后，用滤纸没有接触到沉淀的那部分，将漏斗内壁轻轻擦一擦，以擦下可能粘在漏斗上的沉淀。把滤纸包的三层部分向上放入已恒重的坩埚中。

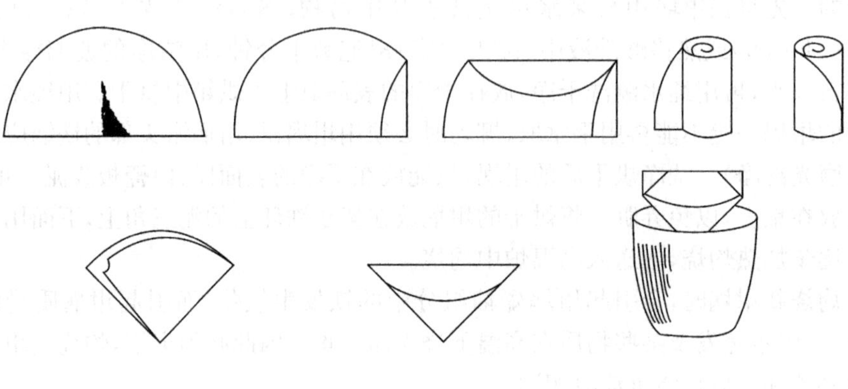

图 1.64　晶形沉淀的包裹

若包裹胶状蓬松的沉淀，则可在漏斗中用玻璃棒将滤纸四周边缘向内折，把圆锥体敞开口封住(图 1.65)，然后取出，倒转过来，尖头朝上放入坩埚中。

3. 沉淀的灼烧

将放有沉淀包的坩埚倾斜地架在泥三角上，坩埚底部枕在泥三角的一横边(图 1.66)，然后再把坩埚盖半掩地倚于坩埚口。先用天然气灯小火来回扫过坩埚，使其均匀而缓慢地受热，避免坩埚骤热破裂。然后将天然气灯置于坩埚盖中心之下，利用反射焰将滤纸和沉淀烘干[图 1.67(a)]。这一步不能太快，尤其对于含有大量水分的胶状沉淀，很难一下烘干。若加热太猛，沉淀内部水分迅速汽化，会挟带沉淀溅出坩埚，造成实验失败。当滤纸包烘干后即开始冒烟而不着火，因为火焰卷起的气流会将沉淀微粒吹走。如果万一着火，也不要惊慌，只需用坩埚钳夹住坩埚盖将坩埚盖住，火就可以自然熄灭。千万别用嘴去吹！也不要企图用其他方法处理坩埚，以防打翻或炸裂。

图 1.65　胶状沉淀的包裹

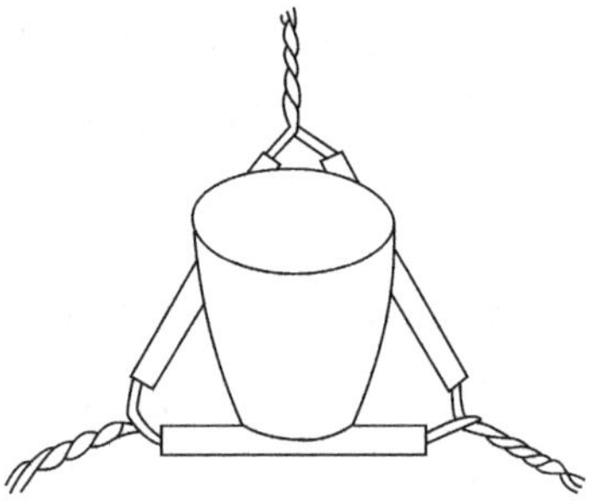

图 1.66　瓷坩埚在泥三角上的位置

滤纸全部炭化之后，把天然气灯置于坩埚底部，逐渐加大火焰，并使氧化焰完全包住坩埚，烧至红热，以便把炭完全烧成灰，这一步称为灰化[图1.67(b)]。炭粒完全消失、沉淀呈现本色以后，稍稍转动坩埚，让沉淀在坩埚内轻轻翻动，借此可把沉淀各部分烧透、使大块黏结物散落，把包裹住的滤纸残片烧光，并把坩埚壁上的焦炭烧掉。此时，可将坩埚直立，用强火灼烧或送入高温炉灼烧一定时间（如 $BaSO_4$ 15～30min，$Mg_2P_2O_7$、Al_2O_3、SiO_2 30min，CaO 60min）。灼烧后，让坩埚在泥三角上稍冷（约30s），放入保干器中，冷却至天平室温度，称量。

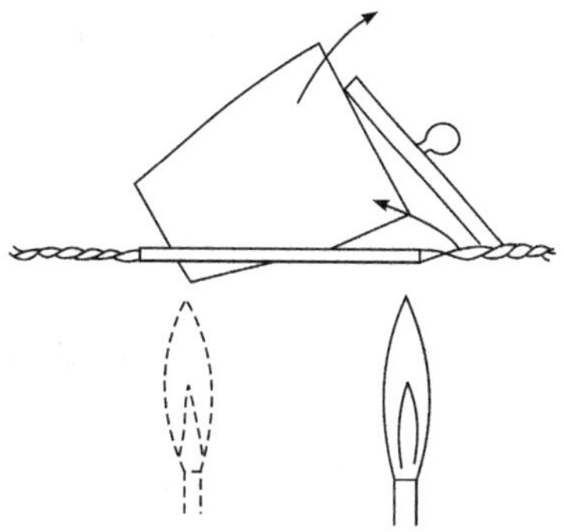

图1.67　沉淀和滤纸的烘干与炭化(a)和灰化(b)

当打开保干器取出放有沉淀的坩埚时，必须把盖慢慢移向一边，勿使进入保干器的空气流把一部分沉淀吹散。

沉淀第二次灼烧15min，冷却、称量至恒重。

四、灼烧后沉淀的称量

称量方法基本上与称量空坩埚时相同。但应尽可能快些，特别是对灼烧后吸湿性很强的沉淀更应如此。第二次灼烧后称量时，可先将砝码按第一次的称量值在天平盘上放好，然后再放上坩埚，迅速记录平衡点。称量坩埚或沉淀时，企图多次校对平衡点的做法，显然是不可能的，也是错误的。因为坩埚，特别是灼烧后的沉淀，会在天平上不断地吸水。用强火长时间的灼烧一次称量以代替多次灼烧的做法是完全不允许的，结果也是不正确的。而称量完带有沉淀的坩埚以后，将沉淀倒出，再称量空坩埚重，以求得灼烧后沉淀物质量的方法，也是非常错误的。因为用机械的办法不可能将灼烧后的沉淀自坩埚中彻底清除（有时沉淀会与坩埚烧结在一起）。

灼烧带沉淀的坩埚时，要求连续两次灼烧后称量结果相差在0.3mg以内才算恒重。

五、沉淀的低温烘干

除在高温下灼烧沉淀以外，有时也可以（或必须）在低温下或甚至在室温下使沉淀干燥，如AgCl、丁二酮肟镍等。利用这种方法就不能用滤纸过滤沉淀，而需采用玻璃坩埚或填以石棉的古氏坩埚。

烘干沉淀时应注意烘箱温度的控制，一般应保持在指定温度的±5℃范围内。空坩埚和装有沉淀的坩埚必须在完全一样的条件下烘干和称量。载有湿沉淀的玻璃坩埚应与第二次烘干的坩埚分用烘箱，以免后者吸收前者挥发的水汽而增重，延长了恒重时间。

1.3　天平和光、电仪器的使用

1.3.1　分析天平的使用

分析天平是进行精确称量的精密仪器，是化学实验最主要、最常用的衡量仪器之一，化学工作者尤其是分析化学工作者都必须十分熟悉如何正确使用天平。在定量分析中，分析结果的准确度要求是依据分析的具体任务所决定的，而分析天平的称量准确度应与分析结果的准确度要求相适应。在常量分析中，允许的测定结果误差一般不超过被测样品真实值的千分之几。如果分析天平能称准到0.0001g，即0.1mg，称取一份样品需要两次称量操作，称量误差为0.2mg，若称量样品为0.2g，则称样量的相对误差为0.1%。能满足这个准确度要求的天平，通常称为感量为万分之一克的分析天平，它们的最大载荷一般为100～200g，是常量分析中最常用的天平。

一、分析天平的分类及级别

天平的分类方法很多，根据天平的平衡原理，可分为杠杆式天平、弹力式天平、电磁力式天平和液体静力平衡式天平四大类；根据天平用途，可分为标准天平（直接用于检定传递砝码质量值的天平）和工作天平两大类（除标准天平外的其他一切用于称量的天平都是工作天平）；根据天平的结构特点，分为等臂（双盘）天平、不等臂（单盘）天平和电子天平三大类；根据分析天平分度值的大小，又惯称为常量（分度值为0.1mg）、微量（分度值为0.01mg）和超微量（分度值为0.001mg）分析天平。表1.10列入一些较常用分析天平的规格型号。

表1.10　常用分析天平的规格型号

种类	型号	名称	规格	
			最大载荷/g	分度值/mg
双盘天平	TG-328A	全机械加砝电光天平	200	0.1
	TG-328B	半机械加砝电光天平	200	0.1
	TG-332A	微量天平	20	0.01
单盘天平	DT-100	单盘精密天平	100	0.1
	DTG-160	单盘电光天平	160	0.1
	BWT-1	单盘微量天平	20	0.01
电子天平	MD 100-2	上皿式电子天平	100	0.1
	FA 1004	上皿式电子天平	100	0.1
	AB 104-N	上皿式电子天平	100	0.1

天平的精度定义为天平的名义分度值与最大载荷之比，国家计量部门规定，杠杆式天平的精度分为十级，一级天平的精度最高，级数越大精度越低，分级情况见表 1.11 所示。

表 1.11　天平精度分级表

精度级别	1	2	3	4	5	6	7	8	9	10
名义分度值与最大载荷之比	1×10^{-7}	2×10^{-7}	5×10^{-7}	1×10^{-6}	2×10^{-6}	5×10^{-6}	1×10^{-5}	2×10^{-5}	5×10^{-5}	1×10^{-4}

二、双盘(等臂)天平

1. 结构原理

杠杆式天平是根据杠杆原理制成的，它用已知质量的砝码来衡量被称物质的质量。设杠杆 ABC 的支点为 B，两边的力点为 A 和 C，A 点悬挂的被称物质量 Q，C 点悬挂的砝码质量 P(图 1.68)。当杠杆处于平衡状态时，支点两边的力矩相等，即

$$Q\times AB=P\times BC$$

等臂天平的横梁上用三个玛瑙三棱体的锐边(俗称刀口)作为支点 B(俗称中刀，刀口向下)和力点 A、C(俗称边刀，刀口朝上)，三个刀口棱边必须完全平行且位于同一水平面上，同时中刀到两个边刀的距离相等(图 1.69 虚线)，即 $AB=BC$，所以 $Q=P$。这说明，当天平处于平衡状态时，被称物体的质量等于砝码的质量。这就是等臂天平的基本原理。

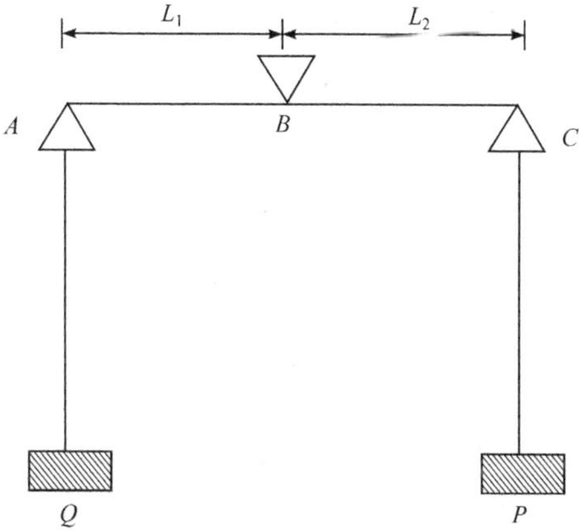

图 1.68　杠杆式天平的原理

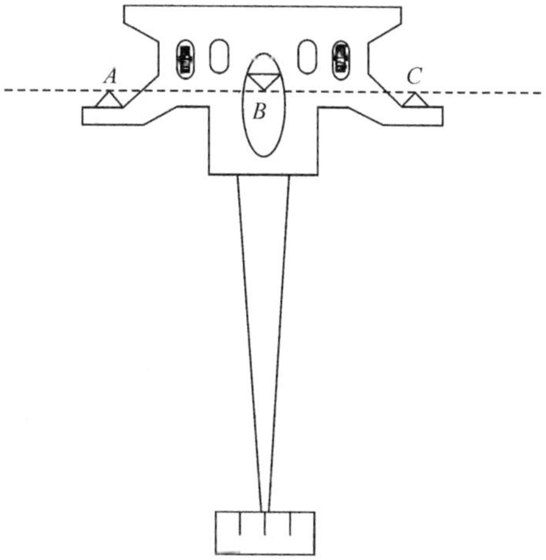

图 1.69　等臂天平的横梁

2. 半机械加砝电光天平

以目前较为广泛使用的 TG-328B 型天平(图 1.70 为外形和结构图)为例,简要介绍这类天平的结构。

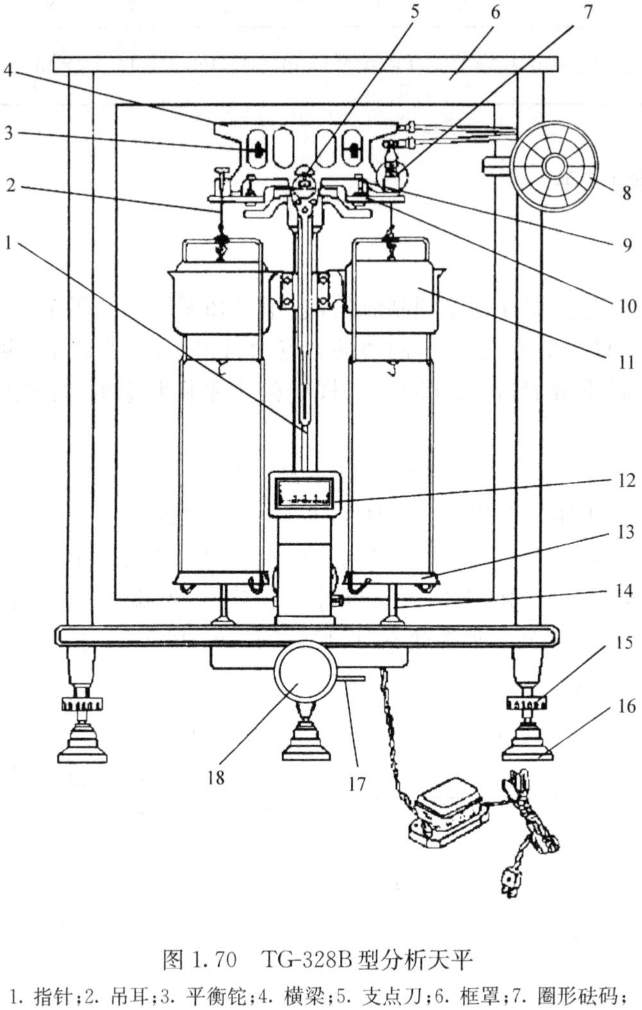

图 1.70　TG-328B 型分析天平

1. 指针;2. 吊耳;3. 平衡铊;4. 横梁;5. 支点刀;6. 框罩;7. 圈形砝码;
8. 指数盘;9. 支力销;10. 折叶;11. 阻尼内筒;12. 投影屏;13. 称盘;
14. 盘托;15. 螺旋脚;16. 垫脚;17. 投影屏调节杆;18. 升降旋钮

(1) 横梁　天平横梁是天平的主要构件,一般由铝合金或铜合金制成。三个玛瑙刀等距安装在梁上,梁的两边装有两个平衡铊,用来调整横梁的平衡位置(即粗调零点),梁的中间装有垂直的指针,指针末端装有缩微刻度的微分标牌,用以指示平衡位置。中间支点刀的后上方装有重心螺丝,用以调整天平的灵敏度。

(2) 立柱　天平正中是立柱，安装在天平底板上。柱的上方嵌有一块玛瑙平板，与支点刀口相接触。柱的上部装有能升降的托梁架(折叶)，关闭天平时它托住横梁，使刀口与平板脱离接触，以减少磨损。柱的中部装有空气阻尼器的外筒，后方装有气泡水准器。

(3) 悬挂系统　吊耳，它的平板下面嵌有光面玛瑙，与力点刀口相接触，使吊钩及称盘、阻尼器内筒能自由摆动；空气阻尼器，由两个特制的铝合金圆筒构成，外筒固定在立柱上，内筒挂在吊耳上，两筒间隙均匀，没有摩擦，开启天平后，内筒能自由上下运动，由于筒内空气阻力的作用使天平横梁很快停摆而达到平衡；称盘，两个称盘分别挂在吊耳上，左盘放被称物，右盘放砝码。

吊耳、阻尼器内筒、称盘上一般都有"1"、"2"标记，安装时要分左右配套使用。

(4) 制动系统　天平底板前正中有升降旋钮，它通过开关轴(底板下)、升降杆(立柱内)升降柱上的托梁架，通过盘托翼板(底板下)升降盘托，并且连上光源的电开关(底板下)。开启天平时，顺时针旋转升降旋钮，托梁架下降，盘托同步下降，梁上的三个刀口与相应的玛瑙平板接触，吊钩及称盘自由摆动，同时接通了光源，屏幕上显出标尺的投影，天平已进入工作状态。停止称量时，关闭升降旋钮，则横梁、吊耳及称盘被托住，刀口与玛瑙平板离开，光源切断，屏幕黑暗，天平进入休止状态。

(5) 读数系统　天平进入工作状态时，光源通过光学系统将缩微标尺上分度线放大，再反射到投影屏，从屏上可看到标尺的投影，中间为零，左负右正。屏中央有一条垂直刻线，它与标尺投影的重合处即为天平的平衡位置，可方便地读取0.1～10mg 的称量值。天平箱下的投影屏调节杆可将光屏在小范围内左右移动，用于细调天平零点。

(6) 底板和底脚　天平的框罩和立柱固定在大理石或厚玻璃制成的底板上，底板下装有三个脚，前面两个带有螺旋钮，可使底板升降，用以调节天平的水平位置。

(7) 指数盘　转动圈码指数盘，可以通过加砝杆向天平梁右端吊耳上加 10～990mg 圈形砝玛。指数盘上刻有圈码的质量值，内层为 10～90mg 组，外层为 100～900mg 组。

(8) 砝码　每台天平都附有一盒配套使用的砝码，盒内装有 1g、2g、2g、5g、10g、20g、20g、50g、100g 的 3 等砝码共 9 个。标称值相同的砝码，其实际质量可能有微小的差异，所以分别用"·"或"*"、"··"或"**"作为标记以示区别。取用砝码时要用镊子，砝码用完后及时放回盒内并盖严。

我国生产的砝码(不包括机械挂码)过去分为 5 等，其中 1、2 等砝码主要在计量部门作为基准或标准砝码使用；3～5 等为工作砝码。双盘分析天平通常配备 3 等砝码。

砝码产品均附有质量检定证书，无检定证书或其他合格印记的砝码不能使用。在国家标准中，各等砝码都规定其质量允差。砝码使用一定时期(一般为1年)后应对其质量进行校准。

砝码在使用及存放过程中要保持清洁，砝码不得赤手拿取，要防止划伤或腐蚀表面，应定期用携有无水乙醇或丙酮的真丝绸布或鹿皮擦拭，要避免溶剂渗入砝码的调整腔。

3. 全机械加码电光天平

常用的有 TG-328A 型全机械加码电光天平，它的结构和 TG-328B 型天平基本相同，不同在于：所有砝码均通过自动加码装置添加；加码装置都在天平的左侧，分成上、中、下三组，上组与半机械加码天平同，中组为1～9g 砝码，下组为10g 以上砝码；悬挂系统的左称盘上有三根横的砝码承受杆，供承受相应的三组砝码。

4. 天平的计量性能

(1) 稳定性　是指天平受到扰动后，能自动回到初始平衡状态的能力。天平的稳定性主要与天平梁的重心有关，重心愈低，天平愈容易恢复初始的平衡状态，即稳定性愈好。但是，天平重心低时，天平的灵敏性也会降低。因此，天平梁的重心位置实际上只允许在一定范围内调整(用旋转重心螺丝上下移动)。

(2) 灵敏性　是指天平觉察盘上物体质量改变的能力，天平的灵敏度是其灵敏性的一种量度。所谓灵敏度是指在天平盘上加 1mg 砝码时，指针(或微分标牌)偏转的分度数，用分度/mg 表示，指针偏转的距离愈大，灵敏度愈高。有时也用“分度值”这一概念，旧称“感量”，它与灵敏度互为倒数关系。

天平的灵敏度主要取决于天平本身的结构，它与天平的臂长、天平梁的质量及重心到支点的距离有关。天平的臂愈长，梁愈轻，重心与支点距离愈短，天平的灵敏度愈高，感量愈小。对于一台天平，只能通过旋动重心螺丝的位置以改变重心与支点的距离来调节灵敏度。

对于具有微分标牌的电光天平来说，天平的灵敏度以分度/10mg 表示，灵敏度最佳时应该是 100 分度/10mg。

(3) 正确性　是指天平本身称量时系统误差的大小，这种误差主要是天平横梁两臂的不等长引起的，故通常用“不等臂长误差”来表示。天平的不等臂所引起的称量误差随称量时载荷的增大而增加。对于等臂天平来说，横梁两臂长度之差应符合一定的设计要求。

(4) 不变性　是指天平在相同条件下，多次称量同一物体，所得称量结果的一致性，通常称为天平的示值变动性，它除与天平梁的重心位置有关外，还与天平的许多部件(特别是三把刀)的状态以及操作情况、使用环境等多种因素有关。天平的变动性愈小愈好。

5. 使用方法

分析天平是精密仪器,使用时要认真、仔细,要预先熟悉使用方法,否则容易出错,使称量不准确或损坏天平部件。

(1) 准备　拿下防尘罩,叠平后放在天平箱上方。检查天平是否正常、天平是否水平、称盘是否洁净、圈码指数盘是否在"000"位、圈码有无脱位、吊耳是否错位等。

(2) 调节零点　接通电源,打开升降旋钮,此时在光屏上可以看到标尺的投影在移动,当标尺稳定后,如果屏幕中央的刻线与标尺上的 0.00 位置不重合,可拨动投影屏调节杆,移动屏的位置,直到屏中刻线恰好与标尺中的"0"线重合,即为零点。如果屏的位置已移到尽头仍调不到零点,则需关闭天平,调节横梁上的平衡铊,再开启天平继续拨动投影屏调节杆,直至调定零点,然后关闭天平,准备称量。

(3) 称量　将欲称物体先在托盘天平(也称台秤)上粗称,然后放在天平左盘中心,根据粗称的数值在天平右盘上加砝码至克位。半开天平,观察标尺移动方向或指针倾斜方向(若砝码加多了,则标尺的投影向右移,指针向左倾斜)以判断所加砝码是否合适及如何调整。克码调定后,再依次调整百毫克组和十毫克组圈码,每次均从中间量(500mg 或 50mg)开始调节。调定圈码至 10mg 位后,完全开启天平,准备读数。(加减砝码的顺序是,由大到小,依次调节。砝码未完全调定时不可完全开启天平,以免横梁过度倾斜,造成错位或吊耳脱落。)

(4) 读数　砝码调定,关闭天平门,待标尺停稳后即可读数,被称物的质量等于砝码和圈码的总量加标尺读数(均以克计)。读数时,必须关闭天平门。

(5) 复原　称量、记录完毕,随即关闭天平,取出被称物,将砝码夹回盒内,圈码指数盘退回到"000"位,关闭两侧门,盖上防尘罩。

三、单盘天平

以北京产 DT-100 型单盘分析天平为例,简要介绍其构造原理、性能特点及使用方法。

单盘天平是不等臂横梁、全机械减码式电光天平。一般最大载荷为 100g,最小分度值 0.1mg,机械减码范围为 0.1～99g,标尺显示范围－15～＋110mg。毫克组砝码的组合误差不大于 0.2mg,克组及全量砝码的组合误差不大于 0.5mg。

单盘天平的主要部件是天平横梁,如图 1.71 所示。梁上只有一个力点刀,承载悬挂系统,内含砝码及称盘都在同一悬挂系统中。横梁的另一端挂有配重铊并安装了缩微标尺。图1.72、图1.73是DT-100型天平的外观图。

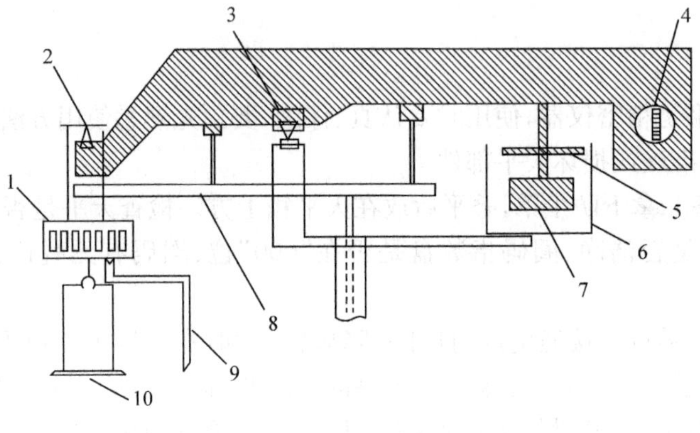

图1.71　单盘天平横梁及悬挂系统示意图

1. 砝码架；2. 承重刀；3. 支点刀；4. 缩微标尺；5. 阻尼片；
6. 阻尼器外筒；7. 配重铊；8. 托梁架；9. 减码托；10. 称盘

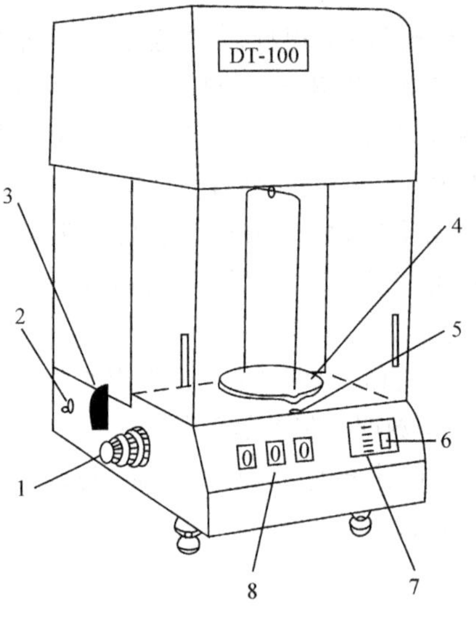

图1.72　DT-100型天平左侧外形

1. 减码手轮；2. 电源开关；3. 停动手钮；
4. 称盘；5. 水准器；6. 微读窗；7. 投影屏；
8. 减码数字窗口

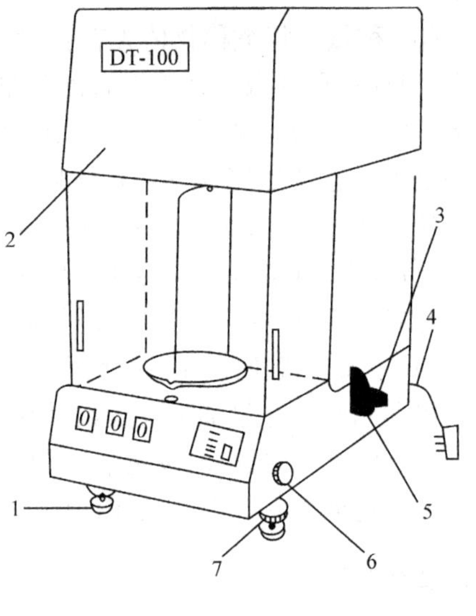

图1.73　DT-100型天平右侧外形

1. 减震脚垫；2. 顶罩；3. 零调手钮；4. 电源线；
5. 停动手钮；6. 微读手钮；7. 调整脚螺丝

天平空载时，砝码都在悬挂系统中的砝码架上，开启天平后，合适的配重铊使天平梁处于平衡状态，当被称物放在称盘上后，悬挂系统由于增加了质量而下沉，横梁失去原有的平衡，为了保持原有的平衡位置，必须减去一定质量的砝码，即用被称物替代了悬挂系统中的内砝码，所减去砝码质量与被称物的质量相同，这就是不等臂单盘天平的称量原理。这种称量方法相当于“替代称量法”。

单盘天平的性能优于双盘天平，主要有以下特点：

① 感量(或灵敏度)恒定。单盘天平是减码式称量，称量过程中横梁的载荷是恒定的，因此感量不随称量多少而变。

② 没有不等臂性误差。单盘天平的砝码与被称物同在一个悬挂系统中，承重刀与支点刀的距离是一定的，因此不存在不等臂性误差。由于采用“替代称量法”，称量误差主要来源于内含砝码，而这种天平的棒状砝码的精度高，优于2等砝码。

③ 称量速度快。设有半开机构，可以在半开状态下调整砝码。横梁在半开状态下可轻微摆动，使屏上能显示约15个分度，足以判断调整砝码的方向，明显缩短了调整砝码的时间。又由于阻尼器效果好，使标尺平衡速度快(约15s)，所以，称量操作简便，速度快于双盘天平。

四、电子天平

电子天平是最新一代的天平，它是利用电子装置完成电磁力补偿或电磁力矩的调节，使物体在重力场中实现力的平衡或力矩的平衡。一般结构都是机电结合式的，由载荷接受与传递装置、测量与补偿装置等部件组成。分为顶部和底部承载式两类，目前常见的多数是顶部承载的上皿式天平。

近年来，我国已生产多种型号的电子天平，FA/JA系列(上海天平仪器厂生产)就是常用的一种，它是采用MCS-51系列单片微机的多功能上皿式电子天平，其外观如图1.74所示。它具有数字显示、自动调零、自动校准、扣除皮重及输出打印等功能。

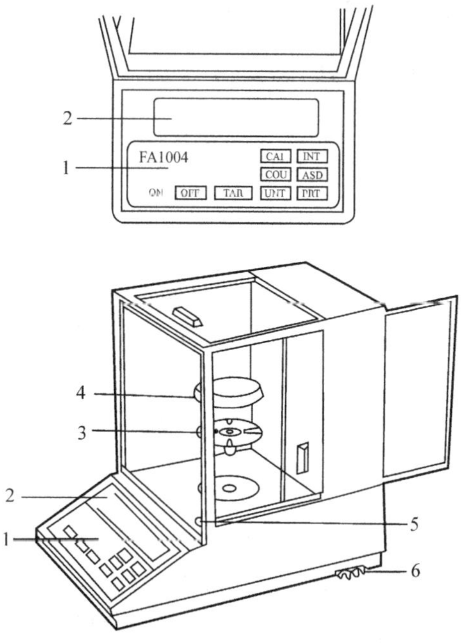

图1.74 FA1004型电子天平

1. 键板；2. 屏幕；3. 盘托；4. 称盘；5. 水平仪；6. 水平调节

电子天平的一般称量操作如下：

① 查看水平仪，如不水平，要通过水平调节脚调至水平。

② 接通电源，预热60min后方可开启显示器使用。

③ 开启显示器，轻按 ON 键，等待出

现 0.0000g 称量模式后方可称量。如果显示器出现质量值,则轻按去皮键[TAR],待出现 0.0000g 后称量。

④ 天平刚装好新启用,或使用较长时间,或移动、环境变化,都需进行校正。校正方法为:轻按[CAL]键,待显示 CAL-100 且 100 闪烁时,把 100g 标准砝码放上称盘,等待显示 100.00g 后取下砝码,显示出现 0.0000g。

⑤ 将称量物放在秤盘上,待显示数字稳定并出现质量单位 g 后,即可读取、记录称量结果。如果用容器称取样品时,应充分利用扣除皮重的功能,扣除容器的皮重以直接读取样品的质量。

⑥ 取出称量物,关闭显示器。轻按[OFF]键,显示器熄灭,此时天平还接通电源,处于待机状态,再次使用时不需预热。如果天平长时间(一般指 5d 以上)不用,应关闭电源。

电子天平还具备其他多种功能,如称量范围转换([RNG]键)、量制(单位)转换([UNT]键)、积分时间调整([INT]键)、灵敏度调整([ASD]键)、输出模式设定([PRT]键)及点数功能([COU]键)等。不同类型的天平也有不同的操作方法,如 METTLER TOLEDO AB-N 天平等,使用前需仔细阅读操作说明。

五、称量方法

根据不同的称量对象,必须采用相应的称量方法。对一般称量而言,大致有如下几种常用的称量方法。

1. 直接法

天平零点调定后,将被称物直接放在秤盘上,所得读数即被称物的质量。这种称量方法适用于称量洁净干燥的器皿、棒状或块状的金属及其他整块的不易潮解或升华的固体样品。注意,不得用手直接取放被称物,可采用戴吸汗布手套、垫纸条、用镊子或钳子等适宜的办法。

2. 差减法(减量法)

取适量待称样品置于一干燥洁净的容器(称量瓶、纸簸箕、小滴瓶等)中,在天平上准确称量后,转移出欲称量的样品置于实验器皿中,再次准确称量,两次称量读数之差,即所称得样品的质量。使用电子天平时,可以将第一次准确称量(即总量)用去皮键清除,转移样品后第二次准确称量显示为负值,其绝对值为所称取样品的质量。如此重复操作,可连续称取若干份样品。这种称量方法适用于一般的颗粒状、粉末状试剂或试样及液体试样。

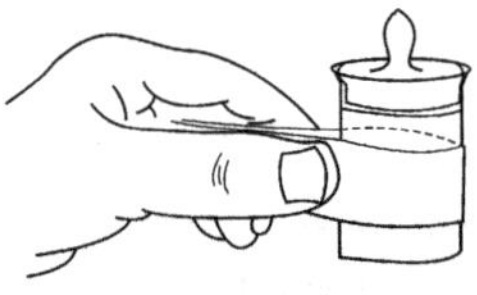

图 1.75　称量瓶

称量瓶的使用方法：称量瓶(图 1.75)是减量法称量粉末状、颗粒状样品最常用的容器。用前要洗净烘干，用时不可直接用手拿，而应用纸条套住瓶身中部，用手指捏紧纸条进行操作，这样可避免手汗和体温的影响。先将称量瓶放在台称上粗称，然后将瓶盖打开放在同一秤盘上，根据所需样品量(应略多些)向右移动游码或加砝码。用药勺缓缓加入样品至台秤平衡。盖上瓶盖，再拿到天平上准确称量并记录读数。拿出称量瓶，在盛接样品的容器上方打开瓶盖并用瓶盖的下面轻敲称量瓶口的右上部，使样品缓缓倾入容器(图 1.76)。估计倾出的样品已足够量时，再边敲瓶口边将瓶身扶正，盖好瓶盖后方可离开容器的上方，再准确称量。如果一次倾出的样品质量不够，可再次倾倒样品，直至倾出样品的量满足要求后，再记录第二次称量的读数(捏拿称量瓶盖的指头也应垫着纸条)。

图 1.76　倾倒样品

3. 固定量称量法(增量法)

直接用基准物质配制标准溶液时，有时需要配成一定浓度值的溶液，这就要求所称基准物质的质量必须是一定的，例如配制 100mL 含钙 $1.000mg \cdot mL^{-1}$ 的标准溶液，必须准确称取 0.2497g $CaCO_3$ 基准试剂。称量方法是：准确称量一洁净干燥的小烧杯(有的样品也可以用特制的称量纸)，读数后再适当调整砝码，在天平半开状态下，用药勺小心缓慢地向烧杯中加 $CaCO_3$ 试剂，直至天平读数正好增加了 0.2497g 为止。使用电子天平时，应使用去皮键以直接显示所称样品的质量。这种称量操作的速度很慢，适用于称量不易吸潮、稳定的粉末状或细小颗粒状的样品。

4. 液体样品的称量

液体样品的准确称量比较麻烦。根据不同样品的性质而有多种称量方法，主要的称量方法有以下三种：

① 性质较稳定、不易挥发的样品可装在干燥的小滴瓶中用减量法称取。

② 较易挥发的样品可用增量法称量，例如称取浓 HCl 试样时，可先在 100mL 具塞锥形瓶中加 20mL 水，准确称量后，加入适量的试样，立即盖上瓶塞，再进行准确称量，然后即可进行测定(例如用 NaOH 标准溶液滴定 HCl)。

③ 易挥发或与水作用强烈的样品需要采取特殊的方法进行称量，例如冰醋酸样品可用小称量瓶准确称量，然后连瓶一起放入已盛有适量水的具塞锥形瓶，摇开称量瓶盖，样品与水混匀后进行测定。发烟硫酸及浓硝酸样品一般采用直径约

10mm、带毛细管的安瓿球称取。已准确称量的安瓿球经火焰微热后，毛细管尖插入样品，球泡冷却后可吸入1～2mL样品，然后用火焰封住管尖再准确称量。将安瓿球放入盛有适量水的具塞锥形瓶中，摇碎安瓿球，样品与水混合并冷却后即可进行测定。

六、使用天平的注意事项

① 称量物体不得超过天平的最大载荷质量。外形尺寸也不宜过大，称量物体的温度应与天平的环境温度相同。

② 开、关天平升降旋钮或停动手钮，开、关天平侧门，加、减砝码，放、取被称物等操作，其动作都要轻、缓，切不可用力过猛，否则，往往会造成天平部件脱位或受震损坏。

③ 调定零点及记录称量读数后，应随手关闭天平。加、减砝码和被称物必须在天平处于关闭状态下进行(单盘天平允许在半开状态下调整砝码)。砝码未调定时不可完全开启天平。

④ 称量读数时必须关闭两个侧门，并完全开启天平。双盘天平的前门仅供安装或检修天平时使用。

⑤ 双盘天平的砝码必须用镊子夹取，并要防止掉在台上或地上，称量时，砝码应放在称盘中央。旋动指数盘时应逐级缓慢进行。

⑥ 单盘天平的微读手钮只能在0～10刻线范围内转动，不可用力向<0或>10的方向转动。停动手钮转到半开状态的停点处，不可再用力转动。

⑦ 称量读数必须立即记在原始记录纸或实验记录本中，不得记在其他地方。

⑧ 天平与砝码是配套使用的，不得随意调换。称量者只能用一套天平和砝码完成一次实验的全部称量，不得中途更换。

⑨ 如果发现天平不正常，应及时报告教师或实验室工作人员，不要自行处理。

⑩ 称量完毕，应随即将天平复原，并检查天平周围是否清洁。盖上防尘罩并做好使用登记。

1.3.2 pH计(酸度计)的使用

一、pH计的测量原理

pH计测量pH的方法是电势测定法。以pH玻璃电极作为测量电极(也称指示电极)，以甘汞电极作为参比电极，一起浸入被测溶液中，组成一个原电池，其电池的电动势E为

$$E=\varphi_{甘汞}-\varphi_{玻}$$

式中：$\varphi_{甘汞}$为甘汞电极的电极电位，$\varphi_{甘汞}$与溶液的pH及其他组分无关，在一定温度

下为一定值；$\varphi_{玻}$ 为 pH 玻璃电极的电极电位，$\varphi_{玻}=\varphi^{\ominus}_{玻}-0.0591\text{pH}$(25℃时)，$\varphi^{\ominus}$为电极的标准电位，在确定条件下为常量。所以

$$E=\varphi_{甘汞}-\varphi_{玻}=K-0.0591\text{pH}$$

在一定条件下，K 为常量，所以 E 与 pH 成直线关系。只要确定 K 值，就可以测得溶液的 pH。由于 K 受到较多不确定因素的影响，难以获得一个确定不变的值，所以在每次测定 pH 之前，都需要用准确 pH 的标准缓冲溶液进行对照测定。而在实际工作中，只需用标准缓冲溶液对测量仪器进行准确定位(校正)，就可以直接测量出待测溶液的 pH。

二、常用电极

1. 甘汞电极

甘汞电极由金属汞、甘汞(Hg_2Cl_2)和 KCl 溶液组成，电极反应为

$$Hg_2Cl_2+2e \rightleftharpoons 2Hg+2Cl^-$$

电极电位与 KCl 溶液中 Cl^- 的活度有关，25℃时为

$$\varphi=\varphi^{\ominus}_{Hg_2Cl_2,Hg}-0.0591\lg a_{Cl^-}\ (\text{V})$$

电极中 KCl 的浓度通常有 0.1mol·L^{-1}、1mol·L^{-1}和饱和溶液三种，而以饱和溶液最为常用，称为饱和甘汞电极。甘汞电极的电位随温度不同而略有变化，其关系如下

0.1mol·L^{-1}甘汞电极：　　$\varphi=0.3338-7\times10^{-5}(t-25)\ (\text{V})$

1mol·L^{-1}甘汞电极：　　$\varphi=0.2820-2.4\times10^{-4}(t-25)\ (\text{V})$

饱和甘汞电极：　　$\varphi=0.2415-7.6\times10^{-4}(t-25)\ (\text{V})$

式中，t 为温度(℃)。使用甘汞电极时，温度不得超过 70℃，否则 Hg_2Cl_2 会分解；电极腔内的液接部位不能有气泡存在，否则将可能引起测量断路或读数不稳定；电极腔内的液面高度应高于测量液面约 2cm，以防止测量溶液向电极内渗透，如果液面过低，可从加液口添加相应的 KCl 溶液；饱和甘汞电极腔内的溶液中应保持有少量的 KCl 晶体，以确保其饱和。图 1.77 为饱和甘汞电极的结构图。

2. pH 玻璃电极

pH 玻璃电极对溶液中的 H^+ 能响应，用于测量溶液的 pH 或作为酸碱电位滴定的指示电极。pH 玻璃电极的结构如图 1.78 所示。电极的下端是用特殊玻璃吹制成直径为 0.5～1cm、厚度约为 0.1mm 的薄膜小球，内装 pH 一定且含有 Cl^- 的缓冲溶液(称为内参比溶液)，插入一根 Ag-AgCl 电极(称为内参比电极)。pH 玻璃电极浸入待测溶液时，由于 H^+ 在玻璃膜内外表面的交换、迁移作用而产生电极电位，电位大小与待测溶液的 H^+ 活度关系为(25℃)

$$\varphi_{玻}=\varphi^{\ominus}_{玻}+0.0591\lg a_{H^+}=\varphi^{\ominus}_{玻}-0.0591\text{pH}$$

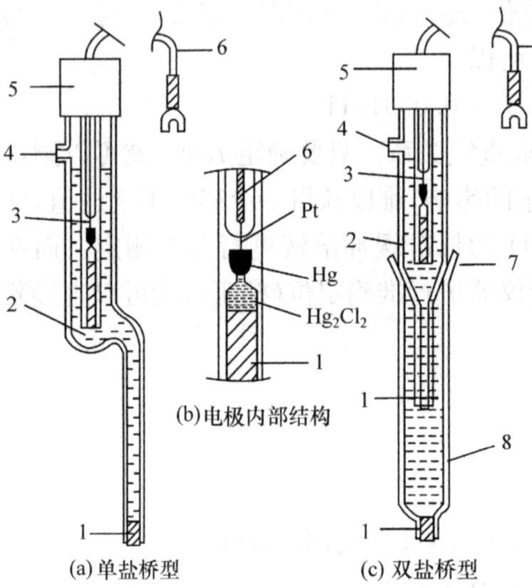

图 1.77　饱和甘汞电极的结构图

1. 多孔性物质；2. 饱和 KCl 溶液；3. 内电极；
4. 加液口；5. 绝缘帽；6. 导线
7. 可卸盐桥套管；8. 可卸盐桥溶液

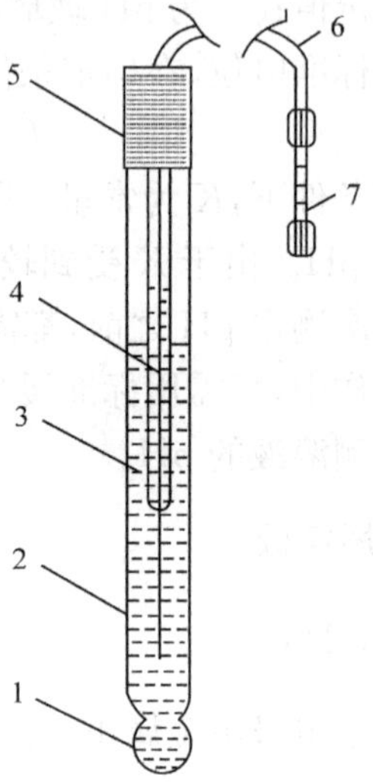

图 1.78　pH 玻璃电极的结构图

1. 电极球泡；2. 玻璃外壳；
3. 含 Cl^- 的缓冲溶液；4. Ag/AgCl 电极；
5. 绝缘帽；6. 导线；7. 电极插头

使用 pH 玻璃电极时应注意如下事项：

① 电极使用时应在蒸馏水或 0.1mol·L^{-1}的盐酸溶液中浸泡 24h 以上，电极暂不使用时也应浸泡在蒸馏水中；

② 需注意电极的使用 pH 范围，超出范围时会产生较大的测量误差；

③ 电极应在所规定的温度范围内使用，温度较高时，电极内阻降低，有利于测定，但将使电极寿命缩短；

④ 要注意电极内参比溶液中有无气泡，如有应小心除去；

⑤ 电极球泡的玻璃膜很薄，极易因碰撞或挤压而破碎，应特别注意保护。

3. pH 复合电极

为了使操作、保管更方便，使用时不易损坏，目前的酸度计大多配用 pH 复合电极，即把 pH 玻璃电极和外参比电极（一般用 Ag-AgCl 电极）以及外参比溶液（有的还有温度测量探头）一起装在一根电极塑管中，合为一体，底部露出的玻璃球泡有护罩加以保护，电极头还有一个带有保护液（一般为饱和 KCl 溶液）的外套。pH 玻璃电极和外参比电极的引线用缆线及复合插头与测量仪器连接。其结构如图 1.79 所示。

使用 pH 复合电极时应注意如下事项：

① 新电极必须在 pH＝4 或 7 缓冲溶液中调节并浸泡过夜。

② 使用复合电极时，一般不能用电极搅拌溶液，有时遇到溶液较少时，可以用电极轻轻搅动溶液，但要特别注意防止损伤电极。

③ 更换测量溶液前，均需细心洗净电极。用吸水纸吸干电极时，要注意小心吸干球泡护罩内的水分，防止损伤球泡。

④ 电极不用时，应洗净电极，然后套上带有保护液的电极套。要经常检查添加套内的保护液，不能干涸。

⑤ 复合电极的电极头不能朝上放置，使用时电极不能上、下翻动或剧烈摇动。

⑥ 不同型号的复合电极，使用及保护上有所不同，应仔细阅读其说明。

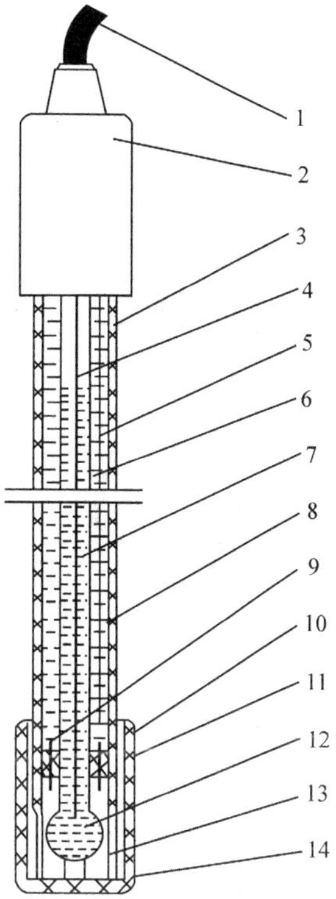

图 1.79 pH 复合电极

1. 电极导线；2. 电极帽；3. 电极塑壳；4. 内参比电极；5. 外参比电极；6. 电极支持杆；7. 内参比溶液；8. 外参比溶液；9. 液接界；10. 密封圈；11. 硅胶圈；12. 电极球泡；13. 球泡护罩；14. 护套

三、821 型数字式 pH/离子计

1. 仪器的面板外形

仪器的面板外形如图 1.80 所示。

2. 测量 pH 的方法

测量溶液的 pH 时，通常用一点定位法进行电极和仪器的校正，如需要准确测量 pH 时，应采用二点定位法校正。

一点定位法：

① 将仪器选择开关拨至 pH 挡，把 pH 玻璃电极及饱和甘汞电极分别接在仪器的输入和参比接口上，打开电源开关。

② 将温度补偿旋钮旋至溶液实际的温度。

③ 将电极插入一已知 pH 的标准缓冲液中，转动定位调节旋钮，使显示器显示出标准缓冲液在此测量温度下的 pH（应为正值，不得调出负值）；重复一次定位，校正读数后，定位调节旋钮应保持不动，否则仪器必须重新定位。

④ 取出电极，将电极用去离子水洗净，用滤纸条轻触吸干水分（注意：不得擦拭！）。然后插入被测溶液中，显示器显示出被测溶液的 pH。

二点定位法：

① 将仪器选择开头拨至 pH 挡，接上电极，打开电源开关。

② 选择两个已知 pH 的标准缓冲液，例如溶液 A 为 $pH_1 = 6.86$，溶液 B 为

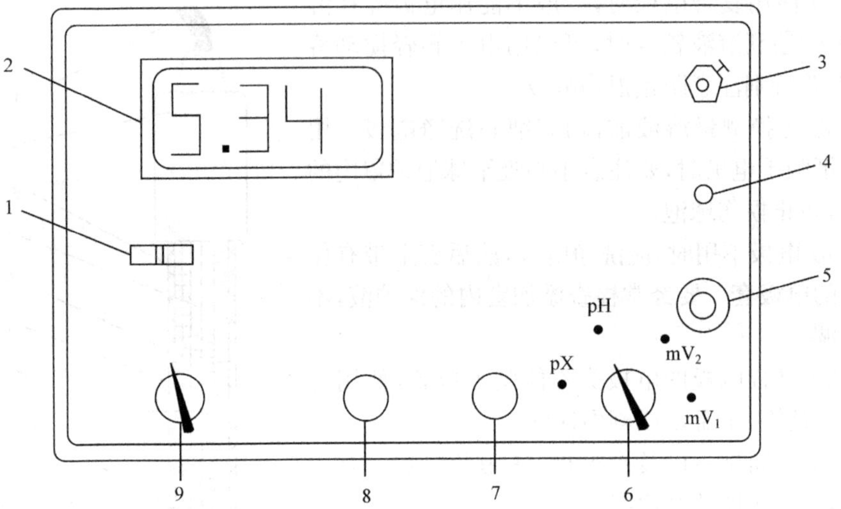

图 1.80　821 型数字式 pH/离子计的外形图

1. 电源开关；2. 数字显示器；3. 选择电极插孔；4. 参比电极接线柱；5. 复位(RESET)旋钮；6. 选择(SELECT)旋钮；7. 斜率(SLOPE)旋钮；8. 定位(CALLB)旋钮；9. 温度补偿(TEMP,℃)旋钮

$pH_2=4.00$，选择的依据是被测溶液的 pH 介于两者之间。

③ 将电极插入到 B 溶液中，调节定位旋钮使显示器上显示 0.00。

④ 取出电极，洗净并用滤纸吸干水分后插入溶液 A 中，转动温度补偿旋钮，使显示器上显示出溶液 A 和溶液 B 的 pH 差值 ΔpH(ΔpH=6.86−4.00=2.86)。稳定后转动定位调节旋钮，使显示器上精确显示出溶液 A 的 pH 为 6.86，此时斜率校正及定位完毕。测量过程中，温度补偿器及定位调节器应保持不动。注意：调节定位时，显示器应显示正值，不能调出负值。

⑤ 取出电极，洗净并吸干水分后插入被测溶液，显示器则指示出被测溶液的 pH。

四、METTLER Delta 320 型 pH 计

1. 仪器的外观及面板

图 1.81 为 METTLER Delta 320 型 pH 计外观图，其面板如图 1.82 所示。背面有四个插孔，从左到右分别为：DC-变压器插孔、REC 记录仪输出插孔、ATC(自动温度补偿)探测插孔及 pH 复合电极插孔。

面板上各按键功能：

[Mode] 键选择 pH、mV 或温度方式。

[Cal] 键在 pH 方式下启动校准程序。

On/Off键显示器开关，关闭时 pH 计处于备用状态。

Read键在任何方式下启动样品测定过程，再按一次该键，当前值不闪烁。

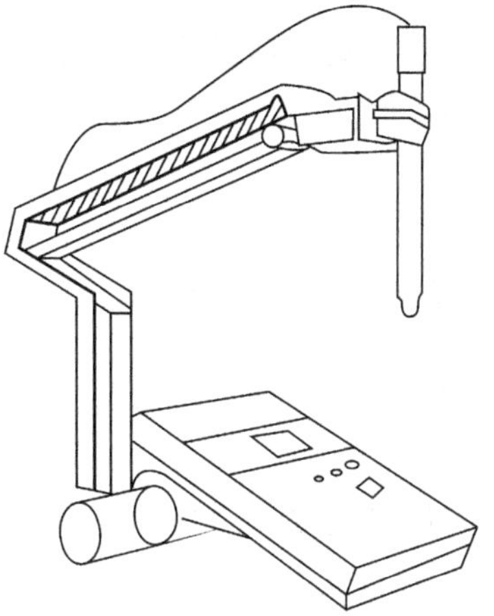

图 1.81 METTLER Delta 320 型 pH 计外观图

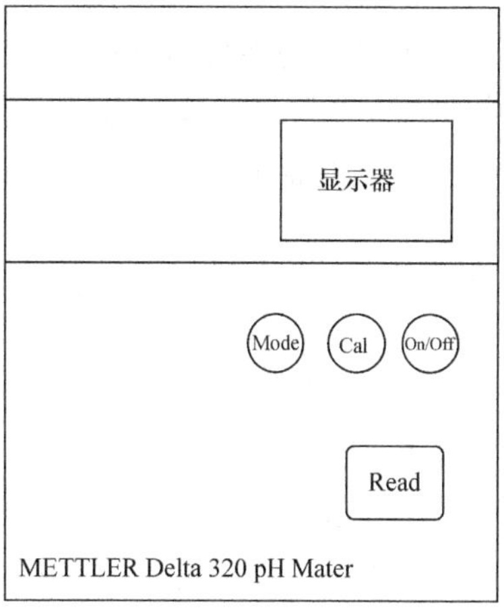

图 1.82 METTLER Delta 320 型 pH 计面板图

2. 测量 pH 的方法

(1) 设置校准点　要获得最精确的 pH，必须在测定之前校准电极及测量系统。有三组校准缓冲液供选择，校准时采用所选的一组缓冲液中的两种溶液。

组 1(b=1)：pH=4.00、7.00、10.00

组 2(b=2)：pH=4.01、7.00、9.21

组 3(b=3)：pH=4.01、6.86、9.18

按下列步骤选择校准缓冲液：

① 按On/Off键，关闭显示屏。

② 按住Mode键且再按On/Off键。松开Mode键，显示屏显示 b=1(或选择的缓冲液组)。

③ 按Cal键，显示 b=2 或 b=3。

④ 按Read键，在缓冲液组显示时选择合适的组别。即使遇上断电 320 型 pH 计仍保留此设置。

(2) 校准 pH 电极　如果使用 ATC 探测器(或内含 ATC 的电极)，缓冲液温度会被测定并补偿。如果不使用 ATC 探测器，320 型 pH 计则认定温度值是 25℃。

一点校准：

① 将电极放入第一个缓冲液并按Cal键。320 型 pH 计在校准时自动确定终点。要人工定义终点，按Read键，当显示器数字稳定时显示相应的缓冲液的 pH。

如果使用 ATC 探测器(或内含 ATC 的电极),显示屏会不断更新修正后的温度值。

② 要回到样品测定方式,按[Read]键。

两点校准:

① 电极经一点校准后,取出洗净吸干水分并放入第二种缓冲液中,按一点校准步骤操作。当显示器数字稳定时会显示电极斜率值。

② 要回到样品测定方式,按[Read]键。

注意:

要获得最大精度,建议使用 ATC 探测器(或内含 ATC 的电极)。如果没有 ATC,必须确保所有的溶液都是 25℃。

(3) 测定 pH　样品测定之前电极需经上述方法进行校准。测定某一溶液 pH 的方法如下:

① 将电极放入样品中并按[Read]键启动测定过程,小数点会闪烁;

② 显示屏同时显示数字式及模式 pH,模拟式尺度从 0～7 和 7～14,超出或不足显示范围的数值由箭头表示;

③ 如果不使用 ATC 探测器(或不含 ATC 的电极),320 型 pH 计则认定温度值是 25℃;

④ 将显示静止在终点数值上,按[Read]键;

⑤ 启动一个新的测定过程,按[Read]键。

1.3.3　DDS-11A 型电导率仪的使用

一、测量原理

DDS-11A 型电导率仪是根据分压式原理制造的直读式线性测量仪器,它除了能测量一般溶液的电导率外,还能满足测量高纯水电导率的要求。其测量原理如图 1.83 所示。由此,可以得到关系式

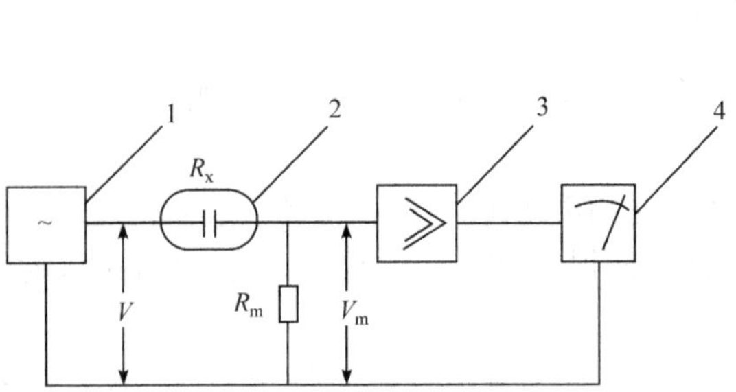

图 1.83　DDS-11A 型电导率仪测量原理

1. 振荡器;2. 电导池;3. 转换器;4. 电表

$$V_m = \frac{VR_m}{R_m + R_x} = \frac{VR_m}{R_m + Q/K}$$

式中:R_x 为电导池的电阻;Q 为电导池常数,即电导池两电极之间的距离与其电极面积之比,在一个电导池中 Q 为常数;K 为所测溶液的电导率,即两电极之间的距离 1cm,电极面积 $1cm^2$ 时溶液的电导,K 的单位为 $S \cdot cm^{-1}$(西门子·厘米$^{-1}$),由于电导一般较小,故常用 $mS \cdot cm^{-1}$或 $\mu S \cdot cm^{-1}$表示。

由关系式可见,当外加电压 V 及分压电阻 R_m 一定时,由于 Q 为常数,电导率 K 的变化将引起 V_m 的变化。所以通过测量 V_m 值就能测得溶液的电导率。

二、电导率仪的外形结构和使用方法

1. 电导率仪的外形结构(图 1.84)

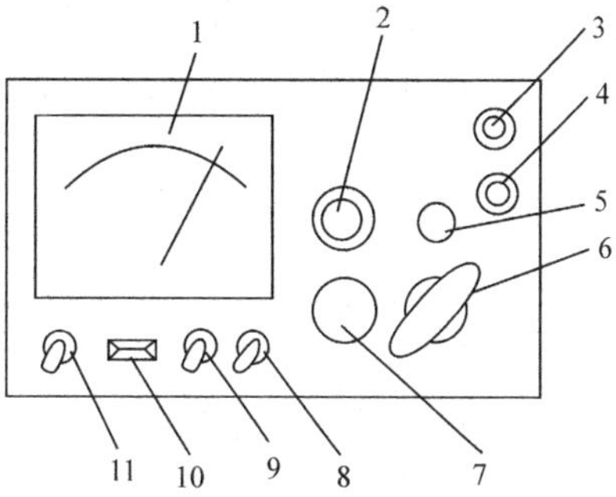

图 1.84　DDS-11A 型电导率仪外形图

1. 表头;2. 电极常数调节器;3. 10mV 输出插口;4. 电极插口;5. 电容补偿调节器;6. 量程选择器;7. 校正调节器;8. 校正测量开关;9. 高周、低周开关;10. 氖泡;11. 电源开关

2. 测量范围及配用电极(即电导池)

DDS-11A 型电导率仪的测量范围是 0～$10^5 \mu S \cdot cm^{-1}$,共分 12 个量程。不同的量程范围要配用不同电极,如表 1.12 所示。

表 1.12　各量程的使用频率及配用电极

量程	电导率/($\mu S \cdot cm^{-1}$)	最佳池常数/cm^{-1}	测量频率	配用电极
1	0～0.1	0.01	低周	DJS-1 型光亮电极
2	0～0.3	0.1		
3	0～1			
4	0～3			
5	0～10	0.1,1		
6	0～30			DJS-1 型铂黑电极
7	0～1×10^2	1		
8	0～3×10^2			
9	0～1×10^3	1,10	高周	
10	0～3×10^3			
11	0～1×10^4	10,50		
12	0～1×10^5			DJS-10 型铂黑电极

3. 使用方法

① 打开电源开关前，观察表头指针是否指零，如不指零，调节表头上的调零螺丝，使指针指零。

② 将校正、测量开关拨在"校正"位置。

③ 打开电源开关，预热数分钟，待指针稳定后调节校正调节器，使指针指在满刻度上。

④ 当使用 1～8 量程测量电导率低于 300μS·cm^{-1}的液体时，将高周、低周开关拨向低周；使用 9～12 量程测量电导率在 300～$10^5\mu$S·cm^{-1}的液体时，将高周、低周开关拨向高周。

⑤ 将量程选择开关拨到所需要的测量范围。如果预先不知道被测溶液的电导大小，则将量程开关拨到最大挡，然后逐挡下降至合适范围，防止量程选择不当，打弯电表指针。

⑥ 根据被测溶液的电导，按照表 1.12 要求选好电极。用电极夹夹紧电极的胶木帽，并通过电极夹把电极固定在电极杆上，而电极下部浸在去离子水中，数分钟后用少量待测溶液洗电极，然后将电极插头插入电极插口内，旋紧插口上的紧固螺丝，再将电极浸入待测溶液中。

⑦ 调节电极常数调节器使其与所用的电极的常数相对应。例如，所用的电极的常数为 0.95，则应把电极常数调节器调到 0.95 处。

⑧ 再次调节校正调节器使电表指针指在满刻度上，将校正测量开关拨到测量位置，读出电表指针指示的数值，再乘上量程选择开关所指示的倍数，即为被测溶液的电导率。

⑨ 在使用量程选择开关的 1、3、5、7、9、11 及 12 各挡时，应读取表头上行的数值(0～1)；使用 2、4、6、8、10 各挡时，应读取表头下行的数值(0～3)。

⑩ 当用 0～0.1μS·cm^{-1}或 0～0.3μS·cm^{-1}这两挡测量高纯水时，先把电极的引线插入电极插口内，在电极未浸入溶液前，调节电容补偿调节器使电表指针指向最小值(由于电极之间存在漏电阻，使得调节电容补偿调节器时，表针不能达到零点)，然后开始测量。

4. 注意事项

① 电极的引线不能潮湿，否则将测量不准。

② 高纯水被盛入容器后，应迅速测量，否则空气中的 CO_2 溶于水中变成 HCO_3^- 和 CO_3^{2-}，使电导率很快增加。

③ 盛待测溶液的容器必须清洁，无其他离子沾污。

1.3.4 分光光度计的使用

一、基本原理

吸光分析法是根据物质对光的选择性吸收而进行分析的方法。各种物质对光都会吸收，有色物质是吸收了可见光（波长为 400～800nm）中某些波长的光，无色物质是吸收了非可见光（紫外光或红外光）。不同物质由于结构不同，所吸收光的波长及吸收程度不同，这就是物质对光的选择性吸收。

如果用一束强度为 I_0 的单色光（即波长一定的光）通过装有有色溶液的玻璃或石英透明容器（称为比色皿），则会有一部分光被吸收，另一部分光透过溶液，其强度由 I_0 减弱为 I_t，如图 1.85 所示。I_t/I_0 称为透射率 T，而 $-\lg T$ 称为吸光度 A，即

$$A=-\lg T=\lg\frac{I_0}{I_t}$$

若不断改变入射光的波长 λ 并测定相应的吸光度 A，作 A-λ 曲线，称为吸收曲线或吸收光谱。图 1.86 为 $KMnO_4$ 溶液的吸收曲线。有色溶液对某一波长光吸收的强度与有色物质的浓度 c 及吸光溶液的液层厚度 b 成正比，称为光吸收定律或朗伯-比尔定律，其数学表达式为

$$A=\varepsilon bc$$

式中：b 为液层厚度，单位为 cm；c 为浓度，单位为 $\mathrm{mol\cdot L^{-1}}$；ε 为摩尔吸光系数，单位为 $\mathrm{L\cdot mol^{-1}\cdot cm^{-1}}$。

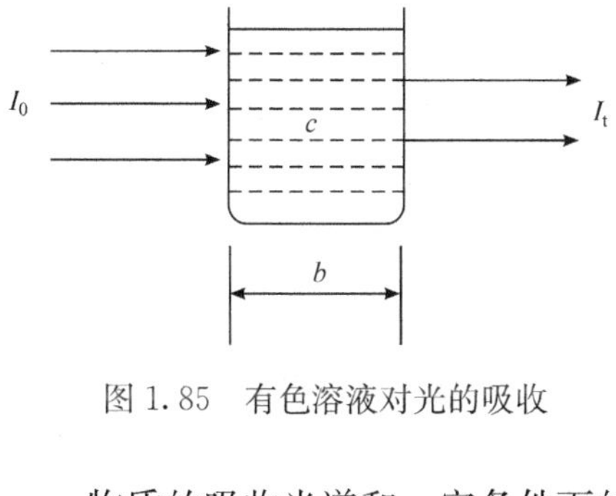

图 1.85 有色溶液对光的吸收

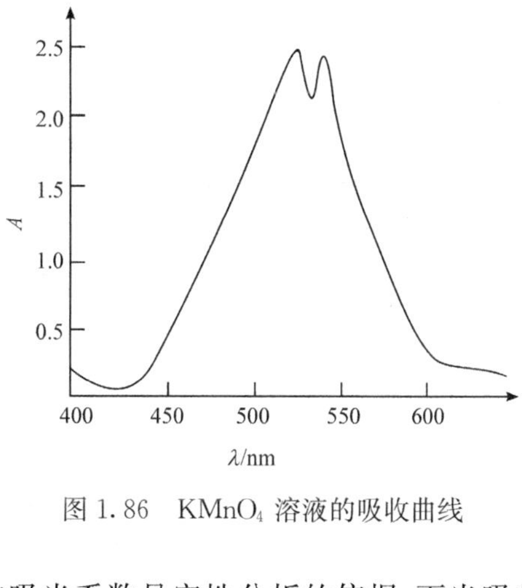

图 1.86 $KMnO_4$ 溶液的吸收曲线

物质的吸收光谱和一定条件下的摩尔吸光系数是定性分析的依据，而光吸收定律是定量分析的依据。

测定溶液吸光度(或透射率)的仪器,称为分光光度计,其型号很多,但基本组件都由光源、单色器、比色皿、检测器、显示器五个部分组成,其连接关系如下所示

光源 → 单色器 → 比色皿 → 检测器 → 显示器

光源(钨灯、卤钨灯或氢灯等)发射的连续光,经单色器(色散元件为棱镜或光栅)色散分光,通过波长选择鼓轮使某波长的单色光照射比色皿(玻璃的或石英的),部分光被有色溶液吸收后,透射光投射到检测器(光电池、光电管或光电倍增管)上,使光信号转换为电信号,经放大后于显示器(微安表、数码管、记录仪或计算机屏幕)上显示吸光度。下面简要介绍《基础化学实验(一)》中常用的国产 721 型、722 型和 UV-9100 型分光光度计的基本结构及使用方法。

二、721 型分光光度计

1. 仪器的外形结构

721 型分光光度计采用钨丝灯作为光源,玻璃棱镜作为单色器,微安表(转换为吸光度刻度)作为显示器。其外形和基本结构图如图 1.87 和图 1.88 所示。

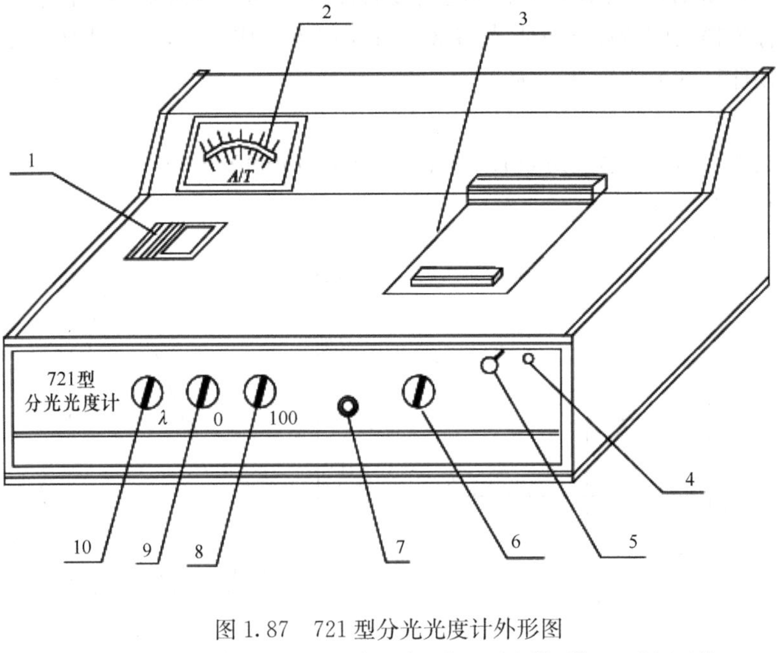

图 1.87　721 型分光光度计外形图

1. 波长读数盘;2. 读数电表;3. 比色皿暗盒盖;4. 电源指示灯;5. 电源开关;
6. 灵敏度选择旋钮;7. 比色皿架拉杆;8."100%"透射率调节旋钮;
9."0"透射率调节旋钮;10. 波长调节旋钮

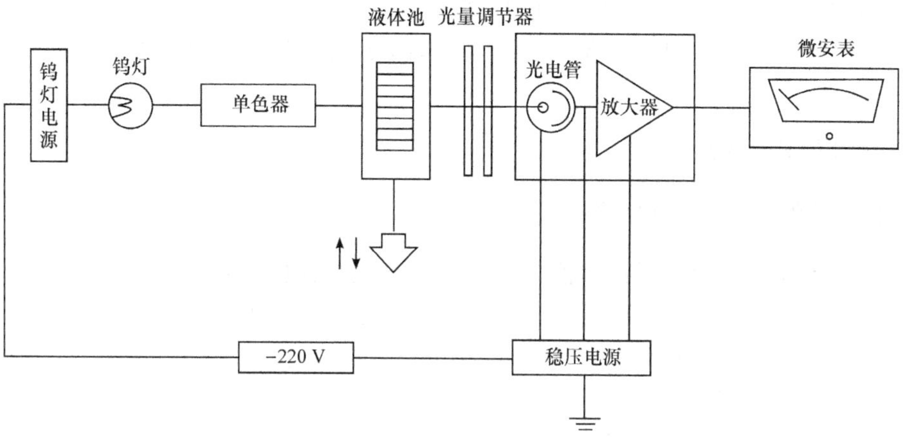

图 1.88　721 型分光光度计基本结构图

2. 使用方法

① 在仪器未接通电源时，电表的指针必须位于“0”刻线上，若不是这种情况，则可用电表上的校正螺丝进行调节(卸下机壳)。

② 开启电源开关，打开比色皿暗箱盖(光路关闭)，旋动波长调节旋钮，选择所需要的波长。灵敏度选择旋钮处于“1”(最低挡)。转动“0”调节旋钮，使电表的指针在“0”透射率刻线上。再将比色皿暗箱盖合上(光路打开)，转动“100%”调节旋钮，使电表指针在透射率满刻度附近。让仪器预热 20min。

③ 仪器预热或测量时，如果转动“100%”调节旋钮至极限时，电表指针仍不能指在“100%”，可把灵敏度选择旋钮调至“2”挡，重新调“0”和“100%”。若电表指针仍不能调到“100%”，则旋至“3”挡、“4”挡或“5”挡，逐挡调试。在保证能调到“100%”的情况下，尽可能采用较低挡，使仪器有更高的稳定性。

④ 预热后，反复按上面方法调校“0”和“100%”。仪器稳定时即可测量。

⑤ 测量前，打开比色皿暗箱，在比色皿架的第一格放入盛有参比溶液(空白溶液或蒸馏水)的比色皿，第二格放入盛有待测溶液的比色皿，若有多个待测溶液，可在第三格、第四格同时放上另两份盛有试样的比色皿。拿比色皿时只能捏住比色皿毛玻璃的两面，比色皿放入比色皿架之前应先用滤纸吸干沾在外壁的溶液，再用擦镜纸擦干净，放比色皿时应让透明的两面玻璃对着比色皿架的窗口。将比色皿定位拉杆推入至尽头。

⑥ 测量时，盖上暗箱盖，重新调“100%”，将比色皿定位拉杆轻轻地拉出一格，使第一个待测溶液进入光路，此时电表指针所指刻度就是该溶液的吸光度(A)或透射率(T)。依此再将第二、第三个待测溶液拉至光路，分别读取测定值(测定后

最好将参比溶液推回至光路中，重测一次)。

⑦ 测量完毕，打开暗箱盖，关闭电源，取出比色皿，洗净后放在指定的位置，关好暗箱盖。

三、722 型分光光度计

1. 仪器的外形结构及光学系统

722 型分光光度计是以碘钨灯为光源、衍射光栅为色散元件、端窗式光电管为光电转换器的单光束、数显式可见光分光光度计。可用的波长范围为 330～800nm，波长精度±2nm，光谱带宽 6nm，吸光度的显示范围为 0～1.999，吸光度的精度为±0.004(在 $A=0.5$ 处)。试样架可置放 4 个比色皿。附件盒配有 1cm 比色皿 4 只及镨钕滤光片 1 块。

仪器的外形及光学系统如图 1.89 与图 1.90 所示。722 型分光光度计与 721 型比较，最大差别是使用光栅作为色散元件及用数显式的显示器，它的构造方框图与 721 型(图 1.88)比较，差别在于放大器后加一个对数放大器，微安表改为数显器。

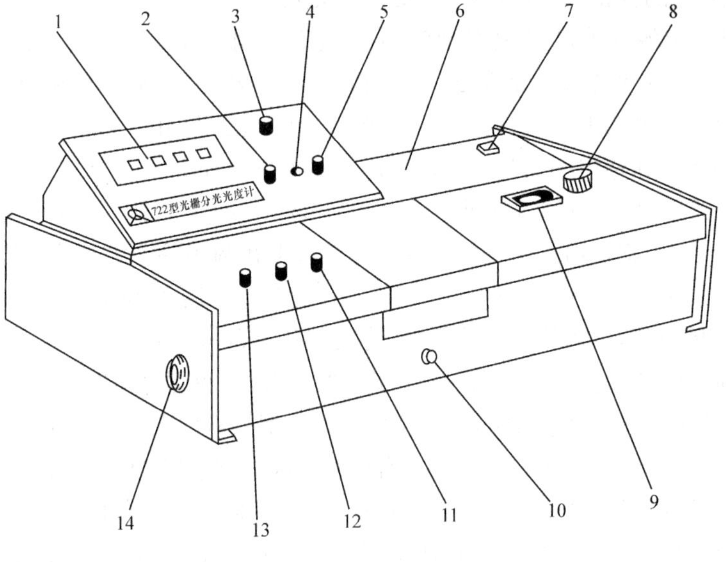

图 1.89　722 型分光光度计外形图

1. 数显器；2. 吸光度调零旋钮；3. 选择开关；4. 调斜率电位器；5. 浓度旋钮；6. 光源室；7. 电源开关；8. 波长手轮；9. 波长刻度窗；10. 比色皿拉杆；11. 100%T 旋钮；12. 0%T 旋钮；13. 灵敏度调节；14. 干燥室

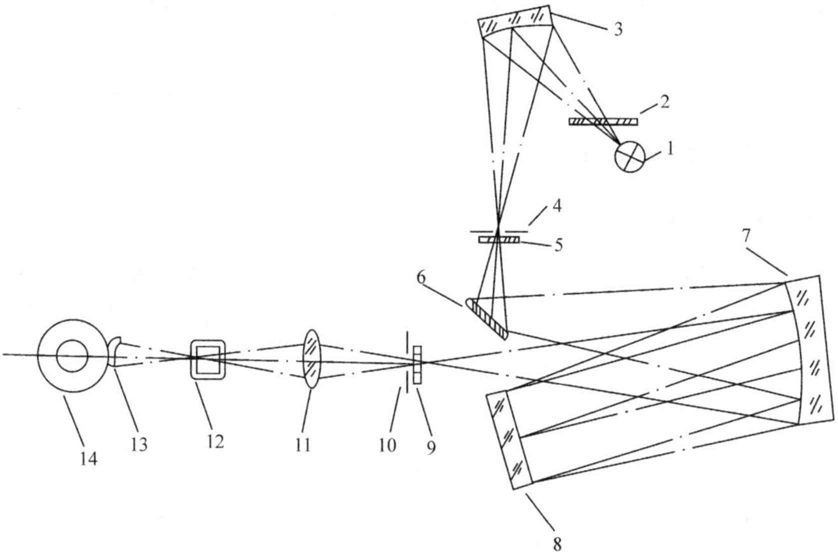

图 1.90　722 型分光光度计光学系统

1. 碘钨灯；2. 滤光片；3. 聚光镜；4. 进狭缝；5. 保护玻璃；6. 反射镜；
7. 准直镜；8. 光栅；9. 保护玻璃；10. 出狭缝；11. 聚光镜；12. 试样；13. 光门；14. 光电管

2. 使用方法

① 将灵敏度调节旋钮置于“1”挡(放大倍率最小)，选择开关置于“*T*”挡。

② 开启电源，指示灯亮并将波长调节至测试所需波长，使仪器预热约 20min。

③ 打开试样室盖(光门自动关闭)，调节“0％*T*”旋钮，使数字显示为“0.00”。

④ 将盛有参比溶液的比色皿置于试样架第一格内，将盛有试样的比色皿置于第二格内，盖上试样室盖(光门打开，光电管受光)。将参比溶液推入光路，调节“100％*T*”旋钮，使数字显示为“100.0”，如果显示不到“100.0”，则增大灵敏度挡，再调节“100％*T*”旋钮，直到显示为“100.0”。

⑤ 重复操作③和④步骤，直到仪器显示稳定。

⑥ 将选择开关置于“*A*”挡，此时吸光度显示应为“.000”，若不是，则调节吸光度调零旋钮使之显示为“.000”。然后将试样拉至光路，此时显示值即为试样的吸光度。

⑦ 实验过程中，可随时将参比溶液推入光路以检查其吸光度零点是否变化。如果不是“.000”，则应将选择开关置于“*T*”挡，用“100％*T*”旋钮调节至“100.0”，再将选择开关置“*A*”挡，这时如不是“.000”，则可调节吸光度调零旋钮。如果大幅度改变测试波长时，应稍等片刻(因为能量变化急剧，光电管受光后响应缓慢，需一段时间光响应平衡)，待稳定后重新调整“0”和“100％*T*”后才可工作。

⑧ 浓度 *c* 的测量：选择开关由“*A*”旋置“*c*”，将已标定浓度的样品放入光路，

调节浓度旋钮，使数字显示为标定值。然后将被测样品推入光路，即可读出被测样品的浓度值。

⑨ 仪器使用完毕，应先关闭电源，再取出比色皿，洗净后放回原处。

四、UV-9100 型分光光度计

1. 仪器的外形结构

UV-9100 型分光光度计是以溴钨灯为可见光源，氘灯为紫外光源，光栅为色散元件，光电管为接收器的单光束、数显式分光光度计。可用的波长范围为 200～800nm。仪器的外形如图 1.91 所示。仪器的光学系统图与 722 型分光光度计相似，只是多一个氘灯光源。

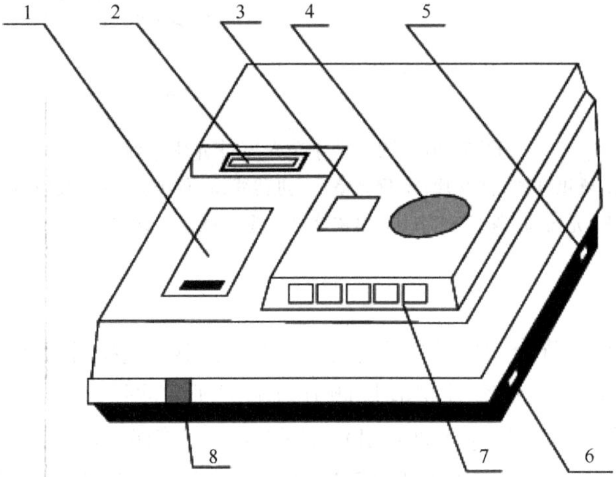

图 1.91　UV-9100 型分光光度计外形图

1. 样品室门；2. 显示窗；3. 波长显示窗；4. 波长调节旋钮；
5. 电源开关；6. 氘灯开关；7. 操作键盘；8. 样品池拉手

UV-9100 型分光光度计还有一个功能，就是光电管的检测信号经前置放大器放大后，进入 A/D 转换器，将模拟信号转换为数字信号送往单片机进行数据处理。操作者只要将要做的事通过键盘告诉单片机，结果就可显示出来，使操作更为简便。

2. 使用方法

① 打开仪器电源开关（若联用打印机，应先开主机后开打印机）。方式选择指示灯应在透射比位置，选择样点应在第一点，显示器应显示为 XX. X，预热 10min。

② 推开样品室盖，将盛有参比溶液与样品溶液的比色皿置于试样架内，并转动波长调节旋钮，使波长显示窗显示所需波长值。

③ 关好样品室门，按方式选择 MODE 键使透射比指示灯亮，并使参比溶液处在光路中。

④ 按 100%T 键调 100%，待显示器显示 100.0 时即表示已调好 100%T。推开样品室盖，此时显示器应显示 0.0，若不是，可按 0%T 键使显示 0.0。再关好样品室门，此时应恢复显示 100.0。

⑤ 再按 MODE 键使吸光度指示灯亮，此时显示窗应显示 0.000，若不是，可按 ABSO 键，使显示为 0.000。

⑥ 将样品溶液拉入光路，此时显示窗显示的数值即为样品吸光度值。

⑦ 浓度测量：将参比溶液与已知浓度的标准溶液（若标液 3 个可建立工作曲线），置于试样架内，按照步骤④用参比溶液调好 100%T 及 0%T，按 MODE 键至浓度挡，并使标准溶液进入光路，按 置数加 或 置数减 键，使显示器显示标准浓度，再按 确认 键，确认此组数据。最后将被测溶液拉入光路，即可显示被测样品浓度值。

⑧ 仪器使用完毕后应关闭电源开关，取出并洗净比色皿，盖好防尘罩并做好仪器使用登记。

1.3.5 UJ-25 型电位差计的使用

一、电位差计的测量原理

电位差计是按照抵消法（也称补偿法）原理设计的一种在电流尽可能为零的条件下测定电位的仪器。其测量原理如图 1.92 所示。电路可分为工作回路和测量回路两个部分。工作回路由工作电池 E、可变电阻 R 和阻值严格均匀的滑线电阻 AB（整体）组成。测量回路由双刀投向开关 S、测量电池（标准电池 E_N 或待测电池

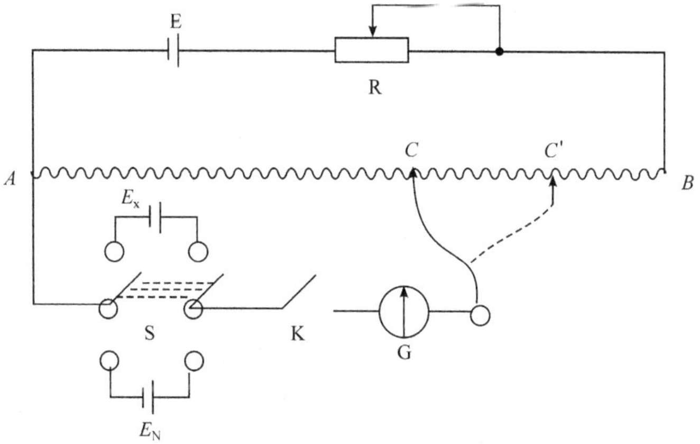

图 1.92　电位差计原理图

E_x)、电键 K、高灵敏检流计 G 及滑线电阻 AB(其中的一部分)组成。

从原理图可见,当工作回路和测量回路都工作时,如果测量回路中的检流计为零电流,那么,工作电池在滑线电阻 AB 上的一段电位降应等于测量电池的电动势。为此,测量时,先把双刀双投开关 S 合向标准电池 E_N,滑动滑线电阻的触点,使 G 示零,若触点位置为 C,则 AC 段的电位降等于标准电池的电动势 E_N。然后,把 S 投向待测电池 E_x,滑动滑线电阻触点,使 G 又恢复为零,若触点为 C',则 AC' 段的电位降等于待测电池的电动势 E_x。可以得到待测电池的电动势为

$$E_x=\frac{AC'}{AC}E_N$$

因此,从滑线电阻的位置变化可以测量待测电池的电动势,而在电位差计上可直接读出电动势值。

二、电位测量的配套设备

1. 标准电池

实验室常用的是惠斯通饱和标准电池,其结构如图 1.93 所示。该电池是一个原电池,电极反应为

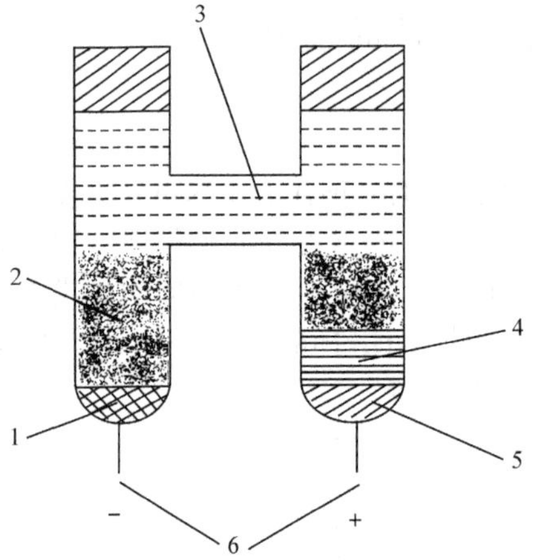

图 1.93 惠斯通饱和标准电池

1. 镉汞齐;2. 硫酸镉晶体;3. 硫酸镉饱和溶液;4. 硫酸亚汞;5. 汞;6. 铂丝

阳极(负极)

$$Cd(Cd\text{-}Hg) \longrightarrow Cd^{2+} + 2e$$

阴极(正极)

$$Hg_2SO_4 + 2e \longrightarrow 2Hg + SO_4^{2-}$$

总电池反应为

$$Cd + Hg_2SO_4 \longrightarrow CdSO_4 + Hg$$

按照一定条件制成的标准电池 20℃时的标准电动势为 1.0183V,在其他温度下的电动势可按下式计算

$$E_N = 1.0183 - 4.06 \times 10^{-5}(t-20) - 9.5 \times 10^{-7}(t-20)^2$$

使用标准电池时应注意:

① 避免振动和倒置;

② 防止大于 10^{-6} A 的电流通过,以免造成电极极化,严防正负极短接,绝对不许短路,不得用万用表、伏特表直接测量电池电动势和内阻,避免长期和外电路接通;

③使用温度不高于 40℃和低于 4℃,也不宜骤然改变温度,应避免光照,电池应置于温度波动不大的环境中;

④ 每隔 1~2 年检验一次电池电动势。

2. 甘汞电极

若要测定某一电极的电极电位，则应该用参比电极与之组成测量电池，参比电极可用标准氢电极，也可用 Ag-AgCl 电极或甘汞电极，一般要求的测定中，常用饱和甘汞电极。饱和甘汞电极见 1.3.2 节之二。

3. 检流计

与电位差计配套的必须是灵敏度高的检流计，以确保电位测量的精确度，通常用的是圈转式的复射光点反射式检流计，其灵敏度为每分度 $10^{-10}\sim10^{-8}$ A。检流计是精密的电子学仪器，比较容易损坏，尤其是其中的游丝是一条非常精细的金属丝，使用时更需注意保护。

使用检流计时应注意：

①严防振动，尤其是不允许剧烈振动，调零点时需注意方向，缓慢调动，严防误判方向而大幅度调动以致扭断游丝；

②防止太大的电流通过，否则将烧坏线圈，不得用万用表测量线圈的阻值或检查线圈是否导通；

③防止其他仪器或物件的挤压或碰撞；

④不用时一定要把仪器置于短路状态；

⑤防止酸碱等化学药品腐蚀，要保持仪器的干燥。

三、UJ-25 型电位差计的使用

UJ-25 型电位差计的外形结构如图 1.94 所示，其使用方法如下。

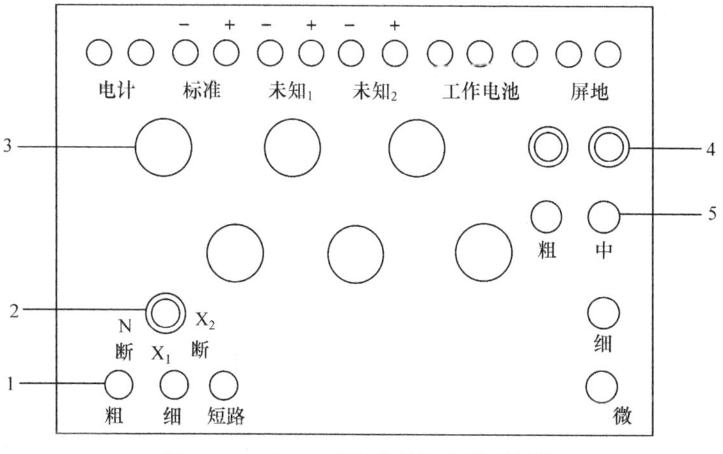

图 1.94　UJ-25 型电位差计的外形结构

1. 电计按钮；2. 转换开关；3. 电动势测量旋钮(共 6 只)；
4. 标准电池温度补偿旋钮；5. 工作电流调节旋钮(共 4 只)

① 使用前，先将标有“N(标准)”、“X_1、X_2(未知)”、“断”的转换开关转至“断”的位置，将面板左下方3个电计按钮全部松开，然后将工作电池电源、被测电池、标准电池按正、负极性接在相应的端钮上，并接上检流计(无极性要求)。根据工作电源电压的大小，选择合适的电压挡。仪器可同时测定 X_1 和 X_2 两个未知电池。

② 把转换开关转至N(标准)，标准电池温度补偿钮调节在标准电池的标准电动势处，旋动调节工作电流调节旋钮，即粗、中、细、微4个电阻盘，并依次按面板左下方的粗、细电计按钮，直到检流计指零，电位差计已标准化。

③ 把转换开关转至 X_1(或 X_2)，调节面板中间的6个电动势测量旋钮(数值从大到小)，同时配合按动电计按钮，首先在按下“粗”时使检流计指零，然后再按下“细”，又使检流计指零。6个小窗口的读数即为被测电池的电动势。测量之前应预先估计被测电池电动势的大小，并先调节大旋钮使其下方窗口的数值与之接近。

④ 在测量过程中需经常注意校对标准，使工作回路中保持工作电流不变，减少测量误差。

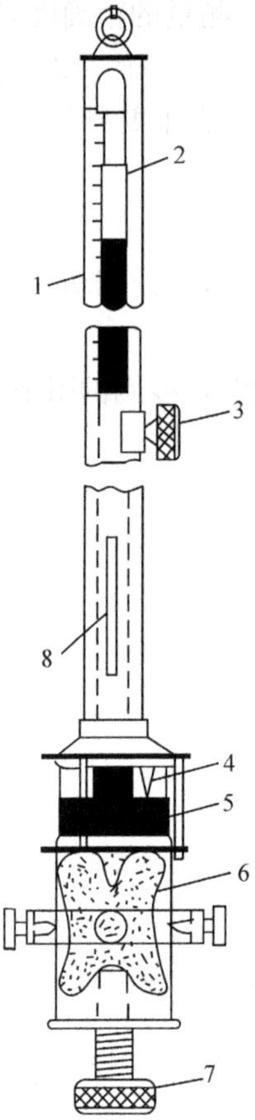

图1.95 福丁式气压计

1. 黄筒管标尺；2. 游标尺；3. 游标尺调节螺旋；4. 象牙针；5. 水银槽；6. 羚羊皮囊；7. 调节螺旋；8. 温度计

1.3.6 气压计的使用

测量大气压力的仪器称气压计。气压计的种类很多，实验室常用的是福丁(Fortin)式气压计(图1.95)。它是以水银柱平衡大气压力，水银柱的高度即表示大气压的大小。福丁式气压计的主要结构是一根一端密封的玻璃管，里面装水银。开口的一端插在水银槽内，玻璃管顶部水银面以上是真空。水银槽底为一羚羊皮囊，转动羚羊皮囊下面的调节螺旋就可以调节水银面的高低。水银槽顶有一倒置的象牙针，其针尖是黄铜管上标尺刻度的零点。玻璃管外面套有黄铜管，黄铜管的上部刻有刻度并开有长方形小窗，用来观察水银面的位置，窗前有游标尺。

读数可按下列步骤进行：

① 慢慢旋转底部的调节螺旋，使水银面与象牙针尖刚好接触。

② 调节游标尺的位置，使其略高于水银面，然后慢慢下降，直到游标尺下沿与游标尺后面金属片的下沿相重合且与水银弯月面相切。按游标尺零点所对黄铜标尺

的刻度读至气压计的最小刻度部分(0.1kPa)。下一位小数用游标尺来决定,即从游标尺上找一根正与黄铜标尺上某一刻度相吻合的刻度线,这根刻线的数值就是最小刻度后小数部分的读数。按以上操作调节游标尺位置,再次读数,进行核对。

③ 记下气压计上所附温度计的温度。需准确的大气压数据时,应对以上得到的读数进行温度校正。

1.3.7 实验室某些常用公用设备的使用

一、托盘天平

托盘天平(图 1.96)又称台天平、台称,用于粗略的称量,能称准至 0.1g。台天平的横梁架在台天平座上。横梁左右有两个盘子。横梁中部的上面有指针,根据指针 3 在刻度牌 2 摆动的情况,可以看出台天平的平衡状态。使用台天平称量时,可按下列步骤进行。

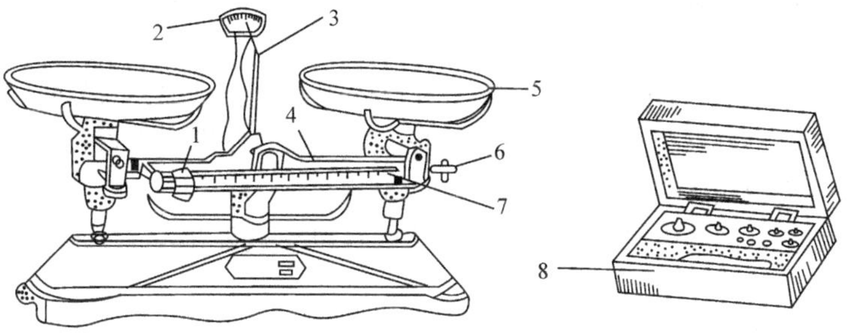

图 1.96 托盘天平

1. 游码;2. 刻度牌;3. 指针;4. 横梁;

5. 托盘;6. 平衡调节螺丝;7. 游码标尺;8. 砝码

① 零点调整:使用台天平前常把游码 1 放在刻度尺的零处。托盘中未放物体时,如指针不在刻度零点处,可用平衡调节螺丝 6 调节。

② 称量:称量物不能直接放在天平盘上称量(避免天平盘受腐蚀),而放在称过质量的纸或表面皿上,潮湿或具腐蚀性的药品则应放在玻璃容器内。天平不能称热的物质。称量物放在左盘,砝码放在右盘。添加砝码时应从大到小,在添加游码标尺 7 以内质量时(如 10g 或 5g)可移动标尺上的游码,直到指针指示的位置与零点相符(偏差不超过 1 格),记下砝码质量并加上游码标尺的读数,此质量即称量物的质量。

③ 称量完毕,应把砝码放回盒内,把游码标尺的游码移到刻度"0"处,用小毛刷将台天平打扫干净。

二、离心机

离心机用于少量沉淀的沉降和分离，常用的是电动离心机。电动离心机及离心管内套的局部剖面图见 1.2.6 节的图 1.36。离心机的使用方法如下：

① 在离心管套底部应垫上棉花或泡沫塑料等柔软物质，以防止高速旋转时碰破离心管。

② 将盛有被分离混合物的离心管放入离心机的一个套管中，离心管口稍高出管套，在其对称的管套中，应放入装有与离心物质量相近的蒸馏水的离心管，以保持离心机的平衡。否则高速旋转时会发生剧烈震动，易损坏离心机或离心管。离心机可以同时放入多个离心管，但都得保持其对称平衡。

③ 放妥离心管后，需盖好离心机的顶盖才能开动。开动离心机时，应由最慢速挡开始，待转动平衡后再逐步过渡到快速挡。

④ 离心机的转动速率和时间视沉淀的性状而定。晶形沉淀一般用 1000 r/min，转动 1～2min；非晶形沉淀沉降较慢，可提高到 2000r/min 甚至 3000r/min，需转动 3～4min。

⑤ 关机时，要逐挡缓慢地把变速挡转至关闭，待离心机自行减速至停止转动，然后打开顶盖，小心从外侧捏住离心管口边缘取出离心管。不得借助任何外力使离心机停转，不得用手指头插入管中拔取离心管。

⑥ 在离心机转动中，如果发现离心机猛烈震动或发出异常声响，应立即停机检查。

三、电加热设备

1. 电炉和电热板

电炉和电热板是一般的加热设备，通常用于盛有溶液的烧杯、锥形瓶、蒸发皿等的加热，有时也可以用于水、油浴锅或砂浴盘的加热。使用电炉时，电炉上应该放有铁丝网或石棉网，容器不得直接受热。电热板是一种大批量加热的电热设备，大的电热板加热炉丝有三组，每组 1200W，要根据加热的温度要求及摆放加热容器的数量选择炉丝的组数。加热容器可以直接放在电热板上加热。

2. 高温炉

高温炉俗称马弗炉，通常用来高温灼烧、煅烧物品或高温分解融熔样品。马弗炉型号、种类及炉体形状很多。下面简要介绍 TM6220S 型陶瓷纤维马弗炉的使用方法。马弗炉的整体加热设备由炉体及其控温箱两部分组成。使用时，先对控温箱设置所需的控制温度及保持时间，启动后，控温箱的控温电子线路通过连接于插入炉腔中央的热电偶，检测温度及依据所设置的控制温度控制对炉体中的加热炉丝供电，并维持所设置的时间，达到控温、定时的目的。

马弗炉炉体的中间是炉膛，炉与外壁之间装有加热炉丝并填有陶瓷纤维丝保温材料，炉体前面有炉门，开时抓住把手斜着向上往怀里拉，然后顺着弹簧力量向上推，反方向操作即可关门。使用时把需加热的样品装在坩埚或其他适宜的容器内，用专门工具把容器送到炉膛，并关上炉门。

马弗炉的控制箱如图 1.97 所示。使用时按下列操作步骤进行：

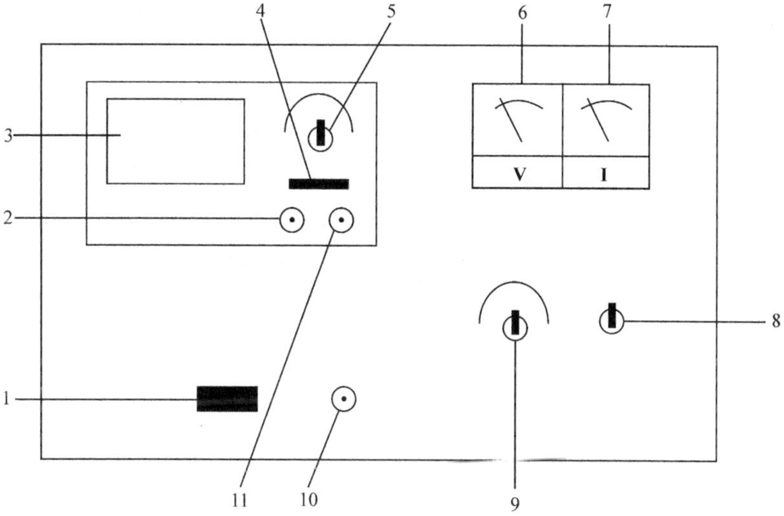

图 1.97　马弗炉的控制箱

1. 电源开关；2. 红色指示灯；3. 显示屏；4. 测量-设定选择开关；5. 温度设定旋钮，6. 电压表；7. 电流表；8. 功率调节旋钮；9. 定时器旋钮；10. 黄色指示灯；11. 绿色指示灯

① 打开控温箱的电源开关，显示屏显示当前的炉温 T_0。

② 把测量-设定选择开关指向设定，显示屏显示设定温度，调节温度设定旋钮，确定设定温度 T。若 T 大于 T_0，红色指示灯亮，表示正在加热；若 T 小于 T_0，则绿色指示灯亮，表示停止加热。

③ 把选择开关指向测量，顺时针转动定时器至所需保持的时间上，调整合适电流值以控制升温速率。

④ 当炉膛温度到达设定温度 T 后，黄色指示灯亮，定时器开始倒计时，加热时断时续，温度维持在 T 上、下，稍微波动，如果波动太大可调整电流。

⑤ 到达所设定的维持时间后，铃响，绿色指示灯亮，停止加热，温度自然下降。不要急于打开炉门以避免骤冷。

四、循环水真空泵

循环水真空泵是利用电动机的转动带动循环水，抽出连接系统中的空气，以达

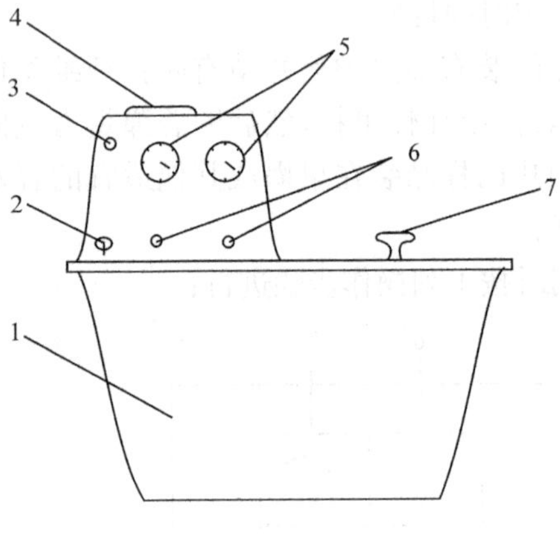

图 1.98　循环水真空泵外形图

1. 水箱；2. 电源开关；3. 指示灯；
4. 电动机；5. 真空表；6. 抽气管接口；7. 水箱盖

到系统中压力的逐渐降低的目的。目前实验室常使用循环水真空泵进行减压过滤，其外观结构如图 1.98 所示。

在进行减压过滤时，先把减压过滤装置中安全瓶出口与真空泵抽气管接口之一用橡皮管连接，抽滤瓶装上带有滤纸的布氏漏斗，用少量蒸馏水润湿滤纸。接通真空泵电源，打开电源开关，指示灯亮。抽滤瓶内的压力开始降低，把滤纸紧吸在布氏漏斗上，待压力降低到一定程度后，将溶液和沉淀缓缓倒入漏斗中进行过滤，以及过滤结束后进行洗涤。抽滤完毕后，应先拔开抽滤瓶与安全瓶相连的橡皮管，也可以拔开布氏漏斗的塞子，然后再关电源，否则，循环水将会倒流。

五、微波炉

微波是一种一定频率范围（$1.0\times10^{9}\sim3.0\times10^{11}$ Hz）的电磁波，它具有反射、穿透和吸收三种特性。微波碰到金属会被反射回来，而对一般的玻璃、陶瓷、耐热塑料、竹器、木器等具有穿透作用。微波所携带的能量能为极性分子所吸收，分子吸收能量后，运动加剧，增强了分子间的挤压、碰撞和摩擦，使物质发热。在宇宙自然界中到处都有微波存在，但由于很分散，在局部区域中能量很弱，所以觉察不到它与物质相互作用而发热的现象。微波炉乃是通过其内部的电磁转换部件（磁控管）的作用，发射出 2450MHz 的微波，将电能转变为炉内的微波能量场。由于可以通过调节提供足够的电能，所以微波也携带有足够的能量，而且微波炉结构上有一定的集束功能，使微波能量更加集中。因此，微波炉成了一种方便、快速、高效、清洁的加热设备。作为加热、烹调食物用的微波炉已经普遍进入平民百姓家中，作为实验、科研用的微波炉也有不少应用，诸如消毒、消解试样、干燥、促进化学反应等。目前所使用的微波炉，尚不能准确控制所需的温度及恒温，只能通过实验，决定所要用的功率、时间，以达到所需的加热程度。

微波炉的种类、型号很多，其操作方法有所不同，使用前应仔细阅读其说明。使用微波炉时应注意如下事项：

① 微波炉应平放在水平的台、桌上，不能置于高温、潮湿的地方，炉的周围必须保持空气流通，炉的顶面需留有 15cm 高的空间，左右两侧需留有 5cm、后面需留有 15cm 的空隙，不可堵塞炉顶上的通气口。

② 应根据具体要求，选择合适的加热火力及时间。前一批加热(干燥)物取出后，不要关闭炉门，让其冷却 5～10min 后，才能放入后一批待加热的器皿。

③ 切勿使微波炉空载运转，因为当没有物品在炉内吸收能量时，微波能量会不断在炉内反射，可能损坏微波炉。

④ 不要在炉内烘烤纸类、布类或其他着火点较低的物品，以防止起火燃烧。如果万一炉内东西着火，应保持关紧炉门，按动有关的键或转动旋钮，使加热停止，并立即切断电源。

⑤ 切勿放置任何金属物体于炉内，包括金属容器、金属箔包装、金属盘碟及金属装饰品等。因为金属有屏蔽作用，影响了内容物质的加热。也不可将密封容器放入炉内加热，否则会引起爆裂。

⑥ 除某些专用的特殊微波炉外，一般家用微波炉在实验室使用时，不得加热有毒、有腐蚀性的试剂或会产生有毒气体的物质。

⑦ 虽然微波炉都采取对人体防护的措施，但可能仍有少量微波穿出或泄漏到炉外，因此，操作者应与炉体保持一定的距离。清洗炉内及炉门时，应用柔软的棉布轻轻擦洗，不能使用具有腐蚀性的清洁剂，以免损伤炉内壁或炉门，要经常检查炉门、炉栓的密闭情况，严防微波泄漏。

1.4 实验结果的处理

1.4.1 误差和数据处理

在定量分析中，测得的数据经过计算后得到分析结果，分析结果的可靠性是一个至关重要的问题，不准确的结果往往会导致错误的结论，产生严重的后果。但是，在测定过程中，绝对准确是没有的，分析结果与客观存在的真实值都有一定的差异，即存在误差。即使一个分析技术非常熟练、准确的工作者，用同一种方法，对同一种试样进行多次测定，测定结果其一不可能完全一致，其二多次测定结果的平均值也不是试样的真实值，即使平均值与推荐值相同，也只能说明分析结果在一定的准确度下接近真实值。因此，在定量分析中，应该根据具体的准确度要求，正确地进行测定、数据记录及处理，以减少误差，获得正确的结果。所以树立正确的误差及有效数字的概念，掌握分析和处理实验数据的科学方法十分重要。

一、误差的类型及其性质和减小的方法

误差按其性质可分为系统误差、偶然误差和过失误差三种。

1. 系统误差

系统误差又称可测误差，是由实验方法、实验条件、所用仪器、试剂及操作者的不正确习性等一些固定因素造成的。这类误差具有重现性，在多次测定中会重复出现；单向性，所有测定或者都偏高，或者都偏低；恒定性，误差数值基本上是不变的。减小或消除系统误差的方法，可以依照其原因采用相应的方法，如测定方法及条件的改善、对照实验、空白实验、仪器校正、试剂提纯、纠正操作者的主观因素等。

2. 偶然误差

偶然误差又称随机误差或不可测误差，是由一些诸如测定过程中环境条件的微小变化、测定者的操作不可能完全一致、试样及试剂的不完全均匀等一些偶然因素造成的。这类误差由于来源于随机因素，因此误差数值大小不定，正、负方向不定，在实验中是无法避免的。从表面上看，这类误差没有什么规律，但若用统计的方法去研究，可以从多次测量的数据统计中找到其规律性。在实际工作中，尽量保持各种测定环境、条件、操作的一致性，可以减小偶然误差。

3. 过失误差

过失误差就是实验中的错误，往往是由于实验工作者的粗枝大叶、违反操作规程、思想不集中、加错试剂、读错数据等不应该的人为原因造成的。这类错误产生的误差一般比较大，通常可以通过对数据的深入分析加以判断，而且以科学、认真、负责的态度做好实验，是完全可以避免的。

二、测定结果的准确度与精密度

1. 准确度与误差

分析结果的准确度是指测得值与真实值之间相接近的程度，用误差来表示。两者愈接近，则误差愈小，分析结果的准确度愈高。误差一般有两种方式表示。

(1) 绝对误差　绝对误差 e 是各单次测得值 x_i 与真实值 x_t 之差，具有与测得值相同的量纲，且有正负值之分，正值表示分析结果偏高，负值则偏低。

$$绝对误差(e)=x_i-x_t$$

(2) 相对误差　相对误差($e\%$)是绝对误差与真实值之比，一般用百分比或千分比表示，无量纲，同样有正负值之分。

$$相对误差(e\%)=\frac{x_i-x_t}{x_t}\times 100\%$$

对于 n 次的平行测定，有时也用平均误差来表示，平均绝对误差是各次绝对误差的绝对值之和除以测定次数 n；平均相对误差是各次测定的相对误差绝对值之和除以测定次数 n。平均误差均为正值。

2. 精密度与偏差

分析结果的精密度是指多次平行测得值之间相互接近的程度，用偏差来表示。各次测得值之间愈接近，偏差就愈小，分析结果的精密度愈好。偏差有如下几种表示方法。

(1) 绝对偏差　即 n 次测定中的各单次测得值 x_i 与 n 次测得值的平均值 $\overline{x}$ 之差，具有量纲及正负之分。

$$\text{绝对偏差}(d_i)=x_i-\overline{x}$$

(2) 相对偏差　绝对偏差与平均值之比，常用百分比或千分比表示，无量纲而有正负之分。

$$\text{相对偏差}(d_i\%)=\frac{x_i-\overline{x}}{\overline{x}}\times 100\%$$

(3) 平均偏差　绝对平均偏差是各次测定的绝对偏差绝对值之和除以测定次数；相对平均偏差为各次测定的相对偏差绝对值之和除以测定次数。

$$\text{平均绝对偏差}(\overline{d})=\frac{\sum_{i=1}^{n}|d_i|}{n}$$

$$\text{平均相对偏差}(\overline{d}\%)=\frac{\sum_{i=1}^{n}|d_i\%|}{n}$$

(4) 标准偏差　是一种用统计概念表示精密度的方法。对于一个 n 次平行测定，其标准偏差 S 为

$$S=\sqrt{\frac{\sum_{i=1}^{n}(x_i-\overline{x})^2}{n-1}}$$

用标准偏差(也叫样本的标准偏差)表示精密度更为科学，它能更好地反应多次测量结果的离散程度，特别是更能体现出偏差大的数据的影响。

必须明确的是，准确度和精密度是两个不同的概念。分析工作的最终要求是测定准确，但要做到准确，首先要做到精密度好，没有一定的精密度，也就谈不上准确。一个人重复做了多次测定，结果测得值很分散，即精密度很差，尽管其平均值可能很接近真实值，其结果仍是不可靠的，毫无准确可言。但是，精密度高也不一定就准确，这是由于可能存在系统误差。控制了偶然误差，就可以提高精密度，而又同时校正了系统误差，才能得到既精密又准确的分析结果。在实验工作中，往往控制偶然误差比

校正系统误差更困难，因此，从某种意义上说，精密度比准确度更重要。

三、结果的数据处理

1. 置信度与平均值的置信区间

定量分析的测定数据往往需要用统计的方法来加以评价。在比较一般的分析工作中，往往采用平均偏差$\bar{d}$来表达分析结果为($\bar{x}\pm\bar{d}$)，这已满足了分析要求，若用标准偏差 S 表达，则为($\bar{x}\pm S$)，则其数学的严格性就更高，可靠性也更大。但是这样的表示，对于要求较严格的数据处理来说，是不够的，因为它没有表明结果的可信度及结果与真实值(μ)之间有多大的差异。由统计学可知，在有限次测定中，平均值($\bar{x}$)和总体平均值(消除了系统误差后可以认为是真实值 μ)之间，有如下关系

$$\mu=\bar{x}\pm tS_{\bar{x}}=\bar{x}\pm\frac{tS}{\sqrt{n}}$$

式中：S 为标准偏差；n 为测定次数；$S_{\bar{x}}$ 为平均值的标准偏差(或总体平均偏差)，$S_{\bar{x}}=S\Big/\sqrt{n}$；$t$ 为在一定置信度下的概率系数，t 的值随置信度及测定次数的不同而不同，如表 1.13 所示。

表 1.13　不同测定次数及不同置信度下的 t 值

测定次数	置信度				测定次数	置信度			
n	50%	90%	95%	99%	n	50%	90%	95%	99%
3	0.816	2.292	4.303	9.925	8	0.711	1.895	2.365	3.500
4	0.765	2.353	3.182	5.841	9	0.706	1.860	2.306	3.355
5	0.741	2.132	2.276	4.604	10	0.703	1.833	2.262	3.250
6	0.727	2.015	2.571	4.032	11	0.700	1.812	2.228	3.169
7	0.718	1.943	2.447	3.707	21	0.687	1.725	2.086	2.845

置信度(也称置信水平，即可信度)是表示真实值在某一个范围内出现的概率，而这个范围称为在此置信度下的置信区间。例如，分析某钢样中的磷含量，9 次测定结果的平均值为 0.076%，S 为 0.004，如果要求置信度为 95%，从表 1.13 查得 $t=2.306$，则$tS/\sqrt{n}=0.003$，所以分析结果的报告为：磷含量＝(0.076±0.003)%(置信度 95%)，即有 95%的把握认定该钢样中磷的真实含量为(0.076±0.003)，其置信区间为 0.073%到 0.079%。

2. 可疑数据(或称异常数据)的取舍

一组平行测定中，若有个别数据与平均值差别较大，则把此数据视为可疑数

据。如果在测定这个数据的过程中,有觉察到明显的过失,如样品在溶解或转移过程中有损失,条件控制不当,滴定时不慎加入过量滴定剂等,则这个数据可以舍去。如果找不到有明显的过失而又差别大,则不应随便保留或舍去,而应按一定的统计学方法进行处理而决定取舍。如果统计学上认为可以舍弃的数据留用了,势必影响其平均值的可靠价值,相反本应留用的数据被随意舍弃,虽然精密度好了,但这是不科学的,也是不严肃的,实际上夸大了平均值的可靠性。因此,用统计学方法决定可疑数据的取舍,有着重要的意义。

可疑数据取舍的方法很多,如 $4\bar{d}$法、Q 检验法、格鲁布斯(Grubbs)法等。$4\bar{d}$法适应性及效果较不够理想,格鲁布斯法较为严密,适应性及效果都比较好,但处理过程比较复杂。下面介绍 Q 检验法的处理步骤。

① 将 n 次测定值从小到大排列:$x_1, x_2, \cdots, x_n$。确定可疑数据,如 x_n。

② 求极差,即最大值与最小值之差($x_n - x_1$),再求可疑值的邻差,即可疑值与邻值之差($x_n - x_{n-1}$)。计算 $Q_{计}$ 值(也称舍弃商),$Q_{计}$ 为邻差与极差之比,即

$$Q_{计} = \frac{邻差}{极差} = \frac{x_n - x_{n-1}}{x_n - x_1}$$

③ 数据的取舍。统计学家已统计出不同置信度时的 Q 值,如表 1.14 所示。若 $Q_{计}$ 大于所选定置信度的表值 $Q_{表}$ 时,则该可疑数据应予舍弃,否则应予保留。

表 1.14　Q 值表

测定次数 n	置信度 90%($Q_{0.90}$)	置信度 96%($Q_{0.96}$)	置信度 99%($Q_{0.99}$)	测定次数 n	置信度 90%($Q_{0.90}$)	置信度 96%($Q_{0.96}$)	置信度 99%($Q_{0.99}$)
3	0.94	0.98	0.99	7	0.51	0.59	0.68
4	0.76	0.85	0.93	8	0.47	0.54	0.63
5	0.64	0.73	0.82	9	0.44	0.51	0.60
6	0.56	0.64	0.74	10	0.41	0.48	0.57

【例】 测定某铜合金中铜的含量,5 次平行测定,结果为 64.05%、64.09%、63.98%、64.29%、64.02%,问在 90%和 96%置信度时,可疑值 64.29%能不能舍弃?

解 5 次测定结果从小到大排序为:63.98%,64.02%,64.05%,64.09%,64.29%。

$$Q_{计} = \frac{64.29 - 64.09}{64.29 - 63.98} = 0.65$$

当置信度 90%时,查表 5 次测量的 $Q_{0.90} = 0.64$,$Q_{计} > Q_{0.90}$,所以 64.29%应舍弃;当置信度 96%时,查表 5 次测量的 $Q_{0.96} = 0.73$,$Q_{计} < Q_{0.96}$,所以 64.29%应保留。

1.4.2 有效数字及其运算规则

一、有效数字的概念

在化学实验尤其是定量分析实验中，要得到正确的结果，不但要准确地进行各种测量，还要正确地记录数据和计算。实验结果所表达的不仅仅是数量的大小，而且还反映测量的精确程度。在任何科学实验中，对某一物理量的测定，其精确度都是有一定限制的，表现在所能读取数据的位数上。如常量滴定管（满标度 50mL 或 25mL）的最小分度值为 0.1mL，滴定读数时，在一个分度中还有一位估计值，所以读得的数据应为 mL 数后面小数点 2 位。若有一次滴定，甲乙丙丁四个人读得的数据分别为 23.42mL、23.40mL、23.42mL、23.41mL。可以认为，他们的读数都是正确的，每个人读得的前 3 位数字都是准确的，末位数由于是估计值，稍有差别是可能的，这位数字称为可疑数字，具有某种不确定性，这 4 位数字都是有效数字。常用的万分之一克分析天平，mg 后小数点第一位是可疑数字，记录时必须且只能记到这一位。对于电光天平来说，刻度值是 0.1mg，在刻度之间还可以估计出 mg 后小数点第二位，但由于天平精确度的限制，记录读数时仍只能记到 mg 后小数点第一位。有效数字是实验中实际能测到的数字，它只有最后一位数字是可疑的，其他各数字都是确定的。因此，正确地读取并记录实验过程中的数据是十分重要的，例如上述滴定数据，如果乙实验者认为 23.40mL 的末位“0”对数值的大小无关，而记录为“23.4mL”，这时有效数字就只有 3 位，本来是准确值的“4”变成了可疑数值，人为地降低了仪器本来应有的精确度，最后也将丧失分析结果应有的准确度，而如果随意增加了有效数字的位数，也会人为地夸大实验结果的准确度，违背科学性和严肃性，将导致结论的错误。

下面列出一些数据及其有效数字的位数，比较各种情况掌握如何判断有效数字的位数。

1.0008	40 181	5 位
0.1000	10.00%	4 位
0.0328	1.98×10^{-10}	3 位
54	0.0040	2 位
0.0002	5×10^{5}	1 位
3600	100	位数含糊

要注意的是，数字“0”在数据中的不同位置，所起的作用不同，它可能是有效数字，也可能不是有效数字。在其他两个数字之间的“0”，如 1.0008 和 40 181 中间的“0”是有效数字；在小数点并有其他数字之后的“0”，如 0.1000 和 10.00 中小数点后的“0”是有效数字；在其他数字之前的“0”，如 0.0328、0.0040 和 0.0002 中数

字前面的“0”都不是有效数字，这些“0”只是起定位作用，往往与所取的单位有关，而与测定的精确度无关；以“0”结尾的正整数，有效数字的位数比较含糊，如 3600，一般认为是 4 位有效数字，但也可能是 3 位或 2 位，对于这种情况，应根据实际测量的精确度，分别写成 3.600×10^3，3.60×10^3 或 3.6×10^3 较合适。

二、有效数字的修约规则

在实验中测得的各数据可能有效数字的位数不同，在处理时需按下述的运算规则，确定各测得值的有效数字位数，并将有些测得值多余的数字舍去。舍弃多余数字的过程称为“数字修约”，它所遵循的规则称为“数字修约规则”。过去人们习惯用“四舍五入”的规则进行数字修约，这种方法较为简便，但严密性较差，会导致修约后的数值系统偏高。现在较通行的是“四舍六入五成双”的修约规则。这种规则的做法是：当测量值中被修约的那个数字等于或小于 4 时，该数字舍去；等于或大于 6 时，进位；等于 5 且其后为“0”或无数字时，若“5”前面数字为偶数则舍去，为奇数则进位，也就是修约后尾数均成偶数；等于 5 且其后还有不为“0”的数字时，则不管“5”前面是偶或奇数均进位。如将下列数据修约为 4 位：

65.4748 → 65.47　　65.3750 → 65.38

65.4560 → 65.46　　65.3852 → 65.39

65.4850 → 65.48

修约数字时，只允许对原测量值一次修约到所需的位数，不能分次递进修约。如上述 65.4748 修约成 4 位时，不得先修约至 65.475，再一次修约至 65.48。

三、有效数字的运算规则

有效数字(及修约后的有效数字)只能有一位可疑数字，计算结果也只允许有一位可疑数字，多留数字是毫无意义的。所以，处理数据要遵循一定的规则。

(1) 加减运算　在参与运算的数据中，先以小数点后位数最少(也就是可疑数字绝对误差最大)的数据为基准，将其他数据按修约规则修约成小数点后同样位数的数据后，进行加减运算。如 $17.65+3.651+126.4$ 的运算，以小数点后位数最少的 126.4 为基准，修约后运算为 $17.6+3.7+126.4=147.7$。

(2) 乘除运算　在参与运算的数据中，先以有效数字位数最少(也就是可疑数字相对误差最大)的数据为基准，其他数据按修约规则修约成同样位数的数据后，进行乘除运算，运算结果的有效数字位数也应与修约后的数据位数相同。如 $0.5785\times7.72\div12.453$ 的运算，以有效数字位数最少的 7.72(3 位)为基准，修约后运算为 $0.578\times7.72\div12.5=0.357$。在乘除运算中，有时数据的第一位数字是 9 或 8，由于其相对误差与 2 位数的 10 很接近，所以有效数字的位数可以多算一位，如 9.38，可以看成 4 位有效数字参与运算；有时遇到数据乘上一个倍数因子或除以一个等分因子，则其因子应视为有足够位数的有效数字，不考虑为修约因素。

(3) 加减乘除的混合运算　按照混合运算的先后运算步骤，每步先以相应的规则修约后运算，然后进行下一步的修约及运算。最后结果按最后一步的修约确定位数。在运算过程中，中间各步结果可暂时多留一位数字，而最后结果应取运算规则所允许的位数。目前，多数用计算器进行数据运算，虽然不必对每一步的计算结果进行修约，但应注意正确保留最后计算结果的有效数字位数。

(4) 对数运算　十进制的对数运算中，对数值的首数部分是 10 的幂级数，不是有效数字，只有尾数才是有效数字，所以尾数的位数应与真数的有效数字位数相同。如$[H^+]=4.9\times10^{-11}\ mol\cdot L^{-1}$，有效数字为 2 位，所以 $pH=-lg[H^+]=10.31$。反对数运算，如 $lgx=1.359$，则 $x=22.9$，对数值及真值同样都是三位有效数字。

在定量分析的含量计算中，对于高含量组分(如≥10%)的测定，一般要求分析结果有 4 位有效数字；对于中含量组分(如≥1%而<10%)，一般要求 3 位有效数字；对于微量组分(如<1%)，一般只要求 2 位有效数字，如果使用了相应精确度的测量仪器及分析方法，可以有 3 位有效数字。在各种平衡计算中(如计算平衡时离子的浓度)，由于平衡常数精确度的限制，一般只保留 2 位或 3 位有效数字。在各种误差(偏差)的计算中，绝对误差按照减法运算规则保留有效数字位数，百分相对误差视具体情况保留至小数点以下 1 位或 2 位。运算中涉及各种量常量(如摩尔气体常量 R，玻耳兹曼常量 K，阿伏伽德罗常量 N_A，普朗克常量 h 等)，视具体情况取适当的位数。

1.4.3　实验数据的表达与处理

实验数据需经归纳、处理，才能合理地表达所得到满意的结果。数据及处理的表达方法一般有列表法、作图法和数学方程式法三种，下面就列表法和作图法做简要介绍。

一、列表法

列表法是表达实验数据最常用的简单、明了的方法，很直观地反映了自变量和因变量的数据关系，便于进一步的处理、运算和检查。一张完整的表格应包含表的序号、名称、项目、说明及数据来源等内容。因此，制作表格时应注意以下几点：

① 制表时应将表的序号、名称写在表的上方。

② 表格的横排称为“行”，竖排称为“列”。每个变量占表的一行，先列自变量，再列因变量，最后列数据统计数字(如平均值、误差、偏差等)，每行的第一列应写明变量的名称和量纲，表示为名称/单位，如试样质量/g、消耗滴定剂体积/mL 等。

③ 应按照实验要求记录测得的数据和处理后的数据。同一列数据的小数点一般要对齐。如果实验中的自变量是有规律变化时，数据应以递增或递减的顺序记录，以明确显示出变化规律。数据为零时应记为“0”，数据缺漏时应记为“—”。

④ 实验测得的数据（原始数据）与处理后的数据列在同一表上时，应把处理方法、计算公式及某些特别需说明的事项在表下方注明。

二、作图法

对于变量具有一定函数关系或某种规律性的实验数据，利用作图来表达更为直观，更能显示数据的特点和变化规律，而且还可以利用图形做进一步处理，如求直线斜率、截距、内插值、外推值等，求曲线的极大、极小、所包围的面积，作切线求微商等。作图法是表达实验数据的常用方法，正确掌握作图技术及从图形中得到有关处理结果是十分重要的。作图的基本要求是：能够反映测量的准确度；能表示出全部有效数字；便于直接从图上读数；图要简洁、美观、完整。

1. 选择合适的坐标纸和坐标轴的比例尺

最常用的是直角坐标纸，有时根据变量的函数关系也用对数坐标纸或半对数坐标纸。用直角坐标纸作图时，横坐标表示自变量，纵坐标表示因变量。坐标轴比例尺的选择应考虑如下几个因素：

① 要尽可能使坐标轴表达值的准确度与实验测得值的准确度相一致，即坐标轴上的最小分度值与测量仪器的最小分度值一致，以表示出全部有效数字。

② 要尽可能使图形充满图纸，这就要先算出横、纵坐标的取值范围。取值不一定从“0”开始（除外推法外），但始点应略小于测量数据的最小值，末点应略大于测量数据的最大值。

③ 要尽量使坐标轴的表达值便于作图、读取和计算，为此，每格表达值为 1、2、5 这样的数比较好，最好不用 3、7、9 等数。在轴旁标上变量的名称及单位，两者之间用斜线隔开，如温度坐标表示为 T/K，并在轴旁每间隔一定的格数均匀地写上变量的相应数值，但不得写上实验测得值。

④ 坐标纸的大小要合适，在图形充满坐标纸的情况下，一般取 10cm×10cm 左右的坐标纸，如果为了能达到某些准确度，可适当加大，但也不宜大于 20cm×20cm。直线图不宜做成长方条，应尽量使直线与横坐标成 45°左右的夹角。

2. 正确作好代表点

把所测的自变量和因变量对应值标在坐标纸上，就是代表点。代表点应用小型符号（如⊙、∩、△、□、×等）表示。

如一张图上同时作几条曲线时，则每条线的代表点需用不同的符号表示。

3. 正确进行曲线的连接和平滑

按照所作代表点的分布情况，作一条直线或曲线，表示点的平均移动情况，显示出变量的函数关系。根据偶然误差的概率分布可知，函数线不必通过全部点，但应通过尽可能多的点，不通过线的点应数量均等地分布在线的两侧附近，这些点与线的距离应尽可能小，且一侧点和线间的距离总和应与另一侧相近。对于个别远离线的点，一般视为过失误差而不予考虑，但最好能重测该点数据加以验证。

线要作得平滑均匀，细而清晰。为此，画线用的铅笔硬度以 1H 为好，作曲线用透明的直尺或曲线板。用曲线板画曲线时，要先用铅笔按点的趋势淡淡地描出初步曲线，然后再用曲线板逐段平滑地吻合整条手描曲线。

4. 写好图名、图注

作好图后，一般在图的下方正中写清楚完整的图序号和图名，以及注明实验条件、各种符号所代表的意义等。

5. 求某些相关的数值

(1) 求直线的斜率和截距　对于线性函数 $y=mx+b$ 来说，y 对 x 作图得一条直线，m 是直线的斜率，b 是截距。在直线的合适位置上找两点：点(x_1, y_1)、点(x_2, y_2)(两点不宜相距太近，且必须是线上的点数据，而不是实验测得的数据)，则

$$m=\frac{y_2-y_1}{x_2-x_1}$$

直线延长线与纵坐标(y 轴)相交($x=0$)时，y 的值为截距 b。

当然，可以从所有测量数据用最小二乘法计算线性函数的斜率和截距，公式为

$$m=\frac{\sum x_i \sum y_i - n\sum x_i y_i}{(\sum x_i)^2 - n\sum x_i^2},\quad b=\frac{\sum x_i y_i \sum x_i - \sum x_i^2 \sum y_i}{(\sum x_i)^2 - n\sum x_i^2}$$

在化学基本原理中，有不少函数关系是线性的，其截距或斜率都包含有特定的物理常数，因此可以用实验作图法求得这些常数。如一级反应速率公式为

$$\lg c = \lg c_0 - \frac{k}{2.303}t$$

作 $\lg c$-t 直线，从斜率可以求得速率常数 k。电极电位的 Nernst 方程式为

$$\varphi = \varphi^{\ominus} + \frac{RT}{nF}\ln\frac{[\text{氧化型}]}{[\text{还原型}]}$$

从其直线关系的截距和斜率可以求得电极的标准电极电位 $\varphi^{\ominus}$ 及反应的电子转移

数 n；有的非线性函数可经线性转换后变成线性函数，如反应速率常数 k 与活化能 E_a 的关系为

$$k=Ae^{-\frac{E_a}{RT}}$$

取对数后为 $\lg k=\lg A-\frac{2.303E_a}{RT}$，由直线斜率可以求得反应的活化能 E_a。

(2) 求外推值　对于一些不能或不易直接测定的数据，在适当的条件下，可用外推法取得。所谓外推法，就是将测量数据间的函数关系外推至测量范围以外，以求得测量以外的函数值。显然，为了获得外推结果的可靠性，外推范围不能与测定的范围相距太远，且在此范围内变数间的函数关系仍然符合线性关系。如测定化学反应的反应热，两种溶液混合瞬间的最高温度不易直接测得，但可以测得混合后温度随时间的变化曲线，外推至时间为零的温度，即为最高温度。

三、实验数据的计算机处理

实验中测得的数据往往与某些化学理论相关联，需要借助于数学手段进行整理、归纳、处理，如非线性多次方程的求解、线性回归、曲线面积的积分计算、插值与中心差分等。这些都需要较为繁琐的数学计算，而利用计算机编程或商品软件就可以极大地缩短计算过程，而且更为准确可靠。在基础化学实验(一)中，利用计算机进行实验数据处理所涉及的内容，虽然比上述所提到的方法简单，但作为基础性的内容，仍然是学生必须掌握的，主要有如下几个方面：

① 实验结果的计算，更多是用于定量分析结果的计算及表达。包括利用测定数据依照化学反应的计量关系计算分析结果、求平均值及误差或偏差等，并进行列表处理。

② 在吸光分析法及线性滴定中，对实验数据进行计算、线性拟合，求出拟合方程及相关系数，绘制拟合曲线图。

③ 大宗分析测量数据的计算机统计处理。统计处理涉及各种统计因子的计算、数据的取舍及不同方法的显著性试验等，同时绘出相关的统计分布图。

以上的实验数据计算机处理，都用到 Microsoft Excel 计算机软件包和相关的统计处理函数及科学作图的功能，要求学生应该在学习计算机基础上，熟练掌握并加以应用。

第2章　元素化学实验

2.1　概　　述

元素的原子结构及由其所决定的元素的性质，是化学变化及其变化规律的依据。学习、掌握元素的重要性质及其与原子结构的关系、各种元素之间性质的异同及其变化规律，是化学基础知识的重要部分。下面就主族元素和过渡金属元素的重要性质特征，做简明轭要的归纳和比较。

主族元素包括 s 区与 p 区元素，其特征电子构型分别为 $ns^{1\sim2}$ 和 $ns^2np^{1\sim6}$。其特点如下：

① 主族元素包含 22 种金属、22 种非金属。主族元素的多数金属比较活泼。在常见的非金属中，F、Cl、Br、O、P 较活泼，而 S、N、B、C、Si 在常温下不活泼。

② 活泼的非金属容易与金属元素形成卤化物、氧化物、硫化物、氢化物或含氧酸等。非金属元素之间也可以形成卤化物、氧化物、硫化物、氢化物、无氧酸或含氧酸。

③ 金属氧化物对应的水合物大多数呈现碱性，而非金属氧化物对应的水合物绝大多数呈现酸性，Be、Al、Sn、Sb 等元素的氧化物对应的水化物呈现两性。M^{n+} 的离子势 $\phi=Z/r$（Z 为电荷数，r 为离子半径）越大，其氧化物对应的水化物的酸性越强。

④ 第二周期元素有着一些特殊的性质，如 Li、Be、B 的性质与同族的元素不相似，而与右下方元素 Mg、Al、Si 相似——对角线相似；原子半径小，又无可利用的 d 轨道，最高配位数为 4；易形成双键、叁键；电负性较大，可以形成氢键。

⑤ 第四周期 p 区元素的 3d 轨道填满电子，d 电子云疏松，屏蔽效应小，有效核电荷数增加，导致第四周期 p 区元素的原子半径增加较少，加上这些元素次外层为 18 电子构型，所以第四周期的元素电负性、电极电势及含氧酸的氧化还原性都出现异常。例如，Ge 的电负性较 Si 大，BrO_4^-、SeO_4^{2-} 氧化性也较 ClO_4^-、SO_4^{2-} 强。

⑥ ⅢA～ⅤA 从上到下，与族数对应的最高氧化态越来越不稳定，而与族数差 2 的氧化态越来越稳定，称之为“惰性电子对效应”。

广义过渡元素包括 d 区、ds 区和 f 区。其特征电子构型为 $(n-1)d^{1\sim9}ns^{1\sim2}$（Pd 为 $4d^{10}5s^0$ 例外），ds 区的电子构型为 $(n-1)d^{10}ns^{1\sim2}$。狭义过渡元素只包括周期表的 d 区和 f 区。过渡元素有许多不同于 s 区和 p 区元素的特征，可归纳成以下几点：

① 它们都是金属。硬度大，熔点、沸点较高，导热性、导电性好。它们相互之间或与其他金属之间易形成合金。

② 大部分的过渡金属电极电势为负值，即过渡金属的还原性较强。但不少过渡金属在空气中可形成钝化膜，因此较为稳定。

③ 过渡元素存在多种氧化态。这是因为$(n-1)$d 和 ns 能量相近，除 s 电子可参与成键外，d 电子也可部分或全部参加成键，从而导致 d 区元素具有多种氧化态。例如，Mn 价电子构型为 $3d^54s^2$，常见的氧化态有 0、+2、+3、+4、+6、+7。

④ 由于过渡元素离子和化合物中存在 d-d 跃迁或荷移跃迁，因此它们一般都呈现丰富的颜色。

⑤ 过渡元素形成配合物的能力较强。由于过渡元素的离子具有能量相近的$(n-1)$d、ns、np 等价轨道，有利于形成各种成键能力较强的杂化轨道，以接受配位体提供的孤对电子；过渡元素的离子一般有较高的正电荷，它们的离子半径较小，对配位体的静电作用强；未充满的$(n-1)$d 轨道上的电子屏蔽作用较小，使离子的有效核电荷较大，对配位体的极化能力较强；d 电子层结构的不饱和性，使它具有较大的变形性，从而增强了与配位体之间的共价结合。

本章通过性质实验获取大量的感性认识，通过思考、比较、归纳、总结，上升到理性认识，从而达到学习、掌握元素单质及其化合物重要性质的目的。离子和化合物的共性和个性是分离和鉴定的依据，通过实验，巩固常用试剂与常见离子的反应，掌握常见离子的特征反应、水溶液中常见离子的分离和检出，掌握半微量定性分析的操作技术。

2.2 常见元素的性质与应用

实验一 碱金属与碱土金属(第一、二主族)元素

一、预习要点

① 碱金属、碱土金属盐类及铵盐的溶解度。

② 碱金属、碱土金属离子及铵离子的鉴定。

③ 小试管反应、水浴加热及显微结晶的基本操作。

二、问题与思考

① Na_2O_2 和 KO_2(超氧化钾)与水作用时，为什么要在冷却的条件下进行？

② 比较锂盐与钠盐、钾盐的差异性，锂盐与镁盐的相似性，并解释之。

③ 可否用硫酸来分离 Ca^{2+} 和 Ba^{2+}，为什么？应用什么试剂？

④ 在制取 $MgCO_3$ 和 $Mg_3(PO_4)_2$ 时，为什么用 Mg^{2+} 分别与 HCO_3^- 和 HPO_4^{2-}

反应，而不分别与 CO_3^{2-} 和 PO_4^{3-} 直接反应？

⑤ $MgCl_2$ 和 $NH_3 \cdot H_2O$ 反应生成 $Mg(OH)_2$ 和 NH_4Cl，但是 $Mg(OH)_2$ 沉淀又能溶于饱和 NH_4Cl 溶液中，试从化学平衡移动的原理，加以解释。

⑥ 制备微溶、难溶盐时，常因呈过饱和状态而不能立即析出沉淀，应如何处理？

⑦ 哪些离子反应可用焰色反应鉴定？镍铬丝为什么每次均需处理干净并蘸浓 HCl？

三、实验内容

1. 钠、钾盐的微溶盐

(1) 微溶性钠盐的生成　在一支试管中，加入 10 滴饱和 NaCl 溶液，再加入 10 滴饱和 $K[Sb(OH)_6]$ 溶液，如无晶体析出，可用玻璃棒摩擦试管内壁，观察产物的颜色和状态，写出反应式。

(2) 微溶性钾盐的生成　在一支试管中，加入 10 滴饱和 KCl 溶液，再加入 10 滴饱和酒石酸氢钠（$NaHC_4H_4O_6$）溶液，如无晶体析出，可用玻璃棒摩擦试管内壁，观察产物的颜色和状态，写出反应式。

在另一支试管中加入 2 滴饱和 KCl 溶液，再加入饱和 $Na_3[Co(NO_2)_6]$溶液，如不生成沉淀，放置片刻。黄色 $K_2Na[Co(NO_2)_6]$沉淀表示 K^+ 存在，写出反应式（K^+ 的鉴定反应）。

2. 锂、镁的微溶盐

(1) 氟化物的生成　在两支试管中分别加入 0.5mL $1mol \cdot L^{-1}$ LiCl 溶液和 0.5mL $0.5mol \cdot L^{-1}$ $MgCl_2$ 溶液，然后各加 0.5mL $1mol \cdot L^{-1}$ NaF 溶液。观察现象，写出反应式。

(2) 碳酸盐的生成　在点滴板上加入 2 滴 $1mol \cdot L^{-1}$ LiCl 溶液，再加入 2 滴 $0.5mol \cdot L^{-1}$ Na_2CO_3 溶液。观察现象，写出反应式。

在点滴板上加入 1 滴 $0.5mol \cdot L^{-1}$ $MgCl_2$ 溶液，再加入 1 滴 $1mol \cdot L^{-1}$ $NaHCO_3$溶液。观察现象，写出反应式。

(3) 磷酸盐的生成　在两支试管中分别加入 0.5mL $1mol \cdot L^{-1}$ LiCl 溶液和 0.5mL $0.5mol \cdot L^{-1}$ $MgCl_2$ 溶液，然后各加入 0.5mL $0.2mol \cdot L^{-1}$ Na_2HPO_4 溶液。观察现象，写出反应式。

以上实验中，若无沉淀生成，可在水浴中微热后继续观察。综合以上实验，比较锂盐和镁盐的相似性，并加以解释。

3. 碱土金属难溶盐的生成和性质

(1) 草酸盐的生成和性质　在点滴板上，分别于三个孔穴中加入 1 滴 0.5mol·L^{-1} $MgCl_2$、$CaCl_2$、$BaCl_2$ 溶液，再各加入 1 滴饱和 $(NH_4)_2C_2O_4$ 溶液，观察反应产物的颜色和状态。然后分别试验它们与 2mol·L^{-1} HCl 和 6mol·L^{-1} HAc 的作用，写出反应式(Ca^{2+} 的鉴定反应)，并比较溶解度大小。

(2) 铬酸盐的生成和性质　在点滴板上，分别于三个孔穴中加入 2 滴 0.5mol·L^{-1} $MgCl_2$、$CaCl_2$、$BaCl_2$ 溶液，再各加入 2 滴 0.5mol·L^{-1} K_2CrO_4 溶液，有何现象？若有沉淀，分别试验产物与 2mol·L^{-1} HCl 和 6mol·L^{-1} HAc 的作用，写出反应式。

(3) 磷酸铵镁的生成　在一支小试管内加入 10 滴 0.5mol·L^{-1} $MgCl_2$ 溶液，再加几滴 2mol·L^{-1} HCl 和 0.5mL 0.2mol·L^{-1} Na_2HPO_4 溶液，再滴加 2mol·L^{-1} $NH_3 \cdot H_2O$。振荡试管，有何变化？写出反应式。

4. Na^+、K^+、NH_4^+、Mg^{2+}、Ca^{2+}、Ba^{2+} 的鉴定

1) Na^+ 的鉴定

(1) 与乙酸铀酰锌反应　在中性或 HAc 溶液中，Na^+ 与乙酸铀酰锌[1] 作用形成淡黄色晶状的乙酸铀酰锌钠沉淀，反应式如下

$$Na^+ + Zn^{2+} + 3UO_2^{2+} + 8Ac^- + HAc + 9H_2O$$
$$=\!=\!= NaAc \cdot Zn(Ac)_2 \cdot 3UO_2(Ac)_2 \cdot 9H_2O \downarrow + H^+$$

鉴定方法：在小试管中加入 2 滴 0.5mol·L^{-1} NaCl 试液及 8 滴乙酸铀酰锌溶液，摇荡试管(如无黄色晶体析出，可用玻璃棒轻磨试管内壁)，观察产物的颜色和状态。

(2) 显微结晶反应　鉴于碱金属盐类的溶解度比较大，上述鉴定 Na^+ 的反应灵敏度不高，微量 Na^+ 可采用显微结晶的方法检出。Na^+ 与乙酸铀酰反应，在显微镜下可以观察到淡黄色、正四面体或八面体的乙酸铀酰钠结晶。

鉴定方法：取 1 滴含 Na^+ 的试液放在载玻片上，小心烘干，冷却后在干渣上滴加 1 滴乙酸铀酰 $[UO_2(Ac)_2]$，2min 后在显微镜下观察，生成正四面体或八面体的乙酸铀酰钠结晶，表示有 Na^+ 存在(图 2.1)。

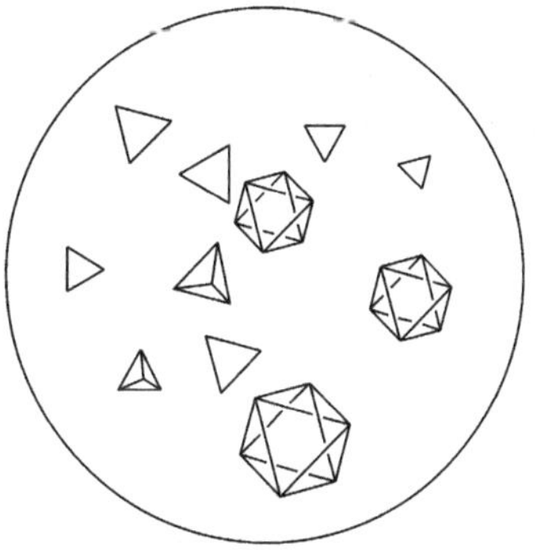

图 2.1　$NaAc \cdot UO_2(Ac)_2$ 结晶

2) K^+ 的鉴定

(1) 钴亚硝酸钠法　在中性或弱酸性溶液中，K^+ 和钴亚硝酸钠

$Na_3[Co(NO_2)_6]$[2]试剂反应生成黄色钴亚硝酸钠钾 $K_2Na[Co(NO_2)_6]$沉淀。

$$2K^+ + Na^+ + [Co(NO_2)_6]^{3-} = K_2Na[Co(NO_2)_6] \downarrow$$

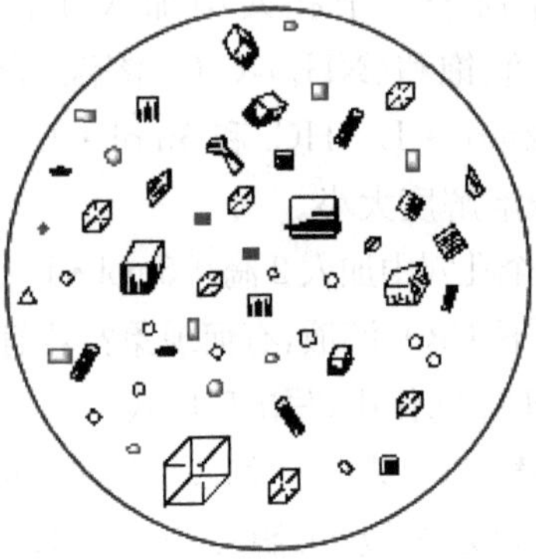

图 2.2 $K_2PbCu(NO_2)_6$ 结晶

鉴定方法:取 2~3 滴 0.5mol · L^{-1} KCl 试液于试管中,用 1~2 滴 1mol · L^{-1} HAc 或 NaAc 调节,使溶液呈弱酸性,然后加 3~4 滴钴亚硝酸钠溶液(新鲜),用玻璃棒摩擦或静置数分钟后,有黄色沉淀析出,表示有 K^+ 存在。

(2) 显微结晶反应 K^+ 与亚硝酸铜铅钠 $Na_2PbCu(NO_2)_6$[3]反应形成黑色或棕色亚硝酸铜铅钾 $K_2PbCu(NO_2)_6$ 的特殊立方结晶。

鉴定方法:在干的载玻片上滴加 1 滴 0.5mol · L^{-1} KCl 的试液,小心烘干,冷却后滴加 1 滴亚硝酸铜铅钠,2min 后,置于显微镜下观察,如有 K^+ 存在,则生成黑色或棕色的亚硝酸铜铅钾的特殊立方体结晶(图 2.2)。

3) NH_4^+ 的鉴定

(1) 气室法 铵盐与苛性碱(如 NaOH)溶液作用,加热时生成氨气。

$$NH_4^+ + OH^- \xlongequal{\triangle} NH_3 \uparrow + H_2O$$

氨气遇到水润湿的石蕊试纸时使红色石蕊试纸变为蓝色。

鉴定方法:取一片小表面皿,凹面中部粘一润湿的红色石蕊试纸,另取一较大的表面皿,加入 1~2 滴 0.5mol · L^{-1} NH_4Cl 试液及 1 滴 40% NaOH 溶液,用小表面皿迅速扣住大表面皿形成气室,将气室放在水浴上加热,如观察到试纸变蓝,表示有 NH_4^+ 存在。

(2) 奈斯勒试剂法 奈斯勒试剂[4]是四碘合汞酸钾(K_2HgI_4)的碱性溶液,与 NH_4^+ 作用生成红棕色的碘化氧桥二汞胺沉淀。

$$NH_4^+ + 2(HgI_4)^{2-} + 4OH^- = NH_2Hg_2OI \downarrow + 7I^- + 3H_2O$$

鉴定方法:取 2 滴 0.5mol · L^{-1} NH_4Cl 试液于点滴板上,加 1 滴奈斯勒试剂,如生成红棕色沉淀(NH_4^+ 含量少时,生成黄色溶液),表示有 NH_4^+ 存在。

4) Ca^{2+} 的鉴定

(1) 与草酸铵的反应 取 2~3 滴 0.25mol · L^{-1} $CaCl_2$ 试液于试管中,加 5~6 滴 0.25mol · L^{-1} $(NH_4)_2C_2O_4$ 或 $Na_2C_2O_4$ 溶液,出现白色沉淀或混浊,加 HAc 不溶解,表示有 Ca^{2+} 存在,写出有关反应式。

(2) 显微结晶反应 取 1 滴含 Ca^{2+} 试液于载玻片上,在试液旁另放 1 滴 1mol · L^{-1} H_2SO_4,用细玻璃棒将两滴溶液沟通,静置一段时间或将载玻片放在小火上烘，观察所生成的针束状的 $CaSO_4 \cdot 2H_2O$ 结晶（图 2.3），表示有 Ca^{2+} 存在。

5）钠、钾和钙盐的焰色反应

取一镍铬丝，顶端弯成小圈，蘸浓 HCl，在酒精灯上灼烧至无色（洗净）后，然后在小圈处分别蘸 $1mol \cdot L^{-1}$ NaCl、KCl 和 $CaCl_2$ 溶液，放在酒精灯的无色火焰中灼烧，观察和比较它们的焰色有何不同。

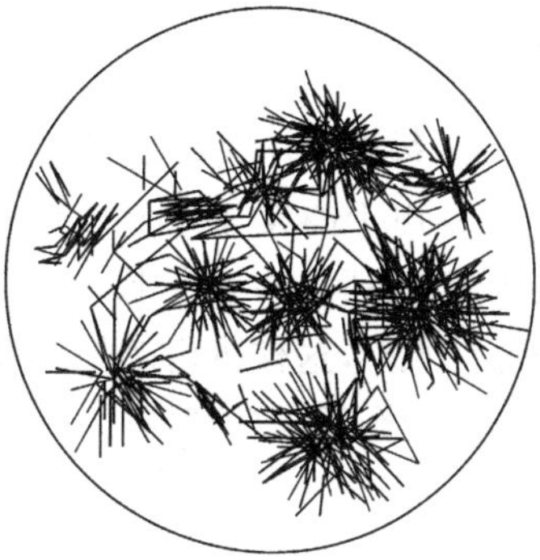

图 2.3　$CaSO_4 \cdot 2H_2O$ 结晶

6）Mg^{2+} 的鉴定

（1）镁试剂法　对硝基偶氮间苯二酚（即镁试剂）是一种有机染料，它在碱性溶液中呈紫红色，如有 Mg^{2+} 存在，则 Mg^{2+} 在碱性溶液中形成 $Mg(OH)_2$ 白色胶状沉淀，吸附有机染料（镁试剂）生成蓝色沉淀或溶液。

鉴定方法：取 1～2 滴 $0.25mol \cdot L^{-1}$ $MgCl_2$ 试液于点滴板上，加入 1 滴镁试剂，用玻璃棒不断摩擦，则根据 Mg^{2+} 存在的多少显出蓝色沉淀或溶液。

（2）与磷酸氢二钠反应　Na_2HPO_4 在 $NH_3 \cdot H_2O$ 及 NH_4Cl 存在时，与 Mg^{2+} 生成白色晶状的 $MgNH_4PO_4$ 沉淀，反应式为

$$Mg^{2+} + NH_4^+ + HPO_4^{2-} = MgNH_4PO_4 \downarrow + H^+$$

加入 NH_4Cl 的作用是降低 OH^- 浓度，防止生成 $Mg(OH)_2$ 沉淀，以及提高 NH_4^+ 浓度，有利于 $MgNH_4PO_4$ 沉淀生成。

鉴定方法：取 5 滴含有 Mg^{2+} 的试液于试管中，加入 1～2mL NH_4Cl 溶液，加入 5 滴 Na_2HPO_4 溶液并滴加 $6mol \cdot L^{-1}$ $NH_3 \cdot H_2O$ 至有氨臭味为止，用力振荡后出现白色沉淀，表示有 Mg^{2+} 存在。

7）Ba^{2+} 的鉴定

（1）与硫酸盐的反应　取 2 滴 $0.5mol \cdot L^{-1}$ $BaCl_2$ 试液于试管中，加入 2～3 滴 $0.5mol \cdot L^{-1}$ Na_2SO_4 溶液（或 $1mol \cdot L^{-1}$ H_2SO_4），如析出白色沉淀，且沉淀不溶于 HCl 或 HNO_3，表示有 Ba^{2+} 存在，写出有关反应式。

（2）铬酸盐法　Ba^{2+} 与 $Cr_2O_7^{2-}$ 反应生成橘黄色 $BaCrO_4$ 沉淀，反应式为

$$2Ba^{2+} + Cr_2O_7^{2-} + H_2O = 2BaCrO_4 \downarrow + 2H^+$$

$BaCrO_4$ 不溶于 NaOH 和 HAc 中。

鉴定方法：于试管中加入 1～2 滴 $0.25mol \cdot L^{-1}$ $BaCl_2$ 试液，再加入 $2mol \cdot L^{-1}$ NaAc 溶液和 $0.25mol \cdot L^{-1}$ $K_2Cr_2O_7$ 溶液各 1 滴，出现橘黄色沉淀，在沉淀上加入数滴 $6mol \cdot L^{-1}$ NaOH 溶液，如沉淀不溶解，则证实 Ba^{2+} 存在（与 $PbCrO_4$ 不同）。

四、注意事项

① 每进行一次离子焰色反应之前，都要进行洗净处理。

② 由于钠具有特殊的黄焰色，Na^+ 和 K^+ 共存时，钾的紫焰色可能被钠的黄焰色所掩盖，所以在鉴定 K^+ 的焰色时，为了避免 Na^+ 的干扰，需通过蓝色钴玻璃片来进行观察，这样黄色的焰光即被玻璃吸收，从而消除了 Na^+ 的干扰。

1）乙酸铀酰锌溶液的配制

① 50mL 蒸馏水中加入 10g 乙酸铀酰 $UO_2(Ac)_2 \cdot 2H_2O$ 和 3mL $6mol \cdot L^{-1}$ 乙酸，加热溶解。

② 50mL 蒸馏水中加入 30g 乙酸锌 $Zn(Ac)_2 \cdot 2H_2O$ 和 3mL $6mol \cdot L^{-1}$ 乙酸，加热溶解。趁热将①与此溶液混合，至次日，生成的沉淀用倾泻法除去。

2）钴亚硝酸钠溶液的配制　溶解 230g $NaNO_2$ 于 500mL 水中，加 165mL $6mol \cdot L^{-1}$ HAc 及 30g $Co(NO_3)_2 \cdot 6H_2O$，过滤，滤液稀释至 1000mL。

3）亚硝酸铜铅钠溶液的配制　2g $NaNO_2$（不得含有钾盐），0.9g $Cu(Ac)_2 \cdot H_2O$ 和 1.6g $Pb(Ac)_2 \cdot 3H_2O$ 溶在 15mL 蒸馏水中（预先加 0.2mL 30% HAc 酸化），保存在具有磨口玻璃塞的试剂瓶中。溶液较不稳定，必须经常更换。

4）奈斯勒试剂的配制　115g HgI_2 和 80g KI 溶于适量的水中，加水至 500mL，再加 500mL $6mol \cdot L^{-1}$ NaOH 溶液，放置后如产生沉淀，则倾出清液，储放在棕色瓶中。

实验二　硼族与碳族元素

一、预习要点

① H_3BO_3 与硼砂的性质。

② 铝化合物的性质。

③ 碳酸盐的稳定性。

④ Sn(Ⅱ)的水解性、还原性及其盐类的难溶性。

⑤ Pb(Ⅱ)的难溶盐及 Pb(Ⅳ)的氧化性。

⑥ 离心管反应、离子分离及沉淀洗涤的基本操作。

二、问题与思考

① 实验室中为什么不能用磨口玻璃器皿来储藏碱液，保存碱液的玻璃瓶应选用何种塞子？为什么？

② 实验室中配制 $SnCl_2$ 溶液，为什么既要加 HCl，又要加锡粒？

③ 比较二价锡盐和二价铅盐的还原性，四价锡盐和四价铅盐的氧化性。

④ 比较 H_2CO_3 与 H_2SiO_3 有何异同？下列两个反应有无矛盾？为什么？

$$CO_2 + Na_2SiO_3 + H_2O \xlongequal{\triangle} H_2SiO_3 + Na_2CO_3$$

$$Na_2CO_3 + SiO_2 \xlongequal{} Na_2SiO_3 + CO_2 \uparrow$$

三、实验内容

1. H_3BO_3 的制备和性质

1) H_3BO_3 的制备

往盛有 1mL 饱和硼砂溶液的试管中加入 1mL 浓 H_2SO_4，放在冰水中冷却，观察反应物的颜色和状态，并写出反应式。

2) H_3BO_3 的酸性

① 取 2 滴饱和 H_3BO_3 溶液于点滴板上，用 pH 试纸测其 pH，再加入 1 滴甲基橙，由溶液的颜色来确定溶液的酸碱性。

② 1mL 饱和 H_3BO_3 溶液中加入 1mL 甘油，充分摇荡，用 pH 试纸试其 pH，再加入 1 滴甲基橙，由溶液的颜色来确定溶液的酸碱性。实验①与②的结果有何不同？为什么在 H_3BO_3 溶液里加入甘油后，溶液的酸性会改变？

2. 硼砂溶液的酸碱性

用 pH 试纸试验饱和硼砂溶液的酸碱性，并加以解释。

$$Na_2B_4O_7 + 3H_2O \xlongequal{} 2NaBO_2 + 2H_3BO_3$$

$$BO_2^- + 2H_2O \xlongequal{} H_3BO_3 + OH^-$$

3. $Al(OH)_3$ 的制备与性质

取 1mL 0.5mol・L^{-1} $Al_2(SO_4)_3$ 溶液，滴加 1mL 2mol・L^{-1} $NH_3 \cdot H_2O$，离心分离，弃去溶液，将沉淀分在二支试管中，分别加入过量 $NH_3 \cdot H_2O$、2mol・L^{-1} NaOH 溶液、2mol・L^{-1} HCl 溶液，各有何作用？写出所有反应式。

4. 铝盐的水解

(1) $Al_2(SO_4)_3$ 溶液的酸碱性　用 pH 试纸试验饱和 $Al_2(SO_4)_3$ 溶液的酸碱性，并加以解释。

(2) $Al_2(SO_4)_3$ 和 Na_2CO_3 的作用　0.5mL 饱和明矾溶液中加入 1mL 0.5mol・L^{-1} Na_2CO_3 溶液，观察反应产物的颜色和状态，写出反应式。为了确证反应产物是 $Al(OH)_3$ 而不是 $Al_2(CO_3)_2$，可做如下实验：待反应停止后(如何判断?)进行离心分离，用吸管吸取上层的澄清液并弃去，然后加入适量的蒸馏水于离心试管中洗涤沉淀，离心分离并弃去洗涤液，直至洗涤液加入 HCl 不产生气泡为止。最后把洗涤干净的沉淀分成两份，分别试验它与 2mol・L^{-1} HCl 和 2mol・L^{-1} NaOH 溶液作用的情况。

(3) $Al_2(SO_4)_3$ 与 NaAc 的作用　向 0.5mL 饱和明矾溶液中加入 1mL

2mol·L^{-1} NaAc溶液，微热，观察反应产物的颜色和状态。

$$K_2SO_4 \cdot Al_2(SO_4)_3 + 6NaAc + 4H_2O \longrightarrow 2Al(OH)_2Ac\downarrow + 3Na_2SO_4 + 4HAc + K_2SO_4$$

比较实验(1)、(2)、(3)的结果，说明哪些铝盐容易水解，哪些铝盐的水解反应进行得彻底，为什么？

5. $Al(OH)_3$ 和 Al_2O_3 的吸附性能

① 在一小烧杯中加入5～10mL 0.1mol·L^{-1} $Al_2(SO_4)_3$ 溶液及适量的2mol·L^{-1}NaOH溶液至生成胶状 $Al(OH)_3$ 沉淀，用普通漏斗过滤，并用水洗涤沉淀一次。另取2滴品红溶液加入到10mL水中，将此品红溶液的一半倒于沉淀上，滤液用一试管接收。比较滤液与原品红溶液颜色的差异。

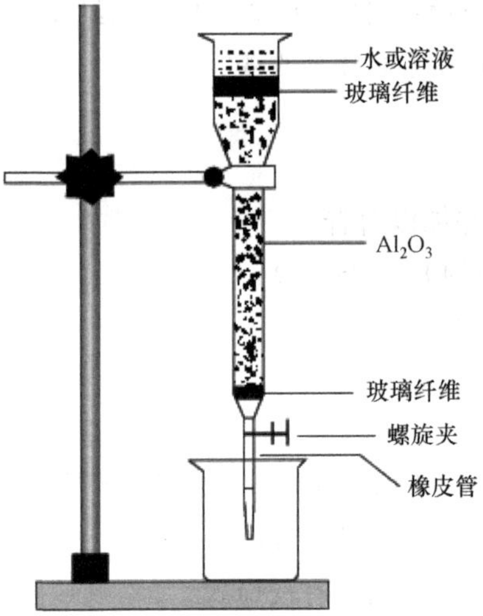

图2.4 Al_2O_3 吸附柱

② γ-Al_2O_3 的吸附性(演示)。取长度约为50cm、直径为8～10mm的玻璃吸附柱一支(也可用碱式滴定管)，在其底部填有一小团玻璃纤维。然后(在不断搅拌的情况下)将浸泡在0.5mol·L^{-1} HNO_3 中层析用的 γ-Al_2O_3 缓慢地加到吸附柱内，使其成为较紧密而无断开的吸附柱，整个柱长应不小于35cm。按柱内径大小剪一片圆形滤纸盖在 Al_2O_3 上，并填上一层玻璃纤维，全部 Al_2O_3 浸泡在0.5mol·L^{-1} HNO_3 溶液中(图2.4)。

分别取3mL 0.1mol·L^{-1}的 $KMnO_4$ 和0.1mol·L^{-1} K_2CrO_4 溶液混合均匀，徐徐加入吸附柱内。调好流速，待混合液被吸附后，再用0.5mol·L^{-1} HNO_3 淋洗。在吸附和淋洗时，要始终保持液面高出 Al_2O_3 吸附层，不要让吸附层的溶液流干。混合液在吸附层上呈现彩色环形带，用 HNO_3 淋洗时，吸附层上的色环下降，上层是黄色的 CrO_4^{2-}，下层是紫红色的 MnO_4^-。另装一支吸附柱，用来分离含有2mL 0.5mol·L^{-1} $Fe(NO_3)_3$、0.5mol·L^{-1} $Cu(NO_3)_2$ 和0.5mol·L^{-1} $Co(NO_3)_2$ 溶液的混合溶液。经用0.5mol·L^{-1} HNO_3 淋洗后，上层是吸附 Fe^{3+} 的棕色环，中层是吸附 Cu^{2+} 的浅蓝色环，而下层是含吸附能力最弱的 Co^{2+} 的淡紫红色环。

如果把含有几种溶质的溶液流过高层的吸附剂，则每一种溶质被吸附在一定层上，各层按照不同的高度形成的一个完整系列的带层。假如被吸附的溶液是有色物质的混合溶液时，就会在吸附剂上呈现不同颜色层，因而称为色层分析，每一色层上通常仅含有混合液的一种组分，用这种方法就可以把某些混合液分离为比较单一的组分。

6. 碳的含氧酸盐

1）水解

① 用 pH 试纸检验 1mol・L^{-1} Na_2CO_3 与 1mol・L^{-1} $NaHCO_3$ 溶液的酸碱性。

② 在点滴板上加入 1 滴 1mol・$L^{-1}$$Na_2CO_3$ 溶液与 1 滴 0.5mol・$L^{-1}$$CuSO_4$ 溶液，观察现象，写出反应式。

③ 用 $Al_2(SO_4)_3$ 代替 $CuSO_4$ 与 Na_2CO_3 作用。观察沉淀生成的情况，用蒸馏水洗涤沉淀三次，用稀 HCl 使沉淀溶解，此时有无气泡放出？生成的沉淀是 $Al_2(CO_3)_3$还是 $Al(OH)_3$？

2）碳酸盐、酸式碳酸盐和碱式碳酸盐的热稳定性

取约 2g 的 Na_2CO_3 固体放入事先干燥过的试管内，试管口用配有直角导管的橡皮塞塞紧，直角导管插入盛有澄清石灰水的试管内，小心加热试管内的固体，注意观察试管内固体和石灰水有什么现象发生。

用上述方法试验 $NaHCO_3$ 和 $Cu_2(OH)_2CO_3$ 固体的热稳定性，由此说明什么问题？为什么？

7. 硅酸水凝胶的生成

（1）Na_2SiO_3 与 CO_2 作用　向盛有 2mL 饱和 Na_2SiO_3 溶液（或水玻璃）的试管中通入 CO_2 气体，并不断搅拌。观察反应物的颜色和状态，写出反应式。

（2）Na_2SiO_3 与 HCl 作用　向 2mL 饱和 Na_2SiO_3 溶液（或水玻璃）里滴加 6mol・L^{-1} HCl，摇匀，若不生成凝胶，可微微加热，观察反应物的颜色和状态。

8. 硅酸盐的水解

先用石蕊试纸检验 20% Na_2SiO_3 溶液的酸碱性，然后取 1mL 该溶液与 2mL 饱和 NH_4Cl 溶液混合。微热，有何气体产生？把湿的石蕊试纸移至管口，检验气体的酸碱性，写出反应式。

9. 二价锡盐的还原性和水解作用

1）还原性

（1）氯化亚锡的还原性　向盛有 1 滴 0.5mol・L^{-1} $HgCl_2$ 溶液的试管中加入 1 滴0.5mol・L^{-1} $SnCl_2$ 溶液，振荡试管，有何变化？继续加入过量的 0.5mol・L^{-1} $SnCl_2$ 溶液，振荡试管，放置 2～3min 后，观察反应产物的颜色和状态，写出反应方

程式。

(2) 亚锡酸钠的还原性　在点滴板上加入2滴0.2mol·L^{-1} $SnCl_2$溶液，再滴加过量的2mol·L^{-1} NaOH溶液，至生成的沉淀溶解为止，再滴加1～2滴0.2mol·L^{-1} $Bi(NO_3)_3$溶液，观察反应物的颜色和状态。在碱性溶液中的反应为

$$3Sn(OH)_4^{2-}+2Bi^{3+}+6OH^{-}=3Sn(OH)_6^{2-}+2Bi\downarrow$$

2) 水解作用

把少量$SnCl_2\cdot 2H_2O$晶体溶于蒸馏水中，放置2～3min后，有何现象发生？

10. 硫化锡的生成和性质

在离心管中加入1滴0.5mol·L^{-1} $SnCl_4$溶液，加入饱和H_2S溶液，即得黄色的SnS_2沉淀。试验沉淀物与1mol·L^{-1} Na_2S溶液的作用。如沉淀溶解，再加1滴稀HCl酸化，有何变化？

11. SnS的生成和性质

在离心管中加入1mL 0.5mol·L^{-1} $SnCl_2$溶液，加入饱和H_2S溶液，观察棕色SnS沉淀生成。分别试验沉淀物与1mol·L^{-1} Na_2S和$(NH_4)_2S_2$溶液的作用。如沉淀溶解，再用稀HCl酸化，有何变化？

12. 四价铅盐的氧化性

① 取少量PbO_2固体放入试管中，加入浓HCl，微热，观察固体颜色的变化。用湿的KI淀粉试纸检验气体产物，并由颜色和气味来判断气体产物是什么(实验应在通风橱内进行)。

② 向试管中加入2mL 3mol·L^{-1} H_2SO_4和1滴0.1mol·L^{-1} $MnSO_4$溶液，然后加入少量PbO_2粉末，加热片刻，观察溶液的颜色(加入少量水稀释，会观察得更清楚)。

13. 二价铅微溶盐的生成和性质

① 向盛有0.5mL 0.2mol·L^{-1} $Pb(NO_3)_2$溶液的试管中加入2滴0.2mol·L^{-1} KI溶液，观察反应产物的颜色和状态。加热，沉淀是否溶解？再把溶液放置片刻，冷却后又有何变化？实验结果说明了什么？

② 向盛有0.5mL 0.2mol·L^{-1} $Pb(NO_3)_2$溶液的离心管中加入0.5mL 0.2mol·L^{-1} K_2SO_4溶液，观察反应产物的颜色和状态。离心分离，弃去溶液。往沉淀中滴加饱和NaAc溶液，微热，并不断搅拌，观察沉淀是否溶解。

③ 向盛有1滴0.1mol·L^{-1} $Pb(NO_3)_2$溶液的试管中加入2滴0.5mol·L^{-1}

K_2CrO_4 溶液，观察反应产物的颜色和状态。分别试验沉淀与 2mol·L^{-1} HNO_3 和 6mol·L^{-1} HAc 作用，有何变化（此法是 Pb^{2+} 的定性反应之一）？

④ 在点滴板上加入 1 滴 0.1mol·L^{-1} $Pb(NO_3)_2$ 溶液，再加入 1 滴 0.1mol·L^{-1} Na_2CO_3 溶液，观察反应产物的颜色和状态，往沉淀中加入 1 滴 6mol·L^{-1} HNO_3，有何变化？

⑤ 向盛有 2 滴 0.2mol·L^{-1} $Pb(NO_3)_2$ 溶液的离心管中滴加饱和 H_2S 水溶液，观察反应产物的颜色和状态。分别试验它们与 6mol·L^{-1} HNO_3 和多硫化铵溶液的作用。

⑥ 向盛有 0.5mL 0.2mol·L^{-1} $Pb(NO_3)_2$ 溶液的试管中加入 2mL 2mol·L^{-1} HCl，观察反应产物的颜色和状态。

将所得白色沉淀加热，观察沉淀是否溶解。再把溶液冷却，又有什么变化？说明氯化铅的溶解度与温度的关系。

把白色沉淀分成两份，一份加入 6mol·L^{-1} NaOH 溶液，另一份加入浓 HCl，观察沉淀溶解情况。

14. Al^{3+}、Sn^{2+}、Sn^{4+}、Pb^{2+}、$B_4O_7^{2-}$、CO_3^{2-}、SiO_3^{2-} 的分别鉴定

(1) Al^{3+} 的鉴定　取 2 滴 0.1mol·L^{-1} $KAl(SO_4)_2$ 试液，加 1 滴 2mol·L^{-1} HAc 酸化，再加入 4 滴 0.1%铝试剂，置于水浴上加热，然后加浓 $NH_3·H_2O$ 至有氨味，再加 2～3 滴 $(NH_4)_2CO_3$ 溶液，生成红色絮状的铝沉淀色料，表明 Al^{3+} 存在。

铝试剂是一种红色染料，在弱酸性溶液中与 Al^{3+} 生成鲜红色沉淀，但与 Cr^{3+} 生成的沉淀可被 $NH_3·H_2O$ 分解，与 Ca^{2+} 生成的沉淀被 $(NH_4)_2CO_3$ 所分解，Fe^{3+} 则应先除去。

(2) Sn^{4+}、Sn^{2+} 的鉴定　取 6 滴 0.5mol·L^{-1} $SnCl_2$ 溶液于试管中，加 2 滴浓 HCl 酸化后，加入极少量镁粉，待作用后再加入 1～2 滴 0.25mol·L^{-1} $HgCl_2$ 溶液，搅拌。如析出灰色或黑色沉淀，表示 Sn^{2+} 存在（先生成 Hg_2Cl_2 白色沉淀，然后 Hg_2Cl_2 又被还原为金属 Hg，沉淀逐渐变黑）。反应式为

$$SnCl_4+2HCl = H_2[SnCl_6]$$

$$[SnCl_6]^{2-}+Mg = Mg^{2+}+Sn^{2+}+6Cl^-$$

$$SnCl_2+2HgCl_2 = Hg_2Cl_2\downarrow+SnCl_4$$

$$Hg_2Cl_2+SnCl_2 = SnCl_4+2Hg\downarrow$$

(3) Pb^{2+} 的鉴定　取 2 滴 0.25mol·L^{-1} $Pb(NO_3)_2$ 溶液，加 2 滴 2mol·L^{-1} HNO_3，再加一滴 0.25mol·L^{-1} K_2CrO_4 溶液，生成黄色沉淀，表示 Pb^{2+} 存在（沉淀易溶于 NaOH 溶液难溶于稀 HNO_3，不溶于 $NH_3·H_2O$ 和 HAc）。反应式为

$$Pb^{2+}+CrO_4^{2-} = PbCrO_4\downarrow$$

$$2Pb^{2+} + Cr_2O_7^{2-} + H_2O = 2PbCrO_4 \downarrow + 2H^+$$
$$PbCrO_4 + 4NaOH = Na_2CrO_4 + Na_2PbO_2 + 2H_2O$$

(4) $B_4O_7^{2-}$ 的鉴定　在坩埚中蒸发 4～5 滴 $Na_2B_4O_7$ 溶液，冷却后在干燥的残渣上加 3～4 滴浓 H_2SO_4 和 5～6 滴 C_2H_5OH，点火，这时燃烧 C_2H_5OH 的火焰边缘呈现绿色。反应式为

$$Na_2B_4O_7 + H_2SO_4 + 5H_2O = Na_2SO_4 + 4H_3BO_3$$
$$H_3BO_3 + 3C_2H_5OH = B(OC_2H_5)_3 + 3H_2O$$

生成的硼酸乙酯[$B(OC_2H_5)_3$]是极易挥发的硼化合物，致使火焰呈现出特殊绿色。

(5) CO_3^{2-} 的鉴定　取少许固体 Na_2CO_3 于试管中，加入数滴 $2mol \cdot L^{-1}$ HCl，迅速将带有滴管的橡皮塞塞好，将滴管插入盛有 $Ca(OH)_2$ 饱和溶液的试管中，溶液由清变为混浊，表示 CO_3^{2-} 存在。反应式为

$$CO_3^{2-} + 2H^+ = CO_2 \uparrow + H_2O$$
$$Ca(OH)_2 + CO_2 = CaCO_3 \downarrow + H_2O$$

(6) SiO_3^{2-} 的鉴定　取 0.5mL SiO_3^{2-} 溶液于试管中，加 2～3 滴饱和 NH_4Cl 溶液，生成白色胶状 H_2SiO_3 沉淀，表示 SiO_3^{2-} 存在。反应式为

$$SiO_3^{2-} + 2H_2O + 2NH_4^+ = H_2SiO_3 \downarrow + 2NH_3 \cdot H_2O$$

实验三　氮族与氧族元素

一、预习要点

① HNO_3、HNO_2 及其盐的性质。

② 磷酸盐的酸碱性及其溶解度。

③ Bi(Ⅲ)的水解性、还原性及 Bi(Ⅴ)的氧化性。

④ 双氧水的还原性、氧化性及过氧链转移的反应。

⑤ 硫化物及多硫化物的性质。

⑥ 硫的含氧酸盐的性质。

二、问题与思考

① 稀 HNO_3 对金属作用与稀 H_2SO_4 或稀 HCl 有何不同？为什么一般不用 HNO_3 作为酸性反应的介质？

② 几乎所有古画、颜料都是以铅白[$2PbCO_3 \cdot Pb(OH)_2$]为基础。天长日久，这些画为什么会逐渐变黑？如小心地用 H_2O_2 稀溶液处理一下，为什么又可以恢复原来的色彩？

③ Mn^{2+}被 $S_2O_8^{2-}$ 氧化生成 MnO_4^- 时，如果用 $MnCl_2$ 而不是用 $MnSO_4$，行

吗？为什么？

④ 在某溶液中滴加酸，产生黄色 S 沉淀，问此溶液可能是下列几种情况中的哪几种？

a. 溶液中含有 S^{2-} 和 SO_3^{2-}；

b. 溶液中含有 $S_2O_3^{2-}$；

c. 溶液中含有 $S_2O_3^{2-}$ 和 SO_3^{2-}。

⑤ 在水溶液中，$Na_2S_2O_3$ 和 $AgNO_3$ 反应，为什么有时生成 Ag_2S 沉淀，而有时却生成 $Ag(S_2O_3)_2^{3-}$？

⑥ 试用计算说明，为什么在 3mol·L^{-1} HCl 中，H_3AsO_4 能将 KI 氧化为 I_2，而在 $NaHCO_3$ 介质中，$NaAs(OH)_4$ 能将 I_2 还原成 I^-？写出反应式。

⑦ As_2S_3 易溶于 Na_2S 溶液和 NaOH 溶液而难溶于 HCl，Sb_2S_3 易溶于 Na_2S 溶液和 NaOH 溶液，也溶于 HCl；Bi_2S_3 不溶于 Na_2S 溶液和 NaOH 溶液，只溶于 HNO_3，由此比较砷、锑、铋的硫化物酸碱性递变规律，与它们氧化物的酸碱性递变规律有什么异同之处？

三、实验内容

1. HNO_2 及其盐的性质

（1）HNO_2 的生成与分解　把已用冰水冷却过的 1mL 饱和 $NaNO_2$ 溶液与 1mL 3mol·L^{-1} H_2SO_4 混合均匀。观察现象，溶液放置一段时间后又有何变化？为什么？反应式为

$$2NaNO_2 + H_2SO_4 = 2HNO_2 + Na_2SO_4$$

$$2HNO_2 = N_2O_3(\text{蓝色}) + H_2O$$

$$N_2O_3 = NO + NO_2(\text{棕色})$$

（2）亚硝酸盐的氧化性　在点滴板上加入 1 滴 0.1mol·L^{-1} KI 溶液及 1 滴 1mol·L^{-1} H_2SO_4，然后逐滴加入 0.1mol·L^{-1} $NaNO_2$ 溶液，观察现象，写出反应式。

（3）亚硝酸盐的还原性　在点滴板上加入 1 滴 0.01mol·L^{-1} $KMnO_4$ 溶液和 1 滴1mol·L^{-1} H_2SO_4，再逐滴加入 0.1mol·L^{-1} $NaNO_2$ 溶液，观察现象，写出反应式。

根据上述(2)、(3)的实验结果，说明亚硝酸盐在什么条件下起氧化剂的作用，在什么条件下起还原剂的作用。

2. HNO_3 的氧化性

（1）浓 HNO_3 与 H_2S 的反应　取 0.5mL 浓 HNO_3 放入试管中，微热(千万小心，勿溅到人体各部!)，然后加入 1mL 饱和 H_2S 水溶液，观察反应产物的颜色和

状态，写出反应式(若无现象，放置片刻)。

(2) 浓 HNO_3 与 S 的反应　在试管内放入半粒米大小的硫粉，加入 0.5mL 浓 HNO_3，在水浴中加热到反应进行，观察有何种气体产生？冷却，取少许反应后的溶液，在另一试管中检查有无 SO_4^{2-} 生成。

(3) 浓 HNO_3、稀 HNO_3 与锌及锡的反应

① 向盛有 0.5mL 浓 HNO_3 的试管中投入锌片(锌片先除去氧化层)，有何现象发生？写出反应式。

② 向盛有 0.5ml 浓 HNO_3 的试管中投入锡片，有何现象发生？写出反应式。

③ 向盛有 1mL 2mol·L^{-1} HNO_3 的离心管中投入锌片，等作用一段时间后，加入 6mol·L^{-1} NaOH 溶液，使其呈碱性。离心分离，弃去沉淀，用实验证明清液中有无 NH_4^+ 存在，并写出反应式。

④ 同样于 1mL 2mol·L^{-1} HNO_3 中投入锡片，观察有无白色的水合二氧化物生成，写出反应式。

3. NO_2^-、NO_3^- 的鉴定反应

1) NO_2^- 的鉴定反应

在试管中加 1 滴 0.5mol·L^{-1} $NaNO_2$ 溶液和 2mL 蒸馏水，再加几滴 6mol·L^{-1} HAc 酸化，然后加 1 滴对氨基苯磺酸和 1 滴 α-萘胺，溶液显粉红色，证明有 NO_2^-。这个实验用来检验小量的 NO_2^-，当 NO_2^- 浓度大时，粉红色很快褪去，并生成黄色溶液或褐色沉淀。

2) 当 NO_2^- 不存在时，NO_3^- 的检出方法

在试管中加入 0.5mL 1%二苯胺的浓 H_2SO_4 溶液，然后慢慢沿试管壁加入 0.5mL 用 H_2SO_4 酸化的 0.5mol·L^{-1} $NaNO_3$ 溶液，即在两溶液界面处出现蓝色环。

3) 当有少量 NO_2^- 存在时，NO_3^- 的检出方法

在试管中加 5 滴 0.5mol·L^{-1} $NaNO_3$ 溶液、1 滴 0.5mol·L^{-1} $NaNO_2$ 溶液、10 滴蒸馏水和 3 滴饱和尿素溶液，边搅拌边逐滴加入 1mol·L^{-1} H_2SO_4 至溶液显酸性，再多加 2 滴 H_2SO_4，继续搅拌 2min。待反应缓慢后，加热 5min。取 1 滴溶液于点滴板穴内，加几滴 3mol·L^{-1} NaAc 溶液和对氨基苯磺酸、α-萘胺以检查 NO_2^- 是否已经除净。如果仍有红色，则再加尿素除去 NO_2^-[$2NO_2^- + CO(NH_2)_2 + 2H^+ = CO_2\uparrow + 2N_2\uparrow + 3H_2O$]。确证 NO_2^- 已除尽后，就可以用二苯胺的浓 H_2SO_4 溶液检出 NO_3^-。

4) NO_3^- 的其他鉴定反应

(1) 还原为 NH_3　取 1～2 滴 0.5mol·L^{-1} $NaNO_3$ 溶液于试管中，加 1～2 滴 0.5mol·L^{-1} NaOH 溶液和一小块金属铝(如没有反应，可加热)，用湿润的红色石蕊试纸检验逸出的气体，试纸变蓝，表示 NO_3^- 存在。反应式为

$$3NO_3^- + 8Al + 5OH^- + 2H_2O = 3NH_3\uparrow + 8AlO_2^-$$

(2) 棕色环试验　取2滴NO_3^-试液于试管中，加$FeSO_4$晶体少许，混合后将试管斜持手中，小心沿管壁加入3～4滴浓H_2SO_4，让其自由流下，静置片刻，此时由于生成配合物[$Fe(NO)SO_4$]于两层液体接触面出现棕色环。反应式为

$$6FeSO_4 + 2NaNO_3 + 4H_2SO_4 = 3Fe_2(SO_4)_3 + Na_2SO_4 + 4H_2O + 2NO$$

$$NO + FeSO_4 = Fe(NO)SO_4$$

NO_2^-也发生同样的反应。

4. 磷酸盐的性质和溶解度

(1) 磷酸盐的性质　分别用pH试纸和酚酞溶液试验0.1mol·L^{-1} Na_3PO_4、Na_2HPO_4和NaH_2PO_4溶液的酸碱性，比较有何不同。

在点滴板上，分别加入1滴0.1mol·L^{-1} Na_3PO_4、Na_2HPO_4、NaH_2PO_4溶液，然后分别加入2滴0.1mol·L^{-1} $AgNO_3$溶液，是否都有沉淀产生？静置一段时间后，用pH试纸试验上层澄清溶液的酸碱性，比较Na_3PO_4、Na_2HPO_4和NaH_2PO_4溶液中加入$AgNO_3$溶液后，溶液酸碱性的改变。

(2) 磷酸盐的溶解度　在点滴板上，分别加入1滴0.1mol·L^{-1} Na_3PO_4、Na_2HPO_4和NaH_2PO_4溶液，再各加入2滴0.2mol·L^{-1} $CaCl_2$溶液，是否都有沉淀产生？在无沉淀的溶液中滴加6mol·L^{-1} $NH_3 \cdot H_2O$，观察有何变化。最后各滴加2mol·L^{-1} HCl，沉淀是否溶解？

5. 磷酸根的鉴定

向一支试管中加入1mL稀Na_2HPO_4溶液及5滴HNO_3，再加入少量$(NH_4)_2MoO_4$固体，加热观察反应产物的颜色和状态(偏磷酸根PO_3^-和焦磷酸根$P_2O_7^{4-}$也有这一反应)。反应式为

$$PO_4^{3-} + 3NH_4^+ + 12MoO_4^{2-} + 24H^+ = (NH_4)_3PO_4 \cdot 12MoO_3 \cdot 6H_2O\downarrow + 6H_2O$$

6. 铋(Ⅲ)化合物的性质

(1) $Bi(OH)_3$的生成和性质　在点滴板上，加入1滴0.2mol·L^{-1} $Bi(NO_3)_3$溶液，再加入1滴2mol·L^{-1} NaOH溶液，观察反应产物的颜色和状态。分别试验它们与6mol·L^{-1} HCl和6mol·L^{-1} NaOH溶液的作用，沉淀是否溶解？写出反应式。

(2) $BiCl_3$的水解作用　把少量$BiCl_3$固体加入到盛有2mL蒸馏水的试管中，有何现象发生？用pH试纸试验溶液的酸碱性。往试管中加入6mol·L^{-1} HCl，沉淀是否溶解？最后把所得溶液稀释，又有什么变化？写出反应式，并加以解释。

7. 铋(Ⅲ)的还原性和铋(Ⅴ)的氧化性

(1) 铋(Ⅲ)的还原性　在试管中加入 2mL 0.2mol·L^{-1} $Bi(NO_3)_3$ 溶液，再加入 6mol·L^{-1} NaOH 溶液，直至沉淀完全为止，离心分离，弃去清液，再加入 2mL 6mol·L^{-1} NaOH 溶液，加入足量的氯水，水浴加热，观察棕黄色粒状沉淀产生。离心分离，弃去清液。再加浓 HCl 作用于沉淀物，水浴加热，用润湿的淀粉 KI 试纸置于试管口上方，观察产生的现象，写出反应式。

(2) $NaBiO_3$ 的氧化性　向盛有 2 滴 0.1mol·L^{-1} $MnSO_4$ 溶液和 3mL 2mol·L^{-1} HNO_3 的试管中加入少量 $NaBiO_3$ 固体，搅拌，并微热试管，有什么现象？写出反应式。

8. AsO_3^{3-} 的鉴定

(1) AsH_3 法　取 3 滴 AsO_3^{3-} 试液于小试管中，加入 6mol·L^{-1} NaOH 溶液至呈碱性，加入少许锌片，在试管口上覆盖以 0.5mol·L^{-1} $AgNO_3$ 溶液湿润过的滤纸条，将试管置于水溶液中加热 1～2min，取出滤纸条观察是否变黑，如变黑就表示 AsO_3^{3-} 存在。反应式为

$$AsO_3^{3-}+3Zn+3OH^- = AsH_3\uparrow+3ZnO_2^{2-}$$

$$AsH_3+6Ag^++3H_2O = 6Ag\downarrow+AsO_3^{3-}+9H^+$$

注意：加热不可过久，以免作用剧烈而使碱液喷溅到试纸上的 $AgNO_3$ 而生成黑色的 Ag_2O 干扰鉴定。

这个反应也可用于鉴定 AsO_4^{3-}，但需用 H_2SO_3 在酸性溶液中还原成 AsO_3^{3-} 后，按上述步骤进行分析。

(2) Ag_3AsO_3 法　取 2～3 滴 AsO_3^{3-} 试液于试管中，加入 1～2 滴 0.5mol·L^{-1} $AgNO_3$ 溶液，观察现象，如有黄色 Ag_3AsO_3 沉淀，则表示 AsO_3^{3-} 存在。

此法也可用于鉴定 AsO_4^{3-}，Ag_3AsO_4 沉淀为棕褐色。

9. H_2O_2 的性质

1) H_2O_2 的鉴定

在试管中加入 2mL 3% H_2O_2 溶液、0.5mL 戊醇和 1mL 1mol·L^{-1} H_2SO_4，逐滴加入 0.5mol·L^{-1} $K_2Cr_2O_7$ 溶液，振荡试管，观察水层和戊醇层中颜色的变化。

2) H_2O_2 的性质

(1) H_2O_2 的酸性——Na_2O_2 的生成　在试管中加入 0.5mL 40%的 NaOH 溶液和 1mL 3%的 H_2O_2 溶液，再加入 1mL C_2H_5OH，以降低生成物的溶解度，振荡试管，观察反应情况与产物的颜色和状态，写出反应式并加以解释。

(2) H_2O_2 的氧化性　在试管中加入 0.5mL 3% H_2O_2 溶液，几滴 1mol·L^{-1} H_2SO_4 和几滴 0.1mol·L^{-1}KI 溶液，再加入 1mL CCl_4，振荡试管。观察反应物的颜色和状态，写出反应式并加以解释。

在点滴板上，加入 1 滴 0.1mol·L^{-1}Pb$(NO_3)_2$ 溶液，再加入 1 滴饱和 H_2S 水溶液，观察反应产物的颜色和状态。然后往沉淀上加 3 滴 3% H_2O_2 溶液，观察反应情况和沉淀的颜色的变化，写出反应式，并解释沉淀颜色发生变化的原因。

(3) H_2O_2 的还原性　在试管中加入 0.5mL 0.1mol·$L^{-1}$$AgNO_3$ 溶液，然后滴加 2mol·L^{-1}NaOH 溶液，至有沉淀产生为止，弃去上层清液，洗涤沉淀，再往沉淀加入少量 3% H_2O_2 溶液，观察生成物的颜色和状态，并用火柴余烬检验气体产物，写出反应式。

在另一试管中加入 1mL 3% H_2O_2 溶液，用 H_2SO_4 酸化后滴加数滴 0.1mol·$L^{-1}$$KMnO_4$ 溶液，观察现象，用火柴余烬检验反应生成的气体，写出反应式。

(4) 介质酸碱性对 H_2O_2 氧化还原性质的影响　在小试管中，加入 2 滴 3% H_2O_2 溶液及 2 滴 2mol·L^{-1}NaOH 溶液，再加入 2 滴 0.1mol·$L^{-1}$$MnSO_4$ 溶液，观察现象，写出反应式。溶液经静置后吸去清液，往沉淀中加入少量 H_2SO_4 溶液后滴加 3% H_2O_2 溶液，又有什么变化？写出反应式并给予解释。

(5) H_2O_2 的分解　加热约 1mL 3% H_2O_2 溶液，有什么现象发生？用火柴余烬检验产生的气体，写出反应式。

在少量 3% H_2O_2 溶液中加入少量铁粉，观察现象，用火柴余烬检验反应产生的气体，写出反应式。

10. 硫及其化合物的制备和性质

1) H_2S 的性质和鉴定

(1) H_2S 水溶液的酸性　用 pH 试纸试验 H_2S 水溶液的酸碱性，写出 H_2S 在水溶液中的电离式。

(2) H_2S 的还原性　在两支试管中分别加入 2 滴 0.01mol·$L^{-1}$$KMnO_4$ 溶液和 0.2mol·$L^{-1}$$K_2Cr_2O_7$ 溶液，用稀 H_2SO_4 酸化后，分别加入饱和 H_2S 水溶液，观察溶液颜色或状态变化，写出反应式。

(3) H_2S 的生成和 S^{2-} 的鉴定　在试管中加入少量 FeS 粉末或含 S^{2-} 试液，再加入 5～6 滴 6mol·L^{-1}HCl，试管口盖以用水润湿的 Pb$(Ac)_2$ 试纸，置于水浴中加热，如Pb$(Ac)_2$试纸变黑，表示有 S^{2-} 存在(有时会发现试液酸化后变混浊，这是因为试液中含有 S_x^{2-}，S_x^{2-} 遇酸分解而生成 S)。

2）亚硫酸盐的氧化还原性

(1) 氧化性　向 1mL H_2S 水溶液中滴加 0.1mol·L^{-1} $NaHSO_3$ 溶液，观察现象，写出反应式。

(2) 还原性　向盛有1滴 0.2mol·L^{-1} $K_2Cr_2O_7$ 溶液和1滴 H_2SO_4 溶液的试管中滴加少量 0.1mol·L^{-1} $NaHSO_3$ 溶液，观察现象，写出反应式。

3）SO_3^{2-} 和 SO_4^{2-} 的鉴定

(1) SO_3^{2-} 的鉴定　在离心管中加入 0.5mL 0.1mol·L^{-1} $NaHSO_3$ 溶液（或 SO_2 水溶液），加入 0.5mL 饱和 $Ba(OH)_2$ 溶液，观察产物的颜色和状态，离心分离，弃去溶液，往沉淀加入 1mL 浓 HCl，沉淀是否溶解？写出反应式。

取 2 滴 0.1mol·L^{-1} $NaHSO_3$ 溶液，置于点滴板上，加入 1 滴品红试剂，若品红褪色表示有 SO_3^{2-} 存在。

(2) SO_4^{2-} 的鉴定　在离心管中加入 0.5mL 0.1mol·L^{-1} Na_2SO_4 溶液和 0.5mL 0.1mol·L^{-1} $BaCl_2$ 溶液，观察产物的颜色和状态，离心分离，弃去溶液，往沉淀中加入浓 HCl，沉淀是否溶解？写出反应式。

4）多硫化钠的制备和性质

(1) 多硫化钠的制备　在试管中加入 2mL 0.1mol·L^{-1} Na_2S 溶液，再加入少量硫粉，微热试管。观察现象并加以解释。溶液供以下的实验使用。

(2) 多硫化钠和酸反应　取 2 滴多硫化钠溶液，用 4 滴 6mol·L^{-1} HCl 酸化，有何现象？生成什么气体？如何检验？

5）硫代硫酸盐的性质和鉴定

(1) $Na_2S_2O_3$ 的还原性　在一支试管中加入 2 滴碘水，滴加 0.1mol·L^{-1} $Na_2S_2O_3$ 溶液，碘水的颜色有何变化？写出反应式并给予解释。

在一支试管中加入 2 滴 0.1mol·L^{-1} $Na_2S_2O_3$ 溶液，滴加 2 滴氯水，摇匀再加入几滴 0.5mol·L^{-1} $BaCl_2$ 溶液，以检验反应中生成的 SO_4^{2-}，写出反应式。

(2) $Na_2S_2O_3$ 遇酸分解　在一支试管中加入 0.5mL 0.1mol·L^{-1} $Na_2S_2O_3$ 溶液，滴加数滴 2mol·L^{-1} HCl，稍等片刻，观察有何变化，写出反应式。

(3) $S_2O_3^{2-}$ 的鉴定　在一支试管中加入 0.5mL 0.1mol·L^{-1} $AgNO_3$ 溶液，逐滴加入 0.1mol·L^{-1} $Na_2S_2O_3$ 溶液，先产生白色沉淀。反应式为

$$2Ag^+ + S_2O_3^{2-} = Ag_2S_2O_3 \downarrow$$

沉淀由白变黄变棕最后变黑。反应式为

$$Ag_2S_2O_3 + H_2O = H_2SO_4 + Ag_2S \downarrow$$

进行这个检验时，若所加 $AgNO_3$ 溶液量太少，或 $Na_2S_2O_3$ 溶液量过多，则生成较稳定的 $Ag(S_2O_3)_2^{3-}$。因此必须加适量的 $AgNO_3$ 溶液。

6）过二硫酸钾的氧化性

① 把 2mL 1mol・L^{-1} H_2SO_4、2mL 蒸馏水和 2 滴 0.002mol・L^{-1} $MnSO_4$ 溶液混合均匀后，分成两份。往第一份中加 1 滴 0.1mol・L^{-1} $AgNO_3$ 溶液和一些过二硫酸钾固体，微热，观察溶液的颜色有何变化，写出反应式；往另一份中只加一些过二硫酸钾固体，水浴加热，观察溶液的颜色的变化。

比较两种反应情况有何不同，为什么？

② 向盛有 0.5mL 0.1mol・L^{-1} KI 溶液和 0.5mL 1mol・L^{-1} H_2SO_4 的试管中，加入过二硫酸钾固体，观察反应物的颜色和状态，写出反应式。

实验四　卤素元素（设计提纲）

一、预习要点

① 卤素各元素的单质在水或有机溶剂中的溶解度。

② 卤素各元素的氧化性及其离子的还原性，比较其规律性。

③ 卤素各种含氧酸盐的氧化性。

④ 卤素的歧化反应及其反应的条件。

⑤ 比较卤化物的性质。

二、问题与思考

① 通过实验，碘的哪些性质在实验室中具有实际意义？

② 在含 Cl^-、Br^-、I^- 的三种溶液中分别加入浓 HNO_3 并水浴加热，你估计可观察到什么现象？从中得到什么启发？

③ 实验室如何制备少量的 HCl、HBr 和 HI 气体？

④ 如何从含有卤素离子的废液中回收溴和碘？

⑤ 如何区别 NaClO 和 $KClO_3$ 溶液？

⑥ 试验 $KClO_3$ 氧化性时，为什么常用固体的 $KClO_3$ 或饱和 $KClO_3$ 溶液？

⑦ 固体 $KClO_3$ 与浓 HCl 反应为什么不可加热？

⑧ $KClO_3$ 在中性介质中能否与 KI 反应？酸性介质又怎样？

⑨ KIO_3 与 KI 反应在什么介质中进行？若在生成的产物中加入强碱，观察到什么现象？

⑩ 歧化和反歧化在工业上有何用途？举一例说明。

⑪ 海水提溴的原理是什么？设计一个海水提溴的方案。

⑫ Br_2 能从含有 I^- 的溶液中取代出 I_2，而 I_2 又能从 $KBrO_3$ 的溶液中取代出 Br_2。能否由此认为，Br_2 能取代 I^-，而 I_2 也能取代 Br^-？

三、实验内容

1. 实验试剂

(1) 固体药品　NaCl、KBr、KI、I_2。

(2) 酸溶液　浓 H_2SO_4、浓 HNO_3、H_2SO_4(1mol·L^{-1},3mol·L^{-1})、浓 HCl。

(3) 碱溶液　NaOH(6mol·L^{-1})溶液、浓 $NH_3·H_2O$、$NH_3·H_2O$(6mol·L^{-1})。

(4) 盐溶液　NaF、NaCl、KI、KBr、$Ca(NO_3)_2$、$AgNO_3$、$Hg_2(NO_3)_2$、$Pb(NO_3)_2$、$FeCl_3$、$Cr_2(SO_4)_3$、$Na_2S_2O_3$(以上浓度为 0.1mol·L^{-1}),NaOCl、$KClO_3$、$KBrO_3$、KIO_3(以上为饱和溶液),KIO_3(0.05mol·L^{-1}),Na_2SO_3(0.05mol·L^{-1}),$MnSO_4$(0.2mol·L^{-1}),Na_2CO_3(2mol·L^{-1})溶液。

(5) 其他　氯水、溴水、碘水、CCl_4、淀粉-KI 试纸、$Pb(Ac)_2$ 试纸、pH 试纸、饱和 H_2S 溶液、品红溶液。

2. 溴和碘单质在水中及 CCl_4 中的溶解性

① 比较溴和碘在水中和 CCl_4 中的溶解性。

② 比较碘在水中和 KI 溶液中的溶解度。

3. 卤素的氧化性

① 拟出实验方案,比较卤素氧化性的变化规律。

② 试验碘与 $Na_2S_2O_3$、H_2S 的反应。

③ 把氯水逐滴加入 KI 溶液中有何现象发生? 氯水过量又怎样?

4. 卤素离子的还原性

选用两种氧化剂,拟出实验方案,依次比较卤素离子还原性的变化规律(选择适宜的试剂来进一步检查反应产物)。

5. 卤素含氧酸盐的氧化性

① 设计两个实验以说明 NaClO 的氧化性。

② 设计两个实验以说明 $KClO_3$ 的氧化性。

③ 选用两种还原剂,设计实验以说明 $KBrO_3$ 的氧化性。

④ 选用两种还原剂,设计实验以说明 KIO_3 的氧化性。

6. 卤素的歧化反应

① 试验氯水和碘水分别与 NaOH 溶液的反应,再酸化有何变化?

② 试验溴水与 Na_2CO_3 溶液的反应，再酸化有何变化？

7. 卤化物的性质

① NaF、NaCl、KI、KBr 溶液与 $Ca(NO_3)_2$ 溶液的作用，观察沉淀现象。

② 用 $AgNO_3$ 溶液代替 $Ca(NO_3)_2$ 溶液重做上述实验，观察沉淀及颜色。

③ 用浓 $NH_3 \cdot H_2O$ 及 $Na_2S_2O_3$ 溶液试验卤化银沉淀的溶解难易。

④ 制取 AgCl、Hg_2Cl_2、$PbCl_2$ 沉淀，比较它们在浓 HCl、$NH_3 \cdot H_2O$、热水中的溶解情况。

四、注意事项

① 卤素单质都有毒性，毒性随相对原子质量增大而降低，而液溴造成的伤害比氯气大，使用时应注意。

② 做性质实验或溶解实验时，加入的试剂应由少到多，浓度由稀到浓，注意观察过程的现象变化。

实验五　铜分族与锌分族元素

一、预习要点

① 铜、银、锌、镉、汞氧化物、氢氧化物的酸碱性。

② 铜、银、锌、镉、汞硫化物的溶解度。

③ Cu(Ⅰ)、Cu(Ⅱ)重要化合物的性质及相互转化条件。

④ Hg(Ⅰ)、Hg(Ⅱ)重要化合物的性质及相互转化条件。

⑤ 铜、银、锌、镉、汞常见配合物的性质及一般鉴定方法。

二、问题与思考

① 根据实验结果和应用所学的知识解答如下问题：

a. 试比较ⅠB、ⅡB与ⅠA、ⅡA族元素氢氧化物的酸碱性和稳定性、溶解性、价态变化和生成配合物的能力。为什么 Ag 与 Hg 的氢氧化物很易脱水而生成氧化物？

b. 比较 Cu(Ⅰ)化合物和 Cu(Ⅱ)化合物的稳定性，有没有稳定存在的 $CuNO_3$ 溶液？为什么向 $Cu(NO_3)_2$ 溶液中加 KI 就产生 CuI 沉淀，而加 KCl 则不出现 CuCl沉淀？说明 Cu(Ⅰ)与 Cu(Ⅱ)互相转化的条件。

② 试拟定 Ag^+、Cu^{2+}、Fe^{3+}、Ba^{2+}混合液的鉴定方法。

③ 用平衡原理说明 $Hg_2(NO_3)_2$ 溶液中通入 H_2S 气体后，生成的是 HgS 和 Hg 而不是 Hg_2S。

④ 锌盐、镉盐、汞盐与氨水作用有何不同?

⑤ 进行银镜反应时为什么要把 Ag^+ 转变成银氨配离子? 镀在试管内壁上的银镜怎样洗掉?

三、实验内容

1. 铜、锌、镉的氢氧化物的生成及性质

① 在点滴板上加入 1 滴 0.25mol·L^{-1} $ZnSO_4$ 溶液,再加 1 滴 2mol·L^{-1} NaOH,观察沉淀颜色,分别试验沉淀在 2mol·L^{-1} HCl 及 2mol·L^{-1} NaOH 溶液中的溶解情况。反应式如下

$$Zn^{2+} + 2OH^- \!=\!=\!= Zn(OH)_2\downarrow(\text{白色})$$

$$Zn(OH)_2 + 2H^+ \!=\!=\!= Zn^{2+} + 2H_2O$$

$$Zn(OH)_2 + OH^- \!=\!=\!= HZnO_2^- + H_2O$$

$$Zn(OH)_2 + 2OH^- \!=\!=\!= ZnO_2^{2-} + 2H_2O$$

② 以 0.5mL 0.25mol·L^{-1} $CdSO_4$ 溶液代替 $ZnSO_4$ 溶液,按上述方法进行实验并比较有何不同。

③ 向盛有 1mL 0.25mol·L^{-1} $CuSO_4$ 溶液的试管内加入 0.5mL 2mol·L^{-1} NaOH 溶液(这里的 NaOH 可以一下子加入,而实验①中 NaOH 必须逐滴加入,为什么?),即有淡蓝色胶状沉淀产生,把沉淀分为三份,一份加 2 滴 2mol·L^{-1} HCl,一份加数滴 40% NaOH 溶液,沉淀是否溶解? 说明 $Cu(OH)_2$ 的酸碱性。最后一份加热,观察沉淀形状及颜色的变化。反应式如下

$$Cu^{2+} + 2OH^- \!=\!=\!= Cu(OH)_2\downarrow(\text{蓝色})$$

$$Cu(OH)_2 + 2H^+ \!=\!=\!= Cu^{2+} + 2H_2O$$

$$Cu(OH)_2 + 2OH^- \!=\!=\!= [Cu(OH)_4]^{2-}$$

$$Cu(OH)_2 \xlongequal{\triangle} CuO(\text{黑})\downarrow + H_2O$$

2. Ag_2O、HgO 及 Cu_2O 的生成及性质

① 在点滴板上加入 1 滴 0.5mol·L^{-1} $AgNO_3$ 溶液及 1 滴 2mol·L^{-1} NaOH 溶液,即有棕色 Ag_2O 沉淀生成。分别试验沉淀在 2mol·L^{-1} HNO_3、40% NaOH 溶液及 6mol·L^{-1} $NH_3\cdot H_2O$ 中的溶解情况。

② 在点滴板上加入 1 滴 0.2mol·L^{-1} $Hg(NO_3)_2$ 溶液及 1 滴 2mol·L^{-1} NaOH 溶液,即有黄色 HgO 沉淀生成。分别试验沉淀在 2mol·L^{-1} HCl(或 HNO_3)、40% NaOH 溶液中的溶解情况。反应如下

$$Hg^{2+} + 2OH^- \!=\!=\!= HgO\downarrow(\text{黄}) + H_2O$$

$$HgO + 2HCl = HgCl_2 + H_2O$$

③ 在试管中依次加入 0.5mL 0.25mol·L^{-1} $CuSO_4$ 溶液，0.5mL 0.1mol·L^{-1}酒石酸钾钠($KNaC_4H_4O_6$)溶液，0.5mL 10%葡萄糖溶液和 2.5mL 6mol·L^{-1} NaOH 溶液，搅匀后把试管浸在热水里，即发生如下反应

$$2CuSO_4 + C_6H_{12}O_6 + 4NaOH = 2CuOH\downarrow(\text{橙黄色}) + C_6H_{12}O_7 + 2Na_2SO_4 + H_2O$$

$$2CuOH = Cu_2O(\text{橙红色})\downarrow + H_2O$$

把沉淀分成三份，一份加浓 $NH_3 \cdot H_2O$，一份加浓 HCl，分别生成了稳定配合物$[Cu(NH_3)_2]OH$ 和 $HCuCl_2$，使沉淀溶解。最后一份加 2mol·L^{-1} H_2SO_4，溶解后的 Cu^+ 即发生歧化反应，变为 Cu^{2+} 和金属铜。

$$Cu_2O + 4NH_3 \cdot H_2O = 2[Cu(NH_3)_2]OH + 3H_2O$$

$$Cu_2O + 4HCl = 2H[CuCl_2] + H_2O$$

$$Cu_2O + 2H^+ = Cu^{2+} + Cu\downarrow + H_2O$$

3. 溶液中 Hg_2^{2+} 和 Hg^{2+} 的平衡

在点滴板上加入 1 滴 0.25mol·L^{-1} $Hg_2(NO_3)_2$ 溶液和 1 滴 2mol·L^{-1} $NH_3 \cdot H_2O$，观察沉淀生成，写出反应方程式。

4. Cu^{2+}、Ag^+、Zn^{2+}、Cd^{2+}、Hg^{2+} 与 $NH_3 \cdot H_2O$ 的反应

在点滴板上，分别加入 1 滴 0.2mol·L^{-1} $CuSO_4$、$AgNO_3$、$ZnSO_4$、$CdSO_4$、$Hg(NO_3)_2$溶液，再各滴入 1 滴 2mol·$L^{-1}$$NH_3 \cdot H_2O$，观察沉淀的生成。再加过量 $NH_3 \cdot H_2O$，沉淀是否溶解？写出反应式。

5. Cu^{2+}、Ag^+、Zn^{2+}、Cd^{2+}、Hg^{2+} 与 H_2S 的反应

在离心试管中分别试验 0.2mol·L^{-1} $CuSO_4$、$AgNO_3$、$ZnSO_4$、$CdSO_4$、$Hg(NO_3)_2$溶液与饱和 H_2S 溶液的作用，观察沉淀的颜色。离心分离，弃去清液，试验这些硫化物能不能溶于 6mol·L^{-1} HCl 中，如果不溶，再试验它们与 6mol·L^{-1} HNO_3 的作用，最后把不溶于 HNO_3 的沉淀与王水进行反应，写出反应式，参考这几种硫化物的溶度积常数，解释上述实验现象。

6. Cu^{2+}、Ag^+、Hg^{2+}和 KI 的反应

① 在点滴板上，加入 1 滴 0.2mol·$L^{-1}$$CuSO_4$ 溶液和 1 滴 0.1mol·L^{-1}KI 溶液，产物是什么？用什么方法来证明？写出反应式。

② 在点滴板上，加入 1 滴 0.1mol·L^{-1} $AgNO_3$ 溶液和 1 滴 0.1mol·L^{-1} KI 溶液，观察产物的颜色和状态。

③ 在点滴板上，加入 2 滴 0.2mol · L^{-1} $Hg(NO_3)_2$ 溶液和 1 滴 0.5mol · L^{-1} KI 溶液，观察沉淀生成，再加入过量的 KI 溶液，观察现象（往 HgI_4^{2-} 溶液中加 40% NaOH 溶液即是“奈斯勒试剂”，用以检出 NH_4^+）。

7. CuCl 的生成和性质

在小烧杯内加 10mL 0.4mol · L^{-1} $CuCl_2$ 溶液，3mL 6mol · L^{-1} HCl 和 1g 左右的 NaCl，搅匀后加少量铜粉，搅拌 1min 左右。然后取出几滴溶液加到 10mL 蒸馏水中，如果有白色沉淀产生（若没有沉淀，再补加少量铜粉并搅拌），即可把此溶液倾入一个盛着 100mL 蒸馏水的烧杯内，观察产物的颜色和状态。等大部分沉淀下沉后，立即用倾析法除去溶液，并用 20mL 蒸馏水洗涤沉淀。取出少量沉淀，分别试验它们与浓 $NH_3 \cdot H_2O$ 和浓 HCl 的作用，沉淀是否溶解？写出反应式。把所得的溶液放置片刻，观察它的颜色变化，为什么？

8. Cu^{2+}、Ag^+、Zn^{2+}、Cd^{2+}、Hg^{2+} 和 Hg_2^{2+} 的鉴定

1）Cu^{2+} 的鉴定

（1）与 $NH_3 \cdot H_2O$ 的反应　Cu^{2+} 与少量 $NH_3 \cdot H_2O$ 作用生成淡蓝色的碱式盐沉淀，它容易溶于过量的试剂，生成蓝色的铜氨配合物，反应如下

$$2Cu^{2+} + SO_4^{2-} + 2NH_3 \cdot H_2O = Cu_2(OH)_2SO_4 \downarrow + 2NH_4^+$$

$$Cu_2(OH)_2SO_4 + 8NH_3 \cdot H_2O = 2[Cu(NH_3)_4]^{2+} + SO_4^{2-} + 2OH^- + 8H_2O$$

取 5 滴 0.25mol · L^{-1} $CuSO_4$ 溶液于试管中，加入 2～3 滴 2mol · L^{-1} $NH_3 \cdot H_2O$，有何现象发生？继续加 1 滴浓 $NH_3 \cdot H_2O$，又有何现象发生？

（2）与 $K_4[Fe(CN)_6]$ 的反应　取 1～2 滴 0.5mol · L^{-1} $CuSO_4$ 溶液于试管中或点滴板内，加 1～2 滴 2mol · L^{-1} HCl，呈明显的酸性后，加入 1～2 滴 0.1mol · L^{-1} $K_4[Fe(CN)_6]$ 溶液，如有红棕色沉淀生成，证实有铜存在。这个反应很灵敏，但 Fe^{3+}、Co^{2+} 存在时有干扰。Cu^{2+} 与 $[Fe(CN)_6]^{4-}$ 的反应式为

$$2Cu^{2+} + [Fe(CN)_6]^{4-} = Cu_2[Fe(CN)_6] \downarrow$$

2）Ag^+ 的鉴定

取 1～2 滴 0.5mol · L^{-1} $AgNO_3$ 于试管中，加 1 滴 2mol · L^{-1} HCl，有白色凝乳状沉淀，将上述沉淀离心分离，弃去离心液，往沉淀中加数滴 6mol · L^{-1} $NH_3 \cdot H_2O$，若沉淀溶解，表示 Ag^+ 存在，写出反应式。

为确证 Ag^+ 的存在，将上述经 6mol · L^{-1} $NH_3 \cdot H_2O$ 处理的溶液分为两份：一份加 1 滴酚酞，逐滴加入 6mol · L^{-1} HNO_3 至红色消失，生成白色沉淀（或浑浊）；另一份加入 1 滴 0.5mol · L^{-1} KI 溶液，生成淡黄色沉淀。写出反应方程式。

3) Zn^{2+}的鉴定

① 向 0.5mL 0.1mol·L^{-1} $ZnSO_4$ 溶液中加几滴甲酸-甲酸钠缓冲溶液，调节 pH≈2，加热并加入数滴 H_2S 饱和溶液，若无沉淀生成，加热 1～2min，有白色沉淀产生，表示 Zn^{2+}存在。

Fe^{2+}、Al^{3+}、Cr^{3+}、Mn^{2+}在此条件下不生成沉淀。若溶液 pH 调节不当，沉淀中可能含有少量 FeS、CoS、NiS 而使沉淀呈灰色，这时可用 0.6mol·L^{-1} HCl 处理。将所得溶液煮沸以除去 H_2S，加四硫代氰酸汞铵，如生成白色沉淀，表示有 Zn^{2+}存在，反应式为

$$Zn^{2+}+[Hg(SCN)_4]^{2-} = ZnHg(SCN)_4\downarrow(\text{白色})$$

② 取 1 滴 0.02% $CoCl_2$ 于点滴板上，加 1 滴四硫代氰酸汞铵 $[(NH_4)_2Hg(SCN)_4]$，充分搅拌，当没有观察到蓝色沉淀形成后，再加入 1 滴 0.1mol·L^{-1} $ZnSO_4$溶液，搅拌，如生成天蓝色沉淀，表示有 Zn^{2+}存在。

4) Cd^{2+}的鉴定

(1) $[Cd(NH_3)_4]^{2+}$的生成　向 2 滴 0.1mol·L^{-1} $CdSO_4$ 溶液中滴加 2mol·L^{-1} $NH_3 \cdot H_2O$，初始有白色 $Cd(OH)_2$ 沉淀，继续加入过量 $NH_3 \cdot H_2O$，则沉淀溶解，生成无色的$[Cd(NH_3)_4]^{2+}$。

(2) Cd^{2+}的鉴定　往上述溶液中加入少量稀 HCl 酸化，使溶液$[H^+]$略低于 0.3mol·L^{-1}，再加入数滴 H_2S 水溶液，如有黄色沉淀生成证明 Cd^{2+}存在。

此实验中，控制溶液酸度很重要，CdS 沉淀不溶于稀 HCl 但可溶于浓 HCl，而 CuS、HgS(皆为黑色)都不溶于浓 HCl。故若在 Cd^{2+}溶液中混有 Cu^{2+}、Hg^{2+}等离子时，可先加入较浓的 HCl，使酸度大于 1mol·L^{-1}，通入 H_2S，把 CuS、HgS 沉淀分离，往清液中加入一定量的水稀释，再加少量 NaAc，使酸度调节在 0.3mol·L^{-1}左右，再通入 H_2S 检验 Cd^{2+}是否存在。Cd^{2+}试液的酸度也不能太低，因为在酸度小于 0.1mol·L^{-1}时，Zn^{2+}、Co^{2+}、Ni^{2+}等离子也会生成硫化物沉淀，从而干扰了 Cd^{2+}的检出。

5) Hg^{2+}或 Hg_2^{2+} 的鉴定

在点滴板上，加入 1 滴 0.1mol·L^{-1} $Hg(NO_3)_2$ 溶液，逐滴加入 0.5mol·L^{-1} $SnCl_2$ 溶液，若有白色沉淀(Hg_2Cl_2)生成，随后又变为灰黑色(Hg_2Cl_2 进一步被 $SnCl_2$ 还原而析出 Hg)，则表示有 Hg^{2+}或 Hg_2^{2+} 存在。

实验六　钛、钒与铬、锰

一、钛和钒

1. 预习要点

① 钛和钒的氧化物、含氧酸的生成和性质。

② 低价钛和钒化合物的生成和性质。

③ 多酸的概念及钒酸根的缩合反应。

④ 钒的各种氧化态的化合物的颜色和稳定性。

2. 问题与思考

① TiO_2 能否溶于酸或碱?

② 比较 α-钛酸和 β-钛酸的生成条件和性质有何不同?

③ 怎样得到三价钛盐?怎样试验它的还原性?

④ 将偏钒酸铵加热可得什么钒化合物?这种钒化合物有哪些主要的性质。

⑤ 钒的各种氧化态的化合物有哪几种颜色,稳定性如何?

⑥ 比较 TiO_2 和 V_2O_5 的酸碱性有何异同?

⑦ 比较低价钛化合物与低价钒化合物有什么相似的地方?

3. 实验内容

1) TiO_2 的性质

① 取少量 TiO_2 固体于蒸发皿中,加入 2mL 浓 H_2SO_4,加热(注意防止浓 H_2SO_4 溅出),固体是否溶解?

② 另取少量 TiO_2 固体于蒸发皿中,加入 2mL 40% NaOH 溶液,加热,观察 TiO_2 是否溶解?

2) TiO_2 水合物的生成和性质

(1) α-钛酸的生成和性质　取 4 支试管,分别加入 0.5mL $TiCl_4$ 水溶液,并滴加 $2mol \cdot L^{-1} NH_3 \cdot H_2O$,至沉淀完全为止,观察反应产物的颜色。取两份沉淀分别加入过量的 $6mol \cdot L^{-1}$ NaOH 溶液和 $6mol \cdot L^{-1}$ HCl 溶液,沉淀是否溶解?写出反应式。另两份沉淀供下面实验用。

(2) β-钛酸的生成和性质　往上面剩余的两份 α-钛酸溶液中加入少量水,煮沸 1～2min。然后向两份沉淀中分别加入过量的 $6mol \cdot L^{-1}$ NaOH 溶液和 $6mol \cdot L^{-1}$ HCl 溶液,观察 β-钛酸是否溶解。

3) 三价钛的化合物的生成和还原性

往 1mL $TiCl_4$ 水溶液中加入一粒锌粒,观察溶液颜色的变化,静置几分钟后,把部分溶液倾入到过量 $0.2mol \cdot L^{-1}$ $CuCl_2$ 溶液中,观察溶液颜色的改变。是否有沉淀物生成?观察沉淀物的颜色和状态。反应式为

$$2TiO^{2+} + Zn + 4H^+ = 2Ti^{3+} + Zn^{2+} + 2H_2O$$

$$Ti^{3+} + Cu^{2+} + Cl^- + H_2O = CuCl \downarrow + TiO^{2+} + 2H^+$$

将上述剩余的 Ti^{3+} 溶液倒入一小烧杯中并加以摇荡,观察紫色消失,溶液重

新变为无色，试给予解释。

4）钛草酸根配合物的生成和性质

取 1mL $TiCl_4$ 水溶液放入一支离心试管中，滴加 2mol·L^{-1} $NH_3 \cdot H_2O$ 直至沉淀完全。离心分离，弃去清液。用蒸馏水洗涤沉淀两次，把沉淀转移至试管中（采用多次加入少量饱和 KHC_2O_4 溶液的办法），微热，使沉淀完全溶解。

把溶液分为两份：一份加入 $NH_3 \cdot H_2O$；一份做显微分析用。

5）Ti 的过氧化物

取少量 $TiCl_4$ 水溶液放入试管中，滴加 3% H_2O_2 溶液，观察反应产物的颜色，这是 TiO^{2+} 的特征反应。

6）V_2O_5 的生成和性质

取少量偏钒酸铵（NH_4VO_3）固体放入坩埚中，用小火加热并不断搅拌，观察反应过程中固体颜色的变化和产物的颜色。反应式为

$$2NH_4VO_3 \xlongequal{\triangle} V_2O_5 + 2NH_3\uparrow + H_2O$$

将产物分成三份：一份与浓 H_2SO_4 作用，观察固体溶解后的颜色，然后将所得溶液稀释（如何稀释？），颜色有何变化？第二份加 6mol·L^{-1} NaOH 溶液，加热，有何变化？第三份加入浓 HCl，观察固体溶解生成棕红色 $VOCl_3$ 溶液，加热溶液，$VOCl_3$ 即分解。溶液颜色有何变化（冲稀观察更清楚）？有什么气体产生？如何检验？反应式为

$$V_2O_5 + H_2SO_4 = (VO_2)_2SO_4 + H_2O$$

$$V_2O_5 + 2NaOH = 2NaVO_3(\text{无色}) + H_2O$$

$$V_2O_5 + 6HCl = 2VOCl_3(\text{棕色}) + 3H_2O$$

$$2VOCl_3 \xlongequal{\triangle} 2VOCl_2(\text{蓝色}) + Cl_2$$

7）V_2S_5 和硫代钒酸盐的生成

在 NH_4VO_3 溶液中加入过量的 1mol·L^{-1} $(NH_4)_2S$ 溶液，观察溶液变为棕红色。将所得溶液用稀 H_2SO_4 酸化，观察棕黑色沉淀生成。离心分离，用水洗涤沉淀一次，然后试验沉淀和 6mol·L^{-1} NaOH 溶液作用，观察现象。反应式为

$$NH_4VO_3 + 4(NH_4)_2S = (NH_4)_3VS_4 + 6NH_3 + 3H_2O$$

$$2(NH_4)_3VS_4 + 3H_2SO_4 = 3(NH_4)_2SO_4 + V_2S_5\downarrow + 3H_2S\uparrow$$

$$4V_2S_5 + 24NaOH = 5Na_3VS_4 + 3Na_3VO_4 + 12H_2O$$

8）低价钒化合物的生成

取饱和 NH_4VO_3 溶液，用 6mol·L^{-1} HCl 酸化，然后加入足量的锌粒（或锌粉），放置并仔细观察溶液颜色的变化。反应式为

$$2VO_2Cl + 4HCl + Zn = 2VOCl_2(\text{蓝}) + ZnCl_2 + 2H_2O$$

$$2VOCl_2 + 4HCl + Zn \longrightarrow 2VCl_3(\text{绿}) + ZnCl_2 + 2H_2O$$
$$2VCl_3 + Zn \longrightarrow 2VCl_2(\text{紫}) + ZnCl_2$$

9）钒过氧化物的生成

取少量饱和 NH_4VO_3 溶液，加入 2mol · L^{-1} HCl 酸化，再加入几滴 3% H_2O_2 溶液，观察橘红色过氧化物的生成。反应式为

$$NH_4VO_3 + H_2O_2 + 4HCl \longrightarrow V(O_2)Cl_3 + NH_4Cl + 3H_2O$$

10）难溶性钒含氧酸盐的生成

① 往试管中加入少量饱和 NH_4VO_3 溶液，再滴加 $Pb(NO_3)_2$ 溶液，观察产物的颜色和状态。

② 往试管中加入少量饱和 NH_4VO_3 溶液，再滴加 $BaCl_2$ 溶液，观察产物的颜色和状态。

11）钒酸根的缩合反应

在烧杯中加入 5mL VO_2Cl 溶液（在 1g NH_4VO_3 固体中加入 20mL 6mol · L^{-1} HCl 溶液和 10mL 蒸馏水，即制得 VO_2Cl 溶液），用 pH 试纸试验其酸碱性。逐滴加入 6mol · L^{-1} NaOH 溶液，并不断搅拌。溶液的颜色有什么变化？当 pH＝2时，是否有沉淀产生？继续滴加 6mol · L^{-1} NaOH 溶液，观察有何变化？再加入6mol · L^{-1} NaOH 溶液，至 pH＝9～10 时，微热溶液，溶液的颜色有何变化？

取 10mL 上面实验中所得溶液，逐滴加入 6mol · L^{-1} HCl，并不断搅拌，溶液的颜色有何变化？到 pH＝2 时，是否有沉淀产生？再继续加入 6mol · L^{-1} HCl，观察又有什么变化。

用反应式表示钒酸根在不同 pH 下的缩合反应。

二、铬和锰（设计提纲）

1. 预习要点

① 铬的各主要氧化态化合物的重要性质及各氧化态之间的转化条件。

② 锰的各主要氧化态化合物的重要性质及各氧化态之间的转化条件。

2. 问题与思考

① 通过实验，比较铬的各主要氧化态的化合物的颜色、状态、水溶性及氧化还原性质。

② 铬的多变氧化态和它的电子构型有何联系？

③ 如何分离混合液中的 Al^{3+} 和 Cr^{3+}？

④ 通过实验，说明 $Cr(OH)_3$ 的酸碱性及 Cr(Ⅲ)在不同介质中的氧化产物；查出相应的 $\varphi^{\ominus}$ 值，由此比较 Cr(Ⅲ)在不同介质中还原性强弱。

⑤ 介质酸性对 $K_2Cr_2O_7$ 及 K_2CrO_4 的氧化性有何影响？

⑥ $BaCrO_4$ 沉淀能否溶于 HCl？为什么？用实验检验你的答案。

⑦ 铬酸洗液是用 $K_2Cr_2O_7$ 和浓 H_2SO_4 配制而成的，说明它为何能洗净玻璃仪器及失效后有何外观现象。

⑧ 如何用 H_2O_2 来鉴别 Cr^{3+}？写出各步反应的方程式与反应现象，并加以解释。

⑨ 锰在其化合物中分别呈何氧化态？锰的多变氧化态与它的电子构型有何联系？

⑩ $Mn(OH)_2$ 的酸碱性和稳定性，Mn^{2+} 在不同介质中的还原性有何不同？为何 Mn^{2+} 在碱性介质中易被氧化？

⑪ 预计一下，在 Mn^{2+} 溶液中滴加饱和 H_2S 溶液，有无 MnS 的沉淀生成？继续滴加 $NH_3 \cdot H_2O$ 后又有何变化？用实验加以检验。

⑫ 如何把 Mn^{2+} 氧化为 MnO_4^-？应注意哪些条件？

⑬ 以实验结果说明 K_2MnO_4 稳定存在的介质及歧化的产物，如何解释 K_2MnO_4 的歧化？

⑭ 如何实现 $MnO_4^- \longrightarrow Mn^{2+}$，$MnO_4^- \longrightarrow MnO_2$，$MnO_4^- \longrightarrow MnO_4^{2-}$ 的转化？

3. 实验内容

1）实验试剂

（1）固体药品　$CrCl_3 \cdot 6H_2O$、Cr_2O_3、$KCr(SO_4)_2 \cdot 12H_2O$、$K_2Cr_2O_7$、K_2CrO_4、NaAc、$(NH_4)_2Cr_2O_7$、$MnSO_4$、$MnCl_2 \cdot 4H_2O$、MnO_2、$KMnO_4$、$NaBiO_3$、$K_2S_2O_8$。

（2）酸溶液　HCl（$2mol \cdot L^{-1}$）、HNO_3（$2mol \cdot L^{-1}$）、HAc（$2mol \cdot L^{-1}$）、H_2SO_4（$3mol \cdot L^{-1}$）、H_2SO_4（$1mol \cdot L^{-1}$）、浓 H_2SO_4、浓 HCl、饱和 H_2S 溶液、饱和 $H_2C_2O_4$ 溶液。

（3）碱溶液　NaOH（$2mol \cdot L^{-1}$）、NaOH（40%）。

（4）盐溶液　$Cr_2(SO_4)_3$、$K_2Cr_2O_7$、$Pb(NO_3)_2$、K_2CrO_4、Na_2SO_3、$MnSO_4$、$(NH_4)_2S$、$AgNO_3$、KI（以上浓度为 $0.1mol \cdot L^{-1}$），$NaNO_2$、Na_2S（以上浓度为 $0.5mol \cdot L^{-1}$），$Na_2Cr_2O_7$、$NaClO_3$（以上为饱和溶液），$KMnO_4$（5%），$KMnO_4$（$0.01mol \cdot L^{-1}$），NH_4Cl（$2mol \cdot L^{-1}$）溶液。

（5）其他　$Pb(Ac)_2$ 试纸、淀粉 KI 试纸、乙醚、乙醇、氯水、NaClO、H_2O_2（3%）。

2）观察 $CrCl_3$、Cr_2O_3、$K_2SO_4 \cdot Cr_2(SO_4)_3 \cdot 24H_2O$、$K_2CrO_4$、$K_2Cr_2O_7$ 等化合物的颜色

试验它们在水中溶解的难易程度，并注意它们在水中呈现的颜色。

3）试验 Cr^{3+} 和 NaOH 溶液的反应及生成物的酸碱性

① 观察 Cr^{3+} 和 NaOH 溶液的反应生成物的颜色、状态。

② 分别试验 $Cr(OH)_3$ 与 2mol・L^{-1} HCl 及 2mol・L^{-1} NaOH 溶液的反应，加热煮沸后有何变化？

4）铬弱酸盐的水解

试验 Cr^{3+} 和 Na_2S 溶液的反应，观察生成物的颜色、状态。验证反应过程中有否 H_2S 气体生成，进一步用实验确证沉淀是 $Cr(OH)_3$ 而不是 Cr_2S_3（沉淀应多次洗涤），试给出解释。

5）Cr^{3+} 在不同介质中的还原性

（1）在碱性介质中的还原性　NaOH 介质中的 Cr^{3+} 溶液，在加热的情况下分别滴加 H_2O_2 溶液和 NaClO 溶液，观察反应现象。

（2）近中性介质中的还原性　分别试验在 NaAc 介质和加热情况下，Cr^{3+} 与氯水的反应，Cr^{3+} 与 $KMnO_4$ 溶液反应。

（3）在酸性介质（H_2SO_4 溶液）中的还原性　在加热的情况，分别试验 Cr^{3+} 与饱和 $NaClO_3$ 溶液及 $KMnO_4$ 溶液的反应。

6）试验铬酸根离子（CrO_4^{2-}）和重铬酸根离子（$Cr_2O_7^{2-}$）在水溶液中的平衡

观察 $K_2Cr_2O_7$ 溶液在加入稀碱后颜色的变化，继而加入稀酸至酸性，情况又如何？解释上述实验现象。

7）铬（Ⅵ）离子的氧化性

① 分别试验在中性和酸性介质中 $K_2Cr_2O_7$ 溶液和 $NaNO_2$ 溶液的反应。

② 试验 $K_2Cr_2O_7$ 溶液在酸性介质中和 3% H_2O_2 溶液的反应，观察现象。

③ 试验 $K_2Cr_2O_7$(s) 和浓 HCl 的反应（微热，在通风橱中进行）。

8）比较铬酸盐和重铬酸盐的溶解性

分别试验 K_2CrO_4 及 $K_2Cr_2O_7$ 溶液与 $AgNO_3$、$BaCl_2$、$Pb(NO_3)_2$ 溶液的反应，比较其实验结果。

9）CrO_3 的强氧化性

（1）制备 CrO_3 晶体　往离心试管中加 2mL 饱和 $Na_2Cr_2O_7$ 溶液，逐滴加入适量的浓 H_2SO_4，观察生成物的颜色、状态。

（2）试验 CrO_3 的强氧化性　将上述混合物进行离心分离，弃去溶液，把沉淀移至蒸发皿中，并水浴蒸干。冷却后滴加乙醇，观察反应现象。

10）过氧化铬的生成和分解

用 H_2SO_4 酸化了的 $K_2Cr_2O_7$ 溶液中加少量乙醚，滴加 3% H_2O_2 溶液，观察乙醚层有何现象产生。振荡，静置后，又有何变化？

提示：$Cr_2O_7^{2-}$ 在酸性介质中与 H_2O_2 生成过 CrO_5，其结构简式为 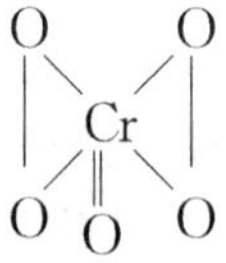 。

CrO_5 不稳定，在酸性介质中分解为 Cr^{3+} 和 O_2。

11）铬废液的处理

目前，实验室中仍广泛使用铬酸洗液，使用一段时间后，由于 H_2SO_4 被稀释及 Cr(Ⅵ)被还原为 Cr(Ⅲ)而失去效力，成为废液。在某些实验中也有回收的含铬废液。铬为重金属，若随意排放含铬废液，会对环境造成污染。国家规定工业废水中Cr(Ⅵ)的排放标准为 0～5mg·L^{-1}。请利用实验室中较便宜的试剂，设计一处理含铬废水的实验方案。

12）锰的主要氧化态化合物的颜色、状态、水溶性

观察 $MnSO_4$、$MnCl_2$、MnO_2、K_2MnO_4、$KMnO_4$ 等物质的颜色、状态、试验它们在水中的溶解性及在水溶液中呈现的颜色。

13）试验锰离子(Mn^{2+})和 NaOH 溶液的反应及它们的生成物在空气中的稳定及酸碱性

① 注意观察 Mn^{2+} 和 NaOH 溶液反应生成物的颜色、状态。振荡试管，观察颜色的改变[应采用什么措施以使刚生成的 $Mn(OH)_2$ 不马上被氧化?]。

② 试验 $Mn(OH)_2$ 分别与 2mol·L^{-1}的 HCl、NaOH、NH_4Cl 溶液的反应。

14）试验 Mn^{2+} 和 S^{2-} 的反应

观察 Mn^{2+} 和$(NH_4)_2S$ 溶液生成沉淀的颜色，试验此沉淀与稀 HAc、稀 NaOH 溶液的反应。

15）试验下列条件下 $MnSO_4$ 被氧化的反应

① 在 6mol·L^{-1} HNO_3 介质中与 $NaBiO_3$ 固体反应(水浴微热)。这是 Mn^{2+} 的鉴定反应之一。

② 在 H_2SO_4 和 NaOH 介质中与 NaClO 反应。

③ 在酸介质中与 $K_2S_2O_8$ 反应(1 滴 $AgNO_3$ 作为催化剂、微热)。

16）四价锰盐的稳定性

试验 MnO_2 和浓 HCl 在不加热和加热条件下的反应，并且检验反应产物(在通风橱内进行)。

17）六价锰(MnO_4^{2-})的稳定性

试验 K_2MnO_4 溶液的性质(用下面 $KMnO_4$ 的热分解产物进行实验)。

① 加水稀释。

② 加 2mol·L^{-1} HAc。

③ 加浓 NaOH 溶液时的变化，注意观察生成物的颜色、状态。

18）$KMnO_4$ 的热分解

加热 $KMnO_4$ 固体，观察实验现象，用火柴余烬检验气体产物，观察固体产物在水中溶解的现象。

19) MnO_4^- 的氧化性

① 试验 $KMnO_4$ 溶液和 Na_2SO_3 溶液在下列介质(a)H_2SO_4;(b)NaOH;(c)蒸馏水中的反应。比较不同介质对 $KMnO_4$ 还原产物的影响。

② $KMnO_4$ 溶液与 $MnSO_4$ 溶液混合,有何现象产生？如何解释？

③ 在酸性溶液中,$KMnO_4$ 和下列离子或物质所产生的反应:H_2S、KI、$H_2C_2O_4$、H_2O_2。

④ 在碱性介质中,$KMnO_4$ 和 $NaNO_2$ 溶液的反应(加热)。

实验七　铁、钴、镍

一、预习要点

① 铁、钴、镍三价氢氧化物、二价氢氧化物性质。

② 酸性溶液中 Fe(Ⅲ)、Co(Ⅲ)与 Ni(Ⅲ)的氧化性。

③ 铁、钴、镍的配合物。

④ 铁、钴、镍离子的鉴定。

二、问题与思考

① 根据实验结果和平时所学的知识,回答如下问题:

a. 试比较 Fe(Ⅱ)、Co(Ⅱ)、Ni(Ⅱ)的氢氧化物的稳定性。

b. 试比较 Fe(Ⅱ)和 Fe(Ⅲ)的氢氧化物的酸碱性和稳定性。

c. 变色硅胶中所含的氯化钴水合物起什么作用？

② 已知某一试剂中含有 Fe^{3+}、Co^{2+}、Ni^{2+} 三种离子,请设计一个实验方案,分别检出这三种离子。

③ 在碱性介质中氯水能把 Co(Ⅱ)氧化成 Co(Ⅲ),而在酸性介质中 Co(Ⅲ)又能把 Cl^- 氧化成 Cl_2,二者有无矛盾？为什么？

④ 为什么在碱性介质中 Fe(Ⅱ)极易被空气中的氧氧化成 Fe(Ⅲ)？

⑤ 解释下列现象:

a. Fe^{3+} 能把 I^- 氧化成 I_2,而$[Fe(CN)_6]^{3-}$ 则不能;

b. $[Fe(CN)_6]^{4-}$ 能把 I_2 还原成 I^-,而 Fe^{2+} 则不能。

三、实验内容

1. 氢氧化物的生成及性质

① 在一试管中加入 2mL 蒸馏水和 2 滴 $1mol \cdot L^{-1}$ H_2SO_4,煮沸以赶尽溶于其中的 O_2,然后溶解少量硫酸亚铁铵晶体。在另一试管中加入 1mL $6mol \cdot L^{-1}$ NaOH 溶

液，煮沸，以赶尽 O_2，用一吸管取溶液，然后插入硫酸亚铁铵溶液（直至试管底部）内，慢慢放出 NaOH 溶液，观察反应产物的颜色和状态。

把沉淀分为三份：一份加 $2mol \cdot L^{-1}$ HCl；一份加 $2mol \cdot L^{-1}$ NaOH 溶液，观察发生的变化；剩下一份置于空气中，隔一段时间观察沉淀颜色的变化。

② 向盛有 1mL $0.1mol \cdot L^{-1}$ $FeCl_3$ 溶液的试管中加入 0.5mL $2mol \cdot L^{-1}$ NaOH 溶液，即有红褐色沉淀产生。把沉淀分成三份：一份加 $2mol \cdot L^{-1}$ HCl；一份加 40% NaOH 溶液，观察沉淀是否溶解；剩下一份加 0.5mL 浓 HCl，检查有无 Cl_2 产生。

③ 向盛有 1mL $0.1mol \cdot L^{-1}$ $CoCl_2$ 溶液的试管中逐滴加入 $2mol \cdot L^{-1}$ NaOH 溶液，开始生成蓝色的碱式盐 $Co_2(OH)_2Cl_2$ 沉淀，继续加入 NaOH 溶液并稍微加热，沉淀就转为粉红色的 $Co(OH)_2$。把沉淀分成三份：一份加 $2mol \cdot L^{-1}$ HCl；一份加 40% NaOH 溶液，观察沉淀的溶解；另取 1～2 滴于点滴板上置于空气中，观察沉淀颜色的变化。

④ 向试管中加入 0.5mL $0.1mol \cdot L^{-1}$ $CoCl_2$ 溶液和 8 滴氯水，再滴加 $2mol \cdot L^{-1}$ NaOH 溶液，观察反应产物的颜色和状态。离心分离，沉淀用蒸馏水洗涤两次，然后往沉淀中加 0.5mL 浓 HCl，微热，有何现象。检查气体产物是什么？最后用水稀释上述溶液，其颜色有何变化？解释这些现象，写出反应式。

⑤ 向盛有 1mL $0.2mol \cdot L^{-1}$ $NiSO_4$ 溶液的试管中，加入 1mL $2mol \cdot L^{-1}$ NaOH 溶液，开始生成淡绿色碱式盐 $Ni_2(OH)_2SO_4$，然后转化为 $Ni(OH)_2$ 沉淀。把沉淀分成三份，按实验 1③的方法试验它的性质。仔细观察所发生的现象。

⑥ 向试管中加入 0.5mL $0.2mol \cdot L^{-1}$ $NiSO_4$ 溶液和 2mL 氯水，再滴加 $2mol \cdot L^{-1}$ NaOH 溶液，观察反应产物的颜色和状态。离心分离，沉淀用蒸馏水洗两次，然后往沉淀中加入 0.5mL 浓 HCl，有何变化，检查气体产物是什么。写出反应式。

综合上述实验，说明铁、钴、镍三价氢氧化物的颜色与二价氢氧化物有何不同？铁、钴、镍三价氢氧化物的生成条件有何不同？在酸性溶液中 Fe(Ⅲ)、Co(Ⅲ)与 Ni(Ⅲ)的氧化性有何不同？

2. 铁盐的氧化还原性

（1）二价铁盐的还原性　向盛着 1 滴 $0.2mol \cdot L^{-1}$ $FeSO_4$ 溶液和 1 滴 $3mol \cdot L^{-1}$ H_2SO_4 溶液的试管中加入 1 滴 $0.01mol \cdot L^{-1}$ $KMnO_4$ 溶液。振荡试管，$KMnO_4$ 溶液的颜色有何变化？写出反应式。

（2）三价铁盐的氧化性　向盛着 1mL $0.1mol \cdot L^{-1}$ $FeCl_3$ 溶液的试管中加入 1mL $0.1mol \cdot L^{-1}$ KI 溶液和 0.5mL CCl_4，振荡试管，观察水层和 CCl_4 层的颜色，比较水层反应前后的颜色，这些说明了什么问题。

3. 配合物的生成和性质

1）铁配合物的生成

(1) 滕氏蓝的生成　在点滴板上加入 1 滴 0.2mol·L^{-1} $FeSO_4$ 溶液和 1 滴 0.1mol·L^{-1} $K_3[Fe(CN)_6]$溶液，观察产物的颜色和状态，写出反应式。

(2) 普鲁士蓝的生成　在点滴板上加入 1 滴 0.1mol·L^{-1} $FeCl_3$ 溶液和 1 滴 0.1mol·L^{-1} $K_4[Fe(CN)_6]$溶液，观察产物的颜色和状态，写出反应式。

2）钴、镍配合物的生成和性质

① 向 2 滴 0.1mol·L^{-1} $CoCl_2$ 溶液中逐滴加入 2mol·L^{-1} $NH_3·H_2O$，振荡试管，观察沉淀的颜色，再继续加入过量的浓 $NH_3·H_2O$ 至沉淀溶解为止，观察反应产物的颜色。最后把溶液放置一段时间，观察溶液的颜色的变化。反应式如下

$$CoCl_2 + NH_3 + H_2O = Co(OH)Cl\downarrow + NH_4Cl$$

$$Co(OH)Cl + 7NH_3 + H_2O = [Co(NH_3)_6](OH)_2 + NH_4Cl$$

$$4[Co(NH_3)_6](OH)_2 + O_2 + 2H_2O = 4[Co(NH_3)_6](OH)_3$$

② 向 2mL 0.2mol·L^{-1} $NiSO_4$ 溶液中逐滴加入 2mol·L^{-1} $NH_3·H_2O$，并振荡试管，观察沉淀的颜色。再加入过量的浓 $NH_3·H_2O$，观察反应产物的颜色。然后把溶液分成四份。往两份溶液中分别加入 1mol·L^{-1} H_2SO_4 溶液和 2mol·L^{-1} NaOH 溶液，有何现象？把另一份溶液用水稀释，是否有沉淀产生？最后把剩余的另一份溶液煮沸，有何变化？综合实验结果，说明镍氨配合物的稳定性。反应式如下

$$2NiSO_4 + 2NH_3 + 2H_2O = Ni_2(OH)_2SO_4\downarrow + (NH_4)_2SO_4$$

$$Ni_2(OH)_2SO_4 + (NH_4)_2SO_4 + 6NH_3 = 2[Ni(NH_3)_4]SO_4 + 2H_2O$$

$$[Ni(NH_3)_4]SO_4 + 2H_2SO_4 = NiSO_4 + 2(NH_4)_2SO_4$$

$$[Ni(NH_3)_4]SO_4 + 2NaOH = Ni(OH)_2\downarrow + Na_2SO_4 + 4NH_3\uparrow$$

$$2[Ni(NH_3)_4]SO_4 + 2H_2O \xlongequal{\triangle} Ni_2(OH)_2SO_4\downarrow + 6NH_3 + (NH_4)_2SO_4$$

$$2[Ni(NH_3)_4]SO_4 + 2H_2O \xlongequal{\text{稀释}} Ni_2(OH)_2SO_4\downarrow + 6NH_3 + (NH_4)_2SO_4$$

4. 氯化钴水合离子的颜色变化

用玻璃棒蘸取 0.1mol·L^{-1} $CoCl_2$ 溶液在白纸上写字，晾干后，放在火焰旁小心烘干，观察字迹变蓝。$[Co(H_2O)_6]^{2+}$ 是粉红色，无水 $CoCl_2$ 是蓝色。

$CoCl_2·nH_2O$ 和 $CoSO_4$ 的参考颜色如下：

$CoCl_2·6H_2O$	$CoCl_2·2H_2O$	$CoCl_2·H_2O$	$CoCl_2$	$CoSO_4$
玫瑰红	紫红	蓝紫	蓝	玫瑰红

实验室里利用这一性质，常在作为干燥剂的硅胶中掺入氯化钴，以判断硅胶的吸水情况。

5. Fe^{2+}、Fe^{3+}、Co^{2+}、Ni^{2+}的鉴定

1）Fe^{2+}的鉴定

取1～2滴0.1mol·L^{-1}新配制的$(NH_4)_2Fe(SO_4)_2$溶液于点滴板上，加1滴2mol·L^{-1} HCl，使呈酸性后，加1～2滴0.5mol·L^{-1} $K_3[Fe(CN)_6]$溶液，生成深蓝色的“滕氏蓝”沉淀，表示Fe^{2+}存在。反应式如下

$$K^+ + Fe^{2+} + [Fe(CN)_6]^{3-} = KFe[Fe(CN)_6] \downarrow$$

2）Fe^{3+}的鉴定

（1）与NH_4SCN（或KSCN）的反应　取1滴0.5mol·L^{-1} $FeCl_3$试液于试管中，加2～3滴2mol·L^{-1} HCl，使呈酸性后，加水冲释至1mL，加1～2滴0.5mol·L^{-1} NH_4SCN（或KSCN）溶液，如有血红色溶液出现，初步表明有Fe^{3+}存在，此后再加入几粒固体NaF（或NH_4F），振荡，如果溶液的颜色消失，即证实Fe^{3+}存在。反应式如下

$$Fe^{3+} + nSCN^- = [Fe(SCN)n]^{3-n}\text{（血红）}$$

$$[Fe(SCN)n]^{3-n} + 6F^- = FeF_6^{3-} + nSCN^-$$

（2）与$K_4[Fe(CN)_6]$的反应　取1滴0.5mol·L^{-1} $FeCl_3$试液于点滴板上，加1～2滴0.1mol·L^{-1} $K_4[Fe(CN)_6]$溶液，生成深蓝色“普鲁士蓝”沉淀，表明有Fe^{3+}存在。

3）Co^{2+}的鉴定

① 向0.5mL 0.1mol·L^{-1} $CoCl_2$溶液中加入数滴饱和NH_4SCN溶液，再加入少量戊醇，振荡试管，若在有机层中出现蓝色，表示有$(NH_4)_2[Co(SCN)_4]$生成，证明Co^{2+}的存在[Co^{2+}溶液中混有Fe^{3+}，则当加入NH_4SCN时将生成红色的$[Fe(SCN)_6]^{3-}$配离子，干扰了Co^{2+}的检出，此时可加入少量饱和NaF溶液，使$[Fe(SCN)_6]^{3-}$转变成无色的FeF_6^{3-}，然后再加戊醇，按上述方法检验Co^{2+}]。

② 向0.5mL 0.1mol·L^{-1} $CoCl_2$溶液中加少量乙酸酸化，再加入少量固体的KNO_2并微微加热，有黄色沉淀$K_3[Co(NO_2)_6]$生成，则表示有Co^{2+}存在（此实验中，若有Ni^{2+}存在，则生成$[Ni(NO_2)_6]^{4-}$配离子，不影响Co^{2+}的检出）。

4）Ni^{2+}的鉴定

向0.5mL 0.1mol·L^{-1} $NiSO_4$试液中加入少量$NH_3 \cdot H_2O$（或加少量乙酸-乙酸钠缓冲溶液）使溶液呈弱碱性（或弱酸性），再加1～2滴1%丁二酮肟试剂（也称秋加耶夫试剂），即有鲜红色沉淀生成，证明有Ni^{2+}存在。反应式如下

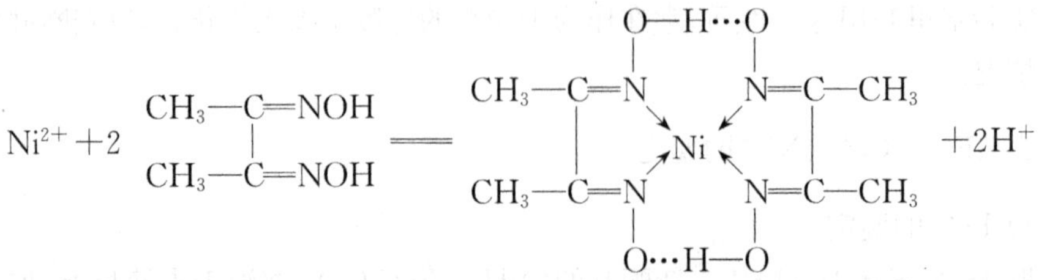

丁二酮肟镍可溶于戊醇，呈粉红色，此反应灵敏度很高，为检验 Ni^{2+} 的特效反应。Fe^{3+}、Cu^{2+} 和 Co^{2+} 也能与丁二酮肟分别生成红色、褐色和黄棕色配合物，对 Ni^{2+} 的检出有干扰，但在氨性介质中由于 Fe^{3+} 生成 $Fe(OH)_3$ 沉淀，Cu^{2+} 和 Co^{2+} 生成了氨配离子，而不被戊醇萃取，故可消除这些离子的干扰。

实验八　常见阳离子混合液的分析

一、预习要点

① 常见阳离子的基本性质及鉴定反应。

② 列表总结比较常见阳离子与常用试剂的反应，主要为以下几种：

a. 哪些离子与稀 HCl 反应产生沉淀？哪些离子与稀 H_2SO_4 反应产生沉淀？

b. 哪些离子与适量 NaOH 反应产生沉淀，沉淀颜色及产物是什么？其中哪些沉淀又能溶解在过量的 NaOH 溶液中？溶解产物是什么？

c. 哪些离子与适量 $NH_3 \cdot H_2O$ 反应产生沉淀，沉淀的颜色及产物是什么？其中哪些沉淀又能溶解在过量的 $NH_3 \cdot H_2O$ 中？溶解产物是什么？

d. 在含约 $0.3mol \cdot L^{-1} H^+$ 的介质中，哪些离子与 H_2S 或硫代乙酰胺(TAA)反应不产生硫化物沉淀，哪些离子可产生沉淀？沉淀的颜色和产物是什么？其中哪些硫化物沉淀又能溶于 Na_2S 中？溶解产物是什么？

③ 常见阳离子混合液的分离和鉴定方法。对于一个给定离子范围的未知试液，拟定分离的系统图及鉴定方案。

二、原理提要

1. 无机半微量定性分析中对鉴定反应的基本要求

① 鉴定反应必须快速进行，而且反应现象应保持一段时间，这样才便于观察和比较。

② 鉴定反应必须有明显的外观特征，这些特征主要有沉淀的生成或溶解，溶液颜色的变化，气体的产生以及干法试验中产生焰色反应或特征的熔珠等。如：Ag^+ 与 Cl^- 反应产生 AgCl 白色沉淀，又能溶解于 $NH_3 \cdot H_2O$ 中，HNO_3 酸化后又

重新析出沉淀;Fe^{3+}与SCN^-反应生成血红色的配合物;Cu^{2+}与过量氨反应生成深蓝色的配合物;CO_3^{2-} 与酸反应后生成无色无味的 CO_2 气体;S^{2-}与酸反应后生成刺激气味的 H_2S 气体。

③ 鉴定反应必须有较高的反应灵敏度。灵敏度是指在一定反应条件下,某分析反应能检出待测离子的最小量(称为检出限量,用 m 表示)或最小浓度(称为最低浓度)。m 很小时就能发生显著反应,表明该反应为灵敏度高的反应。

每一鉴定反应所能检出的离子量都有一个限度,低于此限度离子就不被检出,因此某一离子经鉴定,得到否定结果,这并不能说明该离子不存在,而只是说明用这些鉴定反应来鉴定该离子,其含量小于鉴定反应的检出限量,或由于试液太稀,而低于此鉴定反应的最低限度。适宜的鉴定反应灵敏度为 $m<50\mu g$。

④ 鉴定反应希望有较高的选择性。一种试剂能与多少种离子反应,这是选择性的问题。一种试剂只与一种离子反应,此试剂称为专属性试剂,此反应称为专属性反应;若与少数几种离子反应,则称此试剂为选择性试剂,此反应称为选择性反应;与多种离子反应,则此试剂称为普通性试剂(或通用试剂),此反应称为普通性反应。如:无CN^-存在时,用气室法检验 NH_4^+ 的反应,基本上可以认为是专属性反应;在 HAc 溶液中,Pb^{2+}与 CrO_4^{2-} 生成 $PbCrO_4$ 黄色沉淀,仅 Ba^{2+}等少数离子有干扰,此为选择性反应;S^{2-}与 Zn^{2+}生成 ZnS 白色沉淀,Cu^{2+}、Co^{2+}、Ni^{2+}、Fe^{2+}等多种离子也与 S^- 反应生成有色沉淀,故为普通性反应。

实际上,一般应用一些选择性较高的反应进行离子鉴定,因此要求在鉴定之前做一些必要的分离或控制一定的反应条件以提高反应的选择性。如采用控制溶液的酸度,加入掩蔽剂或者分离干扰离子等方法消除其他离子的干扰。

2. 鉴定反应的条件

(1) 反应介质的酸碱性　对某些鉴定反应,介质的酸碱性对反应有很大的影响。例如:用 CrO_4^{2-} 鉴定 Pb^{2+}的反应要求在中性或弱酸性溶液中进行。因为在碱性介质中会生成 $Pb(OH)_2$ 沉淀,若碱性太强,则生成$[Pb(OH)_4]^{2-}$;若酸性太强,由于 H^+与 CrO_4^{2-} 易结合成难电离的 $HCrO_4^-$,降低溶液中 CrO_4^{2-} 浓度,得不到黄色的 $PbCrO_4$ 沉淀,使鉴定反应的灵敏度降低。

(2) 反应离子的浓度和试剂的浓度　在鉴定反应中,为保证反应显著,要求溶液中反应离子和试剂有一定的浓度。例如,对于沉淀反应,不仅要求溶液中反应物的离子积超过该温度下沉淀物的溶度积,而且要求析出足够量的沉淀,便于观察。对于生成溶解度较大的物质,这一点尤为重要。例如,$PbCl_2$ 在水中溶解度较大,所以只有当溶液中 Pb^{2+}的浓度较大时,才能观察到白色 $PbCl_2$ 沉淀的生成。又如用钼酸铵试剂鉴定 PO_4^{3-} 的反应

$$PO_4^{3-}+12MoO_4^{2-}+3NH_4^{+}+24H^{+} = (NH_4)_3PO_4 \cdot 12MoO_3 \cdot 6H_2O\downarrow+6H_2O$$

由于生成黄色的磷钼酸铵沉淀能溶于过量磷酸盐溶液，因此要求加入过量钼酸铵试剂，才能确保产生特征的黄色沉淀。

但反应离子的浓度并非总是大一些好。例如，用强氧化剂（$NaBiO_3$、PbO_2 或 $(NH_4)_2S_2O_8$）检验 Mn^{2+}（Mn^{2+} 被氧化为紫红色的 MnO_4^-）的反应，Mn^{2+} 浓度不能过大，因为过量 Mn^{2+} 会还原 MnO_4^- 而使紫红色褪去。反应如下

$$3Mn^{2+}+2MnO_4^-+7H_2O = 5MnO(OH)_2\downarrow+4H^+$$

(3) 反应的温度、催化剂　溶液的温度有时对鉴定反应有较大的影响。有些难溶物的溶解度随温度升高而迅速增大，使沉淀不能产生，如 $PbCl_2$ 能溶于热水。但有些鉴定反应特别是某些氧化还原反应的反应速率很慢，必须加热以加快反应速率。例如 $S_2O_8^{2-}$ 氧化 Mn^{2+} 的反应必须加热，除加热外，还需加入 Ag^+ 作为催化剂，才能加速反应的进行。若没有 Ag^+ 作为催化剂，$S_2O_8^{2-}$ 只将 Mn^{2+} 氧化成四价锰形成 $MnO(OH)_2$ 棕色沉淀。

(4) 溶剂　为提高鉴定反应的灵敏度，增加生成物的稳定性，某些鉴定反应常要求在有机溶剂中进行。例如，用 H_2O_2 鉴定 Cr^{3+} 的反应。反应如下

$$Cr_2O_7^{2-}+4H_2O_2+2H^+ = 2H_2CrO_6+3H_2O$$

生成深蓝色的过铬酸在水溶液中极不稳定，易分解为 Cr^{3+} 使蓝色褪去，但在有机溶剂中比较稳定，因此为增加过铬酸的稳定性，除控制在低温度下进行反应外，还要加入乙醚（或戊醇），把反应生成的过铬酸立即萃取到乙醚层中。

3. 分别分析与系统分析

(1) 分别分析　分别分析是指共存的离子对待鉴定离子的反应不干扰，或少数几种离子虽有干扰，但可用加掩蔽剂的方法除去干扰，直接在试液中用专属性或选择性高的反应检出待鉴定离子的方法。它适用于指定范围内离子的定性分析，即当试液组成已大致了解，只要证实其中某个或某些离子是否存在时。在分别分析法中检出各个离子的先后顺序没有什么关系。

如某试液含有 Co^{2+}、Fe^{3+}、Mn^{2+} 等离子，要鉴定证实 Co^{2+} 的存在，可用下述分别分析步骤。

$$\boxed{\begin{array}{l}Co^{2+}\\Fe^{3+}\\Mn^{2+}\end{array}} \xrightarrow{F^-、SCN^-、\text{戊醇}} \begin{cases}[Co(SCN)_4]^{2-}\text{（戊醇层显蓝色）}\\ [FeF_6]^{3-}、Mn^{2+}\text{（水层显无色）}\end{cases}$$

又如某试液含有 NH_4^+、Fe^{3+}、Cu^{2+}、Hg^{2+}、K^+、Ca^{2+} 等离子，要检验证实 NH_4^+，可用下述分别分析步骤。

NH_4^+、Hg^{2+}、Fe^{3+}、Cu^{2+}、K^+、Ca^{2+}

↓ NaOH, △

湿润酚酞试纸变红(气室法),表示有 NH_4^+ 存在

有时用几滴试液进行分别分析,这样的分别分析常常称为点滴试验。

(2) 系统分析　当试液中含有多种离子,因互相干扰而无法进行分别分析时,则需要用系统分析。系统分析是指按一定的先后顺序将试液中的离子进行分离(分组)后再鉴定待检离子的方法。分析步骤是首先用几种试剂将试液中性质相似的离子分成若干组,使一组离子产生沉淀或反应的试剂称为组试剂。在每一组中,用适宜的鉴定反应鉴定某离子是否存在,有时需要在各组内做进一步的分离,然后再进行鉴定。

系统分析有两种方法:一种是主要根据硫化物的溶解度不同为基础的系统分析法,以 HCl、H_2S、$(NH_4)_2S$ 和 $(NH_4)_2CO_3$ 为组试剂,将常见离子分为盐酸组、硫化氢组、硫化铵组、碳酸铵组和可溶组五组,这种方法称为硫化氢系统分析法;另一种是主要根据氢氧化物溶解度不同为基础的系统分析法,以最普通的两酸(HCl、H_2SO_4)两碱($NH_3 \cdot H_2O$、NaOH)为组试剂,将常见离子分为盐酸组、硫酸组、氨组、碱组和可溶组五组,这种方法称为两酸两碱系统分析法。对于一组已知离子范围的未知混合溶液,常只需根据具体情况做局部的分离,而不必按部就班地做整体系统分离分析(如实验内容 1、2 分节)。

三、实验内容

1. Ag^+、Cu^{2+}、Al^{3+}、Fe^{3+}、Ba^{2+}、Na^+ 已知离子混合液的分析

分离示意图

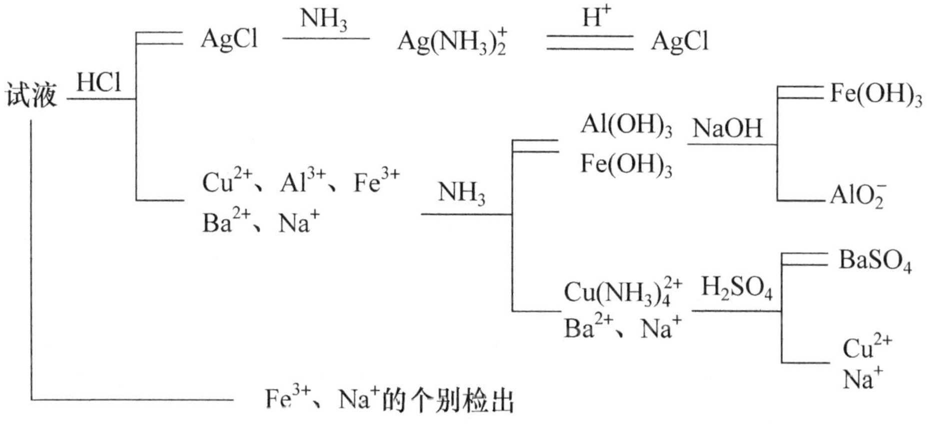

(图中"═══"表示沉淀,"───"表示溶液,下同)

(1) Fe^{3+}的个别检出　用NH_4SCN试剂检出。

(2) Na^+的个别检出　取10滴试液加入6滴饱和K_2CO_3(呈微碱性),搅拌加热,离心分离并弃去沉淀。离心液用6mol·L^{-1} HAc酸化后,鉴定Na^+。

(3) Ag^+的分离和检出　取1mL试液于离心管中,逐滴加入5～6滴6mol·L^{-1}HCl,搅拌,离心分离并保留离心液。沉淀用稀HCl洗涤一次,然后往沉淀中逐滴加入浓$NH_3 \cdot H_2O$,搅拌使之溶解,再用6mol·$L^{-1}$$HNO_3$酸化,又产生白色沉淀,表明$Ag^+$存在。

(4) Al^{3+}的分离和检出　将(3)中的离心液加浓$NH_3 \cdot H_2O$中和至微碱性,使$Al(OH)_3$、$Fe(OH)_3$沉淀完全。离心分离,离心液供Cu^{2+}、Ba^{2+}的检出。沉淀加2滴2mol·L^{-1}的NH_4Cl溶液和8滴水洗涤一次,于沉淀中加入4滴6mol·L^{-1}的NaOH溶液,搅拌并稍加热,离心分离并弃去沉淀。离心液用冰醋酸酸化,分别用茜素-S及铝试剂检出并证实Al^{3+}的存在。

(5) Ba^{2+}的检出　取(4)中的离心液3滴于离心管中,加5滴1mol·L^{-1}的H_2SO_4。生成白色沉淀表明Ba^{2+}的存在;另取(4)中离心液2滴于试管中,加入2滴0.2%的玫瑰红酸钠,振荡,再加入2滴2mol·L^{-1}HCl,溶液变为鲜红色证实Ba^{2+}的存在。

(6) Cu^{2+}的检出　取(4)中的离心液5滴于试管中,加入6mol·L^{-1}HAc酸化。取出2滴,用$K_4[Fe(CN)_6]$检验Cu^{2+}的存在。

2. Pb^{2+}、Ni^{2+}、Mn^{2+}、Zn^{2+}、Mg^{2+}、Cr^{3+}、NH_4^+已知离子混合液的分析

分离示意图

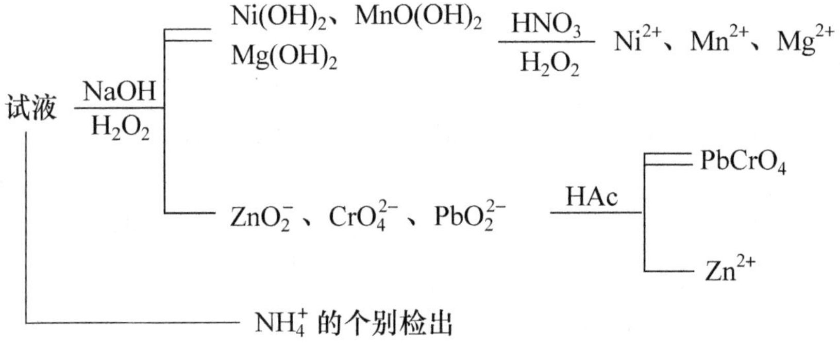

(1) NH_4^+的个别检出　气室法和萘斯勒试剂法。

(2) Ni^{2+}、Mn^{2+}、Mg^{2+}与Zn^{2+}、Cr^{3+}、Pb^{2+}的分离　取1mL试液于离心管中,加入2～3滴30%的H_2O_2溶液,逐滴加入6mol·L^{-1}的NaOH溶液至强碱性(pH≈12)并过量5～6滴,不断搅拌,加热使H_2O_2分解。离心分离,在离心液中

检出 Zn^{2+}、Cr^{3+}、Pb^{2+}，在沉淀中检出 Ni^{2+}、Mn^{2+}、Mg^{2+}。

(3) Cr^{3+}和 Pb^{2+}的同时检出　取(2)中的离心液 6 滴，用 6mol·L^{-1} HAc 酸化，如有黄色沉淀，离心分离，沉淀加入 6mol·L^{-1} NaOH 溶液又溶解，证实 Pb^{2+}、Cr^{3+}存在。离心液供 Zn^{2+}检出。

(4) Zn^{2+}的检出　在 $CoCl_2$ 存在下用 $(NH_4)_2Hg(SCN)_6$ 试剂检出。

(5) 取(2)中的沉淀，加入 8～10 滴 6mol·L^{-1} HNO_3，2 滴 30% H_2O_2 溶液，搅拌使沉淀溶解，加热使 H_2O_2 完全分解。

(6) Ni^{2+}的检出　取(5)中溶液 2 滴，用秋加耶夫试剂检出 Ni^{2+}。

(7) Mn^{2+}的检出　取(5)中溶液 2 滴，用 $NaBiO_3$ 试剂检出 Mn^{2+}。

(8) Mg^{2+}的检出　(5)中的剩余溶液用生成 $MgNH_4PO_4 \cdot 6H_2O$ 沉淀的方法或镁试剂的方法检出 Mg^{2+}。

3. 给定离子范围未知离子混合液分析

① 指导老师给予一份未知离子混合液，按指定的离子范围，独立进行设计，拟定分离系统图及具体实验方案，写出有关的反应方程式。

② 按照所拟定的步骤进行分析鉴定，检出未知混合液中的阳离子，交指导老师审核，若不正确，需重新分析，直到正确为止。

实验九　常见阴离子的鉴定

一、预习要点

① 常见阴离子(Cl^-、Br^-、I^-、S^{2-}、SO_3^{2-}、$S_2O_3^{2-}$、SO_4^{2-}、NO_2^-、NO_3^-、CO_3^{2-}、PO_4^{3-})的性质及鉴定反应。

② 常见阴离子混合液的特点及一般分析方法。

二、原理提要

阴离子混合溶液的分析有以下的特点：

① 除某几种离子外，阴离子的鉴定反应相互干扰较少，有可能进行分别分析。

② 在同一种试样溶液中，由于有些阴离子之间会相互作用，有一些阴离子会与金属离子形成沉淀，所以可能共存的阴离子数量往往不会很多。

③ 正由于上述两个原因，所以阴离子混合液的分析一般比阳离子简单得多。通常采用“删除法”进行初步检验。在阴离子中有的具有一定的酸碱性，有的与酸作用生成挥发性物质，有的与试剂作用生成沉淀，有的表现出氧化还原性质。利用这些特点进行初步试验，可以判别可能存在的阴离子，删除某些阴离子。然后再进行这些可能存在阴离子的鉴定反应加以确定。

三、实验内容

1. 初步试验

(1) 外观估测　如果是固体试样，可以通过观察试样的物态、晶状、颜色、热稳定性、溶解性、溶解后溶液的酸碱性及离子的颜色等初步估测离子的存在与否。

(2) 试液的酸碱性试验　用 pH 试纸试验分析液的酸碱性。如果 pH＜2，则 CO_3^{2-} 及不稳定的 $S_2O_3^{2-}$ 不可能存在，如果此时无臭味，则 S^{2-}、SO_3^{2-}、NO_2^- 也不存在。

(3) 稀 H_2SO_4 试验　试液呈中性或碱性时，取几滴试液用稀 H_2SO_4 酸化，轻敲管底，观察有否气泡产生，如现象不明显，可稍微加热，仍没有发现气泡生成则不存在 S^{2-}、SO_3^{2-}、$S_2O_3^{2-}$、NO_2^-、CN^-、CO_3^{2-} 等离子(由于 CN^- 剧毒，所以除特殊情况外，一般溶液中不存在)。

(4) 还原性阴离子试验　在酸性条件下加入 $KMnO_4$ 溶液，如果 MnO_4^- 紫红色褪去，则表示可能存在 S^{2-}、SO_3^{2-}、$S_2O_3^{2-}$、Br^-、I^-、NO_2^- 等还原性阴离子，检出还原性阴离子后若试样中加入淀粉碘溶液，如果蓝色褪去，则表示有 S_2^-、SO_3^{2-}、$S_2O_3^{2-}$ 等强还原性阴离子。

(5) 氧化性阴离子试验　在酸性条件下加入 CCl_4 和 KI 溶液，如果 CCl_4 层显紫色则存在氧化性 NO_2^-(或 AsO_4^{3-})阴离子。

(6) $BaCl_2$ 试验　在试液中加入 $BaCl_2$ 溶液，如果有沉淀产生，表示可能有 SO_3^{2-}、$S_2O_3^{2-}$、SO_4^{2-} 等离子。

(7) $AgNO_3$ 试验　在试液中加入 $AgNO_3$，如果立即生成黑色沉淀则表示有 S^{2-}，如果生成白色沉淀并迅速变黄→棕→黑，则表示有 $S_2O_3^{2-}$。如果沉淀在加入 HNO_3 后并搅拌下仍不溶解或只部分溶解，则表示有 Cl^-、Br^-、I^-。

2. 阴离子的鉴定

通过上述的初步试验并进行综合分析，可以删除去试液中的某些阴离子，确定可能存在阴离子的范围，然后设计出分析方案，并进行鉴定和证实。

实验十　N_2 和 Mg_3N_2 的制备

一、预习要点

① 实验室制备 N_2 及气体净化的方法。

② 氮化物的性质。

二、基本原理

商品 N_2 一般是由液态空气的分馏制得，并储存在高压(150 个大气压)钢瓶中。实验中少量 N_2 可以利用固体 NH_4Cl 和 $NaNO_2$ 的饱和溶液相互作用来制备，反应式如下

$$NH_4Cl+NaNO_2 = NaCl+NH_4NO_2$$

$$NH_4NO_2 \xlongequal{煮沸} N_2\uparrow+2H_2O$$

单质氮(N_2)的两个 N 原子通过它们各自的 3 个单电子互相结合形成很强的叁键，N_2 的离解能为 941.69 $kJ\cdot mol^{-1}$，它在常态下十分稳定。但 N 原子有较高的电负性，它同电负性较低的金属能形成氮化物，反应式如下

$$N_2+3M \xlongequal{\triangle} M_3N_2 \qquad (M 代表二价金属)$$

由于氮化物中的 N^{3-} 电荷较高，半径较大(171pm)，遇到水分子会引起强烈水解，生成 $NH_3\cdot H_2O$ 和金属氢氧化物，反应式如下

$$M_3N_2+8H_2O = 3M(OH)_2+2NH_3\cdot H_2O$$

三、问题和思考

① 有哪些金属元素可以生成离子型氮化物?

② N_2 中含有水、O_2 对实验结果有何影响? 如何除去这些杂质?

③ Mg_3N_2 有哪些性质?

④ 制备 Mg_3N_2 时，在加热镁粉之前，为什么要通入 N_2 赶除空气?

⑤ 从实验 3 中的现象能否说明你所制备的产物中含有 Mg_3N_2? 其纯度如何?

四、实验内容

1. N_2 制备

往蒸馏瓶内加入 20g 固体 $NaNO_2$，按照图 2.5 所示把仪器连接好。从分液漏斗往蒸馏瓶内加 35mL 饱和 NH_4Cl 溶液，微微加热。由于反应时放出大量的热，所以反应一旦开始，就应停止加热。如果反应太猛烈，可用盛在 400mL 烧杯中的冷水或湿布巾冷却烧瓶球体部分。待反应进行一段时间后，用球胆收集 N_2。

2. Mg_3N_2 的制备

如图 2.6 所示，先把 N_2 通入系统内排除空气，待空气排尽后，停止通入 N_2。然后加热装有镁粉的反应管部位，充分加热后，通入 N_2，如果反应猛烈进行，会产生红热现象，最后以镁粉颜色的变化来判断是否有白色的 Mg_3N_2 生成，写出反应

式。冷却后进行下面试验。

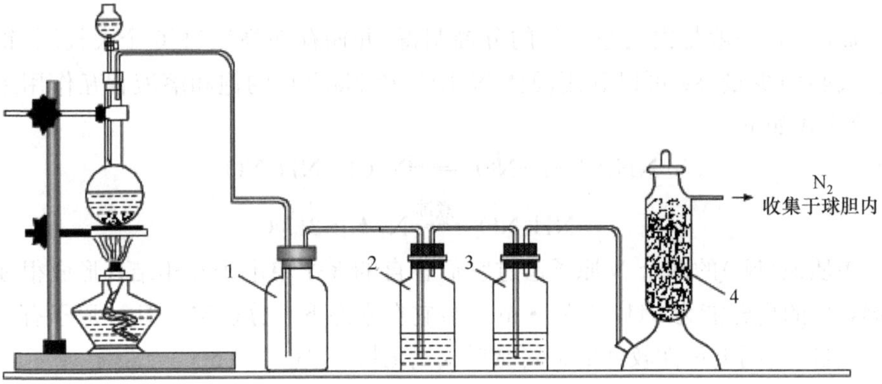

图 2.5　制备氮气的装置

1. 安全瓶；2. $FeSO_4$ 溶液；3. 浓碱液；4. $CaCl_2$ 固体

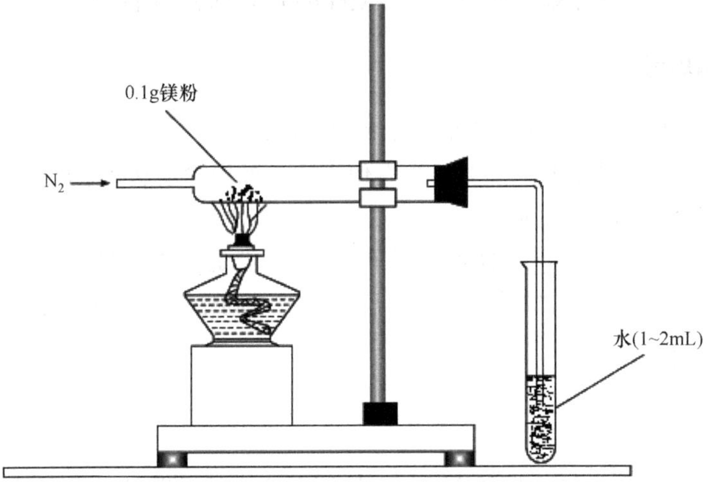

图 2.6　制备氮化镁的装置

3. Mg_3N_2 与水的作用

将上述制得的 Mg_3N_2 溶于蒸馏水中，有何反应？将溶液分成两份：一份加入 2 滴酚酞，振荡试管，观察溶液颜色的变化；另一份加 2～3 滴 $6mol \cdot L^{-1}$ NaOH 溶液，再加数滴的奈斯勒试剂，有何现象发生？写出有关反应式。

五、注意事项

① 必须严格注意 N_2 制备系统的气密性，确保装置不漏气。

② 要注意洗气瓶的正确连接。N_2 收集结束后，应打开分液漏斗的活塞，防止反应瓶冷却后，造成溶液的倒吸。

③ 制备 N_2 的反应一旦开始会十分剧烈，所以在反应起始后，应立即停止加热，并事先准备好冷水或湿布巾冷却烧瓶球体部分。

实验十一　由铬铁矿制备金属铬

一、预习要点

① 铬铁矿的主要成分及 Cr(Ⅲ)、Cr(Ⅵ)化合物的性质。

② 氧化还原反应的基本知识。

③ 铝热法的基本原理及操作技术。

二、原理提要

铬铁矿中的铬是以三价的形式存在于矿石之中，可以写成 $FeO \cdot Cr_2O_3$ 或 $Fe(CrO_2)_2$ 的形式。由铬铁矿制备金属铬一般经历如下过程：铬铁矿与纯碱混合，高温煅烧熔融，利用空气中的氧把 Cr(Ⅲ)氧化为可溶性的 Na_2CrO_4，然后用水浸取 Na_2CrO_4，并用 Na_2S 还原，得到 $Cr(OH)_3$ 沉淀，沉淀经煅烧后分解为 Cr_2O_3，最后用铝热法还原 Cr_2O_3 而制得金属铬。整个过程的反应方程式为

$$4Fe(CrO_2)_2 + 8Na_2CO_3 + 7O_2 \xrightarrow[\text{煅烧}]{\text{高温}} 8Na_2CrO_4 + 2Fe_2O_3 + 8CO_2$$

$$2Na_2CrO_4 + 3Na_2S + 8H_2O \xlongequal{\quad} 2Cr(OH)_3 + 10NaOH + 3S$$

$$2Cr(OH)_3 \xlongequal{\quad} Cr_2O_3 + 3H_2O$$

$$2Al + Cr_2O_3 \xlongequal{\quad} 2Cr + Al_2O_3$$

三、问题与思考

① 用铝热法还原 Cr_2O_3 时，除铝粉外，为什么还要加入镁屑和 $NaNO_3$？

② 工业用的 Na_2S 中往往含有 Na_2SiO_3，常用加入石灰水的方法除去，试说明其原理。

③ 若铬铁矿含 Cr_2O_3 为 39%，计算本实验内容中铬的理论产量。

④ 某厂老法生产金属铬的简单过程如下：

在 O_2 存在下，铬铁矿、Na_2CO_3 和白云石高温共熔，用水浸取熔体，过滤。用

H_2SO_4 酸化液体，调节其 pH，使铝以 $Al(OH)_3$ 沉淀从溶液析出，此时铬酸钠转化为重铬酸钠，过滤，浓缩滤液，再加入浓 H_2SO_4，使 CrO_3 沉淀析出，过滤，得 CrO_3 晶体。再将 CrO_3 加热分解成 Cr_2O_3，最后用铝热法还原成金属铬。试写出此生产过程中主要反应式，并与本实验制备方法比较，有何不同？

四、实验内容

1. 铬铁矿的焙烧

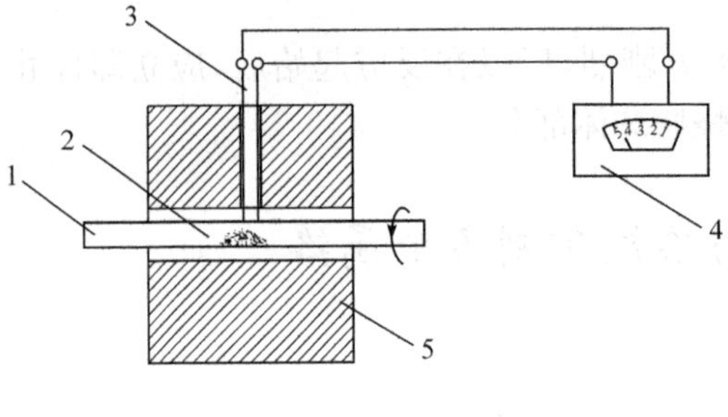

图 2.7　铬铁矿焙烧装置

1. 瓷管；2. 炉料；3. 热电偶；4. 温度计；5. 管式电炉

把 36g 铬铁矿、24g 无水 Na_2CO_3 和 87g 白云石粉一起磨细、混匀，置于瓷管中(图 2.7)。开始接通电源，使电炉加热，同时不断旋转瓷管。当温度升至 950℃时，保温 10min，停止加热。待瓷管冷却后，倒出呈暗绿色的炉料。

2. Na_2CrO_4 的浸取

把炉料放在烧杯中(若炉料结块需预先研细)，加水 200mL，在不断搅拌下加热 15min，静止片刻让炉渣沉降。倾析上层的 Na_2CrO_4 溶液于另一烧杯中，再用水重复浸取炉渣 2 次，每次用 150mL 水。合并 3 次浸取液，连同炉渣吸滤，弃去炉渣。

3. Na_2CrO_4 的还原

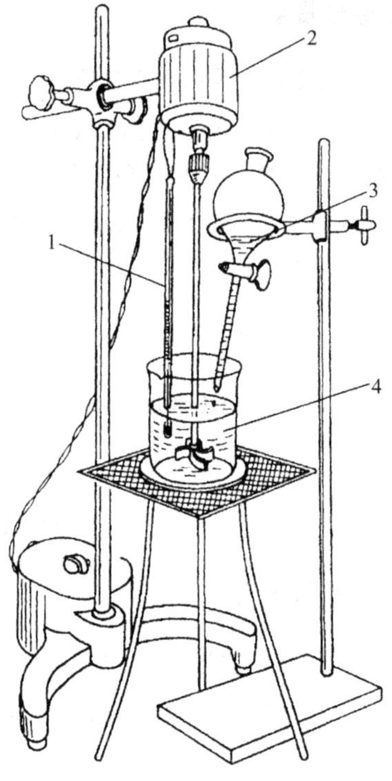

图 2.8　Na_2CrO_4 还原装置

1. 温度计；2. 电动搅拌机；3. Na_2S 溶液；4. Na_2CrO_4 溶液

按图 2.8 安装仪器，加热 Na_2CrO_4 溶液至 95℃时，开动搅拌器，同时小心旋开分液漏斗的活塞，把 15%的 Na_2S 溶液逐滴加到 Na_2CrO_4 溶液中，数分钟后，用玻璃棒蘸取少许溶液于滤纸上，加一滴联苯胺的乙酸溶液，如溶液对联苯胺不显色，说明 CrO_4^{2-} 已基本与 Na_2S 反应，即停止加入 Na_2S 溶液。再继续加热及搅拌 5min，以利反应更完全。把制得的 $Cr(OH)_3$ 吸滤，用热水洗涤，直至滤液的 pH 在 11 左右，且无 S^{2-} 存在。

4. $Cr(OH)_3$ 的煅烧

置吸干后的 $Cr(OH)_3$ 于瓷坩埚中，小火加热，当颜色由绿色变为棕褐色后，再用大火煅烧 20min，冷至室温，称量。

5. 冶炼

在沙浴上，于 150℃烘干 $NaNO_3$，除去其中的水分。按 2g 铝粉、1g 镁屑及 5g $NaNO_3$ 的比例组成点火剂。

称取 60g Cr_2O_3、27g 铝粉，与部分点火剂混合均匀。在陶土坩埚底部铺一层点火剂，再放入 Cr_2O_3 和铝粉混合物，压紧，在其上部挖小洼孔，用点火剂填满，再在其面上铺一薄层点火剂(图 2.9)。

把坩埚放在沙盆中，然后用坩埚钳夹一镁条，点火后小心地丢入坩埚中，反应立即猛烈开始。反应结束后，等坩埚冷却，取出反应物，敲去炉渣，即得金属铬，称量。

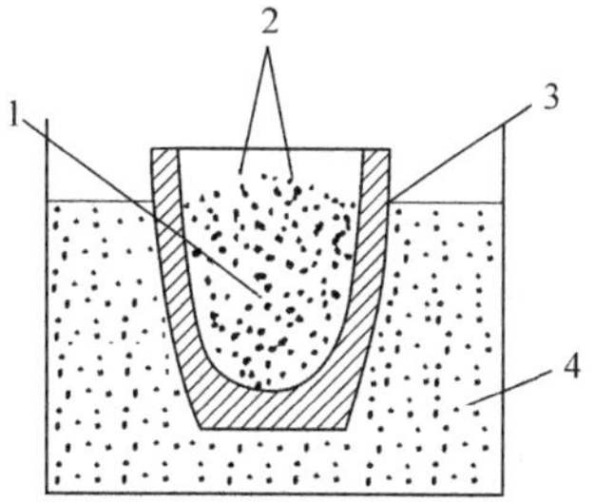

图 2.9 铝热法还原装置

1. 铝粉＋Cr_2O_3；2. 点火剂；3. 坩埚；4. 沙

五、注意事项

① 白云石粉 ($CaCO_3$、$MgCO_3$)作为炉料的填充剂，它的主要作用是防止炉料烧结，使炉料疏松，有利于铬铁矿的氧化。

② 实验内容 3 加入联苯胺是为了检验 Cr(Ⅵ)是否已完全被 Na_2S 还原。如果还有 Cr(Ⅵ)，联苯胺将被氧化而显蓝色。反应式如下

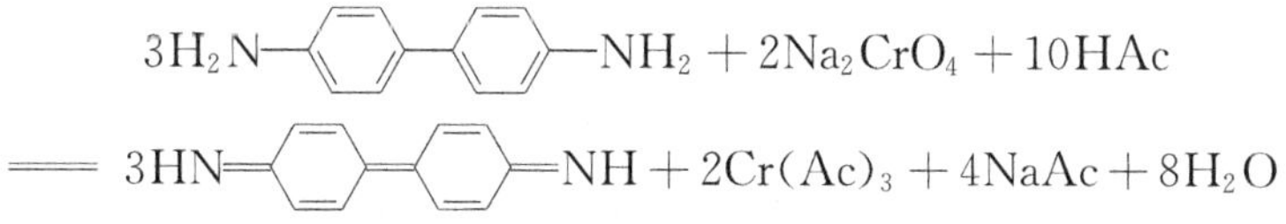

蓝色

③ 在铝热法中，物料及点火剂的混合和铺填很重要，应该按照实验内容的方法细心操作，才能获得好的还原效果。

实验十二 由软锰矿制备 $KMnO_4$

一、预习要点

① 锰的性质及各种价态之间的转化关系。

② $KMnO_4$ 在不同温度下的溶解度。

③ 制备 $KMnO_4$ 的原理和方法。

④ 重结晶的原理及操作技术。

二、原理提要

$KMnO_4$ 是深紫色的针状晶体，是最重要和最常用的氧化剂之一。本实验是以软锰矿(主要成分为 MnO_2)为原料制备 $KMnO_4$，制备过程一般分为两步。首先将软锰矿与碱在氧化剂(如 O_2、$KClO_3$ 等)存在的情况下共熔而得 K_2MnO_4 熔体。反应如下

$$3MnO_2+6KOH+KClO_3 \xlongequal{熔融} 3K_2MnO_4+KCl+3H_2O$$

然后再将 K_2MnO_4 转化为 $KMnO_4$。由于 $KMnO_4$ 具有强氧化性，很难找到合适的氧化剂把 K_2MnO_4 氧化为 $KMnO_4$，故通常采用电解 K_2MnO_4 溶液的方法来制备 $KMnO_4$。反应式如下

$$2K_2MnO_4+2H_2O \xlongequal{电解} 2KMnO_4+2KOH+H_2\uparrow$$

电极反应为

阳极 $$2MnO_4^{2-} = 2MnO_4^- +2e$$

阴极 $$2H_2O+2e = H_2\uparrow +2OH^-$$

此外，也可利用 K_2MnO_4 溶于水并发生歧化反应，生成 $KMnO_4$。反应式如下

$$3MnO_4^{2-}+2H_2O = 2MnO_4^- +MnO_2+4OH^-$$

加酸或通入 CO_2 气体以中和生成的 OH^-，有利于反应的进行，常用的方法是通入 CO_2 气体。反应式如下

$$3MnO_4^{2-}+2CO_2 = 2MnO_4^- + MnO_2 + 2CO_3^{2-}$$

然后将 $KMnO_4$ 溶液蒸发、浓缩即可得到 $KMnO_4$ 晶体。但 CO_2 法在最理想的情况下，也只能使 K_2MnO_4 的转化率达 66%，约 33%转变为 MnO_2。因此，就产率而言，CO_2 法不如电解法高。本实验对两种方法均做了介绍。

三、问题与思考

① 在用 KOH 熔解软锰矿过程中应注意哪些安全问题?

② 在熔融氧化软锰矿时能否用瓷坩埚和玻璃搅拌棒，为什么?

③ 如何过滤强碱性溶液?

④ 本实验用过的容器壁上常会附着一些难以洗去的棕色物质，它是什么? 如何洗去?

⑤ 根据 $KMnO_4$ 溶解度数据，计算重结晶时溶解 1g 粗产品所需要的水量?

四、实验步骤

1. K_2MnO_4 溶液的制备

在托盘天平上称取 8g 固体 $KClO_3$ 和 16g 固体 KOH，混合均匀后放入 60mL 铁坩埚内。用铁夹把铁坩埚夹紧，固定在铁架台上。先用小火加热，并用铁棒搅拌。待混合物熔融后，在搅拌下，慢慢加入 11g MnO_2 粉末。随着 MnO_2 的不断加入，熔融物的黏度逐渐增大，这时应大力搅拌，防止熔体结块或黏附在坩埚壁上。在反应物接近干涸时，继续搅拌使熔体呈颗粒状。待反应物干涸后，再提高温度，强热 5min，并适当搅拌。

待坩埚冷却后，取出熔物，置于研钵中研细。然后倒入 250mL 的烧杯中，用 40mL 水浸取，浸取过程中应不断搅拌，并加热以促进其溶解。静置片刻，将上层溶液倾入另一烧杯中。依此用 20mL 水、20mL 4% KOH 溶液重复上述浸取操作，将三次浸取液与溶渣合并。

2. K_2MnO_4 转化为 $KMnO_4$

(1) CO_2 法　趁热向含熔渣的浸取液中通入 CO_2 气体，直到 K_2MnO_4 全部歧化为止(用玻璃棒蘸取少许溶液于滤纸上观察，如果只显紫红色而无绿色痕迹，即可认为已完全歧化)。然后用铺有纯的确良布(或尼龙布)的布氏漏斗抽滤，除去 MnO_2 残渣，将滤液转入瓷蒸发皿中。加热蒸发，浓缩至表面出现晶膜。冷却结晶，抽滤至干。称量，计算产率。

(2) 电解法　趁热用铺有的确良布的布氏漏斗减压过滤含熔渣的浸取液，得到墨绿色的 K_2MnO_4 溶液。将它倒入 150mL 烧杯中，加热至 60℃，按图 2.10 所示装上电极。阳极为卷成圆桶状的光滑镍片(12.5cm×8cm)，阴极为粗铁丝(直径约 2mm)，其总面积约为阳极的 1/25，电极间距离 0.5～1.0cm。

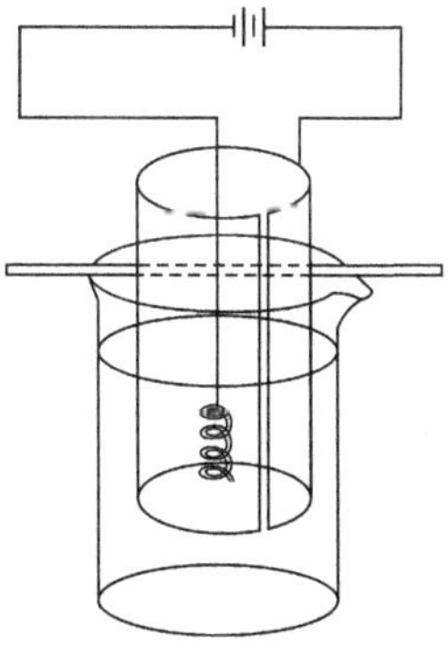

图 2.10　电解槽装置

接通直流电源，控制阳极电流密度为 $10mA \cdot cm^{-2}$，阴极电流密度为 $250mA \cdot cm^{-2}$，槽电压为 2.5～3.0V，这时可以观察到阴极上有气体(氢气)放出，阳极则逐渐析出 $KMnO_4$ 并沉积于烧杯底部。溶液由墨绿色逐渐转为紫红色。电解 2h 后，K_2MnO_4 已大部分转化为 $KMnO_4$。此时，可用玻璃棒蘸取一些电解液，如果观察到的是紫红色，而无明显绿色，即可认为电解完毕。停止通电，取出电极。在冷水中冷却电解液使其充分结晶，用铺有纯的确良布或尼龙布的布氏漏斗将晶体抽干，称量，计算产率，母液回收。

3. $KMnO_4$ 的重结晶

以每克湿产品加 3mL 蒸馏水的比例，将制得的粗 $KMnO_4$ 晶体加热溶解，趁热过滤。冷却，重结晶，减压过滤，抽干晶体，母液回收。将晶体放在表面皿上，在烘箱内于 80℃以下烘干 1h。冷却，称量，将产品放入指定容器中。

五、注意事项

① 在制备 K_2MnO_4 的加热熔融过程中，为安全起见，应戴防护眼镜。加入 MnO_2 时，如果反应过于剧烈，可将铁坩埚移开火焰，以防熔融物溢出或喷溅。

② 制备 K_2MnO_4 的反应过程可认为是包含两步反应，首先 $KClO_3$ 在 MnO_2 的催化下分解放出氧，然后与 MnO_2、KOH 反应生成绿色的 K_2MnO_4。反应式如下

$$2KClO_3 = 2KCl + 3O_2$$

$$2MnO_2 + 4KOH + O_2 = 2K_2MnO_4 + 2H_2O$$

③ 过滤含 $KMnO_4$ 的强碱性溶液时不能使用滤纸，因为它会和滤纸作用而使滤纸破坏。应该用铺有纯的确良布或尼龙布的布氏漏斗，有时也用砂芯玻璃漏斗代替，但应注意勿使它受碱腐蚀。

④ 重结晶后的 $KMnO_4$ 产品在烘干过程中，绝对不能在产品中混入纸屑，或其他可燃物质，以免发生危险！

实验十三　由黑钨矿制备 WO_3

一、预习要点

① 黑钨矿制备 WO_3 的基本反应。

② 高速离心机的使用。

二、基本原理

黑钨矿又称钨锰铁矿，它主要是由 $FeWO_4$ 与 $MnWO_4$ 组成，含 WO_3 60%左右，另外，还含硅、磷、砷、钼等杂质。从黑钨矿制取 WO_3 可分三个阶段：黑钨矿的分解；钨酸钠的净化；由钨酸制取 WO_3。

本实验所用的分解矿物的方法是"苛性钠溶液分解法"。矿粉用 30%～40% NaOH 溶液在 100～110℃下浸煮，分解产生可溶性的 Na_2WO_4。反应式为

$$FeWO_4 + 2NaOH = Na_2WO_4 + Fe(OH)_2$$

$$MnWO_4 + 2NaOH = Na_2WO_4 + Mn(OH)_2$$

大部分铁和锰在分解过程中分别被空气氧化为三价和四价，形成不溶性的

$Fe(OH)_3$和 $MnO_2 \cdot xH_2O$,过滤时可大部分除掉。硅、磷、砷和钼等,以相应的可溶性钠盐(Na_2SiO_3、Na_2HPO_4、Na_2HAsO_4 和 Na_2MoO_4)等形式进入溶液中,必须在沉淀钨酸钙之前,将它们除去。

硅可用加入酸降低溶液的碱度至 pH=8~9,加热水解除去。反应式为

$$Na_2SiO_3+(x+1)H_2O \xlongequal{\triangle} SiO_2 \cdot xH_2O+2NaOH$$

溶液中尚有少量的铁(Ⅱ),可在中和之前加氧化剂,将其氧化为三价,与硅一起以 $Fe(OH)_3$ 形式沉淀出来,过滤除去。

磷和砷可使它们形成难溶的复盐晶体($MgNH_4PO_4 \cdot 6H_2O$ 和 $MgNH_4AsO_4 \cdot 6H_2O$)形式除去。为了阻止 $MgNH_4PO_4 \cdot 6H_2O$ 的水解,必须有 $NH_3 \cdot H_2O$ 的存在,而为了防止 $Mg(OH)_2$ 生成又同时需要有 NH_4Cl 存在。反应式为

$$Mg^{2+}+NH_4^++PO_4^{3-}+6H_2O \xlongequal{} MgNH_4PO_4 \cdot 6H_2O\downarrow$$

$$Mg^{2+}+NH_4^++AsO_4^{3-}+6H_2O \xlongequal{} MgNH_4AsO_4 \cdot 6H_2O\downarrow$$

将净化后的 Na_2WO_4 溶液转化为颗粒较大的 $CaWO_4$ 沉淀,然后,在加热情况下用浓 HCl 把 $CaWO_4$ 转化为黄钨酸 H_2WO_4,最后灼烧得 WO_3。反应式为

$$H_2WO_4 \xlongequal{} WO_3+H_2O$$

三、问题和思考

① 碱溶(熔)矿样时,可以用陶瓷坩埚吗? 为什么?

② 试解释在净化 Na_2WO_4 溶液的过程中除去各种杂质时的条件(如 pH、温度等)是怎样选择的?

③ 制备 H_2WO_4 时,为什么要先从 Na_2WO_4 溶液中制备 $CaWO_4$,然后再转化为 H_2WO_4?

④ 在整个由矿石制取 WO_3 操作过程中必须注意哪些安全问题?

四、实验内容

1. 矿样的分解

称取 4g 固体 NaOH 放于铁坩埚中,加入 10mL 水,将坩埚用铁夹固定在石棉网上,将此溶液加热并保持温度为 100~110℃,在搅拌下慢慢加入 7.5g 矿粉,不停地搅拌以防止矿粉沉积于坩埚底部或溅溢出来。在浸煮过程中,要不断补充水,使体积维持不变。分解反应时间约 1 h。

2. Na_2WO_4 溶液的净化

(1) 除铁和锰　矿样完全分解后,停止加热,将坩埚内容物质转至 100mL 烧杯中,加 30mL 水,并加热煮沸,稍冷后用高速离心机离心分离,得 Na_2WO_4 溶液。

(2) 除硅和铁　将上述滤液用 6mol·L^{-1} HCl 调节 pH 至 8～9，加热煮沸 10min 后过滤。

(3) 除磷和砷　将上述滤液加水至 40mL，加热至沸，在搅拌下加 0.75g 固体 NH_4Cl，滴加 3mL 1mol·L^{-1} $MgCl_2$ 溶液，再加热煮沸 5min 后，静置 3h 以上(最好是静置过夜)，过滤。

3. $CaWO_4$ 的制备

将上述滤液用 NaOH 溶液调至 pH 在 8～9，在煮沸情况下滴加饱和 $CaCl_2$ 溶液至沉淀完全为止(如何检验沉淀是否完全?)，静置。用倾析法倒去上层清液，离心分离溶液，并用热水洗涤沉淀 1～2 次，得到 $CaWO_4$。

4. H_2WO_4 的制备

把 $CaWO_4$ 转移到 100mL 烧杯中，用水调成糊状，加入 3mL 浓 HCl 和 0.5mL 浓 HNO_3，盖上表面皿，再于电热板上加热半小时，使 $CaWO_4$ 完全转化为黄色的 H_2WO_4 沉淀(全部在通风橱内进行)。待冷却后用布氏漏斗抽滤，并用热洗涤液(洗涤液配制：40mL 蒸馏水加 10mL 浓 HCl 和 1mL 浓 HNO_3)洗至无 Ca^{2+}(如何检验?)。

5. WO_3 的制备

把上面所得的钨酸放在蒸发皿中，先小火加热，烘干，并用玻璃棒把颗粒压碎，然后大火灼烧，并经常搅动，直至粉末转变成柠檬黄色为止，称重。

(注：转化温度不同，WO_3 产品的颗粒大小也不同，灼烧的温度越高，颗粒越小，而颗粒大小不同，颜色一般由橙色→黄色→黄绿色转变。)

五、注意事项

① 分解矿物时要不断搅拌，并特别注意防护眼睛。

② 使用高速离心机分离时速率不宜太快，以免损坏离心管。

③ 制备过程注意控制溶液体积，不宜太大也不宜太小。

实验十四　微波水热法制备 Fe_2O_3 纳米材料

一、预习要点

① 分析天平和移液管的使用。

② 一定浓度的溶液的准确配制方法。

③ 微波炉和烘箱的使用方法。

④ 了解纳米技术的范畴、纳米粒子和纳米材料的制备方法及性质。

二、原理提要

微波是频率为300MHz～300GHz、波长为1m～1mm，具有较强的穿透性和优异的选择性。在微波作用下，化学反应的突出特点是反应速率加快，较常规方法反应速率提高2～3个数量级。机理尚无定论。有观点认为微波的频率与原子、离子的振动频率相同，因而加快反应速率。另外，微波可使极性分子和离子极化，也起到加速化学反应的作用。

微波水热合成法是近年崭露头角的一种纳米粒子的制备方法，即用微波的方法促进化学反应获得产物的方法，其原理涉及微波化学反应的复杂机理。

本实验采用微波水热合成法制备纳米粒子 Fe_2O_3，再进一步制成块体，利用实验室简便的方法测定一般性质。

$FeCl_3$ 溶液与水反应生成 Fe_2O_3 是一个复杂的水解聚合及相转移、再结晶过程，反应为

$$x[Fe(H_2O)_6]^{3+} \longrightarrow Fe_x(OH)_y^{(3x-y)} \longrightarrow x[\alpha\text{-}FeOOH] \longrightarrow x/2[Fe_2O_3]$$

加入配合剂 TETA（三亚乙基四胺 $C_6H_{18}N_4$）与 Fe^{3+} 反应形成配合物，当TETA被羟基置换后转化为 $Fe(OH)_3$。再进一步转化为 Fe_2O_3。保持 Fe_2O_3 粒子直径在纳米级的关键在于防止粒子的“团聚”。TETA 在系统中，先作为配合剂与 Fe^{3+} 配合，后又作为表面活性剂（分散剂）分散系统中的粒子，防止粒子的团聚。

三、问题与思考

① 如果仅用 $FeCl_3$ 溶液与水反应能否制得纳米粒子？

② 本实验中，酸度对制备有否影响？如何控制？

③ 本实验必须加入 TETA，它有什么作用？

四、实验内容

1. $0.0200mol \cdot L^{-1}$ $FeCl_3$ 溶液的配制

用分析天平准确称量计算量的 $FeCl_3$ 晶体，置于50mL小烧杯中，加少量HCl抑制水解，加去离子水溶解后转移至250mL容量瓶中，加去离子水至刻度线，摇匀。

2. $0.0100mol \cdot L^{-1}$ TETA 溶液的配制

3. $1.00\times10^{-4}mol \cdot L^{-1}$ NaH_2PO_4 溶液的配制

4. Fe_2O_3 纳米材料的制备

取 50.00mL $FeCl_3$ 溶液于 250mL 烧杯中(一定要洗干净并干燥)。再用移液管分别取 40.00mL 的 TETA 溶液和 15.00mL NaH_2PO_4 溶液注入同一烧杯中,轻微摇荡,盖上表面皿。将烧杯置于微波炉中,启动微波炉,低火加热 15min。再将烧杯放入烘箱中,100℃保温(时间不低于 8h),使沉淀微粒陈化。然后取出烧杯,除掉水,烘干粉末。

5. Fe_2O_3 纳米材料性能的检验

将粉末压制成形,检验其磁性。测定纳米粉的熔点,并与普通 FeO 粉末相对照。

五、注意事项

① 实验中必须较严格地控制实验条件,如加入试剂的浓度、用量及加入次序、微波加热的温度和时间等。

② 混合完试剂轻微摇匀后,接下去的操作中不宜让溶液受到明显的搅动或振动。

第3章　化学原理实验

3.1　概　　述

化学原理是研究物质的内在联系及化学变化规律的理论。化学变化的类型和途径很多，但大致都包含着如下三个基本特征。

(1) 化学变化的过程是质变的过程　化学变化总是包含着旧化学键的破坏及新化学键的产生，H_2 燃烧生成水，须经历 H_2 和 O_2 分子中 H—H 和 O—O 键的拆开，及 O—H 键的形成，而产生了性质与 H_2、O_2 完全不同的 H_2O。所以化学变化的实质是化学键的重新改组。因此，化学键、原子结构及它们与物质性质的联系，都是化学原理的基本内容。

(2) 化学变化过程中物质的总(质)量保持不变　化学变化涉及的是原子核外电子的重新组合，化学反应前后，原有的元素不会消失，也没有新的元素产生，反应过程中，物质总量是始终不变的，即服从质量守恒，而参与反应的各物质之间有确定的化学计量关系。如 2mol H_2(4g)燃烧，即与 1mol O_2(32g)反应，必生成 2mol 水(36g)。有些化学反应会同时存在多种副反应，化学计量关系比较复杂，难以计算，但参与反应物质的总质量仍然不变。化学反应千变万化，但任何反应都不可能进行得完全彻底，即存在着各种化学平衡，只不过是有的反应进行得相对比较彻底，甚至很彻底，有的反应进行得较不彻底，甚至表观上看不出反应产生。反应达到平衡后，参与反应的各种物质之间同样有确定的计量关系，达到质量平衡。因此，化学原理也包含着各种化学反应、反应平衡及化学计量关系等基础知识。

(3) 化学变化伴随着能量的变化　化学键都具有一定的键能，旧化学键的破坏需吸收能量，而新化学键的形成则放出能量。由于不同化学键的键能不同，所以在化学变化的过程中，必然伴随着能量的变化，伴随着体系与环境的能量交换。在一个化学变化的历程中，如果放出的能量大于吸收的能量，则将有净能量向环境释放。反之，如果放出的能量低于吸收的能量，则需从环境吸取能量，以维持化学变化的顺利进行。化学热力学是从宏观的角度研究化学变化与能量之间的关系，化学热力学的数据是判断化学反应方向和程度的重要依据。化学动力学是研究化学变化进行的快慢以及反应机理的理论，它往往也与化学反应的能量变化有关。因此，化学热力学与化学动力学是化学基础理论的两个重要方面。

从化学变化的基本特征看，化学原理最基本的内容包括：物质的各种状态(气、液、固态)、化学反应和化学平衡及其相关的定量计算、化学热力学、化学动力学、原子分子结构等。

化学原理来源于化学实验，反过来又指导化学实验，而学生可以从实验中学习、加深理解和运用化学原理的基础知识。本章根据低年级本科生的实际情况编写化学反应与化学平衡、物理化学常数的测定和物质结构等三个部分实验内容。"化学反应与化学平衡"中通过实验及实验数据的处理，加深理解反应级数、反应速率、反应活化能与生成焓的概念，较好了解酸碱平衡、氧化还原平衡、沉淀溶解平衡和配位平衡的本质以及各平衡间的互相影响，并引导学生从"平衡"的观点解释实验现象与实验问题。"物理化学常数的测定"中编写一些常见的物理化学常数的测定实验，让学生了解这些常数的测定方法，掌握一些常用简单仪器的原理与操作方法，实践实验数据处理、图像制作及误差原因分析等过程。"物质结构"中编写了简单分子及离子的结构和晶体结构两个实验，通过搭建空间结构模型的方法，使学生能学习和理解分子、离子和晶体在空间的相对位置，进一步了解物质结构—点阵—晶胞之间的关系。

3.2 化学反应与化学平衡

实验十五 $(NH_4)_2S_2O_8$氧化I^-的反应级数、速率及活化能的测定

一、预习要点

① 反应速率常数、反应级数和活化能的概念与测定方法。

② 反应速率和温度的关系及阿伦尼乌斯经验式。

③ 作图法处理实验数据及作图技术。

二、原理提要

在水溶液中，$(NH_4)_2S_2O_8$（过二硫酸铵）和 KI 发生以下反应

$$S_2O_8^{2-}+3I^- = 2SO_4^{2-}+I_3^- \tag{3.1}$$

这个反应的反应速率可表示为

$$V = K[S_2O_8^{2-}]^m[I^-]^n$$

式中：V 是在此条件下反应的瞬间速率，若$[S_2O_8^{2-}]$、$[I^-]$是起始浓度，则 V 表示起始速率；K 为反应速率常数；m 与 n 之和是反应级数。

实验能测定的速率是在一段时间（Δt）内反应的平均速率 $\bar{V}$。若在 Δt 时间内 $S_2O_8^{2-}$ 浓度的改变为 $\Delta[S_2O_8^{2-}]$，则平均速率为

$$\bar{V} = \frac{-\Delta[S_2O_8^{2-}]}{\Delta t}$$

当实验在 Δt 时间内反应物浓度变化很小时，可以近似地用平均速率代替起始速率，即

$$\bar{V}=\frac{-\Delta[S_2O_8^{2-}]}{\Delta t}=K[S_2O_8^{2-}]^m[I^-]^n$$

为了测定 Δt 时间内 $S_2O_8^{2-}$ 的浓度变化，在 $(NH_4)_2S_2O_8$ 溶液和 KI 溶液混合的同时，加入一定体积且浓度已知的 $Na_2S_2O_3$ 溶液和淀粉溶液。这样在反应(3.1)进行的同时，还发生以下反应

$$2S_2O_3^{2-}+I_3^- = S_4O_6^{2-}+3I^- \tag{3.2}$$

由于反应(3.2)的速率比反应(3.1)快得多，所以由反应(3.1)生成的 I_3^- 立即与 $S_2O_3^{2-}$ 作用，生成无色的 $S_4O_6^{2-}$ 和 I^-。但是一旦 $Na_2S_2O_3$ 耗尽，反应(3.1)生成的微量 I_3^- 将立即使淀粉溶液显蓝色。

从反应式(3.1)和(3.2)可以看出，$S_2O_8^{2-}$ 减少 1mol 时，则会耗去 2mol $Na_2S_2O_3$，即

$$\Delta[S_2O_8^{2-}]=\frac{\Delta[S_2O_3^{2-}]}{2}$$

记录从反应开始到溶液出现蓝色所需要的时间 Δt，由于在 Δt 时间内 $S_2O_3^{2-}$ 全部耗尽，所以由 $Na_2S_2O_3$ 的起始浓度可求 $\Delta[S_2O_3^{2-}]$，进而可以计算反应速率 $-\Delta[S_2O_8^{2-}]/\Delta t$。

对反应速率表示式 $\bar{V}=K[S_2O_8^{2-}]^m[I^-]^n$ 两边取对数，得

$$\lg\bar{V}=m\lg[S_2O_8^{2-}]+n\lg[I^-]+\lg K$$

当$[I^-]$不变时，以 $\lg\bar{V}$ 对 $\lg[S_2O_8^{2-}]$作图，可得一直线，斜率即为 m。同理，当$[S_2O_8^{2-}]$不变时，以 $\lg\bar{V}$ 对 $\lg[I^-]$作图，可得 n(如何作图请参见第 1 章的 1.4 节)。

求出 m 和 n 后，可求得反应速率常数 K。

反应速率常数 K 与反应温度 T 一般有以下关系(由阿伦尼乌斯经验式推出)

$$\lg K=A-\frac{E_a}{2.30RT}$$

式中：E_a 为反应的活化能；R 为摩尔气体常量，等于 8.314 J·mol^{-1}·K^{-1}；T 为热力学温度。测出不同温度时的 K 值，以 $\lg K$ 对$\frac{1}{T}$作图，得一直线，由直线斜率求得反应的活化能 E_a。

三、问题与思考

① 实验中为什么可以由反应溶液出现蓝色的时间长短来计算反应速率？反应溶液出现蓝色后，反应是否就终止了？

② 在本实验中，加入 $Na_2S_2O_3$ 的作用是什么？$(NH_4)_2S_2O_8$ 会直接把 $Na_2S_2O_3$ 氧化吗？$Na_2S_2O_3$ 的用量过多或过少对实验结果有何影响？

③ 下列情况对实验结果有何影响？

a. 取用六种试剂的量筒没有分开专用；

b. 先加 $(NH_4)_2S_2O_8$ 溶液，最后加 KI 溶液；

c. 缓慢加入 $(NH_4)_2S_2O_8$ 溶液；

④ 本实验中量取反应物的用量时，为什么可以用量筒而不需用移液管来精确量取它们的体积，这样做对实验的准确度有无影响？

⑤ 根据实验结果，总结浓度、温度对反应速率及反应速率常数的影响。

⑥根据反应方程式能否直接确定反应级数，为什么？试用本实验的结果加以说明。

四、实验内容

1. 浓度对化学反应速率的影响，求反应级数

在室温下，用三个量筒（贴上标签，以免混乱）分别量取 20mL 0.20mol·L^{-1} KI 溶液、4.0mL 0.2%的淀粉溶液及 8.0mL 0.010mol·L^{-1} $Na_2S_2O_3$ 溶液，于 100mL 烧杯中，用磁力搅拌器搅拌均匀。用另一个量筒量取 20mL 0.20mol·L^{-1} $(NH_4)_2S_2O_8$ 溶液，快速加到烧杯中，同时启动秒表，并不断搅拌。当溶液刚出现蓝色时，立即停止计时，在表 3.1 的 1 号中记录时间及室温。

表 3.1 KI 与 $(NH_4)_2S_2O_8$ 浓度对反应速率影响的测量数据及处理

实验序号		1	2	3	4	5
反应温度（水温）/ K						
试剂的用量/mL	0.20mol·L^{-1}KI 溶液	20	20	20	10	5
	0.2%淀粉溶液	4	4	4	4	4
	0.010mol·$L^{-1}$$Na_2S_2O_3$ 溶液	8	8	8	8	8
	0.20mol·$L^{-1}$$KNO_3$ 溶液	0	0	0	10	15
	0.20mol·$L^{-1}$$(NH_4)_2SO_4$ 溶液	0	10	15	0	0
	0.20mol·$L^{-1}$$(NH_4)_2S_2O_8$ 溶液	20	10	5	20	20
反应物的起始浓度/(mol·L^{-1})	$(NH_4)_2S_2O_8$ 溶液					
	KI 溶液					
	$Na_2S_2O_3$ 溶液					
反应时间 Δt / s						

续表

实验序号	1	2	3	4	5
$S_2O_8^{2-}$ 的浓度变化 $\Delta[S_2O_8^{2-}]/(mol\cdot L^{-1})$					
反应的平均速率 $\bar{V}=\frac{-\Delta[S_2O_8^{2-}]}{\Delta t}$					
反应速率常数 $K=\frac{\bar{V}}{[S_2O_8^{2-}]^m[I^-]^n}$					
$\lg[S_2O_8^{2-}]$或$\lg[I^-]$					
$\lg\bar{V}$					

用同样的方法按照表3.1中的用量进行另外四次实验，其中2～4号中加入的KNO_3溶液或$(NH_4)_2SO_4$溶液，是为了使每次实验中溶液的离子强度和总体积保持不变，以减少测量的误差。

计算出各实验中的反应速率$\bar{V}$，并填入表3.1中。

用表3.1中实验序号为1、2、3的三组数据作$\lg\bar{V}$-$\lg[S_2O_8^{2-}]$图，求出m，用实验序号为1、4、5的三组数据作$\lg\bar{V}$-$\lg[I^-]$图，求出n，即可计算出各实验的反应速率常数K并填入表3.1中。

2. 温度对化学反应速率的影响，求E_a

(1) 室温下反应速率的测定　在100mL烧杯中加入5.0mL KI溶液、2.0mL淀粉溶液、4.0mL $Na_2S_2O_3$溶液和5.0mL KNO_3溶液，混匀，准确量取10.0mL $(NH_4)_2S_2O_8$溶液，迅速加到KI等混合溶液中，同时启动秒表，并不断搅拌，当溶液刚出现蓝色时，立即停止计时，记下反应时间。

(2) 高于室温10 K、20 K、30 K条件下反应速率的测定　在100mL锥形瓶中，加入5.0mL KI溶液、2.0mL淀粉溶液、4.0mL $Na_2S_2O_3$溶液和5.0mL KNO_3溶液，混匀，在一支大试管中加入10.0mL $(NH_4)_2S_2O_8$溶液。把锥形瓶和大试管放入电热水浴锅中，水浴加热至高于室温10 K时恒温5min(要搅动加热的水，使水温均匀)。把装在大试管中的$(NH_4)_2S_2O_8$溶液迅速倒入锥形瓶的混合溶液中，立即启动秒表，并不断摇动锥形瓶和保温，当溶液刚出现蓝色时，立即停止计时，将反应时间记入表3.2中。

在高于室温20 K、30 K条件下，重复上述实验。

算出四种温度下(包括室温)的反应速率及速率常数，把数据及计算结果填入表3.2中。以表3.2中各次实验得到的$\lg K$对$1/T$作图，求出反应(3.1)的E_a。

表 3.2 温度对反应速率影响的测量数据及处理

实验序号	1	2	3	4
反应温度/K				
反应时间/s				
反应速率 V				
反应速率常数 K				
$\lg K$				
$\frac{1}{T}$				

五、注意事项

① 取用各种反应溶液应有专用的量筒和滴管并贴上标签，防止试剂受污染。

② 应注意加入溶液的次序，在$(NH_4)_2S_2O_8$ 溶液加入之前，要把其他混合溶液搅拌均匀，再迅速加入$(NH_4)_2S_2O_8$ 溶液。$(NH_4)_2S_2O_8$ 不稳定，实验时若发现变质，应及时更换。

③ 要集中精力注意观察和计时，当溶液出现蓝色的瞬间，就应立即停表计时。第二次使用秒表前应检查有否回零。

实验十六 NH_4Cl 生成焓的测定

一、预习要点

① 热效应、焓和盖斯定律等热力学有关理论。

② 测定反应热和量热计系统热容的方法。

二、原理提要

在热力学标准状态和 T(K)条件下，由稳定单质生成 1mol 化合物（或不稳定态单质或其他形式的物种）时的焓变称为该物质的标准摩尔生成焓，符号是 $\Delta_f H_m^\ominus(T)$，简称生成焓或生成热。生成焓一般可通过测定有关反应热间接求得。本实验就是分别测定 $NH_3 \cdot H_2O$ 和 HCl 的中和反应热和 NH_4Cl 固体的溶解热，即

$$NH_3(aq) + HCl(aq) \longrightarrow NH_4Cl(aq) \qquad \Delta_r H_{m(中和)}$$

$$NH_4Cl(s) \longrightarrow NH_4Cl(aq) \qquad \Delta_r H_{m(溶解)}$$

然后利用 $NH_3 \cdot H_2O$ 和 HCl 的标准生成焓，通过盖斯定律计算而求得 NH_4Cl 固体的标准生成焓。

中和热和溶解热（简写为 ΔH）可采用简易量热计来测量。当反应在量热计中进行时，反应放出或吸收的热量将使量热计系统温度升高或降低，因此，只要测定

量热系统温度的改变值 ΔT 以及量热计系统的热容量 C，就可以利用下式计算出反应的热效应

$$\Delta H=\frac{-C\cdot\Delta T}{n}\qquad(n\text{ 为被测物质的物质的量})$$

量热计系统的热容量 C 是指量热计系统温度升高 1K 时所需的热量。测定量热计系统的热容量有多种方法，本实验是采用化学反应标定法，即利用 HCl 和 NaOH 溶液在量热计内反应，测定其系统温度改变值 ΔT 后，根据已知的中和反应热 $(\Delta H^{\ominus}=-57.3\text{kJ}\cdot\text{mol}^{-1})$ 可求出量热计系统的热容量 C，公式为

$$C=\frac{-n\cdot\Delta H^{\ominus}}{\Delta T}$$

（注：虽然各种盐溶液的热容略有差别，但在本实验可不予考虑。）

三、问题与思考

① 什么是标准生成焓？有何作用？

② 怎样利用盖斯定律计算 NH_3(aq)的生成焓和 HCl(aq)的生成焓？

③ 如果实验中有少量 HCl 溶液或 NH_4Cl 固体黏附在量热计器壁上，对实验结果有何影响？

④ 反应液混合前，两者的温度不等，对实验结果有无影响？

⑤ 搅拌效果好与不好，对测定结果有何影响？

⑥本实验产生误差的主要原因有那些？

四、实验内容

1. 量热计热容量的测定

量取 50.0mL 1.00mol·L^{-1}NaOH 溶液于保温杯式量热计中，盖好杯盖并搅拌，至温度基本不变。实验开始每隔 30s 记录一次 NaOH 溶液的温度，至第 5min 时打开杯盖，把 50.0mL 1.00mol·L^{-1}的 HCl 溶液一次加入到量热计中，立即盖好杯盖并搅拌，继续记录温度和时间，直到温度上升至最高点后继续观察和记录 5min。作温度-时间关系曲线，按图 3.1 外推法求 ΔT，并计算量热计系统的热容量 C。

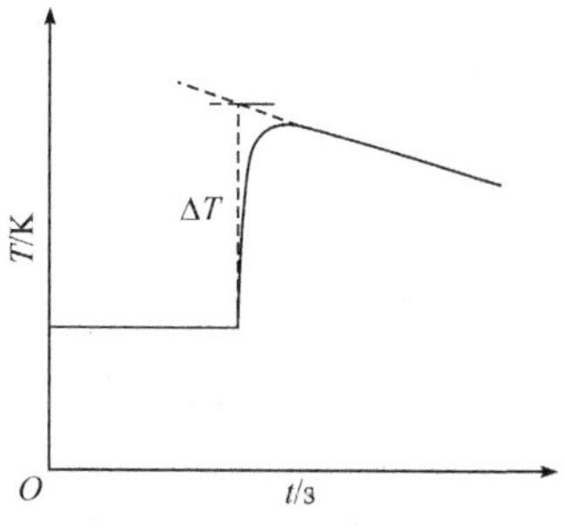

图 3.1 温度-时间关系图

2. $NH_3\cdot H_2O$ 与 HCl 中和热的测定

洗净量热计，以 1.50mol·L^{-1} $NH_3\cdot H_2O$ 代替 1.00mol·L^{-1}NaOH 溶液，1.50mol·L^{-1} HCl 代替 1.00mol·L^{-1} HCl 重复上述实验。作图求

ΔT，并计算中和反应热 $\Delta_r H_{m(中和)}$。

3. NH_4Cl 溶解热的测定

在干净的量热计中加入 100.0mL 蒸馏水，搅拌使体系温度趋于稳定后记录时间-温度数据(30s 记一次)，于第 5min 加入 10.70g 经 105°C 干燥的 NH_4Cl 固体，立即盖好杯盖并搅拌(可适当摇荡量热计加速 NH_4Cl 的溶解)，继续记录时间-温度数据(10min)。作图求 ΔT，并计算 NH_4Cl 溶解热 $\Delta_r H_{m(溶解)}$。

用列表的形式记录以上三次实验的测量数据，并将处理数据得到的量热计热容量、$NH_3 \cdot H_2O$ 和 HCl 的中和热、NH_4Cl 的溶解热及最后计算得到的 $NH_4Cl(s)$ 生成焓和测定误差记入表中。

五、注意事项

① 在测定量热计热容量的实验中，HCl 溶液的温度应与 NH_4Cl 溶液的温度基本一致(用温度计测量)，如果不一致，可将 50.0mL HCl 溶液置于小烧杯中，用手心温热或水冷却。

② 每次使用量热计之前应洗涤干净，并用滤纸片吸干水分。

③ 从参考书籍中查得 298K 时 $NH_3(aq)$、HCl(aq) 和 $NH_4Cl(s)$ 生成焓分别为：$-80.12kJ \cdot mol^{-1}$、$-167.16kJ \cdot mol^{-1}$ 和 $-314.43kJ \cdot mol^{-1}$。

实验十七　电解质溶液与电离平衡

一、预习要点

① 弱酸弱碱等弱电解质的电离与平衡。

② 盐类的水解。

③ 缓冲溶液及同离子效应的概念。

二、原理提要

弱酸弱碱等弱电解质在溶液中存在电离平衡，化学平衡移动规律同样适合这种平衡体系。在弱电解质的溶液中加入含有相同离子的另一电解质时，会引起平衡移动而使弱电解质的电离程度减小，这就是同离子效应。

盐类的水解是酸碱中和反应的逆反应，是组成盐的离子与水中的 H^+ 或 OH^- 结合生成弱酸或弱碱的过程。水解后溶液的酸碱性决定于盐的类型。

缓冲溶液一般由浓度较大的弱酸及其共轭碱，或弱碱及其共轭酸所组成。它们在稀释时，或在其中加入少量的强酸、强碱时，平衡的移动使其 pH 改变很小。

缓冲溶液的缓冲能力与缓冲溶液的总浓度及其配比有关。

本实验为微型实验，实验时提供 0.7mL 井穴板，5mL 井穴板、多用滴管，微量滴头、微型试管等微型仪器。

三、问题与思考

① 影响盐类水解的因素有哪些？实验室如何配制 $CuSO_4$ 溶液和 $FeCl_3$ 溶液？

② 实验测得 H_3PO_4 溶液呈酸性，NaH_2PO_4 溶液呈弱酸性，Na_2HPO_4 溶液呈弱碱性，Na_3PO_4 溶液呈碱性。试用 H_3PO_4 的 K_{a_1}、K_{a_2}、K_{a_3} 数据给予解释。

③ 为什么 Na_2CO_3 水溶液呈碱性，而 $NaHSO_4$ 水溶液呈酸性？

④ 使盐的浓度控制在 $1mol \cdot L^{-1}$，如何配制 pH=4.8 的 HAc-NaAc 缓冲溶液？

四、实验内容

1. 溶液的酸碱性

准备 3 块 0.7mL 井穴板和 3 支套上微量滴头的多用滴管。用一支滴管取酸，一支取碱，一支吸入蒸馏水。

① 在 0.7mL 井穴板内，用 $0.1mol \cdot L^{-1}$ 的 HCl 逐一稀释，得到 pH=1～6 的溶液。如从 1# 孔穴取 1 滴 $0.1mol \cdot L^{-1}$ HCl 置于 2# 孔穴内，再用同一口径的滴管加 9 滴蒸馏水，则得 $0.01mol \cdot L^{-1}$ HCl 溶液。溶液 pH 便从 1 改变到 2。以此类推，在 1#～6# 孔内分别得 pH=1～6 的溶液。在 7# 孔穴内加几滴蒸馏水，pH=7。

② 在另一 0.7mL 井穴板内，把 $1mol \cdot L^{-1}$ NaOH 溶液逐一稀释得到 pH=8～14 的溶液，并分别置于 1#～7# 孔内。

③ 在上述 pH=1～14 的溶液中各滴一滴广范指示剂[1)]，不同 pH 的溶液则显示不同的颜色，并制成一个 pH 色阶（或用广范 pH 试纸逐一测得各孔穴溶液的 pH）。

④ 在第三个井穴板各孔内分别加入食醋、食盐、纯碱、茄汁、糖、酒等各物质的水溶液，然后各加广范指示剂一小滴，与自制的 pH 色阶对照可确定它们的 pH。

2. 盐类的水解

① 在一个 0.7mL 井穴板内依次滴加几滴 $0.1mol \cdot L^{-1}$ NaCl、$Al_2(SO_4)_3$、NH_4Cl、NH_4Ac、Na_2CO_3 等各类盐的溶液，由广范 pH 试纸分别测出它们的酸碱性。如有水解，试写出水解离子反应式。

② 在微型试管中加入 10 滴 $1mol \cdot L^{-1}$ NaAc 溶液和 1 滴酚酞溶液，摇匀，溶液呈何颜色？再将溶液加热至沸，溶液颜色有何变化？解释现象。

③ 在微型试管中加入 20 滴蒸馏水和 6 滴 $0.1mol \cdot L^{-1}$ $Fe(NO_3)_3$ 溶液，插入

清洁的多用滴管，按捏吸泡，使溶液混合均匀，然后吸出一半溶液，转移到另一个试管中，并以小火加热，观察两试管中溶液颜色有何不同？说明原因。

④ 在微型试管中加入 3 滴 0.1mol・L^{-1} $BiCl_3$ 溶液和 10 滴蒸馏水，有何现象出现？再滴加 6mol・L^{-1} HCl 溶液，边滴加，边振荡试管，有何变化？试解释观察到的现象。

⑤ 在 1 支多用滴管中吸入约 0.5mL 0.1mol・L^{-1} $Al_2(SO_4)_3$ 溶液，再使滴管的吸泡在下，弯曲径管从 0.7mL 井穴中吸取 0.5mL 0.5mol・L^{-1} $NaHCO_3$ 溶液，观察有什么现象？用什么方法证明产物是 $Al(OH)_3$ 而不是 $Al(HCO_3)_3$？写出离子反应方程式。

3. 同离子效应

① 在 5mL 井穴板的 1# ～3# 孔穴内各加 1mL 0.1mol・L^{-1} NH_3・H_2O 和 1 滴酚酞指示剂，再在 2# 穴中滴 2 滴1mol・L^{-1} NH_4Ac 溶液，在 3# 穴中滴 2 滴 1mol・L^{-1}NaCl 溶液，比较 1# ～3# 穴中酚酞的颜色，试解释颜色变化的原因。

② 在上述井穴板 4# ～6# 孔穴内各加 1mL 0.1mol・L^{-1} HAc 和 1 滴甲基橙指示剂，再在 5# 穴中加 2 滴1mol・L^{-1} NH_4Ac 溶液，在 6# 穴中加 2 滴1mol・L^{-1} NaCl 溶液，比较 4# ～6# 穴中甲基橙颜色。试解释颜色变化的原因。

③ 用0.1mol・L^{-1}的 NaOH 溶液代替0.1mol・L^{-1}的 NH_3・H_2O，用0.1mol・L^{-1} HCl 代替 HAc 重做①、②实验，比较酚酞、甲基橙颜色的变化，并加以解释。

4. 缓冲溶液

准备两块 5mL 井穴板，分别称为 A 板和 B 板，两块板的 12 个孔穴分为六组，每组溶液按表 3.3 所列组成配制好。

① 用精密 pH 试纸(或 pH 计)分别测定各井穴溶液的 pH，并与计算值比较，记录于表 3.3 中。

表 3.3　缓冲溶液的缓冲能力试验

组号	孔穴号	配制溶液(各取 2mL)	pH 测定值	pH 计算值	滴加 HCl 后 pH	滴加 NaOH 溶液后 pH
1	A_1、A_2	蒸馏水 4mL				
2	A_3、A_4	1mol・L^{-1} NH_3・H_2O＋1mol・L^{-1} NH_4Cl 溶液				
3	A_5、A_6	1mol・L^{-1} NH_3・H_2O＋0.1mol・L^{-1} NH_4Cl 溶液				
4	B_1、B_2	1mol・L^{-1} HAc＋1mol・L^{-1} NaAc 溶液				
5	B_3、B_4	1mol・L^{-1} HAc＋0.1mol・L^{-1} NaAc 溶液				
6	B_5、B_6	0.1mol・L^{-1} HAc＋0.1mol・L^{-1} NaAc 溶液				

② 在 A_1、A_3、A_5、B_1、B_3、B_5 中各滴 2 滴 0.1mol·L^{-1}HCl，在 A_2、A_4、A_6、B_2、B_4、B_6 中各滴 2 滴 0.1mol·L^{-1}NaOH 溶液，用精密 pH 试纸测定各孔穴中溶液的 pH，记录结果，并将各组井穴溶液的 pH 对照，确定哪一组溶液 pH 的变化较小？小结缓冲容量与缓冲溶液的配比及总浓度之间的关系。

③ 在 B_1、B_3、B_5 穴内继续滴加 0.1mol·L^{-1}HCl，在 B_2、B_4、B_6 穴内继续滴加 0.1mol·L^{-1}NaOH 溶液，直至它们的 pH 分别变小(或变大)1 pH 单位。此实验说明了什么？

五、注意事项

① 微型实验的仪器较难清洗，每次实验后应马上洗涤干净。

② 蒸馏水和常用的去离子水的 pH 一般不到 7，有时甚至略小于 6.5，测定弱酸弱碱性溶液的 pH 时与理论值有误差。

③ 测定溶液的 pH 时，含酸与碱的杂质对测定结果影响较明显，应仔细把所用器皿洗干净。

1) 广范指示剂配制：在 500mL 乙醇中溶解溴百里酚蓝、甲基红、α-萘酚酞、百里酚酞和酚酞各 0.1g，其显色情况如下：

pH	4	5	6	7	8	9	10	11
颜色	红	橙	黄	黄绿	绿	蓝绿	蓝紫	红紫

实验十八 氧化还原与电化学

一、预习要点

① 电极电势的概念及电极电势对氧化还原反应的影响。

② 影响电极电势和氧化还原平衡的各种因素。

③ 测定电极电势的方法及有关仪器的操作方法。

二、原理提要

氧化还原反应的过程是电子转移的过程。氧化剂在反应中得到了电子，还原剂失去了电子。这种得、失电子能力的大小或者说氧化、还原能力的强弱，可用它们的氧化态-还原态(例如 Fe^{3+}/Fe^{2+}，I_2/I^-，Cu^{2+}/Cu)所组成的电对的电极电势相对高低来衡量。一个电对的电极电势(以还原电势为准)代数值愈大，其氧化态的氧化能力愈强，其还原态的还原能力愈弱，反之亦然。所以根据标准电极电势($\varphi^\ominus$)的大小(可从有关参考书中查得)，便可判断一个氧化还原反应的进行方向。

例如 $\varphi^{\ominus}_{I_2/I^-}=+0.535V$，$\varphi^{\ominus}_{Fe^{3+}/Fe^{2+}}=+0.771V$，$\varphi^{\ominus}_{Br_2/Br^-}=+1.08V$，所以对于下列的两反应

$$2Fe^{3+}+2I^- = I_2+2Fe^{2+}$$

$$2Fe^{3+}+2Br^- = Br_2+2Fe^{2+}$$

上式应向右进行，下式应向左进行，即 Fe^{3+} 可以氧化 I^- 而不能氧化 Br^-，Br_2 可以氧化 Fe^{2+}，而 I_2 则不能。氧化态的氧化能力 $Br_2>Fe^{3+}>I_2$，还原态的还原能力 $I^->Fe^{2+}>Br^-$。

浓度(准确地说应是活度)与电极电势的关系(25℃)可用能斯特方程式表示

$$\varphi=\varphi^{\ominus}+\frac{0.0591}{n}\lg\frac{[\text{氧化态}]}{[\text{还原态}]}$$

以 Fe^{3+}/Fe^{2+} 电对为例，有

$$\varphi=\varphi^{\ominus}_{Fe^{3+}/Fe^{2+}}+\frac{0.0591}{1}\lg\frac{[Fe^{3+}]}{[Fe^{2+}]}$$

Fe^{3+} 或 Fe^{2+} 浓度的变化都会引起其电极电势 φ 的变化。特别是有沉淀剂或配合剂的存在，能够大大减少溶液中某一离子浓度的时候，甚至可以改变反应的方向。

有些反应，特别是含氧酸根离子参加的氧化还原反应中，经常有 H^+ 参加，介质的酸度对 φ 值也会产生影响。例如对于下面电极反应

$$MnO_4^-+8H^++5e \rightleftharpoons Mn^{2+}+4H_2O$$

$$\varphi=\varphi^{\ominus}_{MnO_4^-/Mn^{2+}}+\frac{0.0591}{5}\lg\frac{[MnO_4^-][H^+]^8}{[Mn^{2+}]}$$

可见，$[H^+]$增大可使 MnO_4^- 氧化性增强。

一个电对的电极电势是无法单独测定的，它可以与标准电极(如标准氢电极或甘汞电极等)组成原电池，用电位差计测量原电池的电动势 E，即

$$E=\varphi_+-\varphi_-$$

则可以得到待测电对的电极电势。

三、问题与思考

① Fe^{3+} 能氧化 I^- 成 I_2，而 I_2 又能使 $Fe(OH)_2$ 变成 $Fe(OH)_3$。这两个反应有无矛盾？为什么？

② Zn 和 HCl 的反应比较激烈，加入 NaAc 后，反应速率减慢了，为什么？

③ Fe^{3+} 能把 Cu 氧化成 Cu^{2+}，而 Cu^{2+} 又能把 Fe 氧化为 Fe^{2+}，这两个反应有无矛盾？为什么？

④ $K_2Cr_2O_7$ 与浓 HCl 作用生成 Cr^{3+} 和 Cl_2，而 Cl_2 能把 CrO_2^- 氧化成 CrO_4^{2-}，这两个反应有无矛盾？为什么？

⑤ 为什么 $K_2Cr_2O_7$ 能氧化浓 HCl 中的 Cl^-，而不能氧化 NaCl 浓溶液中的 Cl^-？

四、实验内容

1. 比较锌、铅、铜在电位序中的位置

① 取两支小试管，分别加入 0.5mL 0.5mol·L^{-1} $Pb(NO_3)_2$ 溶液和 0.5mL 0.5mol·L^{-1} $CuSO_4$ 溶液，各放入一块表面擦净的锌片，观察锌片表面与溶液的颜色变化(颗粒很细的金属单质常呈现黑色)，记下实验结果。

② 用上述方法，分别试验铅片与 0.5mol·L^{-1} $ZnSO_4$ 溶液和 0.5mol·L^{-1} $CuSO_4$溶液的作用情况，记下实验结果。

2. 定性比较氧化还原半反应的电极电势的大小

向小试管中加入 0.5mL 0.1mol·L^{-1} KI 溶液和 2 滴 0.1mol·L^{-1} $FeCl_3$ 溶液，混匀后，再加入 0.5mL CCl_4。充分振荡，观察 CCl_4 层的颜色有何变化，试管中发生了什么反应？再往溶液中加几滴 0.1mol·L^{-1} $K_3[Fe(CN)_6]$溶液，即生成滕氏蓝。反应式为

$$K_3[Fe(CN)_6]+FeCl_2 = KFe[Fe(CN)_6]\downarrow +2KCl$$

用 0.1mol·L^{-1} KBr 溶液代替 0.1mol·L^{-1} KI 溶液进行相同的实验，能否发生反应？为什么？

按上述实验的操作方法用 5 滴碘水和 5 滴溴水分别与 0.1mol·L^{-1} $(NH_4)_2SO_4\cdot FeSO_4\cdot 6H_2O$ 溶液作用，观察有何现象。

根据以上实验结果，定性比较 Br_2/Br^-、I_2/I^- 和 Fe^{3+}/Fe^{2+} 三个电对的电极电势的大小，并指出哪个是最强的氧化剂？哪个是最强的还原剂？

3. 影响氧化还原反应的一些因素

1）浓度对氧化还原反应的影响

向小试管中加入少量固体 MnO_2 和 1.0mL 1mol·L^{-1} HCl 溶液，用湿的淀粉-KI 试纸在管口试验有无 Cl_2 气体产生。用浓 HCl 溶液代替 1mol·L^{-1} HCl 溶液进行实验，比较、解释两次实验的结果，并写出反应式(此实验应在通风橱内进行，可微热促进反应)。

2）介质的酸碱性对氧化还原反应的影响

① 向两支小试管中各加入 0.5mL 0.1mol·L^{-1} KBr 溶液，再分别加入 0.5mL 3mol·L^{-1} H_2SO_4 和 0.5mL 6mol·L^{-1} HAc，然后再往两支试管中各加入 2 滴 0.01mol·L^{-1} $KMnO_4$ 溶液。观察并比较两支试管中的紫色溶液褪色的快慢。

② 向小试管中加入 0.5mL 0.1mol·L^{-1} KI 溶液和 2～3 滴 0.1mol·L^{-1}

KIO_3 溶液，混匀后有无变化？滴加 $1mol \cdot L^{-1}$ H_2SO_4 溶液酸化混合液，有何变化？再滴加 $2mol \cdot L^{-1}$ NaOH 溶液，使混合液显碱性，又有什么变化？

③ 向三支小试管中各加入 0.5mL $0.1mol \cdot L^{-1}$ Na_2SO_3 溶液，分别加入 0.5mL $3mol \cdot L^{-1}$ H_2SO_4、0.5mL 蒸馏水和 0.5mL 40% NaOH 溶液，摇匀后，再往 3 支试管中各加入 2 滴 $0.01mol \cdot L^{-1}$ $KMnO_4$ 溶液，观察各试管的反应产物的颜色与状态。

解释上述实验现象并写出有关的反应式。

3）沉淀对氧化还原反应的影响

① 向小试管中加入 0.5mL $0.1mol \cdot L^{-1}$ KI 溶液和 5 滴 $0.1mol \cdot L^{-1}$ $K_3[Fe(CN)_6]$ 溶液，混匀后再加入 0.5mL CCl_4，充分振荡，观察 CCl_4 层的颜色有无变化，然后再加入 5 滴 $0.2mol \cdot L^{-1}$ 的 $ZnSO_4$ 溶液，充分振荡，观察 CCl_4 层呈现的颜色。吸取水相产物 0.5mL 放入另一试管中，加入适量 $Na_2S_2O_3$ 溶液，充分摇荡后，观察水相沉淀物的颜色。根据标准电极电势判断 I^- 是否能还原 $[Fe(CN)_6]^{3-}$？加入 Zn^{2+} 有何影响[1)]？

② 向离心管中加入 0.5mL $0.2mol \cdot L^{-1}$ $(NH_4)_2SO_4 \cdot FeSO_4 \cdot 6H_2O$ 溶液和1～2滴碘水，混匀后，观察碘水的颜色是否褪去？然后往离心管中加 $0.1mol \cdot L^{-1}$ $AgNO_3$ 溶液，边加边振荡，注意碘的棕黄色是否褪去。离心沉淀，把上层清液取出几滴于另一支小试管并加几滴 10% 的 NH_4SCN 溶液，观察颜色变化。

解释上述实验现象，写出反应式。

4）催化剂对氧化还原反应速率的影响

$H_2C_2O_4$ 溶液和 $KMnO_4$ 溶液在酸性介质中能发生如下反应

$$5H_2C_2O_4 + 2MnO_4^- + 6H^+ = 2Mn^{2+} + 10CO_2\uparrow + 8H_2O$$

此反应的电动势虽然较大，但反应速率较慢，而 Mn^{2+} 对此反应有催化作用，随着反应自身产生 Mn^{2+} 的增加，反应变快。如果加入 F^-，使反应产生的 Mn^{2+} 生成配离子，则反应仍旧进行得比较慢。

取 3 支小试管，分别加入 0.5mL $1mol \cdot L^{-1}$ $H_2C_2O_4$ 溶液和数滴 $1mol \cdot L^{-1}$ H_2SO_4，然后向 1 号试管中滴加 1 滴 $0.2mol \cdot L^{-1}$ $MnSO_4$ 溶液，向 3 号试管中加数滴 10%NH_4F 溶液，最后向三支试管中分别加入 2 滴 $0.01mol \cdot L^{-1}$ $KMnO_4$ 溶液，混匀溶液，观察 3 支试管中红色褪去的快慢情况。必要时，可用小火加热，进行比较。

4. 丹聂耳电池电动势的测定

向两个半电解池（或 50mL 烧杯）中分别加入 30mL $1.0mol \cdot L^{-1}$ 的 $ZnSO_4$ 溶液和 $CuSO_4$ 溶液。在 $ZnSO_4$ 溶液中插入锌片，在 $CuSO_4$ 溶液中插入铜片组成两

个电极，两电解池间以U形盐桥相连组成丹聂耳电池，电池符号为

$$(+)\ Cu \mid Cu^{2+} \parallel Zn^{2+} \mid Zn\ (-)$$

用电位差计或高阻抗伏特表测定其电动势。

5. 电极电势的测定

向小电解池中加入适量 1.0mol・L^{-1} $CuSO_4$ 溶液，插入纯铜片与饱和甘汞电极，组成以甘汞电极为参比的电池，判别电极的极性，用电位差计或高阻抗伏特表测定其电动势。若饱和甘汞电极的电势为 0.2415V，求 Cu^{2+}/Cu 电对的电极电势。

同法测定并求 Zn^{2+}/Zn、$[Cu(NH_3)_4]^{2+}/Cu$ 和 $[Zn(NH_3)_4]^{2+}/Zn$ 电对的电极电势。所用的溶液的浓度均是 1.0mol・L^{-1}，含锌溶液的电解液应选纯锌片作为金属电极。

解释 Cu^{2+}/Cu 与 $[Cu(NH_3)_4]^{2+}/Cu$ 和 Zn^{2+}/Zn 与 $[Zn(NH_3)_4]^{2+}/Zn$ 两组电对中电极电势差别的原因。

6. 比较氢在不同金属表面上析出的过电位(示范实验)。

① 把纯锌板置于 1mol・L^{-1} H_2SO_4 溶液中，观察氢气泡在纯锌板表面析出的情况。

② 通过导线把锌板与置于同一体系中的铂片连接起来，注意观察氢气泡分别在纯锌板表面和铂板表面析出的情况。

③ 通过导线(导线的金属不与汞作用者才能用)把锌板与烧杯底部的水银连起来，注意观察氢气泡分别在纯锌板表面和在汞表面上析出的情况。

分析产生不同现象的原因。

五、注意事项

① 使用盐桥时应检查U形管内是否有充满琼胶胶状物，若有断裂层或明显大气泡，要更换盐桥。使用后要用自来水和蒸馏水冲洗干净，并把U形管口朝下浸在KCl溶液中。

② 使用甘汞电极前要检查电极内是否充满饱和KCl溶液，若无充满，应及时加满。使用结束后洗涤干净并套好橡胶帽。

③ 注意保持公用仪器和材料的安全与整洁卫生。

1) 向水相产物中加入 $Na_2S_2O_3$ 的目的是消除溶于水中的 I_2 的黄色，以便观察白色锌盐沉淀。加 $ZnSO_4$ 可发生下列反应

$$2I^- + 2[Fe(CN)_6]^{3-} + 4Zn^{2+} = I_2 + 2Zn_2[Fe(CN)_6]\downarrow\text{(白色)}$$

实验十九　沉淀的生成与溶解

一、预习要点

① 溶度积的概念与应用。

② 沉淀平衡和同离子效应的应用。

③ 影响沉淀溶解平衡的因素。

二、原理提要

一定温度下，难溶电解质在溶液中能建立如下的沉淀-溶解平衡

$$A_mB_n(s) \rightleftharpoons mA^{n+}(aq) + nB^{m-}(aq)$$

其平衡常数 $K_{sp} = [A^{n+}]^m \cdot [B^{m-}]^n$ 称为溶度积常数，简称为溶度积，而在各种溶液中，离子积 $Q_i = c_A^m \cdot c_B^n$（c_A 和 c_B 是离子 A^{n+} 与 B^{m-} 在各种溶液中的浓度），对于某一给定的溶液，当 $Q_i = K_{sp}$ 时，难溶电解质处于饱和状态，无新沉淀析出，达到动态平衡；当 $Q_i < K_{sp}$ 时，是不饱和溶液，若体系中有 A_mB_n 固体，则会不断溶解至饱和；当 $Q_i > K_{sp}$ 时，是过饱和溶液，反应向生成沉淀方向进行，直至饱和为止。

逐步向溶液中加入某种试剂，当溶液中有几种离子可能与之发生几种沉淀反应时，那么 Q_i 先达到 K_{sp} 的难溶电解质先沉淀，随后，当另一种难溶电解质的 Q_i 达到其 K_{sp} 时，第二种沉淀开始析出，这种先后沉淀的过程称为分步沉淀。相反的过程称分步溶解。

条件的变化会引起沉淀-溶解平衡的移动。溶液中的沉淀离子与加入的试剂发生化学反应而降低浓度时，平衡往右移动，沉淀逐步溶解；提高任一种沉淀离子的浓度，可以使沉淀更趋完全（即同离子效应）；增加溶液的盐度，可以使沉淀的溶解度有所增大（即盐效应）。沉淀的生成或溶解往往和酸碱平衡、氧化还原平衡及配位平衡相联系，故实际的沉淀溶解平衡往往是多种平衡的相互作用。

三、问题与思考

① H_2S 的酸性比 H_2CrO_4 弱，H_2CrO_4 又比 HCl 弱，$CuCrO_4$ 能溶于 HCl，而 CuS 则不能，为什么？

② 沉淀氢氧化物是否一定要在碱性条件下进行？是不是溶液的碱性越强（即加的碱越多），氢氧化物就沉淀得越完全？

③ 把饱和 $CaSO_4$ 溶液与饱和 $BaSO_4$ 溶液混合，是否有生成沉淀？若有，是什么沉淀？

④ 有两种 Fe^{3+} 盐溶液，它的初始浓度分别为 $1mol \cdot L^{-1}$ 和 $0.01mol \cdot L^{-1}$，滴加 NaOH 溶液，使两种溶液生成 $Fe(OH)_3$ 沉淀。问：

a. 开始生成 $Fe(OH)_3$ 沉淀时，两种溶液的 pH 是否相同？

b. $Fe(OH)_3$ 完全沉淀时，溶液的 pH 是否相同？

⑤ 如何把 $BaSO_4$ 转化为 $BaCO_3$？与 Ag_2CrO_4 转化为 AgCl 相比，哪一种转化比较容易，为什么？

⑥要确定 $Pb(NO_3)_2$ 与 KI、$Al_2(SO_4)_3$ 与 NaOH 反应的计量系数，该如何设计实验？你预期在哪一配比混合中沉淀的量最多？

⑦要洗涤 AgCl 沉淀，用下列哪种溶液最好？并简述理由。

a. 0.1mol·L^{-1}HCl；　b. 0.001mol·L^{-1}HCl；　c. 浓 HCl；

d. 蒸馏水；　e. 1mol·$L^{-1}NH_3·H_2O$

⑧欲利用含有 $PbCl_2$ 和其他金属杂质（Fe^{3+}、Cu^{2+} 等）的废渣制取 $Pb(Ac)_2$，请设计一合理的工艺流程，并用所依据的原理加以说明。

四、实验内容

1. 溶度积规则的应用

① 向小试管中加入 0.5mL 0.1mol·L^{-1} $Pb(NO_3)_2$ 溶液及 0.5mL 0.1 mol·L^{-1} KI 溶液，观察有无沉淀生成。试用溶度积规则解释[$K_{sp(PbI_2)}=1.39\times10^{-8}$]。

② 用 0.001mol·$L^{-1}Pb(NO_3)_2$ 溶液和 0.001mol·L^{-1}KI 溶液进行实验，观察现象。试用溶度积规则解释。

2. 酸度对沉淀生成的影响

① 向两支小试管中分别都加入 0.5mL 饱和 $(NH_4)_2C_2O_4$ 溶液和 0.5mL 0.1 mol·$L^{-1}CaCl_2$ 溶液，观察白色 CaC_2O_4 沉淀的生成。然后在一支试管内加入约 2mL 2mol·L^{-1} HCl 溶液，搅匀，沉淀是否溶解？在另一支试管中加入约 2mL 2mol·L^{-1} HAc 溶液，沉淀是否溶解？解释现象。

② 向 3 支离心试管中分别加入 1mL 0.2mol·$L^{-1}CuSO_4$ 溶液、$ZnSO_4$ 溶液和 $MnSO_4$ 溶液，再各加入 0.5mL 1mol·L^{-1} HCl 溶液，混合均匀后通入 H_2S 气体或加入饱和 H_2S 水溶液，哪支离心试管中有沉淀产生？沉淀是什么颜色？在没有产生沉淀的试管中加入少量 NaAc 固体，使溶液的 pH 达到 4～5。哪支试管中产生了沉淀？是什么颜色？最后往第三支离心试管中逐滴加入 2mol·$L^{-1}NH_3·H_2O$，当刚产生沉淀时，测定溶液的 pH。然后继续通入 H_2S，并加入适量的 $NH_3·H_2O$，使沉淀完全。根据酸度对 S^{2-} 浓度的影响和 CuS、ZnS、MnS 的溶度积说明这些硫化物生成的条件有何不同？

将上面三种硫化物离心分离，弃去清液，沉淀再用少量蒸馏水洗涤后供下面实验使用。

3. 比较几种沉淀的溶解条件

① 试验 CuS、ZnS、MnS 三种硫化物沉淀能否溶于 2mol・L^{-1} HAc 溶液中。不溶者经离心分离，弃去清液。试验沉淀能否溶于 2mol・L^{-1} HCl 溶液中。仍不能溶者，经离心分离后，再试验它能否溶于 6mol・L^{-1} HNO_3 溶液中(需要在水浴中加热)。根据溶度积解释这三种硫化物溶于酸的难易程度，并写出反应式。

② 向三支离心试管中分别加入 1mL 0.1mol・L^{-1} Na_2CO_3 溶液、K_2CrO_4 溶液和 Na_2SO_4 溶液，再各加入 1mL 0.1mol・L^{-1} $BaCl_2$ 溶液，即生成 $BaCO_3$、$BaCrO_4$ 和 $BaSO_4$ 沉淀。离心分离，弃去清液，并用少量蒸馏水把沉淀洗两次，然后按照上面的方法分别试验这三种沉淀在 2mol・L^{-1} HAc、2mol・L^{-1} HCl 和 6mol・L^{-1} HCl 溶液中的溶解情况。

这三种难溶盐的溶度积相差不大，为什么在酸中的溶解性差别很大，试用平衡移动的原理进行解释。

③ 向两支离心试管中各加 1mL 0.1mol・L^{-1} $MgCl_2$ 溶液，再逐滴加入 0.1mol・L^{-1} NaOH 溶液，直至沉淀完全。离心分离，弃去清液，并用少量蒸馏水把沉淀洗两次。然后在第一支离心管中加入 2mol・L^{-1} HCl 溶液，沉淀是否溶解？在第二支离心管中加入饱和 NH_4Cl 溶液，沉淀是否溶解？加入 HCl 和 NH_4Cl 对 $Mg(OH)_2$的沉淀-溶解平衡各有何影响？

4. 分步沉淀

向小试管中加入 0.5mL 0.1mol・L^{-1} KCl 溶液和 2 滴 0.1mol・L^{-1} K_2CrO_4 溶液，混匀后，一面振荡试管，一面逐滴加入 0.1mol・L^{-1} $AgNO_3$ 溶液，观察现象(聚集于试管底部沉淀的颜色)，并加以解释。

实验中出现砖红色 Ag_2CrO_4 沉淀时，溶液中的 CrO_4^{2-} 浓度约为 6.0×10^{-3} mol・L^{-1}，求这时溶液中 Cl^- 的浓度。

5. 沉淀的转化

① 向一离心试管中加入 0.5mL 0.1mol・L^{-1} $Pb(NO_3)_2$ 溶液和 0.5mL 0.5 mol・L^{-1} Na_2SO_4 溶液，观察反应产物的颜色和状态。离心分离，弃去清液，用少量蒸馏水洗涤三次，然后再加入 0.5mL 0.1 mol・L^{-1} K_2CrO_4 溶液，搅拌，观察反应产物的颜色有何变化？

② 向一支离心试管中加入 0.5mL 0.1 mol・L^{-1} KCl 溶液和 7～8 滴 0.1 mol・L^{-1} $AgNO_3$ 溶液，振荡试管，观察反应产物的颜色和状态。离心分离，弃去清液，用少量蒸馏水洗涤两次。然后再加数滴 0.5 mol・L^{-1} Na_2S 溶液，观察反应物的颜色有何变化？

③ 向一支离心试管中依次加入 0.5mL 0.1 mol·L^{-1} $Ba(NO_3)_2$ 溶液和 0.5mL 0.1 mol·L^{-1} $NaSO_4$ 溶液，振荡试管，产生 $BaSO_4$ 沉淀，离心分离并洗涤沉淀。然后加入 1mL 饱和 Na_2CO_3 溶液，充分搅拌，离心分离。如此重复处理沉淀 2～3 次。向沉淀中加入 0.5mL 2 mol·L^{-1} HCl 溶液，观察现象并加以解释。

五、注意事项

在离心机试管中洗涤沉淀时应注意：加入洗涤剂后要设法把沉淀充分搅动，若玻璃棒不能搅到离心试管的尖底部，可用滴管往离心试管底部吹气以搅动沉淀，然后进行下一步操作。

实验二十　配合物的生成与性质

一、预习要点

① 配合物的生成、组成和稳定性。

② 配位平衡的移动及影响因素。

③ 配合物的应用。

二、原理提要

配合物的组成一般可分为内界和外界两个部分。中心离子和配位体组成配合物的内界，其余离子处于外界。例如在 $[Co(NH_3)_6]Cl_3$ 中，Co^{3+} 与 NH_3 组成内界，3 个 Cl^- 处于外界。在水溶液中主要以 Cl^- 和 $[Co(NH_3)_6]^{3+}$ 两种离子存在。又如在 $[Co(NH_3)_5Cl]Cl_2$ 水溶液中，主要以 Cl^- 和 $[Co(NH_3)_5Cl]^{2+}$ 两种离子存在。在这两种配合物水溶液中，用一般方法都检查不出 Co^{3+} 和 NH_3，而且加入 $AgNO_3$ 时，前者的 3 个 Cl^- 可以全部以 AgCl 沉淀出来，后者却只有 2/3 的 Cl^- 以 AgCl 沉淀出来。

一个金属离子形成配合物后，一系列性质都会发生改变，例如氧化性、还原性、颜色、溶解度等都有所不同。

每种配合离子，例如 $[Co(NH_3)_6]^{3+}$、$[Fe(CN)_6]^{3-}$、$[Ag(NH_3)_2]^+$ 等配离子在溶液中同时存在着配位和离解两个相反的过程，即存在着配位平衡。例如

$$Ag^+ + 2NH_3 \rightleftharpoons [Ag(NH_3)_2]^+$$

$$K_{稳} = \frac{[Ag(NH_3)_2^+]}{[Ag^+][NH_3]^2}$$

$K_{稳}$ 称为稳定常数。不同配离子具有不同的稳定常数。对于同种配位构型的配离子，$K_{稳}$ 值愈大，表示配离子愈稳定（有时平衡常数也用 $K_{不稳}$ 表示，$K_{不稳}$ 与 $K_{稳}$ 互

为倒数)。

根据平衡移动原理,改变中心离子或配位体的浓度会使配位平衡发生移动。如加入沉淀剂、改变溶液的浓度,以及改变溶液的酸度等条件下,配位平衡都将发生移动。

三、问题与思考

① KSCN溶液检查不出$K_3[Fe(CN)_6]$溶液中的Fe^{3+};Na_2S溶液不能与$K_4[Fe(CN)_6]$溶液中的Fe^{2+}反应生成FeS沉淀,这是否表明这两种配合物的溶液中不存在Fe^{3+}和Fe^{2+}?为什么Na_2S溶液不能使$K_4[Fe(CN)_6]$溶液产生FeS沉淀,而饱和H_2S溶液能使铜氨配合物的溶液产生CuS沉淀?

② 已知$[Ag(S_2O_3)_2]^{3-}$比$[Ag(NH_3)_2]^+$稳定,如果把$Na_2S_2O_3$溶液加到$[Ag(NH_3)_2]^+$溶液中,会发生什么变化?

③ 设计一实验方案确证光卤石$KMgCl_3 \cdot 6H_2O$是复盐而不是配合物。

④ 衣服上沾有铁锈时,可用草酸洗去,试说明原理?

⑤ 在印染液中,常因某些离子(如Fe^{3+}、Cu^{2+}等)使染料颜色改变,加入EDTA便可纠正此弊,试说明原理。

⑥在检出卤素离子混合物中的Cl^-时,用2 $mol \cdot L^{-1} NH_3 \cdot H_2O$处理卤化银沉淀;处理后所得的氨溶液用$HNO_3$酸化得白色沉淀,或在氨水处理液中加入KBr溶液得黄色沉淀,这两种现象都可以证明Cl^-的存在。为什么?

四、实验内容

1. 配合物的生成和组成

取一支小试管,加入1mL 0.1 $mol \cdot L^{-1} CuSO_4$溶液,逐滴加入6 $mol \cdot L^{-1} NH_3 \cdot H_2O$,边加边振荡,观察产生沉淀的颜色和状态,继续加$NH_3 \cdot H_2O$,直到沉淀完全溶解,观察溶液的颜色。将此溶液分成两份:一份加入几滴0.1 $mol \cdot L^{-1}$ $BaCl_2$溶液;另一份加入几滴0.1 $mol \cdot L^{-1}$ NaOH溶液,观察实验现象。根据实验结果,分析说明此配合物的内界和外界的组成。

2. 配离子和简单离子性质的比较

(1) Fe^{3+}与$[Fe(CN)_6]^{3-}$性质的比较　分别向两支盛着0.5mL 0.1 $mol \cdot L^{-1}$ $FeCl_3$溶液和0.1 $mol \cdot L^{-1} K_3[Fe(CN)_6]$溶液的小试管中加入几滴0.5 $mol \cdot L^{-1}$ KSCN溶液,观察现象。两种化合物中都有Fe(Ⅲ),为什么实验结果不同?

(2) Fe^{2+}与$[Fe(CN)_6]^{4-}$性质的比较　分别向两支盛着0.5mL 0.1 $mol \cdot L^{-1}$

硫酸亚铁铵溶液和 0.1 mol·L^{-1} $K_4[Fe(CN)_6]$ 溶液的小试管中加入几滴 0.5 mol·L^{-1} Na_2S 溶液，是否都有 FeS 沉淀生成？为什么？

(3) 简单离子的性质　取少量明矾 $[K_2SO_4 \cdot Al_2(SO_4)_3 \cdot 24H_2O]$ 晶体放入试管里，用蒸馏水溶解，分装三支试管，分别用 $Na_3[Co(NO_2)_6]$[1)]、NaOH、$BaCl_2$ 溶液检出其中的 K^+、Al^{3+} 和 SO_4^{2-}。

比较以上实验的结果，配离子与简单离子有什么区别？复盐和配合物有什么区别？

3. 配离子稳定性的比较

① 向小试管中加入 0.5mL 0.5 mol·L^{-1} $Fe_2(SO_4)_3$ 溶液，然后逐滴加入 6 mol·L^{-1} HCl 溶液，观察溶液颜色的变化。再往溶液中加 1 滴 0.01 mol·L^{-1} NH_4SCN 溶液，溶液颜色有何变化？再往溶液中滴加适量的 10% NH_4F 溶液（加至溶液颜色完全褪为无色），最后溶液中加几滴饱和 $(NH_4)_2C_2O_4$ 溶液，溶液颜色又有何变化？比较这四种 Fe(Ⅲ)配离子[2)]的稳定性，并说明它们之间的转化条件。

② 在 0.5mL 碘水中，逐滴加入 0.1 mol·L^{-1} $K_4[Fe(CN)_6]$ 溶液，振荡，有何现象？写出反应式。比较 $\varphi_{Fe^{3+}/Fe^{2+}}$ 与 $\varphi_{[Fe(CN)_6]^{3-}/[Fe(CN)_6]^{4-}}$ 的大小，并比较 $[Fe(CN)_6]^{3-}$ 和 $[Fe(CN)_6]^{4-}$ 的稳定性。

4. 酸碱平衡与配位平衡

① 向 0.5mL 0.2 mol·L^{-1} $CuSO_4$ 溶液中逐滴加入 2 mol·L^{-1} $NH_3 \cdot H_2O$，并振荡试管，直到最初生成的浅蓝色沉淀溶解为止，观察溶液的颜色。再向溶液中逐滴加入 1 mol·L^{-1} H_2SO_4 溶液，溶液的颜色有何变化？是否有沉淀产生？继续加入 H_2SO_4 到溶液显酸性又有什么变化？写出铜氨配合物生成和解离的反应式。

② 向 2 滴 0.1 mol·L^{-1} $Fe_2(SO_4)_3$ 溶液中加入 10 滴饱和 $(NH_4)_2C_2O_4$ 溶液，溶液颜色有何变化？生成了什么？加入 1 滴 0.5 mol·L^{-1} NH_4SCN 溶液，溶液颜色有无变化？再向溶液中逐滴加入 6 mol·L^{-1} HCl 溶液，溶液颜色又有何变化？写出有关的反应式。

③ 向 0.5mL $Na_3[Co(NO_2)_6]$ 溶液中逐滴加入 6 mol·L^{-1} NaOH 溶液，并振荡试管，观察 $[Co(NO_2)_6]^{3-}$ 的被破坏和 $Co(OH)_3$ 沉淀的生成。

由以上实验，说明酸碱平衡对配位平衡的影响。

5. 沉淀平衡与配位平衡

① 向 0.5mL 0.2 mol·L^{-1} $CuSO_4$ 溶液中逐滴加入 2 mol·L^{-1} $NH_3 \cdot H_2O$，并振荡试管，直到最初生成的浅蓝色沉淀溶解为止，观察溶液的颜色。向溶液中逐

滴加入饱和 H_2S 溶液，是否有沉淀产生？写出反应式。

② 向离心管中加入 0.5mL 0.1 mol·L^{-1} $AgNO_3$ 溶液和 0.5mL 0.1 mol·L^{-1} NaCl 溶液，离心分离，弃去清液。用蒸馏水洗涤沉淀两次，然后加入 2 mol·L^{-1} $NH_3 \cdot H_2O$ 至沉淀刚好溶解为止。向溶液中加 1 滴 0.1 mol·L^{-1} NaCl 溶液，是否有 AgCl 沉淀生成？再加入 1 滴 0.1 mol·L^{-1} KBr 溶液，有无 AgBr 沉淀生成？沉淀是什么颜色？继续加入 KBr 溶液，至不再产生 AgBr 沉淀为止。离心分离，弃去清液，并用少量蒸馏水把沉淀洗涤两次，然后加入 0.5 mol·L^{-1} $Na_2S_2O_3$ 溶液直到沉淀刚好溶解为止。向溶液中加 1 滴 0.1 mol·L^{-1} KBr 溶液，是否有 AgBr 沉淀生成？再加 1 滴 0.1 mol·L^{-1} KI 溶液，有没有 AgI 沉淀产生？

由以上试验，讨论沉淀平衡与配位平衡的相互影响，并比较 AgCl、AgBr、AgI 的 K_{sp} 的大小和 $[Ag(NH_3)_2]^+$、$[Ag(S_2O_3)_2]^{3-}$ 的 $K_{稳}$ 的大小。

③ 向 0.5mL 0.2 mol·L^{-1} $Hg(NO_3)_2$ 溶液中逐滴加入 0.5 mol·L^{-1} KI 溶液，有无沉淀产生？加入过量的 KI 溶液，有何现象？写出反应式。

6. 氧化还原平衡与配位平衡

向 5 滴 0.1 mol·L^{-1} KI 溶液中加入 5 滴 0.1 mol·L^{-1} $FeCl_3$ 溶液，振荡试管，观察溶液颜色的变化，发生了什么反应？再向溶液中逐滴加入饱和 $(NH_4)_2C_2O_4$ 溶液，溶液颜色又有什么变化？又发生了什么反应？写出反应式，并讨论配位平衡对氧化还原平衡的影响。

7. 配位离解平衡的移动

在盛有 5mL 0.5 mol·L^{-1} $CuSO_4$ 溶液的小烧杯中逐滴加入 6 mol·L^{-1} $NH_3 \cdot H_2O$，至生成碱式盐 $Cu_2(OH)_2SO_4$ 沉淀又溶解为止。然后加入 6mL 95% 的乙醇。观察晶体的析出。离心分离，用少量乙醇洗涤晶体，观察晶体颜色，写出反应式。

取上面制备的晶体少许溶于 4mL 2 mol·L^{-1} $NH_3 \cdot H_2O$ 中，得到 $[Cu(NH_3)_4]^{2+}$ 溶液。然后自己设计步骤并进行实验，分别用酸碱反应、沉淀反应、氧化还原反应（$[Cu(NH_3)_4]^{2+} + 2e = Cu + 4NH_3$，$\varphi^\ominus = -0.02V$；$[Zn(NH_3)_4]^{2+} + 2e = Zn + 4NH_3$，$\varphi^\ominus = -1.02V$），以及生成更稳定配合物（如螯合物）的方法破坏 $[Cu(NH_3)_4]^{2+}$。写出有关反应式。

8. 配合物的某些应用

(1) 利用生成有色配合物来鉴定某些离子　在白色点滴板上加入 Ni^{2+} 试液（0.1 mol·L^{-1} $NiSO_4$ 溶液）、6 mol·L^{-1} $NH_3 \cdot H_2O$ 和 1% 二乙酰二肟溶液（秋加耶夫试剂）各 1 滴，有鲜红色沉淀生成表示有 Ni^{2+} 存在。

(2) 利用生成配合物掩蔽干扰离子　取 Fe^{3+} 和 Co^{2+} 混合试液 2 滴(或各取 1 滴 0.1 mol·$L^{-1}$$CoCl_2$ 和 $FeCl_3$ 溶液)于小试管中,加 8～10 滴饱和 NH_4SCN 溶液,有何现象? 逐滴加入 2 mol·$L^{-1}$$NH_4F$ 溶液并摇动试管,有何现象? 继续滴加至溶液变为淡红色(Co^{2+} 的颜色)后加 6 滴戊醇,振荡试管,静置,观察戊醇层的颜色。

(3) 硬水软化　取两个 100mL 烧杯各盛 50mL 自来水(用井水效果更明显),在其中一个烧杯加入 3～5 滴 0.1 mol·L^{-1}EDTA 溶液,然后将两个烧杯加热煮沸 10min。可见一个烧杯中有白色 $CaCO_3$ 等悬浮体生成,另一个烧杯没有现象,解释现象。也可用 5mL 饱和石灰水代替自来水进行上述实验。

五、注意事项

解释配位平衡受其他化学平衡影响的实验现象时应清楚说明:配合物或配离子的中心离子或配体的浓度受其他化学平衡的影响而改变,破坏原有的配位平衡,促使配位平衡移动,从而产生新的实验现象。

1) 在弱酸性或弱碱性溶液中,K^+ 与 $Na_3[Co(NO_2)_6]$ 起反应生成黄色沉淀(可用玻璃棒摩擦试管内壁,促进沉淀生成)。反应式为

$$2K^+ + Na^+ + [Co(NO_2)_6]^{3-} = K_2Na[Co(NO_2)_6] \downarrow$$

2) $[FeCl_6]^{3-}$ 黄色;$[FeSCN]^{2+}$ 血红色;$[FeF_6]^{3-}$ 无色;$[Fe(C_2O_4)_3]^{3-}$ 黄色。

3.3　物理化学常数的测定

实验二十一　置换法测定镁的摩尔质量

一、预习要点

① 气体状态方程式和分压定律。
② 有效数字和误差概念。
③ 分析天平及气压计的使用。

二、原理提要

金属镁与稀 H_2SO_4 作用,置换出 H_2,即

$$Mg + H_2SO_4 = MgSO_4 + H_2 \uparrow$$

准确称取一定质量的镁带(m_{Mg}),与过量的稀 H_2SO_4 作用,反应完毕后,由实验可测定已知温度和压力下所生成的 H_2 的体积(V),再由理想气体状态方程式计算 H_2 的物质的量(n_{H_2}),即

$$n_{H_2} = p_{H_2}V/RT$$

式中：p_{H_2} 为 H_2 分压(kPa)，它由大气压 p 减去该实验温度的饱和水蒸气压 p_{H_2O}(p 从气压计读出，p_{H_2O}从附录1查出)；R 为摩尔气体常量，等于 8.314J · mol^{-1} · K^{-1}；T 为热力学温度(K)。

从上面反应式可知，$n_{Mg} = n_{H_2}$，那么金属镁的摩尔质量(M_{Mg})为

$$M_{Mg} = m_{Mg} / n_{Mg} = m_{Mg} / n_{H_2}$$

三、问题与思考

① 下述各种情况对实验结果的影响如何？

a. 在 H_2 发生的过程中装置漏气(往外漏气)；

b. 镁带表面的氧化物没有除净；

c. 读取量气管内水面位置时，量气管与漏斗的水面没有处在同一水平面上；

d. 未等到试管冷至室温就读取 H_2 的体积。

② 检查装置是否漏气是根据什么原理？

③ 在计算 H_2 分压时，为什么必须用大气压减去当时的饱和水蒸气压作为理想气体状态方程式中的压力？直接用大气压进行计算为什么是错误的？

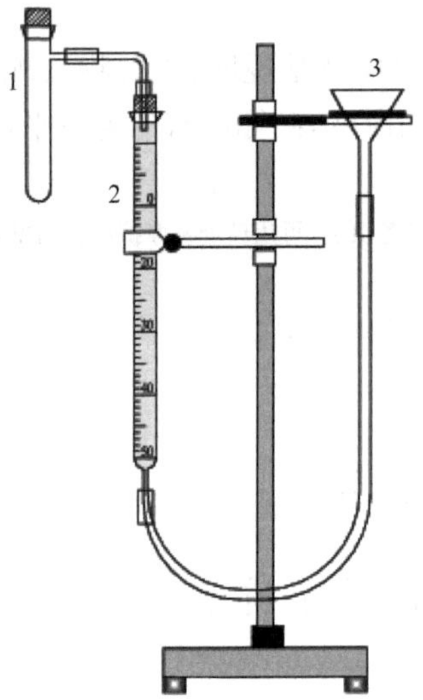

图 3.2 置换法测定镁摩尔质量的装置

1. 反应管；2. 量气管；3. 漏斗

四、实验内容

1. 实验装置的装配及其气密性的检查

按图 3.2 装配好实验装置(玻璃管套上橡皮管之前要先用水润湿)。在反应管的支管尚未接上量气管之前，从漏斗注入水，一直到水充满了量气管和橡皮管为止。为尽可能地驱除附在量气管和橡皮管内的空气泡，应将漏斗上下移动数次。把反应管的支管接到量气管上，将漏斗向下移动一段距离且固定在铁架上，如果量气管中的水面只在开始时稍有下降，以后就稳定了，就表明该装置没有漏气。如果量气管内的水面不断下降，则装置漏气，这时应检查装置的各个接头处是否连接不紧密，纠正后再检查，直到不漏气为止。

2. 镁带的称量

用细砂纸把镁带表面擦亮，然后用分析天平称取两份样品，其质量在 0.025～0.035g 之间，应称准至 0.0001g。

3. H_2 的发生及收集

把装置中的反应管拿下，移动漏斗使量气管内的水面比量气管的零刻度稍低些，量取 5mL 1 mol · L^{-1} H_2SO_4，用长的滴管小心地把它加到反应管的底部，并小心地取出滴管，注意不要使滴管末端碰到反应管，避免酸液沾在反应管壁上。把称量过的镁带用蒸馏水润湿后贴在反应管上部的内壁，这时切不可使镁带与 H_2SO_4 接触。将反应管接到量气管上(仔细操作，以防止镁带掉入酸中)。再检查一下装置是否漏气，如确实不漏气，就可以进行下一步实验。

手拿漏斗移近量气管，使两者中的水面保持在同一水平位置(这时反应容器内压力与外界大气压相等)，记下量气管内液面位置的刻度(准确到 0.01mL)。把反应管底部稍微抬起或用指头轻弹反应管，使镁带掉落在 H_2SO_4 里。反应发生后产生的 H_2 进入量气管内，并把其中的水压入漏斗，为使量气管内压力与大气压平衡，当量气管的水面下降时应把漏斗相应地向下移动，使量气管内和漏斗中的水面经常处于同一水平位置。

待镁带完全作用完毕后，让反应管自然冷却至室温(需 4～5min)，记录量气管的水面位置(这时应使漏斗和量气管内的水面同处于一个水平位置)、室温、大气压。为减少实验误差，可稍等一会儿再重新记录一次，如两次读数相等，则说明量气管内的温度已与室温相同。

取另一段镁带按上述方法再实验一次，把所测得的数据填入表 3.4 内，然后进行计算。

表 3.4　测定数据及结果处理

实验序号	1	2
镁带质量 m_{Mg}/g		
室温 T/K		
大气压力 p/Pa		
室温 T 的饱和水蒸气压 p_{H_2O}/ Pa		
H_2 的分压 $p_{H_2}=p-p_{H_2O}$/Pa		
反应前量气管内水面位置 /mL		
反应后量气管内水面位置 /mL		
H_2 的体积 V_{H_2} / L		
镁的摩尔质量 M_{Mg}/ (g · mol^{-1})		
两次实验值的平衡值 $\overline{M}_{Mg}$/ (g · mol^{-1})		
相对误差[1)]		

五、注意事项

① 实验最初应把镁表面的氧化物擦净，如有污渍也必须处理干净。

② 要仔细测量 H_2 的量，读取量气管的体积时，视线应与刻度线在同一水平线上。

[1] 相对误差$=\frac{(实验值-理论值)}{理论值}\times 100\%$。

实验二十二　阿伏伽德罗常量的测定

一、预习要点

① 电解的基本原理。

② 通过电解池的电量与电解出物质的量的关系。

二、原理提要

阿伏伽德罗常量(N_A)是化学中十分重要的一个物理常数，有许多测定方法。本实验是用电解的方法进行测定。

如果用两块已知质量的铜片作为阴、阳极，将 $CuSO_4$ 溶液进行电解，则在阴极上 Cu^{2+} 得到电子析出金属铜使铜片增重，在阳极上金属铜失去电子溶解生成 Cu^{2+} 使铜片失重。

阴极反应为

$$Cu^{2+}+2e \longrightarrow Cu\downarrow$$

阳极反应为

$$Cu \longrightarrow Cu^{2+}+2e$$

若电解时的电流为 I(A)，则在时间 t(s)内，通过电解池的总电量为

$$Q = It(\text{C 或 A}\cdot\text{s})$$

在阴极上铜片增加的质量为 m(g)，则每增加一单位质量所需的电量为

$$\frac{It}{m}(\text{C}\cdot\text{g}^{-1})$$

因 1mol 铜的质量为 63.5g，故电解得到 1mol 铜所需电量为

$$\frac{It}{m}\times 63.5(\text{C}\cdot\text{mol}^{-1})$$

由于电解 1 个一价离子所需的电量(即一个电子的电荷)是 1.6×10^{-19}C，电解 1 个二价离子所需的电量是 $2\times 1.6\times 10^{-19}$C，则 1mol 铜所含的原子个数为

$$N_A=\frac{It\times 63.5}{m\times 2\times 1.60\times 10^{-19}}$$

若在阳极上铜片减少的质量为 m'(g)，则同样可以导出 1mol 铜所含的原子数目为

$$N'_A = \frac{It \times 63.5}{m' \times 2 \times 1.60 \times 10^{-19}}$$

理论上，阴极上 Cu^{2+} 得到的电子数和阳极上 Cu 失去的电子数相等，因此在无副反应的情况下，应该是 $m'=m$，所以 $N'_A = N_A$。

三、问题与思考

① 下列情况对实验结果有何影响？

a. 若电解时所用铜片不纯；

b. 电解过程中电流不能维持恒定。

② 实验中用酒精洗铜片的作用是什么？

③ 阳极的减少质量是否等于阴极的增加质量？为什么实验中用阴极增加的质量比用阳极减少的质量计算 N_A 更为准确？

④ 电解等摩尔的银和铜所需电量是否一样，称量的相对误差是否一样？

四、实验内容

取 3cm×5cm 的薄纯紫铜片两块，分别用 0 号、000 号砂纸擦去表面氧化物，然后用水洗，再用沾有酒精的棉花擦净，待完全干后，精确称量(精确到 0.0001g)。一块作为阴极，一块作为阳极。在 100mL 烧杯中加入约 80mL $CuSO_4$ 溶液(每升溶液中含化学纯的 $CuSO_4$ 125g 和 25mL 浓 H_2SO_4)，将每块铜片高度的 2/3 左右浸没在 $CuSO_4$ 溶液中，两极的距离保持 1.5 cm，然后按图 3.3 接好装置。直流电压控制为 10V。实验开始时，变阻箱值控制在 60～100 Ω，按下开关，迅速调节电阻使毫安表指针在 100mA 左右，同时准确记下时间和电流值(表 3.5)。通电 60min，拉开开关，停止电解。整个电解期间，电流应尽可能保持不变，如有变动可调节电阻以维持稳定。

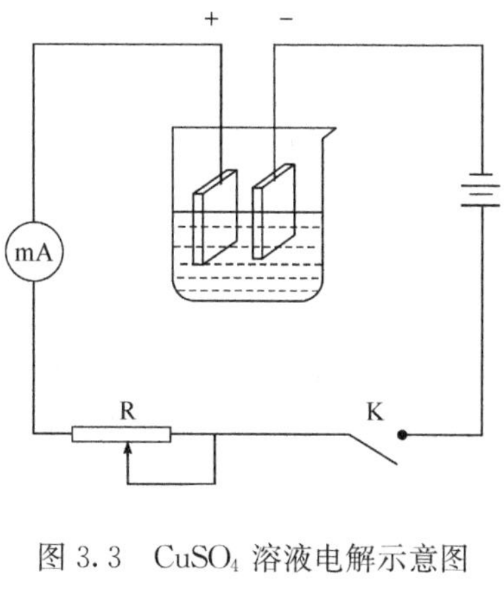

图 3.3　$CuSO_4$ 溶液电解示意图

mA. 毫安表；K. 开关；R. 变阻箱

取下阴、阳极铜片，分别在水和酒精中漂洗，用电吹风吹干水分，精确称量。

表 3.5 数据记录和结果处理

电极称量	阴极增加的质量 m/g	阳极减少的质量 m'/g
	电解后－电解前	电解前－电解后
	m=	m'=
电解时间 t/s		
电流 I / A		
N_A 值	$\frac{It\times 63.5}{m\times 2\times 1.60\times 10^{-19}}=$	$\frac{It\times 63.5}{m'\times 2\times 1.60\times 10^{-19}}=$

五、注意事项

① 作为电极的铜片表面应仔细擦洗干净，以免电镀上去的金属脱落。

② 电解过程中随时注意电流强度，如有变动应立即小心调节电阻维持电流恒定。

实验二十三 CO_2 相对分子质量的测定

一、预习要点

① 误差及有效数字的基本知识及运算。

② 相对密度测定气态物质相对分子质量的原理。

③ 启普发生器气体的发生、净化、干燥和收集等的实验装置和操作。

二、原理提要

根据阿伏伽德罗定律，温度、压力及体积都相同的各种气体含有相同数目的分子。因此，在同温同压下，两种同体积的不同气体的质量之比等于它们的相对分子质量之比，即

$$\frac{m_1}{m_2}=\frac{M_{r1}}{M_{r2}}$$

这样，只要在同温同压下，测得一定体积的已知相对分子质量(M_{r1})的气体的质量(m_1)，又测得同体积的待测气体的质量(m_2)，便可求出待测气体的相对分子质量(M_{r2})。

本实验是在同温同压下，分别测定同体积的 CO_2 和空气(平均相对分子质量为 29.0)的质量，由下式计算 CO_2 的相对分子质量

$$M_{r,CO_2}=\frac{m_{CO_2}}{m_{空气}}\times 29.0$$

式中，CO_2 的质量 m_{CO_2} 是由两次称量求得：

第一次称量充满空气的容器的质量为 $G_1=$ 容器质量 $+m_{空气}$

第二次称量充满 CO_2 的容器的质量为 $G_2=$ 容器质量 $+m_{CO_2}$

因此

$$m_{CO_2}=(G_2-G_1)+m_{空气}$$

其中，空气质量 $m_{空气}$ 可用理想气体状态方程式求算

$$m_{空气}=\frac{29.0pV}{RT}$$

式中：p 和 T 分别为实验时的大气压力(kPa)和热力学温度(K)；R 为摩尔气体常量($8.314\ J\cdot mol^{-1}\cdot K^{-1}$)；$V$ 为容器的体积(L)，它可以在同温同压下用充水称量法得到。

从而可以根据上述有关公式，计算出 CO_2 的相对分子质量。

三、问题与思考

① 从启普发生器产生的 CO_2 可能含有哪些杂质？如何除去？

② 为什么启普发生器产生的 CO_2 要经过净化？用 $NaHCO_3$ 溶液、浓 H_2SO_4、玻璃丝净化 CO_2 时各起什么作用？

③ 如何证实收集 CO_2 的容器已充满 CO_2？

④ 充满空气或 CO_2 的容器的质量，为什么要在分析天平上称量，而充满水的容器的质量却可在托盘天平上称量？

⑤ 导入 CO_2 气体的管子，应插入锥形瓶的哪个部位，才能把瓶内的空气赶净？

⑥每次塞子塞入瓶口的位置不同，对测定结果有何影响？怎样使塞子的位置固定？

⑦本实验产生误差的主要原因有哪些？

四、实验内容

(1) 充满空气的瓶和塞子的称量　取一个干燥的锥形瓶，用一个合适的胶塞塞住瓶口，在胶塞上做一记号，以固定胶塞塞入瓶口的位置。然后称得质量 G_1(准至 0.001g)。

(2) 充满 CO_2 的瓶和塞子的称量　从启普发生器(用 HCl 和大理石反应)产生的 CO_2，经过净化和干燥(图 3.4)后导入锥形瓶底部。待 CO_2 充满瓶后，缓慢取出导气管，用胶塞塞入瓶口至原记号位置，进行称量。再重复充 CO_2 的操作，直到前后两次的称量相差 1mg 以内为止，记下 G_2。

(3) 充满水的瓶和塞子的称量　往锥形瓶内加满水，塞好塞子(注意位置!)，称得质量 G_3。

记下实验时的温度 T 和大气压力 p(kPa)，计算 CO_2 的相对分子质量。

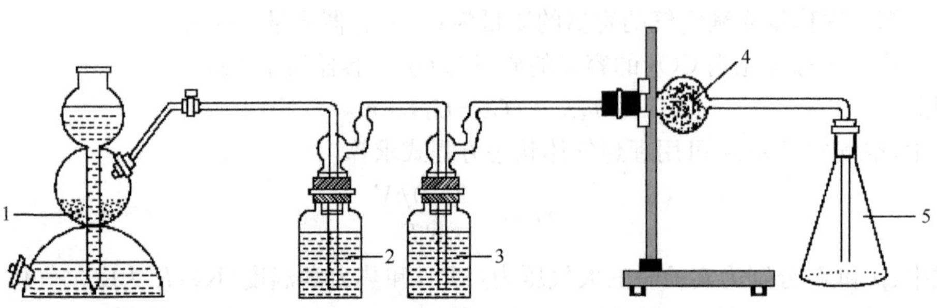

图 3.4 二氧化碳气体的发生和净化装置

1. 启普发生器；2. 洗气瓶（$NaHCO_3$ 溶液）；3. 洗气瓶（H_2SO_4）；4. 洗气管（玻璃丝）；5. 接收瓶

五、注意事项

① 本法测定不需要水蒸气压的校正，因此容器要充分干燥，同时也需用浓 H_2SO_4 将气体干燥。

② 接收瓶的容积为 500mL 比较合适。每次称量时，都应擦净锥形瓶的外壁，塞子应塞至同样的位置。

实验二十四 电离常数和电离度的测定

Ⅰ. pH 法测定 HAc 的电离常数和电离度

一、预习要点

① 弱电解质的电离平衡及电离度。

② pH 计的原理及其使用。

③ 酸碱滴定法的原理及滴定操作。

二、原理提要

乙酸（CH_3COOH 或 HAc）是弱电解质，在溶液中存在下列电离平衡

$$HAc \rightleftharpoons H^+ + Ac^-$$

$$K_a = \frac{[H^+][Ac^-]}{[HAc]}, \qquad \alpha = \frac{[H^+]}{c}$$

式中：$[H^+]$、$[Ac^-]$和$[HAc]$分别为 H^+、Ac^- 和 HAc 的平衡浓度；K_a 为电离常数；α 为电离度。

HAc 溶液的总浓度 c 可以用 NaOH 标准溶液滴定测得。其电离出来的 H^+ 的浓度，可在一定温度下用 pH 计测定 HAc 溶液的 pH，再根据 $pH = -\lg[H^+]$

关系式计算而得。另外，再从 $[H^+]=[Ac^-]$ 和 $[HAc]=c-[H^+]$ 关系式求出 $[Ac^-]$ 和 $[HAc]$，代入上面两式便可计算出该温度下的 K_a 及 α。

三、问题与思考

① 弱电解质溶液的电离度(α)与哪些因素有关?

② 若分别改变 HAc 溶液的温度和浓度，测得的 K_a 和 α 有无变化? 为什么?

四、实验内容

1) 用 NaOH 标准溶液测定 HAc 溶液的浓度(准确至四位有效数字)

用移液管吸取三份 25.00mL 0.2 $mol \cdot L^{-1}$ HAc 溶液，分别置于 250mL 的锥形瓶中，各加 2～3 滴酚酞指示剂。分别用 NaOH 标准溶液滴定至溶液呈现微红色，半分钟内不褪色为止，记下所用 NaOH 溶液的毫升数。

把滴定的数据和计算结果填入表 3.6 中。

表 3.6　测定 HAc 浓度的数据及处理

滴定序号		1	2	3
标准 NaOH 溶液的浓度/($mol \cdot L^{-1}$)				
HAc 溶液的量/mL				
标准 NaOH 溶液的用量/mL				
HAc 溶液的浓度/($mol \cdot L^{-1}$)	测定值			
	平均值			

2) 测定不同浓度 HAc 溶液的 pH

用吸量管或滴定管分别取 2.50mL、5.00mL 和 25.00mL 已标定其浓度的 0.2$mol \cdot L^{-1}$ HAc 溶液于三个 50mL 容量瓶中，用蒸馏水稀释至刻度，摇匀，制得 0.01$mol \cdot L^{-1}$、0.02$mol \cdot L^{-1}$和 0.1 $mol \cdot L^{-1}$ HAc 溶液。用 4 个干燥的 50mL 烧杯，分别注入 0.01$mol \cdot L^{-1}$、0.02$mol \cdot L^{-1}$、0.1$mol \cdot L^{-1}$和 0.2 $mol \cdot L^{-1}$的 4 种 HAc 溶液，由稀到浓分别用 pH 计测定它们的 pH，并记录温度(室温)。

将测得的数据和计算结果列入表 3.7 中，并讨论 HAc 的电离度与其浓度的关系。

表 3.7　测定 HAc 电离度和电离常数的数据及处理(温度：________)

HAc 溶液编号	c/($mol \cdot L^{-1}$)	pH	$[H^+]$/($mol \cdot L^{-1}$)	K_a	α
1					
2					
3					
4					

五、注意事项

① 应按 HAc 浓度由稀到浓的顺序测量 pH。

② 测量 pH 时电极的测量部分应全部浸没在溶液中，否则读数不稳定且不准确。

Ⅱ．电导率法测定 HAc 的电离常数

一、预习要点

① 溶液的电导、电导率、摩尔电导、极限摩尔电导的概念及其与电离度的关系。

② 电导率仪的原理及其使用。

二、原理提要

一元弱酸(或弱碱)的电离平衡常数 K_a 和电离度 α 具有一定关系。例如 HAc 溶液

$$\mathrm{HAc} \rightleftharpoons \mathrm{H^+} + \mathrm{Ac^-}$$

起始浓度/($\mathrm{mol \cdot L^{-1}}$)　　c　　0　　0

平衡时浓度/($\mathrm{mol \cdot L^{-1}}$)　$c-c\alpha$　　$c\alpha$　　$c\alpha$

$$K_a = \frac{[\mathrm{H^+}][\mathrm{Ac^-}]}{[\mathrm{HAc}]} = \frac{(c\alpha)^2}{c-c\alpha} = \frac{c^2\alpha^2}{c(1-\alpha)} = \frac{c\alpha^2}{1-\alpha} \tag{3.3}$$

电离度可通过测定溶液的电导来求得，从而求得电离常数。

导体导电能力的大小，通常以电阻(R)或电导(G)表示，电阻与电导互为倒数

$$R = \frac{1}{G} \quad (\text{电阻的单位为 } \Omega\text{，电导的单位为 S 或 } \Omega^{-1})$$

和金属导体一样，电解质溶液的电阻也符合欧姆定律。温度一定时，两极间溶液的电阻与两极间的距离 l 成正比，与电极面积 A 成反比，即

$$R \propto \frac{l}{A} \quad \text{或} \quad R = \rho \frac{l}{A}$$

ρ 称为电阻率($\Omega \cdot \mathrm{cm}$)；电阻率的倒数称为电导率，以 χ 表示，$\chi = \frac{1}{\rho}$($\mathrm{S \cdot cm^{-1}}$ 或 $\Omega^{-1} \cdot \mathrm{cm^{-1}}$)。综合以上几式，可得

$$G = \chi \frac{A}{l} \quad \text{或} \quad \chi = \frac{l}{A} G \tag{3.4}$$

电导率 χ 表示相距 1 cm，面积为 1 $\mathrm{cm^2}$ 的两个电极之间溶液的电导。$\frac{l}{A}$ 称为电极常数或电导池常数，在电导池中，电极距离和面积是固定的，所以对某一电导池来

说，$\frac{l}{A}$为常数。

在一定温度下，不同浓度的同一电解质溶液的电导与两个变量有关，即溶解的电解质总量和溶质的电离度。如果把含1mol的电解质溶液置于相距1 cm的两平行电极间，这时溶液无论怎样稀释，溶液的电导只与电解质的电离度有关。在此条件下测得的电导称为该电解质的摩尔电导，如以 Λ_m 表示摩尔电导($S \cdot cm^2 \cdot mol^{-1}$)，$V$ 表示1mol电解质溶液的体积(mL)，c 表示溶液的摩尔浓度($mol \cdot L^{-1}$)，χ 表示溶液的电导率，则

$$\Lambda_m = \chi V = \chi \frac{1000}{c} \tag{3.5}$$

对于弱电解质来说，在无限稀释时，可看成完全电离。这时溶液的摩尔电导称为极限摩尔电导(Λ_∞)。在一定温度下，弱电解质的极限摩尔电导是一定的，表3.8列出不同温度下HAc溶液的极限摩尔电导 Λ_∞。

3.8　不同温度下HAc溶液的极限摩尔电导

温度/K	273	291	298	303
$\Lambda_\infty/(S \cdot cm^2 \cdot mol^{-1})$	245	349	390.7	421.8

对于弱电解质来说，某浓度时的电离度等于该浓度时的摩尔电导与极限摩尔电导之比，即

$$\alpha = \frac{\Lambda_m}{\Lambda_\infty} \tag{3.6}$$

将式(3.6)代入式(3.3)，得

$$K_a = \frac{c\alpha^2}{1-\alpha} = \frac{c\Lambda_m^2}{\Lambda_\infty(\Lambda_\infty - \Lambda_m)} \tag{3.7}$$

这样，可以从实验测得浓度为 c 的HAc溶液的电导率 χ 后，代入式(3.5)，算出 Λ_m，将 Λ_m 的值代入式(3.7)，即可算出HAc的 K_a。

三、问题与思考

①电解质溶液导电的特点是什么？

②什么叫电导、电导率和摩尔电导？

③以下实验测定HAc溶液的电导时，溶液的浓度为什么要由稀到浓？

四、实验内容

① 参照“pH法”实验配制不同浓度的HAc溶液。

② 测定不同浓度HAc溶液的电导率，按照第1章中1.3.3节电导率仪的使

用方法，由稀到浓测定1～4号溶液的电导率，将数据记录在表3.9中。

表3.9 数据记录和结果处理(电极常数______，温度______，Λ_∞______)

编号	1	2	3	4
$c_{HAc}/(mol \cdot L^{-1})$				
$\chi/(S \cdot cm^{-1})$				
$\Lambda_m/(S \cdot cm^2 \cdot mol^{-1})$				
α				
$c\alpha^2$				
$1-\alpha$				
K_a				

五、注意事项

应按HAc浓度由稀到浓的顺序测量溶液的电导率。

实验二十五 $Cu(IO_3)_2$ 溶度积的测定

一、预习要点

① 难溶盐的溶解平衡。溶度积与物质的溶解度、温度的关系。

② 吸光光度法的基本原理及分光光度计的使用。

③ 工作曲线及其绘制。

二、原理提要

$Cu(IO_3)_2$ 是难溶强电解质，在其饱和水溶液中，存在着下列平衡

$$Cu(IO_3)_2(s) \rightleftharpoons Cu^{2+}(aq) + 2IO_3^-(aq)$$

在一定温度下，平衡溶液中 Cu^{2+} 浓度与 IO_3^- 浓度平方的乘积是一个常数，即

$$K_{sp} = [Cu^{2+}][IO_3^-]^2$$ [1)]

K_{sp}称为溶度积常数，它和其他平衡常数一样，随温度的不同而改变。因此，如果能测得在一定温度下 $Cu(IO_3)_2$ 饱和溶液中的 $[Cu^{2+}]$ 和 $[IO_3^-]$，就可以求算出该温度下的 K_{sp}。

本实验由 $CuSO_4$ 和 KIO_3 作用制备 $Cu(IO_3)_2$ 饱和溶液，然后利用饱和溶液中的 Cu^{2+} 与过量 $NH_3 \cdot H_2O$ 作用生成深蓝色的配离子 $[Cu(NH_3)_4]^{2+}$，这种配离子对波长600nm[2)]的光具有强吸收，而且在一定浓度下，它对光的吸收程度(用吸光度 A 表示)与溶液浓度成正比。因此，由分光光度计测得 $Cu(IO_3)_2$ 饱和溶液

中 Cu^{2+} 与 $NH_3 \cdot H_2O$ 作用后生成的$[Cu(NH_3)_4]^{2+}$溶液的吸光度，利用工作曲线并通过计算就能确定饱和溶液中 $[Cu^{2+}]$。

利用平衡时 $[Cu^{2+}]$ 与 $[IO_3^-]$ 关系，就能求出 $Cu(IO_3)_2$ 的溶度积常数 K_{sp}。

三、问题与思考

① 制备 $Cu(IO_3)_2$ 固体时，为什么一般都要 $CuSO_4$ 过量？又为什么要洗至无 SO_4^{2-}？

② $Cu(IO_3)_2$ 溶液未达饱和，或把 $Cu(IO_3)_2$ 固体带入吸出的清液中，对测定结果有何影响？

③ 吸光光度法测定$[Cu^{2+}]$是以生成深蓝色的$[Cu(NH_3)_4]^{2+}$为基础的，在整个实验中，如果所用 $NH_3 \cdot H_2O$ 浓度不同，对测定是否有影响？

④ 除用吸光光度法测定外，还有哪些方法可测定 $Cu(IO_3)_2$ 的溶度积？

四、实验内容

1. $Cu(IO_3)_2$ 饱和溶液的制备

用 2.0g $CuSO_4 \cdot 5H_2O$ 和 3.4g KIO_3 与适量水混合反应制得 $Cu(IO_3)_2$ 沉淀，过滤后用蒸馏水洗涤沉淀至无 SO_4^{2-} 为止。将制得的 $Cu(IO_3)_2$ 固体配成 80mL 饱和溶液。用干的双层滤纸将饱和溶液过滤，滤液收集于一个干燥的烧杯中。

2. 工作曲线的绘制

分别吸取 0.40mL、0.80mL、1.20mL、1.60mL 和 2.00mL 0.100 $mol \cdot L^{-1}$ $CuSO_4$ 标准溶液于 5 个 50mL 容量瓶中，各加入 25.00mL 1 $mol \cdot L^{-1}$的 $NH_3 \cdot H_2O$，摇匀，用蒸馏水稀释至刻度，再摇匀。以蒸馏水作为参比溶液，选用 2 cm 吸收池，选择测量波长为 600 nm[2)]，用分光光度计分别测定各溶液的吸光度，数据记入表 3.10 中。以吸光度 A 为纵坐标，相应 Cu^{2+} 浓度为横坐标，绘制工作曲线。

表 3.10　绘制工作曲线的数据记录

编 号	1	2	3	4	5
V_{CuSO_4}/mL	0.40	0.80	1.20	1.60	2.00
相应的 $c_{Cu^{2+}}/(mol \cdot L^{-1})$					
A					

3. 饱和溶液中 Cu^{2+}浓度的测定

吸取 20.00mL 过滤后的 $Cu(IO_3)_2$ 饱和溶液于 50mL 容量瓶中，加入

25.00mL 1 mol·$L^{-1}NH_3 \cdot H_2O$,摇匀,用水稀释至刻度,再摇匀。按上述测定工作曲线的条件测定溶液的吸光度。根据工作曲线求出饱和溶液中的 $[Cu^{2+}]$,而 $[IO_3^-] = 2[Cu^{2+}]$,从而可计算出 $Cu(IO_3)_2$ 的 K_{sp}。

五、注意事项

① 除光电比色法外,还可用目视比色法测定$[Cu^{2+}]$。这种方法是利用眼睛观察和比较溶液颜色的深浅,从而确定物质的含量。该法操作简便,但准确度不高。目视比色法是用 50mL 的比色管代替上述分光光度法中 50mL 的容量瓶,同样加入各种试剂,加水稀释至刻度,摇匀(注意标准系列的瓶数多一些,各瓶浓度间隔小一些)显色完了以后,直接用眼睛观察、比较未知溶液与标准系列溶液颜色的深浅,从而确定未知溶液中$[Cu^{2+}]$。

② $CuSO_4$ 标准溶液必须经过标定,以确保其浓度的准确;1 mol·$L^{-1}NH_3 \cdot H_2O$ 浓度不一定很准确,但整个实验时间不能拖得太长,以防其浓度发生变化。

1) 严格来讲应以离子活度代替离子浓度。

2) 称为最大吸收波长,可通过绘制吸收曲线求得。

实验二十六　磺基水杨酸合铜配合物的组成及稳定常数的测定

一、预习要点

① 用吸光光度法测定配合物组成及稳定常数的原理及方法。

② 磺基水杨酸的性质及与金属离子形成的配合物。

③ 分光光度计及酸度计的使用。

二、原理提要

研究测定配离子组成时,吸光光度法是一种常用且十分有效的方法。用吸光光度法测定配离子组成的方法很多,较常用的有摩尔比法和等摩尔连续变化法(也叫浓比递变法)。

所谓等摩尔连续变化法就是保持溶液的金属离子的浓度(c_M)与配位体的浓度(c_R)之和不变(即总物质的量不变),改变 c_M 与 c_R 的相对量,配制一系列溶液。显然,在这一系列溶液中,有一些溶液中的金属离子是过量的;另一些溶液中,配位体是过量的。在这两部分溶液中,配离子的浓度都不能达到最大值,只有当溶液中金属离子与配位体的物质的量之比与配离子的组成一致时,配离子的浓度才能最大。实验时,取用物质的量浓度相等的金属离子溶液和配位体溶液,按照不同的体积比(即物质的量之比)配成一系列溶液,测定其吸光度,以吸光度(A)为纵坐标,以体积分数$\left(\frac{V_M}{V_M+V_R}\text{或}\frac{V_R}{V_M+V_R}\text{,即摩尔分数}\right)$为横坐标作图,若测量条件下仅配离子有吸收,得出曲线(图 3.5),将曲线两边的直线部分延长相交于B,B点的吸光度A'最大。由B点横坐标值F可计算配离子中金属离子与配位体的物质的量之比,即可求出配离子 MR_n 中配位体的数目n。例如,若$F=0.5$,则可计算出金属离子与配位体的配位比是 1∶1(如何计算?)。

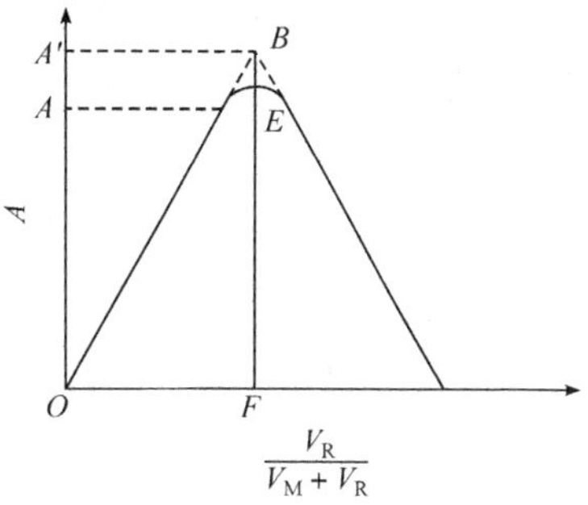

图 3.5 等摩尔连续变化法

由图 3.5 可看出,最大吸光度应在B点,其值为A',一般认为此时 M 与 R 全部配合。但由于配离子有一部分解离,其浓度要稍小一些,所以,实验测得的最大吸光度在E点,其值为A。可以推得,配离子的离解度$\alpha=\frac{A'-A}{A'}$。

配离子的表观稳定常数K可由以下平衡关系导出

$$\mathrm{M}+n\mathrm{R} \rightleftharpoons \mathrm{MR}_n$$

$$c\alpha \quad nc\alpha \quad c(1-\alpha)$$

$$K=\frac{c(1-\alpha)}{c\alpha(nc\alpha)^n}=\frac{(1-\alpha)}{(nc)^n\alpha^{n+1}}$$

式中,c为与B点相对应的配离子的总浓度,也就是 M 离子的总浓度。

Cu^{2+}与磺基水杨酸[$HO_3SC_6H_3(OH)CO_2H$,以 H_3R 表示]在 pH=4～5 时形成 1∶1 的亮绿色配合物,pH 在 8.5 以上时形成 1∶2 的深绿色配合物。本实验采用前一个条件,在 pH=4～5 时,形成 1∶1 的配合物,选用波长为 440 nm 的单色光进行测定。在此实验条件下,磺基水杨酸不吸收,Cu^{2+}也几乎不吸收,形成的配合物则有较强的吸收。

三、问题与思考

① 如果溶液中同时有几种不同组成的配合物存在,能否用本实验的方法测定它们的组成和稳定常数?

② 本实验为什么要比较严格地控制在 pH=4～5 下进行测定?

③ 使用分光光度计应注意的事项有哪些?

四、实验内容

1. 等摩尔连续变化法测定溶液的配制

用 0.05mol · $L^{-1}Cu(NO_3)_2$ 溶液和 0.05mol · L^{-1}磺基水杨酸溶液(两者均

用 0.1mol · $L^{-1}KNO_3$ 溶液配制，浓度都须经过标定且应一样），在 13 个洁净的 50mL 烧杯中依表 3.11 所列体积比配制混合溶液（用吸量管量取溶液）。

表 3.11　实验数据的记录（室温　　℃）

溶液编号	1	2	3	4	5	6	7	8	9	10	11	12	13
磺基水杨酸溶液的体积 V_R/mL	0	2	4	6	8	10	12	14	16	18	20	22	24
$Cu(NO_3)_2$ 溶液的体积 V_M/mL	24	22	20	18	16	14	12	10	8	6	4	2	0
$T_R\left(=\frac{V_R}{V_M+V_R}\right)$													
A 值													

2. 测量溶液 pH 的调节

依次在每号混合液中插入电极并与酸度计连接，在电磁搅拌器搅拌下，慢慢滴加 1 mol · L^{-1}NaOH 溶液以调节 pH 为 4 左右。然后改用 0.05 mol · L^{-1}NaOH 溶液小心调节 pH 在 4.0～4.5 之间（此时溶液的颜色为绿色，不应有沉淀产生，若有沉淀产生，说明 pH 过高，Cu^{2+} 已水解）。若 pH 超过 4.5，则可用 0.01 mol · L^{-1} HNO_3 溶液调回，各号溶液 pH 应在 4.0～4.5 之间有统一的确定值。溶液的总体积不得超过 50mL。

将调节好 pH 的溶液分别转移到预先编好号码的洁净的 50mL 容量瓶中。用 pH 为 5 的 0.1 mol · $L^{-1}KNO_3$ 溶液稀释至标线，摇匀。

3. 吸光度的测量

在波长为 440 nm 条件下，以蒸馏水作为参比，用分光光度计分别测定每号混合溶液的吸光度，记入表 3.11 中。

4. 数据处理

以吸光度 A 为纵坐标，配位体摩尔分数 T_R 为横坐标，作 A-T_R 图，求 CuR_n 的配位体数目 n 和配合物的稳定常数 $K_{稳}$。

五、注意事项

① 吸光度的测量顺序应与 pH 的测量顺序相同。

② 测量系列溶液 pH 时，每测完一种溶液后，电极应用少量蒸馏水洗净，且洗涤液应接入原溶液中，然后小心用吸水纸吸干电极，再插入下一种溶液测量。

实验二十七　吸光光度法测定$[Ti(H_2O)_6]^{3+}$、$[Cr(H_2O)_6]^{3+}$和$[Cr(EDTA)]^-$的分裂能Δ(10 Dq)

一、预习要点

① 配位体场有关理论。

② 分光光度计的使用及吸收光谱的绘制。

二、原理提要

过渡金属离子的d轨道在配位体场的影响下会发生能级分裂。金属离子的d轨道没有被电子充满时,处于低能量d轨道上的电子吸收了一定波长的可见光后,就跃迁到高能量的d轨道,这种d-d跃迁的能量差可以通过实验测定。

对于八面体的$[Ti(H_2O)_6]^{3+}$在八面体场的影响下,Ti^{3+}原来的5个简并d轨道分裂为能量较高的二重简并E_g轨道和能量较低的三重简并T_{2g}轨道,如图3.6所示。它们的能量差等于分裂能Δ(10Dq)。当处在T_{2g}轨道的电子吸收光能量E_p由T_{2g}轨道跃迁到E_g轨道时,吸收的能量E_p等于分裂能,对单个电子跃迁来说,$E_{E_g}-E_{T_{2g}}=\Delta=E_p=h\nu=hC/\lambda\times10^{-7}$,当1mol电子跃迁时,吸收的总能量等于摩尔分裂能Δ_M,即

$$\Delta_M=\frac{N_A hC}{\lambda}\times10^{-7}(cm^{-1}\cdot mol^{-1})$$

式中:h为普朗克常量,其值为$5.539\times10^{-35}\ cm^{-1}\cdot s$;$C$为光速,其值为$2.9979\times10^{10}\ cm\cdot s^{-1}$;$\nu$为频率($s^{-1}$);$\lambda$为吸收波长(nm);$N_A$为阿伏伽德罗常量,其值为$6.022\times10^{23}\ mol^{-1}$。由于$N_A hC=1$,所以

$$\Delta=\frac{1}{\lambda}\times10^7(cm^{-1}),\quad \Delta_M=\frac{N_A}{\lambda}\times10^7(cm^{-1}\cdot mol^{-1})$$

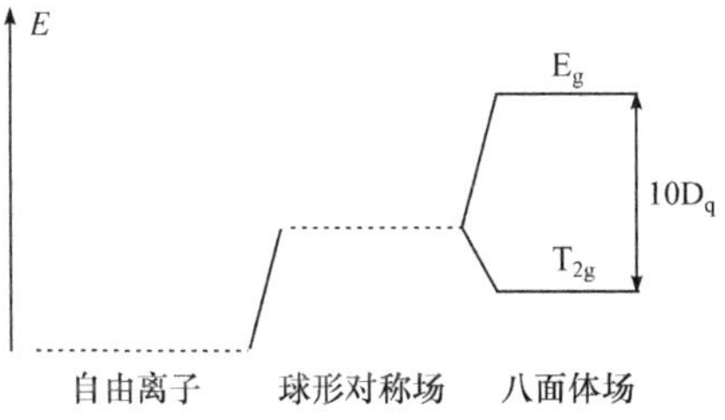

图3.6　$[Ti(H_2O)_6]^{3+}$八面体场能级示意图

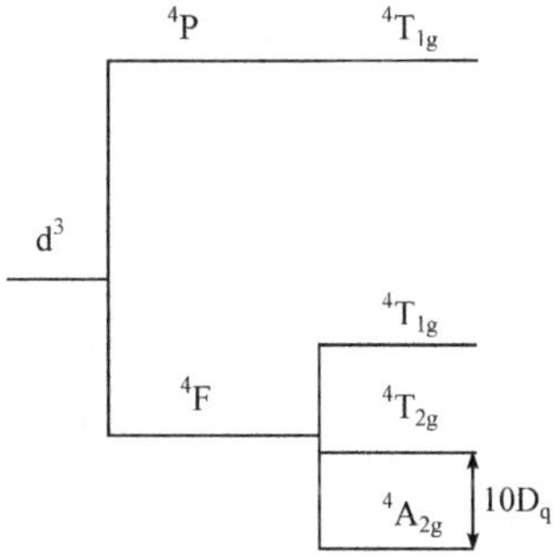

图3.7　$[Cr(H_2O)_6]^{3+}$和$[Cr(EDTA)]^-$八面体场能级示意图

对于八面体的$[Cr(H_2O)_6]^{3+}$和$[Cr(EDTA)]^-$，中心离子Cr^{3+}的d轨道上有3个d电子，除了受八面体场的影响之外，还因电子间的相互作用使d轨道产生如图3.7的能级分裂，所以这些配离子吸收了可见光的能量后，就有3个相应的电子跃迁吸收峰，其中电子从$^4A_{2g}$跃迁到$^4T_{2g}$所需的能量等于10 Dq。

本实验只要测定上述各种配离子在可见光区的相应吸光度A，绘制其吸收光谱，则可用光谱中能量最低的吸收峰所对应的波长来计算Δ值。

三、问题与思考

① 配合物的分裂能Δ(10Dq)受哪些因素影响？

② 本实验测定吸收曲线时溶液浓度的高低对测定10Dq值是否有影响？下列实验中，量取体积及称量是否需要很准确？

四、实验内容

1. 测量溶液的配制

(1) $[Cr(H_2O)_6]^{3+}$溶液的配制　称取0.3g $CrCl_3 \cdot 6H_2O$溶于50mL蒸馏水中。

(2) $[Cr(EDTA)]^-$溶液的配制　称取0.5g EDTA二钠盐，用50mL蒸馏水加热溶解后，加入约0.05g的$CrCl_3 \cdot 6H_2O$，稍加热得紫色的$[Cr(EDTA)]^-$溶液。

(3) $[Ti(H_2O)_6]^{3+}$溶液的配制　量取5mL质量分数为15% $TiCl_3$的水溶液，用蒸馏水稀释至50mL。

2. 吸光度的测量

在可见光分光光度计的波长范围内，每间隔10 nm波长分别测定上述溶液的吸光度。在吸收峰最大值附近，波长间隔可适当减小。以表格形式记录有关的实验数据。

3. 数据处理

由实验测得的波长λ和相应的吸光度A绘制$[Ti(H_2O)_6]^{3+}$、$[Cr(H_2O)_6]^{3+}$和$[Cr(EDTA)]^-$的吸收光谱，分别计算出这些配离子的Δ值。

五、注意事项

在测定吸光度过程中，每改变一次波长，都要重新调节参比溶液的100%的透光率。在最大吸收峰附近，测量的波长间隔可取5nm，甚至2nm或3nm。

3.4 物质结构

实验二十八　简单分子与离子的结构

一、预习要点

① 杂化轨道理论和价电子对互斥理论。

② 简单无机化合物或无机离子的空间结构。

二、原理提要

解释和预见无机化合物或无机离子的结构有多种理论，最常用的理论为杂化轨道理论和价电子对互斥理论。简单介绍如下。

1. 杂化轨道理论

杂化轨道的概念是由 Pauling 以电子具有波动性、波可以叠加的量子力学观点为基础提出的，他认为：在同一个原子中能量相近的不同类型(s，p，d…)的几个原子轨道波函数可以相互叠加而组成同等数目的能量完全相同的杂化原子轨道。根据组合的原子轨道数目和类型的差别，常见有以下几种杂化轨道。

(1) sp 杂化轨道　由 1 个 ns 轨道和 1 个 np 轨道组合可以产生 2 个等同的 sp 杂化轨道，夹角为 180°，呈直线形，每个杂化轨道中含有 1/2 个 s 轨道和 1/2 个 p 轨道的成分。如 Be 原子就是通过 2 个 sp 杂化轨道分别与 2 个 Cl 原子的 3p 轨道重叠而形成直线形的 $BeCl_2$ 分子。

(2) sp^2 杂化轨道　由 1 个 ns 轨道和 2 个 np 轨道组合可以产生 3 个等同的 sp^2 杂化轨道，每个杂化轨道中含有 1/3 个 s 轨道和 2/3 个 p 轨道的成分。如 BCl_3 中的 B 原子含有 3 个 sp^2 杂化轨道，它与 3 个 Cl 原子所形成的 3 个化学键的夹角为 120°，故 BCl_3 分子的空间结构是三角形。

(3) sp^3 杂化轨道　由 1 个 ns 轨道和 3 个 np 轨道组合可以产生 4 个等同的 sp^3 杂化轨道，每个杂化轨道中含有 1/4 个 s 轨道和 3/4 个 p 轨道的成分。如 CH_4 分子就是 C 原子通过 4 个 sp^3 杂化轨道与 4 个 H 原子的 s 轨道重叠而生成的，由于 4 个 sp^3 杂化轨道间的夹角是 109.5°，所以 CH_4 分子的空间结构是四面体形。NH_4^+ 的空间结构也是四面体形。

(4) sp^3d、sp^3d^2 杂化轨道　第三周期元素的原子由于 d 轨道能参与成键，所以还能生成由 s 轨道、p 轨道和 d 轨道组合的 sp^3d 与 sp^3d^2 杂化轨道。PCl_5 和 SF_6 分子是它们的 P、S 原子分别通过 sp^3d 与 sp^3d^2 杂化轨道和其他原子的原子轨道重叠成键而生成的，它们的分子结构分别为三角双锥和八面体构型。

2. 价电子对互斥理论

1940 年，Sidgwick 等提出价电子对互斥理论，认为分子的共价键(单键、双键或叁键)中的电子对以及孤对电子由于相互排斥作用而趋向尽可能彼此远离，分子尽可能采取对称的结构。用此法仅需根据分子中成键电子对及孤电子对的数目便可以定性判别和预见分子属哪一种几何构型。

对 AX_n 型分子，分子的中心原子 A 周围只有 n 个以单键邻接的原子 X 而没有孤对电子存在时，一般只要知道 n 的数目就可以预测分子构型和相应的键角。这类分子共有以下五种基本构型：

AX_2	AX_3	AX_4	AX_5	AX_6
直线	平面三角	正四面体	三角双锥	正八面体

对 AX_nE_m 型分子，分子的中心原子 A 周围不仅有 n 个邻接的原子(X)的成键电子对，还有 m 个孤电子对(E)。判别这类分子结构时有以下几条规则。

① 孤对电子存在时，分子中价电子对的几何分布情况一般保持上述 5 种基本类型，但电子对应尽可能彼此远离，且判别分子构型时不考虑孤对电子。例如，NH_3 和 H_2O 的 N 原子与 O 原子都含有 sp^3 杂化轨道，其几何分布也都是四面体形，但描述分子的空间构型时不考虑孤电子对，它们的构型分别是三角锥形和 V 形的构型。这种含有孤电子对的杂化轨道与成键的杂化轨道略有差异，化学上称为不等性杂化。

② 孤电子对对邻近的成键电子有较强的排斥作用，使邻近键角发生变化。

③ 电子对之间的排斥力大小顺序是：孤电子对-孤电子对＞孤电子对-成键电子对＞成键电子对-成键电子对。

三、问题与思考

试比较和评价用价电子对互斥理论或杂化轨道理论来确定分子几何构型的优缺点。

四、实验内容

① 预测表 3.12 中无机分子(离子)的空间构型，用木球和小铁丝搭出空间结构的模型，画出它们的空间结构图像。用杂化轨道理论或价电子对互斥理论简单说明理由。

② 写出下列分子的几何构型，并用图像表示：CS_2、$SOCl_2$、ICl_2^-、NO_2^-、$XeOF_4$。

表 3.12　简单分子或离子的空间结构

分子名称	空间构型	结构图像	简单理由	分子名称	空间构型	结构图像	简单理由
$HgCl_2$				SF_4			
H_2S				$SbCl_5$			
$SnCl_2$				BrF_4^-			
BF_3				SF_6			
ICl_3				BrF_5			
PH_3				I_3^-			
BrF_3				XeF_2			
$SiCl_4$				XeF_4			

五、注意事项

① 搭接分子结构模型时，应在专用的垫板上操作，谨防损坏实验台面和损伤手。

② 预测 I_3^- 结构时，把 1 个 I 原子作为中心原子，其价电子和离子共有 8 个电子，可处理成 3 个孤电子对和 2 个成键电子，按价电子对互斥理论就可预测其结构。

实验二十九　晶体的结构

一、预习要点

① 晶格、晶胞及晶格与晶胞的关系。

② 金属晶体紧密堆积的排列方式。

③ 几种典型晶胞的空间图像。

二、原理提要

实验证明，理想的晶体都是由原子、离子或分子有规律地排列而成。

在金属中最常见的有三种典型的密堆积晶体(图 3.8)：① 立方面心最密堆积，此晶体中每个原子有 12 个相邻的原子；② 六方最密堆积，每个原子同样有 12 个相邻的原子；③ 立方体心密堆积，每个原子有 8 个相邻的原子。

金属单质属于立方面心最密堆积的有 Ca、Sr、Ac、Cu、Ag、Au、Pt、Ir、Rh、Pd、Pb、Co、Ni、Ce、Pr、Yb、Th、Fe(有些金属单质可以有几种存在形式)等；属于六方最密堆积的有 Be、Mg、Ca、Sc、Y、La、Ce、Pr、Nd、Eu、Gd、Tb、Ho、Er、Tu、Lu、Ti、Zr、Hf、Tc、Re、Co、Ni、Ru、Os、Zn、Cd、V、Nb、Ta、Cr、Mo、W、Fe 等。

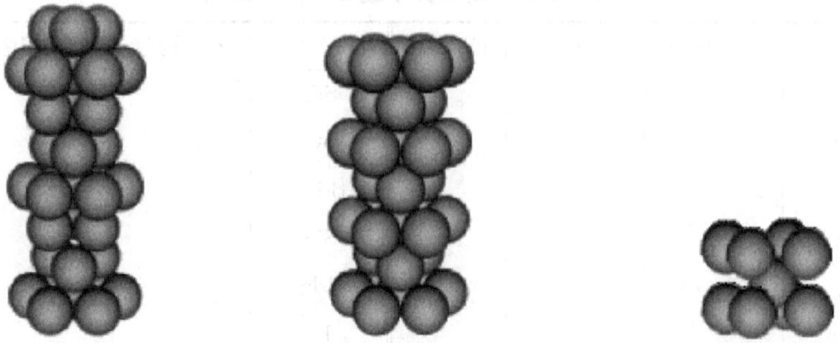

(a) 立方面心最密堆积　　(b) 六方最密堆积　　(c) 立方体心密堆积

图 3.8　密堆积层的三种类型

在绝大多数的离子化合物中,负离子比正离子大,因而可认为晶体结构的质点是由负离子支配,正离子只存在于负离子密堆积的间隙之中,而且只有当正负离子完全紧密接触时,晶体才是稳定的。就二元化合物而言,在不同构型的离子晶格中,要使正负离子完全接触,正负离子的半径比值 R^+/R^- 必满足一定的条件,从表 3.13 可看出半径比与配位数和阴离子构型的关系。在一般简单的离子晶格里,正离子占据四面体、八面体或立方体孔洞,正离子的配位数是最邻近的负离子的数目,反之亦然。

表 3.13　离子半径比、配位数和构型的关系

R^+/R^-	0.155～0.255	0.255～0.414	0.414～0.732	0.732～1.00	1.00
配位数	3	4	6	8	12
构型	平面三角型	四面体	八面体	立方体	最密堆积

大离子以立方体堆积的晶格中,对于化学式为 MX 的化合物,小离子填充所有的立方体孔洞,这就是氯化铯型晶格,属此晶格的有 CsBr、CsI、TlCl、TlBr、TlI 等;对于 MX_2 化合物,小离子只填充半数立方体孔洞,这就是萤石(CaF_2)型晶格,属此晶型的有 SrF_2、BaF_2、PbF_2、HfF_2、ThO_2 等。大离子以立方面心紧堆及六方紧堆晶格的化合物中,小离子填充八面体孔洞或四面体孔洞,根据小离子与大离子的比例不同,有多种晶格,相应的化学式是 M_2X、MX、MX_2。在大离子以立方面心紧堆的结构中,若所有的八面体孔洞全部被填充,它就是氯化钠型晶格,属此晶格的有 NaF、NaBr、NaI、NH_4Cl、AgCl、MgO、CaO、SrO、BaO 等;若半数的八面体孔洞被填充,就是氯化镁型晶格(氯化镁晶系晶胞是正离子占据 8 个角的菱形体),属此晶格的有 $MnCl_2$、$FeCl_2$、$CoCl_2$、$CdCl_2$ 等;若所有的四面体孔洞都被填充,就是反萤石型晶格,属此晶格的有 Li_2O、Na_2O、K_2O、Rb_2O 等;半数四面体孔洞被填充,就是闪锌矿

(ZnS)型晶格，属此晶格的有 CuCl、CuBr、CuI、ZnO、HgS、MnS、SiC 等。

在科学研究中，往往以晶胞代表晶格，晶胞在不同棱的方向平移延伸的结果就是晶格。实验时把装配的晶格模型和晶胞作比较，注意它们之间的关系。

三、问题与思考

① 计算三种不同密堆积方式的金属晶格的空间利用率。

② 如何计算三种不同密堆积方式的金属晶格的配位数？

③ 实验中所装配的离子型晶格中，阳离子占据的位置是四面体孔洞、八面体孔洞，还是立方体孔洞？或者是其他类型的孔洞？列表说明。

④ 如何从排列的晶格模型中找出与其晶胞相对应的木球？

四、实验内容

1. 实验材料(每个模型箱)的准备

甲种木球 50 个(不同方向钻有小洞，以便球与球通过小铁线相搭接)；乙种木球 30 个；丙种木球 30 个；丁种木球 65 个(钻一小洞以便插上铁线)。各种木球的直径比为甲∶乙∶丙∶丁＝8∶5∶3∶2。

1.5 cm、2cm 的细铁丝各 50 条。

2. 金属晶格模型的制作

(1) 立方面心最密堆积(或称立方密堆晶格)ABC 型　用甲种球按图 3.9(a)、(b)排列，并用铁丝固定好。在(a)板中有阴影的球间空隙上放另一色甲种球(即第二层)，然后放上(b)板(即第三层)，使(b)板的球对准(a)板中无阴影的球间空隙。这样，在三维空间的延伸就是面心立方堆积模型。把所堆积的模型与图 3.8(a)比较，计算其配位数。

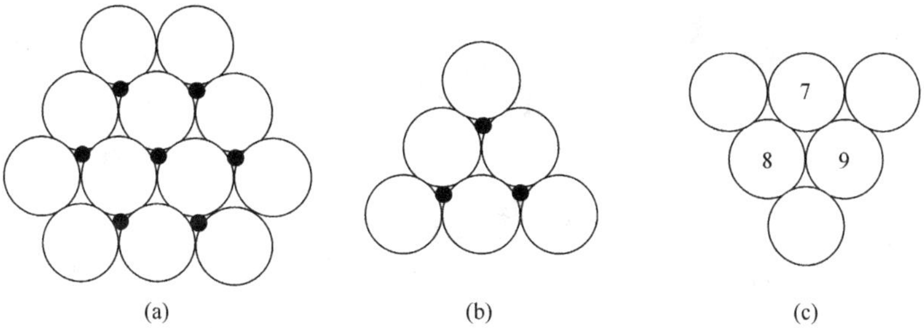

图 3.9　立方面心最密堆积层的关系

(2) 六方最密堆积 AB 型　按图 3.9(a)、(b)方式用甲种球排列并搭接好，在

(a)板中有阴影的球间空隙上放另一色甲种球(即第二层),然后放上(b)板(即第三层),使它与第一层(a)上的木球上下对齐,这就是六方最密堆积。把模型和图 3.8(b)比较,计算其配位数。

(3) 立方体心最密堆积　用甲种球按图 3.10 用铁丝固定排成三块板,两球心的距离等于球直径的 $\frac{2\sqrt{3}}{3}$倍(1.15 倍)。在所有的球间空隙上放另一色甲种球,然后三块板依次堆叠,上下对齐,这就是体心立方最密堆积。把排好的模型与晶胞[图 3.8(c)]对照,并计算球的配位数。

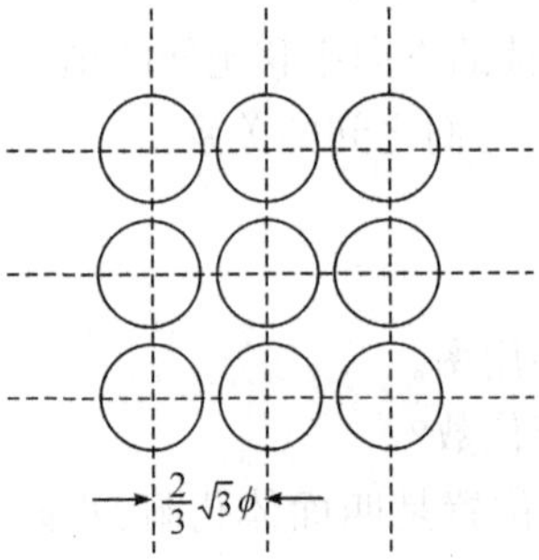

图 3.10　体心立方晶格堆积层

3. 二元离子化合物模型的制作

(1) 氯化铯型晶格　以甲种球代表 Cl^-,乙种球代表 Cs^+。用甲种球按图 3.11 搭接成三块板,在所有球间空隙上都放上乙种球。然后三块板依次堆叠,使甲种球上下对齐,这就是 CsCl 晶格模型。比较模型和晶胞[图 3.12(a)]的关系,计算配位数。

(2) 萤石型晶格　以甲种球代表 F^-,乙种球代表 Ca^{2+},把氯化铯模型里的乙种球每间隔一位取出一个。取出乙球后,第一块板与第三块板上留下的乙球占据图 3.13 中有阴影的位置;第二块板上留下的乙球占据图 3.13 中无阴影的位置。然后依次堆叠,使甲球上下层对齐,这就是 CaF_2 晶格

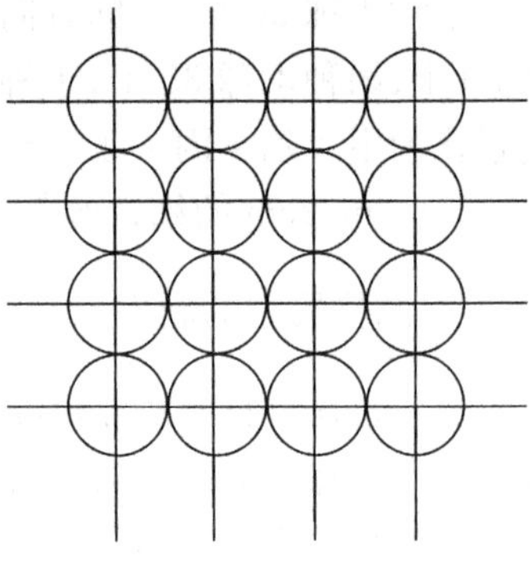
图 3.11　甲种球四连块

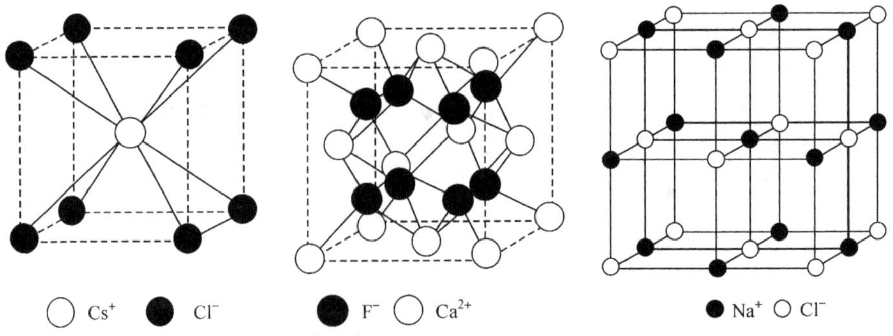

(a) 氯化铯型　(b) 萤石型　(c) 氯化钠型

图 3.12　几种类型的晶胞

模型。把模型与晶胞[图 3.12(b)]比较，并计算配位数。

(3) 氯化钠型晶格　以甲种球代表 Cl^-，丙种球代表 Na^+。按图 3.11 连好四块4×4的甲球四连块。把第二块放在第一块上，使第二块的甲球对准第一块的球间隙，并在第二块甲球的球间隙上都放丙种球；然后放上第三块四连块，并使甲种球在丙种球之上，如此堆叠就是 NaCl 晶格模型。把模型与晶胞[图 3.12(c)]比较，并计算配位数。

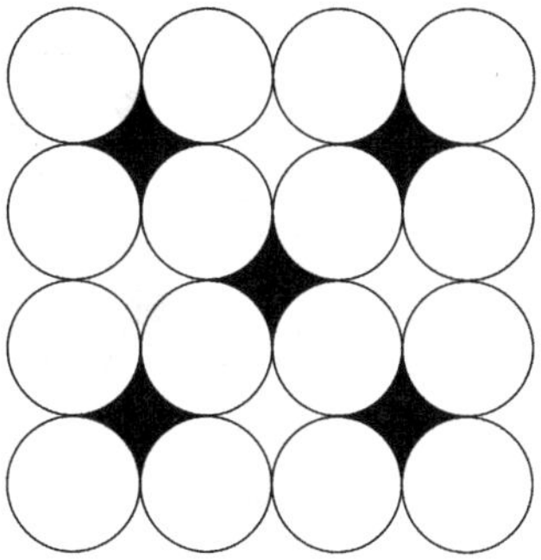

图 3.13　甲种球四连块

(4) 反萤石(Li_2O)型晶格　O^{2-} 比 Li^+ 大得多，锂离子只占据氧离子的四面体孔洞。以甲种球代表 O^{2-}，丁种球代表 Li^+，如图 3.14。在甲种球的球球交界处同侧(即有小黑点的地方)插上丁种球(丁种球先插上小铁丝)，使大小球互相接触，同法再做两块四连块。然后把三块四连块堆垒在一起，并使第二块的甲种球对准第一块甲种球的球间隙上，第三块的甲种球对准第二块甲种球的球间隙上，这就是 Li_2O 晶格模型。仔细与萤石型晶体模型比较，并算出配位数。

(5) 闪锌矿(ZnS)型晶格　以甲种球代表 S^{2-}，丁种球代表 Zn^{2+}，甲种球按图 3.15方式连成两块四连块(a，b)，在有黑点的地方插上丁种球，然后把(b)板放在(a)板上，使(b)板的甲球在(a)板甲球的间隙之上，依此堆叠，这就是 ZnS 晶格模型[图 3.15、图 3.16(a)]。仔细与晶胞比较，并计算球的配位数。

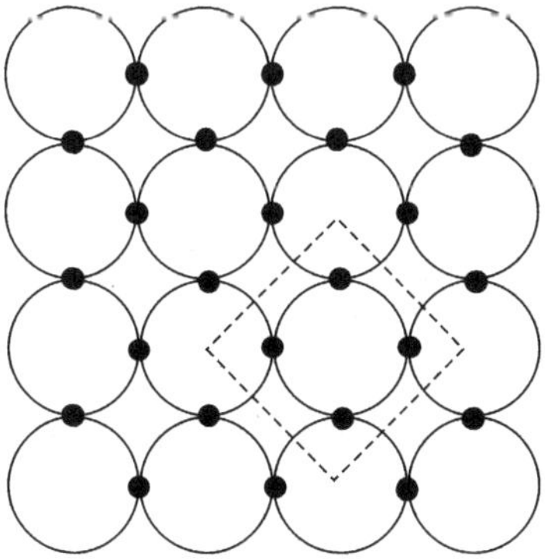

图 3.14　反萤石型晶格堆积层

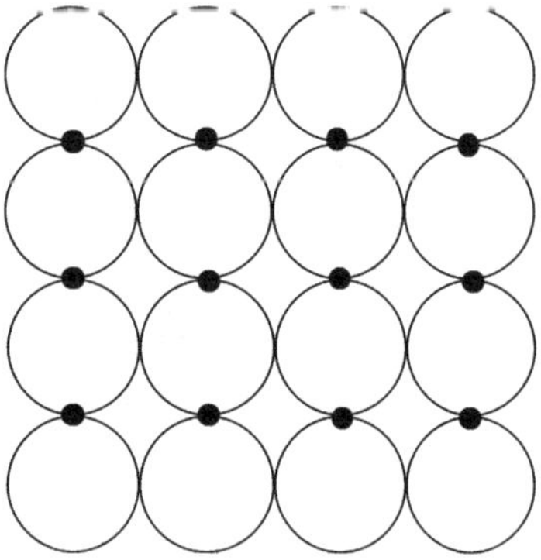

图 3.15　闪锌矿型晶格堆积层

假如闪锌矿晶格里的锌离子都和硫离子一样大，硫离子的位置适当地扩张，那就是金刚石晶体[图 3.16(b)]。

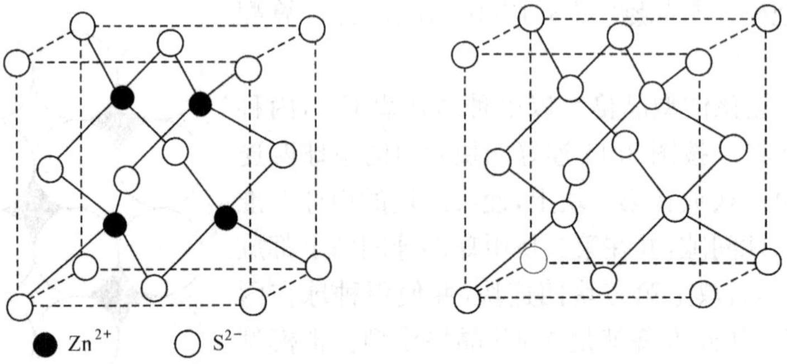

(a) 闪锌矿晶格　　　　(b) 金刚石晶格

图 3.16　闪锌矿晶格和金刚石晶格

4. 选做实验

① 用甲种球按图 3.9(b)、(c)的方式排成两个三角形，然后把(c)板的 7、8、9 球对准(b)板的阴影位置，在(c)、(b)板上下方(空白点)各放上一个球，这样堆积的结果同样可得面心立方最密堆积晶格模型，也就是用甲种球按图 3.17 中的(111)面的堆积方式可得面心立方最密堆积晶格模型，即ⓒ是一层，6 个 ○连成第二层，6 个●连成第三层，(cc)为第四层。

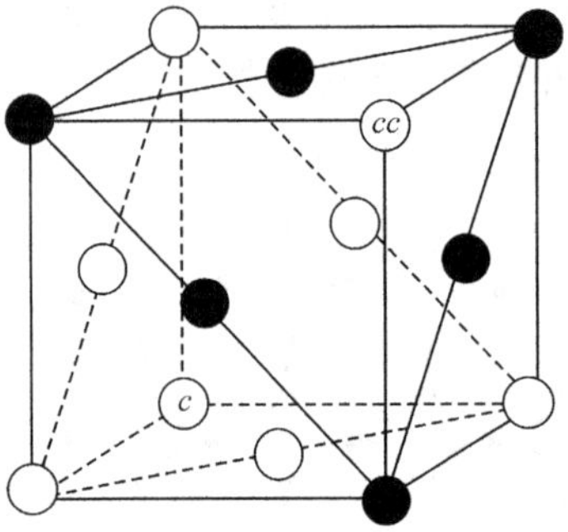

图 3.17　面心立方晶胞

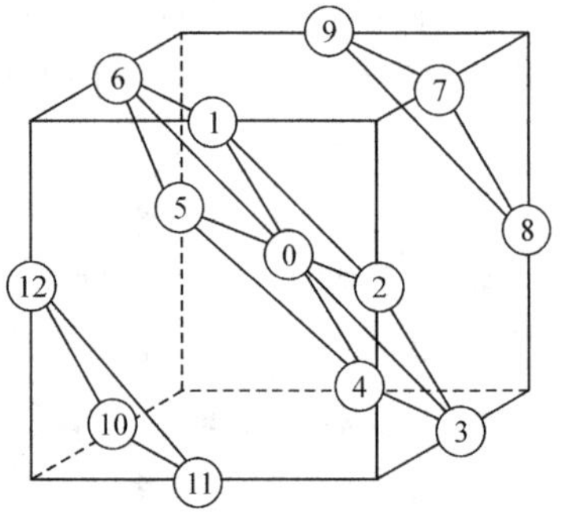

图 3.18　面心立方晶胞与堆积层的关系

② 若把图 3.17 沿正交的三个轴把单位晶格各平移半个单位后就得到图 3.18，这是面心立方最密堆积的另一排列方式。球⓪位于立方体的重心，立方体的各条棱的中点各置一球，这些球与球⓪等距离，可直接知道其配位数为 12。球⓪、①、②、③、④、⑤、⑥在同一平面上，形成正六边形，球⑦、⑧、⑨和球⑩、⑪、⑫是两个正三角形，分别置于正六边形的上下两层，三角形顶角方向相反。

五、注意事项

① 搭接晶体结构模型时，应在专用的垫板上操作，谨防损坏实验台面和损伤手。

② 实验结束后应把实验材料归类整理并放入模型箱里的指定位置。

第 4 章　制备与分析实验

4.1　概　　述

随着 21 世纪的到来和社会高科技的迅猛发展，越来越要求合成化学家能够更多地提供新型结构和新型功能的化合物和材料。

作为合成化学中极其重要的一部分——现代无机合成，已成为无机化学的重要分支之一，它已不仅只局限于昔日传统的合成，且包括了制备与组装科学，每年都有大量的新无机化合物和新物相被合成与制备出来。

无机化合物的合成从不同角度有多种分类方法，例如按合成方法的不同，可分为高温与低温合成、水热与溶剂热合成、高压与超高压合成、高真空合成、放电和光化学合成、微波合成、等离子体合成、电氧化还原合成、无氧无水实验技术、各类 CVD 技术、溶胶-凝胶技术、单晶的合成和晶体生长、放射性同位素的合成和制备等。按合成物质的类型不同，可分为制备单质、合成氧化物、卤化物、含氧酸、配合物、金属有机化合物、原子簇化合物以及纳米粒子等。

不同类型的物质其制备方法有所不同，同一物质也可有多种制备方法。在《基础化学实验(一)》中，主要涉及一般无机盐、配位化合物和纳米粒子等的合成与制备。在设计合成方案、选择合成路线时必须考虑如下问题：要有绿色化学意识，即尽可能地符合原子经济性，提高原子利用率，尽可能避免使用有毒有害的试剂及原料；要选择易于对产品进行分离和提纯的合成路线；要选择工艺简单，原料廉价、易得，生产安全性好的合成路线；要根据实际情况，选择最佳的合成路线。

合成和分离是两个紧密相连的问题。解决不好分离问题就无法获得满意的合成结果。除了传统的常规分离方法，如重结晶、分级结晶和分级沉淀、离子交换、色谱分离、萃取分离等之外，有时还需要采用一系列特种的分离方法，如低温吸附分离、高温区域熔融、电化学分离、渗析、扩散分离等，以及利用性质的差异充分运用化学分离方法等。

对分离所得到的产物，还需要进行组成分析及结构确证。众所周知，物质的结构决定物质的性质，物质的性质反映了物质的结构。如果能得到产物的单晶，应用 X 射线衍射技术能直接测定产物的结构。非单晶产物的组成分析及结构确证，常常借助各种光谱，如可见、紫外、红外、拉曼，以及顺磁、核磁、质谱、电子能谱和晶体粉末的 XRD 结构分析等。对纳米产物还要检测其表面结构。对产物中 C、H、N 含量的分析常用元素分析法，金属含量的测定常用化学分析法。化学分析方法即定量化学分析法，是基础化学实验教学中常用的分析方法。

定量化学分析基础实验包括滴定分析（四类滴定分析法）、重量分析、吸光光度分析及分离分析四方面的实验。

1. 滴定分析法

滴定分析法是将一种已知准确浓度的标准溶液，用滴定管滴加到待测物质的溶液中，直到化学反应完成为止。通过测量所消耗已知浓度的标准溶液的体积，依据标准溶液与待测物质之间的化学计量关系，求得待测组分的含量，又称容量分析法。滴定分析法适于常量组分的测定，操作简便、快速，准确度也较高，因此应用比较广泛。根据反应类型的不同，滴定分析可分为酸碱滴定法、配合滴定法、氧化还原滴定法和沉淀滴定法。

（1）酸碱滴定法　是以酸碱反应为基础的滴定分析方法。水溶液中的酸碱反应是中和反应，离子反应式为

$$H_3O^+ + OH^- = 2H_2O$$

$$H_3O^+ + A^- = HA + H_2O$$

因此酸碱滴定法也叫中和法。其滴定剂常使用强酸、强碱溶液，最常用的强酸滴定剂是稀 HCl，最常用的强碱滴定剂是 NaOH 溶液。酸碱滴定用酸碱指示剂确定滴定终点，合适的指示剂必须根据滴定突跃的 pH 范围来选择。

酸碱滴定法可用于强酸、强碱的测定，也可用于弱酸、弱碱的测定，但能够采用指示剂确定终点进行准确直接滴定的弱酸（或弱碱）必须满足 cK_a（或 cK_b）$\geqslant 10^{-8}$。对于不能满足此条件的极弱酸（碱），可以采用电位滴定法或线性滴定法，也可以采用各种强化的手段，如非水体系的强化、化学反应的强化等，使其离解常数变大，以致能够进行准确滴定。

（2）配合滴定法　是以形成稳定配合物的配合反应为基础的滴定分析方法。常作为滴定剂的物质是氨羧配合剂，尤以乙二胺四乙酸二钠盐（俗称 EDTA，固体试剂含有两个结晶水，常以 $Na_2H_2Y \cdot 2H_2O$ 表示）用得最多。由于氨羧配合剂分子同时含有氨氮和羧氧两种配位原子，所以它可以与大多数金属离子形成配合比简单、稳定的螯合物，是一种广谱的配合剂，在配合滴定中有广泛的应用。使用 EDTA进行配合滴定时，必须注意如下几个问题：

第一，由于 EDTA 与金属离子配合时放出 H^+，随着滴定的进行，溶液的酸度不断增大，可能影响已生成的配合物的稳定性。因此，在测定溶液中必须加入合适 pH 的缓冲溶液，使其酸度保持在能准确滴定待测离子所允许的 pH 范围内。

第二，待测离子能够准确被滴定的条件是 $\lg cK' \geqslant 6$。除了酸度外，共存离子的存在是影响 K'值的主要因素。因此，当测定溶液中同时含有几种离子时，首先应根据各种离子与 EDTA 形成配合物的稳定常数，判断能否利用控制酸度的方法

消除干扰或分别滴定；其次可以用掩蔽(配合掩蔽、氧化还原掩蔽、沉淀掩蔽或掩蔽与解蔽等)的办法消除干扰。

第三，如果滴定体系已满足 $\lg cK' \geqslant 6$，实现准确滴定的可能性，还必须选择合适的指示剂，才能使可能变为现实，以达到敏锐指示终点、满足滴定误差的要求。

第四，在配合滴定中，采用什么样的滴定方式也是必须考虑的。有些金属离子，或因与 EDTA 的配合速率较慢，或因易水解形成羟基配合物或沉淀，或因难以找到合适的指示剂等，不适合用直接滴定法的，可以采用返滴定法、间接滴定法或置换滴定法进行滴定。

EDTA 可以制成基准物质，但一般情况下不直接用 EDTA 配制成标准溶液，而是用分析纯的 EDTA 试剂配成所需近似浓度的溶液，然后加以标定。标定 EDTA溶液的基准物质有 Zn、Cu、Pb、ZnO、CaO、$CaCO_3$ 以及 $MgSO_4 \cdot 7H_2O$ 等。

(3) 氧化还原滴定法　是以氧化还原反应为基础的滴定分析方法。氧化还原反应是基于氧化剂和还原剂之间电子转移的反应，机理较为复杂，反应经常是分步进行的，速率比较慢，而且还常常伴随着副反应的发生或因条件不同而生成不同的产物。因此，在众多的氧化还原反应中，只有为数不多的反应可以作为氧化还原滴定的反应。同时，在滴定过程中，需较严格地控制滴定条件、滴定速率及指示剂的选择等。

根据标准溶液的不同，氧化还原滴定又分为若干种方法，其中以高锰酸钾法、重铬酸钾法和碘量法最为常用，此外还有铈量法、溴酸盐法等。氧化还原滴定法不仅可以测定具有氧化性或还原性的物质，而且对于某些非氧化还原性的物质，通过一定的转化过程也可以进行间接测定。因此，它是一种广泛应用的滴定分析方法。

氧化还原滴定法的指示剂有氧化还原指示剂、专属于碘量法的淀粉指示剂及在高锰酸钾法中，利用 $KMnO_4$ 本身颜色指示终点的自身指示剂。氧化还原指示剂必须根据其自身的氧化还原电位及滴定反应突跃的电位变化范围来选择。由于影响指示剂指示终点的因素很多，所以，选择指示剂带有更多的经验因素。

(4) 沉淀滴定法　是以沉淀反应为基础的滴定分析方法。沉淀反应很多，但是由于有的沉淀溶解度比较大，有的沉淀速率很慢，易形成过饱和状态，有的沉淀组成不恒定，有的沉淀容易吸附杂质或产生后沉淀，以及有的难以找到合适的指示剂，所以，能作为滴定的沉淀反应不多。常用的沉淀滴定法有：银量法、汞量法、$BaSO_4$沉淀法、锌盐滴定法等。本章实验只做银量法的内容。

滴定分析虽然能应用以上各种类型的反应，但不是所有的反应都可以用来进行滴定分析。适合滴定分析的反应必须具备以下几个条件：反应必须按一定的反应式进行，即反应具有确定的化学计量关系；反应必须定量地进行，通常要求反应完全程度达到 99.9%以上；反应速率要快，对于速率较慢的反应，有时可通过加热或加入催化剂等方法加快反应速率；必须有适当的方法确定终点。只有完全满足上述要求，才能用标准溶液直接滴定待测物质。如果反应不能完全符合上述要求时，可以采用返滴定、置换滴定、间接法进行滴定。这些间接滴定方法的应用大大扩展了滴定分析的应用范围。

2. 重量分析法

重量分析法是分析化学中重要的经典分析方法。由于它是用称量的方法来测定物质的含量的，因此，必须将被测组分与试样中的其他组分相分离，并转化为一定的称量形式。根据其分离的方法不同，可分为沉淀法、气化法和电解法三种，以沉淀重量法应用较多。

沉淀重量法是利用适当的沉淀剂，将被测组分转化为沉淀形式与其他组分分离，经过滤、洗涤、烘干或灼烧后，变为称量形式。称得称量形式的质量，计算待测组分的含量。沉淀法的步骤中，最重要的是沉淀反应，其中沉淀剂的选择和用量、沉淀条件的控制以及沉淀过程中杂质的混入等，都会直接影响分析结果的准确度。

重量分析法一般不需要基准物质和由容量器皿得到的数据，没有这些方面引入的误差。所以分析结果的准确度较高，尤其是对于高含量组分的测定。重量分析法的缺点是操作较繁，耗时较多，对低含量组分的测定误差较大。

3. 吸光光度分析法

吸光光度分析法是基于被测物质的分子（或离子）对光具有选择性吸收的特性而建立起来的分析方法。它具有灵敏度高，准确度能满足微量组分测定的要求，操作简便、快速以及应用普遍、广泛等特点。吸光光度分析法包括比色分析法和紫外、可见吸光光度法。

不同物质的分子（或离子）对光吸收的特性即吸收光谱（也称吸收曲线）不同，这是对物质进行定性分析的依据。吸光光度法定量分析的理论基础是光吸收定律——朗伯(Lambert)-比尔(Beer)定律

$$A = \varepsilon bc$$

即在一定波长下，溶液的吸光度(A)与溶液中吸光物质的浓度(c)及吸光液层的厚度(b)的乘积成正比。式中，ε 称为摩尔吸光系数，是衡量一个吸光光度分析方法灵敏度的物理量。吸光光度分析法的一般过程是：试样溶解成试液后，把试液进行显色，在吸光光度法仪器上测量显色后试液的吸光度，数据处理和计算待测组分在试样中的含量。在这过程中，应该注意各种因素的选择，主要有：显色剂的选择、显色反应条件（包括显色剂的用量，显色反应的酸度、温度，显色时间的长短以及反应的催化剂等）的选择、测量波长的选择、参比溶液的选择、适宜吸光度范围的选择等，而且还应考虑共存离子的干扰及消除。

4. 分离分析法

在实际分析工作中,试样组成往往比较复杂,在测定某一组分时,常受到其他组分的干扰,这不仅影响测定结果的准确性,有时甚至无法进行测定。因此,消除干扰,提高测定的选择性就显得十分重要。优化分析条件或使用掩蔽剂是消除干扰较为简便和有效的途径,但在不少情况下,采用这些方法尚无法解决问题,这就需要事先将待测组分与干扰组分分离。有时,试样中待测组分的含量较微,而选择的测定方法灵敏度又不够高时,必须先将待测组分进行富集,然后测定。因此,分离和富集往往是一体的。

分析化学中,常用的分离方法有沉淀分离法、溶剂萃取分离法、离子交换分离法、色谱分离法、蒸馏法和挥发分离法等。本章的一些实验中,应用到离子交换分离法,它是利用离子交换树脂和溶液中的离子发生交换反应以及交换树脂对不同离子亲和力不同而使离子分离的方法。

4.2 基本操作与基本实验

实验三十 分析天平的称量操作练习

一、预习要点

① 了解分析天平的构造、原理及使用方法。
② 熟练掌握准确称取物体质量的方法。
③ 天平的使用规则及注意事项。

二、原理提要

见第1章1.3.1节。

三、问题与思考

① 分析天平的称量方法有哪几种?各适用于哪些称量对象?
② 称量时,应将砝码及被称物体放在天平盘的中央,为什么?
③ 在递减法称样的过程中,称量瓶内的试样吸湿,对称量结果造成怎样的误差?试样倾到烧杯后再吸湿,对称量结果是否有影响?
④ 用双盘天平进行递减法称量时,需称取约0.3g的试样,如果称量瓶及所盛试样的总质量约为20.1g,是用一个20g的大砝码好,还是用小砝码组合20g(即1+2+2+5+10)好?为什么?如果只是称量一个质量约20.1g的物体,用单个还是组合的20g砝码好?为什么?

⑤ 称量速率太慢，对递减法和指定质量称量法的称量结果将造成怎样的误差？

四、实验内容

参照第 1 章 1.3.1 节中的称量操作方法进行称量练习。

1. 递减称量法（也称差减法、减量法）

递减称量法适用于称取易吸水、易被氧化或易与 CO_2 反应的物质。称取固体试样时，将适量试样装入称量瓶中，先称得称量瓶和试样的总质量，然后倒出所需试样的估计量，重复称得称量瓶和剩余试样的质量，两次质量之差即为称得试样的准确质量。为了检验称量的准确性，按照下列步骤进行练习。

① 取两个洁净的瓷坩埚，先在台秤上粗称其大致质量，然后于分析天平中准确（至 0.1mg）称其质量，分别记为 G_1 和 G_2。

② 取一个洁净的称量瓶，在台秤上粗称其大致质量并加入约 1g 的试样（用石英砂进行练习），然后在分析天平上准确称其质量，记为 m_1。转移 0.3～0.4g 的试样（约试样体积的 1/3）至第一坩埚中，复称其称量瓶及剩余试样的质量，记为 m_2；以同法再转移 0.3～0.4g 的试样至第二个坩埚中，复称其质量，记为 m_3。

③ 分别准确称量两个已装有试样的瓷坩埚的质量，记为 G_3 和 G_4。

④ 为了练习称量，可在称量瓶中再加入 1g 试样，按照上述方法练习。

⑤ 称量记录及数据处理和检验。

数据按照表 4.1 填写并进行处理。

表 4.1　递减称量法称量样品

称量名称＼称量序号	1	2
倾出样前（称量瓶＋样）质量/g	$m_1=$	$m_2=$
倾出样后（称量瓶＋样）质量/g	$m_2=$	$m_3=$
倾出的样质量/g	$S_1=m_1-m_2=$	$S_2=m_2-m_3=$
（坩埚＋样）质量/g	$G_3=$	$G_4=$
坩埚质量/g	$G_1=$	$G_2=$
称取样质量/g	$S_1'=G_3-G_1=$	$S_2'=G_4-G_2=$
绝对差值/mg	$\lvert S_1-S_1'\rvert=$	$\lvert S_2-S_2'\rvert=$

经处理后，若绝对差值＞0.4mg，则称量不符合要求，分析原因后，继续进行练习，直到符合称量要求。

2. 指定质量称量法

对于一些不易吸水、在空气中较稳定的试样。如金属、某些矿样和基准物质等，称量时，可先称某一容器(如小烧杯、表面皿、称量纸或铝铲等)的准确质量，然后把所需要的试样量加进容器中，并准确称取容器和试样的质量，前后两次质量之差即为试样的量。这种方法俗称递增法或增量法。

此法可以称取一定量范围的准确试样量，也可以称取所需指定量的准确试样量。后者称为指定质量称量法。用称量纸为容器，准确称取 300.0mg 及 500.0mg 的 $K_2Cr_2O_7$，具体称量步骤为：

① 准确称取称量纸的质量，记为 m_1。

② 在天平的右盘上再加入 300mg 的砝码。

③ 用药匙将试样加到天平左盘称量纸的中央。开始时加入比所需量略少的试样，然后用握药匙的手指小心轻敲药匙柄，使试样缓缓抖入称量纸中，直到天平的平衡点与称量称量纸时的平衡点相一致为止(误差范围为±0.2mg)。称得质量记为 m_2。所称取试样的实际质量为$(m_2-m_1)=300.0$mg。

④ 用同样方法称取试样 500.0mg。

五、注意事项

① 称量时若发现天平调不到零点、启动后摆动不正常或其他故障，应及时报告指导教师或实验室工作人员，不得擅自处理。教师或工作人员可根据实际情况指导学生处理。

② 一盒砝码中的同值砝码，其质量误差不完全一样。同值砝码上均带有区别标记，称量过程中若只需使用其中的一个时，则应固定使用一个，以减少称量误差。

③ 砝码越大，其质量的允许误差越大，用递减法称量时，应尽可能改变小砝码，以减少由于改变砝码所引起的称量误差。

实验三十一　滴定分析基本操作练习

一、预习要点

① 滴定分析的基本操作。

② 强酸强碱之间相互滴定时，滴定曲线的 pH 突跃范围。

③ 滴定终点的控制与正确判断。

二、原理提要

滴定分析是将一种已知准确浓度的标准溶液用滴定管滴加到试样溶液中，直到标准溶液的量和被测组分的量，正好符合化学反应式所表示的化学计量关系时为止，根据标准溶液的浓度和滴定所消耗的体积求算试样中被测组分含量的一种方法。滴定分析基本操作应该包括滴定分析器皿的选择和正确操作、滴定终点的判断和控制、滴定数据的读记和处理等。这些内容大部分已在第1章的1.2.9节中叙述。这里，要特别指出的是，通过练习应能熟悉滴定终点的控制和判断。例如，本实验以0.1mol·L^{-1} HCl溶液滴定NaOH溶液，用甲基橙作指示剂，甲基橙变色的pH范围为3.1(红)～4.4(黄)，根据滴定曲线的pH突跃，如果滴定至甲基橙呈现红色，则将超出允许的误差范围，而只能滴定至橙色(pH为4.0附近)。判断橙色，对于初学者有一定的难度，所以在做滴定练习之前先练习判断终点。做法是:在锥形瓶中放入约25mL水及二滴甲基橙指示剂，从碱式滴定管中放出1～2滴NaOH溶液，呈现黄色，再用酸式滴定管小心滴加HCl溶液，观察至橙色，如此反复滴加NaOH和HCl溶液，直至能做到加入半滴NaOH溶液后颜色由橙变黄，而加入半滴HCl溶液后颜色又由黄变橙为止，以达到能控制加入半滴滴定剂观察到终点颜色的变化。在以后的各次实验中，每遇到一种新的指示剂，也应能自已练习学会正确掌握终点颜色的变化。

三、问题与思考

① 配制NaOH溶液时，应用何种天平称取固体NaOH？为什么？加蒸馏水溶解时，用何种量器量取蒸馏水？为什么？

② 能否用试剂直接配制准确浓度的NaOH溶液或HCl溶液？为什么？

③ 用HCl溶液滴定NaOH溶液时常采用甲基橙作指示剂，而用NaOH溶液滴定HCl溶液时却常使用酚酞作为指示剂，为什么？这两种情况所求得的体积比(V_{HCl}/V_{NaOH})为什么会不一致？

④ 滴定分析实验中，滴定管、移液管为何需用滴定剂或要移取的溶液润洗三次？滴定用的锥形瓶是否也要用被滴定的溶液润洗？为什么？

⑤ 每次滴定最好将滴定管的液面调至0.00刻度开始，其道理何在？滴定管、移液管、容量瓶是三种准确的容积量器，记录其体积时应记几位有效数字？

四、实验内容

(1) 配制500mL 0.1mol·L^{-1}的NaOH溶液　由2mol·L^{-1}的溶液稀释配得。

(2) 配制500mL 0.1mol·L^{-1}的HCl溶液　由2mol·L^{-1}的溶液稀释配得。

(3) 用HCl溶液滴定NaOH溶液　在碱式滴定管中装入0.1mol·L^{-1} NaOH溶液，排除玻璃珠下部管中的气泡，并将液面调节至0.00mL刻度线。在酸式滴定管中装入0.1mol·L^{-1} HCl溶液，排除旋塞下部管中的气泡，并将液面调节至0.00mL刻度线。从碱式滴定管放出20.00mL NaOH溶液至锥形瓶中(开始时，流出的速率可快些，约10mL·min^{-1}，以后逐渐减慢)，加入2滴甲基橙指示剂，用HCl溶液滴定至溶液由黄色刚变为橙色，记下所消耗HCl溶液的体积(读准至0.01mL)。再从碱式滴定管中放出2.00mL NaOH溶液，继续用HCl溶液滴定至橙色，记录数据。如此连续滴定五次，得到 NaOH 和 HCl 互相对应的五组数据，两者均为累计体积。按照表 4.2 的格式记录和进行数据处理。

表 4.2 HCl 溶液滴定 NaOH 溶液(指示剂甲基橙)

滴定序号 / 记录与计算	1	2	3	4	5
V_{NaOH}/mL					
V_{HCl}/mL					
V_{HCl}/V_{NaOH}					
V_{HCl}/V_{NaOH}平均值					
相对偏差/%					
平均相对偏差/%					

(4) 用 NaOH 溶液滴定 HCl 溶液　用移液管平行移取 25.00mL 0.1mol·L^{-1} HCl 溶液三份分别置于三个锥形瓶中，分别加入 2 滴酚酞指示剂，用 NaOH 溶液滴定至刚出现微红色，30s 不褪色即为终点，记录 NaOH 溶液所消耗的体积。按照表 4.3 记录数据并进行处理。若三次平行滴定所消耗 NaOH 溶液体积的全距>0.04mL，则需重新平行滴定三份，直至达到要求。

表 4.3 NaOH 溶液滴定 HCl 溶液(指示剂酚酞)

滴定序号 / 记录与计算	1	2	3
V_{HCl}/mL			
V_{NaOH}/mL			
$\bar{V}_{NaOH}$/mL			
全距/mL			
$V_{HCl}/\bar{V}_{NaOH}$			

(5) 用百里酚蓝-甲酚红混合指示剂代替酚酞指示剂　重复(4)的操作，当溶液从红色变为黄色又刚变为紫色时，即到达终点。按照表 4.3 的格式记录和处理数据。

实验三十二　容量器皿的校准

一、预习要点

① 容量器皿校准的意义和方法。

② 容量器皿的称量法校准和容量瓶与移液管间的相对校准的操作。

二、原理提要

滴定分析法的主要量器有滴定管、移液管和容量瓶三种，其实际容积与标称容积总是存在着或多或少的差值，在准确度要求较高的分析工作中，必须对量器进行校准。

量器的校准分为绝对校准（也叫称量法校准）和相对校准。

绝对校准是采用称量法进行。该法是用天平称量量器中容纳或放出纯水的质量，然后根据该温度下纯水的密度即可换算出量器的容积。然而，实际情况要复杂得多，这是因为：第一，纯水的质量是在空气中与砝码平衡求得的，两者由于密度不同，所受空气的浮力不同；第二，纯水的密度和量器的体积都随着温度的不同而变化。考虑了这些影响因素后，得到校正公式为

$$V_{20}=\frac{W(\rho_B-\rho_A)}{\rho_B(\rho_W-\rho_A)[1+\beta(t-20)]}$$

式中：V_{20} 为被检量器在标准温度 20℃ 的容积；W 为与纯水平衡时所需砝码的质量；ρ_A 为空气的密度，一般采用平均密度为 $0.0012g\cdot cm^{-3}$；ρ_B 为砝码的密度，我国采用的名义密度值为 $8.0g\cdot cm^{-3}$；ρ_W 为纯水温度 t℃ 时的密度；t 为检定的水温；β 为量器材料（玻璃）的体膨胀系数。上式经变换后得到

$$W=V_{20}\rho_W[1+\beta(t-20)]\frac{\rho_B}{\rho_B-\rho_A}\left(1-\frac{\rho_A}{\rho_W}\right)$$

式中$\frac{\rho_A}{\rho_W}$可近似地看成$\frac{\rho_A}{\rho_{W20}}$，则

$$\frac{\rho_B}{\rho_B-\rho_A}\left(1-\frac{\rho_A}{\rho_{W_{20}}}\right)=\frac{8.0}{8.0-0.0012}\left(1-\frac{0.0012}{0.998\ 21}\right)=0.998\ 947\ (g\cdot cm^{-3})$$

所以

$$W=V_{20}\rho_W[1+\beta(t-20)]\times 0.998\ 947$$

将不同值的 V_{20}、ρ_W、β 和 t 代入上式，就可计算出各种量器在不同温度下各种容积的纯水与砝码平衡时的质量 W 和“修正值”，并制成表供查用（表 4.4）。

在实际操作时，利用表 4.4 只要将称量待校量器容纳或放出纯水时所用的平衡砝码的质量值 W 与表 4.4 中相应温度时水的“质量”值相比较，便能确定量器在标准温度 20℃时的实际容积，计算方法有三种，用下例加以说明。

表 4.4　不同容量的纯水的砝码质量值和修正值表

（空气密度为 0.0012g/cm³，钠钙玻璃体膨胀系数为 2.6×10^{-5}/℃）

容量/mL 质量/g 温度/℃	100		50		25	
	质量值	修正值	质量值	修正值	质量值	修正值
10	99.839	0.161	49.919	0.081	24.960	0.040
11	832	168	916	084	958	042
12	824	176	912	088	956	044
13	814	186	907	093	954	046
14	804	196	902	098	951	049
15	792	208	896	104	948	052
16	778	222	889	111	945	055
17	764	236	882	118	941	059
18	749	251	874	126	937	063
19	732	268	866	134	933	067
20	715	285	857	143	929	071
21	696	304	848	152	924	076
22	677	323	838	162	919	081
23	656	344	828	172	914	086
24	635	365	817	183	909	091
25	612	388	806	194	903	097
26	588	412	794	206	897	103
27	564	436	782	218	891	109
28	539	461	769	231	885	115
29	512	488	756	244	878	122
30	485	515	743	257	871	129

【例】 有一支标称容量为 25mL 的移液管，在水温 18℃时，称得排放出纯水的质量为 24.948g，计算其实际容量。

解

方法一　用表观密度 ρ'_{W}①计算

从表 4.4 中可查得 $\rho'_{W18}=0.997\ 49g\cdot cm^{-3}$，则

$$V_{20}=\frac{24.948}{0.997\ 49}=25.01\ (mL)$$

方法二　用平衡砝码质量值 $W_{称}$ 计算

从表 4.4 中查得 18℃时 25mL 纯水质量 W 为 24.937g，即

① 表观密度是指一定的密度、温度下，玻璃量器容纳或放出的单位体积纯水于 20℃时与黄铜砝码平衡所需砝码的质量。

$$V_{20} = V_{标} + \Delta V$$

当 $W_{称}$ 与 W 相差很小时，$\Delta V \approx \Delta W$，所以

$$V_{20} = V_{标} + \Delta W = 25 + (24.948 - 24.937) = 25.01\ (\text{mL})$$

方法三　用修正值 $\Delta W'$ 计算

从表 4.4 中查得 18℃时 25mL 的修正值 $\Delta W'$ 为 0.063，所以

$$V_{20} = W_{称} + \Delta W' = 24.948 + 0.063 = 25.01\ (\text{mL})$$

三种计算法其实质是一样的，而以修正值计算最为方便。

对于准确度要求更高的校正，例如高于 0.02%时，或者温度超出(20±5)℃时，不能采用空气的平均密度值($0.0012g \cdot cm^{-3}$)，而应根据实测的气压、温度及湿度求出空气的实际密度，代入原式计算质量值及修正值。

当要求两种量器的容积之间有准确的比例关系时，例如用 25mL 的移液管从 250mL 的容量瓶分取试液时，重要的是分取的试液是否准确为总试液的 1/10，而不在于两者的真实容积是否准确，这时采用两量器的相对校准。此法比较简单，不需进行精确计算，方法见实验内容与步骤。

三、问题与思考

① 校准移液管时，承接的锥形瓶内壁为什么不一定需要晾干？而移液管与容量瓶相对校正时，容量瓶内壁为什么一定要晾干？

② 容量仪器校准时，为什么称量只需准确至 mg？

③ 称取 0.1600g 的锌片，溶解后转入 250mL 容量瓶中，稀释至标线，然后用 25mL 的移液管(与该容量瓶相对校正的结果，液面高出标线 0.80mL)移取一份溶液，问相当于锌片称量的相对误差是多少？

④ 上题中，如果容量瓶的真实容积正好是 250mL，而移液管的校正容积为 24.94mL，那么移取一份溶液，相当于锌片称量的相对误差是多少？

四、实验内容

1. 移液管的校准

取一洁净且晾干的具塞锥形瓶(内壁是否一定需要干燥?)，在天平上称其质量(准确至 mg)。用食指和中指夹起锥形瓶的塞(塞子不得随处乱放)，用待校的 25mL 移液管移取 25.00mL 蒸馏水至锥形瓶中，盖上瓶塞，再次称量，两次称量之差即为水的质量 $W_{水}$。同时用温度计测量水温 t℃，根据表 4.4 查出在实测温度 t℃时，标称容积为 25mL 的纯水在空气中用砝码平衡称得的质量或差值，按照原理中的例解方法求出此移液管在标准温度 20℃时的真实容积。

重复校正一次，两次水质量相差应小于 0.02g，结果取两次校正值的平均值。

2. 滴定管的校准

洁净的滴定管注入蒸馏水至液面高出最高刻度线约 5mm 处，垂直夹放在滴定架上，等待 30s 后调节液面至 0.00mL。

取一个洁净且晾干的具塞锥形瓶，在天平上称其质量（准确至 mg）。打开滴定管的旋塞，以每分钟约 10mL 的流速向锥形瓶内注水，当液面降至 10.00mL 刻度线以上约 5mm 时，暂停放水并等待 30s，然后在 10s 内将液面调放至 10.00mL 刻度。随即使锥形瓶内壁轻轻接触滴定管的出口管尖，拉下挂在管尖下的液滴，立即塞上瓶塞并称量。测量水温后，即可计算被校分度段的实际容积及校正值。

按照上述方法，每次增加 5.00mL 作为一个分度段进行校正，直到 50.00mL 为止。

每支滴定管重复校正一次，取其平均值。滴定管校正的数据记录及处理列于表 4.5 中。

表 4.5　滴定管校正的数据记录与处理

校正分段/mL	次数	称量记录/g		水的质量/g		实际容积/mL	校正值/mL ($\Delta V = V_{段} - V_{实}$)
		瓶＋水	瓶	各次	平均		
0～10.00	1						
	2						
0～15.00	1						
	2						
0～20.00	1						
	2						
0～25.00	1						
	2						
0～30.00	1						
	2						
0～35.00	1						
	2						
0～40.00	1						
	2						
0～45.00	1						
	2						
0～50.00	1						
	2						

3. 容量瓶和移液管的相对校准

用 25mL 的移液管移取蒸馏水至待校正的 250mL(或 100mL)洁净且内壁晾干的容量瓶中,并再重复移取 9 次(或 3 次)。观察容量瓶液面相切的位置,如与标线一致,则两者相对体积符合,无需修正,如液面与标线不一致,则需另做一标记,作为以后移液管与容量瓶配套使用的标线。

五、注意事项

器皿的操作是否正确是校准成败的关键。倘若操作不正确,其校准结果不宜在以后的实验中使用。

实验三十三　Na_2CO_3 的制备与分析

一、预习要点

① 利用复分解反应及盐类的不同溶解度制备无机化合物的方法。

② 温控、灼烧、减压过滤及洗涤等操作。

③ 酸碱平衡、共轭酸碱及强酸滴定弱碱的基本知识及滴定分析方法。

二、原理提要

1. Na_2CO_3 的制备

Na_2CO_3(俗称纯碱)的工业制法是将 NH_3 和 CO_2 通入 NaCl 溶液中,生成 $NaHCO_3$,经过高温灼烧,失去 CO_2 和 H_2O,生成 Na_2CO_3,反应式为

$$NH_3+CO_2+H_2O+NaCl = NaHCO_3+NH_4Cl$$

$$2NaHCO_3 \xlongequal{\triangle} Na_2CO_3+CO_2\uparrow+H_2O$$

本实验是根据复分解反应直接采用 NH_4HCO_3 与 NaCl 作用制取 $NaHCO_3$,最后再灼烧分解为 Na_2CO_3,反应式为

$$NH_4HCO_3+NaCl = NaHCO_3+NH_4Cl$$

在 NH_4HCO_3、NaCl、$NaHCO_3$ 和 NH_4Cl 组成的水溶液多元体系中,根据各种盐在不同温度下的溶解度,便可以判断出从该反应体系中分离 $NaHCO_3$ 的最佳条件和适宜步骤。

从表 4.6 可见,在各种不同温度下,$NaHCO_3$ 的溶解度在四种盐中都是最小的,而温度过高会引起 NH_4HCO_3 的分解,温度过低其溶解度降低,不利于复分解反应的进行。因此,控制温度在 30～35℃条件下制备 $NaHCO_3$ 是较适宜的。

表 4.6　四种盐在不同温度下的溶解度(单位:g/100g)

盐 \ 溶解度 \ 温度	0℃	10℃	20℃	30℃	40℃	50℃	60℃	70℃
NaCl	35.7	35.8	36.0	36.3	36.6	37.0	37.3	37.8
NH_4HCO_3	11.9	15.8	21.0	27.0	—	—	—	—
$NaHCO_3$	6.9	8.2	9.6	11.1	12.7	14.5	16.4	—
NH_4Cl	29.4	33.3	37.2	41.4	45.8	50.4	55.2	60.2

2. Na_2CO_3 中总碱度的分析

常用酸碱滴定法测定其总碱度来检测产品的质量。以 HCl 标准溶液作为滴定剂,滴定反应如下

$$CO_3^{2-} + 2H^+ \longrightarrow H_2CO_3 \longrightarrow CO_2\uparrow + H_2O$$

反应生成的 H_2CO_3 其过饱和的部分分解成 CO_2 逸出,化学计量点时,溶液的 pH 为 3.8～3.9,以甲基橙作指示剂,用 HCl 标液滴定至橙色(pH≈4.0)为终点。也可以用甲基红或甲基红-溴甲酚绿混合指示剂,但必须在滴定至刚出现红色时先暂停滴定,把溶液煮沸以除去大部分 CO_2,冷却后再继续滴定至刚出现红色,即为终点。甲基红-溴甲酚绿混合指示剂是测定工业碳酸钠总碱度现行国家标准中指定的指示剂,该指示剂变色域窄,pH＝5.0 以下为暗红色,pH＝5.1 为灰绿色,pH＝5.2以上为绿色。本实验采用甲基橙或甲基红-溴甲酚绿指示剂。

HCl 标准溶液用无水 Na_2CO_3 作为基准物质进行标定,采用与测定相同的方法和指示剂。

如果试样是工业纯碱,由于试样易吸水及 CO_2,故通常将试样在 270～300℃下烘干 2h,除去水分,并使其中的 $NaHCO_3$ 转化为 Na_2CO_3,而且可能试样的均匀性较差,故应称取较多的试样,使之更具代表性。

三、问题与思考

① 本实验有哪些主要因素影响产品的产量?影响产品纯度的主要因素有哪些?

② 无水 Na_2CO_3 如保存不当,吸收了少量水分,对标定 HCl 溶液的浓度有什么影响?Na_2CO_3 基准试剂使用前为什么要在 270～300℃下烘干?温度过高或过低对标定有何影响?

③ 测定总碱度的试样如果不是干基试样，并含有少量 $NaHCO_3$，测定结果与干基试样比较，会有何不同？为什么？

④ 标定 HCl 溶液常用的基准物质有哪些？测定总碱度应选用何种？为什么？

⑤ 用 HCl 标准溶液滴定工业碱，用甲基橙作为指示剂，为何是测定总碱度？为什么应滴定至指示剂呈橙色即为终点？

四、实验内容

1. Na_2CO_3 的制备

(1) $NaHCO_3$ 中间产物的制备　取 25mL 含 25%纯 NaCl 的溶液于小烧杯中，放在水浴锅上加热，温度控制在 30～35℃之间。同时称取 NH_4HCO_3 固体(加以研磨)细粉末 10g，在不断搅拌下分几次加入到上述溶液中。加完 NH_4HCO_3 固体后继续充分搅拌并保持在此温度下反应 20min 左右。静置 5min 后减压过滤，得到 $NaHCO_3$ 晶体。用少量水淋洗晶体以除去黏附的铵盐，再尽量抽干母液。将布氏漏斗中的 $NaHCO_3$ 晶体取出，在台秤上称其湿重并记录 $NaHCO_3$ 的质量 m_{NaHCO_3}。

(2) Na_2CO_3 制备　将上面制得的中间产物 $NaHCO_3$ 放在蒸发皿中，置于石棉网上加热，同时必须用玻璃棒不停地翻搅，使固体均匀受热并防止结块。开始加热灼烧时可适当采用温火，5min 后改用强火，大约灼烧 0.5h 左右，即可制得干燥的白色细粉状 Na_2CO_3 产品。冷却到室温后，在台秤上称量并记录最终产品 Na_2CO_3 的质量 $m_{Na_2CO_3}$。

(3) 产品产率的计算　根据反应物之间的化学计量的关系和实验中有关反应物的实际用量，确定产品产率的计算基准，然后计算出理论产量 $m_{理论}$ 及产品产率。

本实验用纯 NaCl 为原料，其纯度以 100%计算。

2. Na_2CO_3(产品)中总碱度的分析

1) $0.1mol \cdot L^{-1}$ HCl 溶液的标定

准确称取 0.15～0.2g 无水 Na_2CO_3 三份，分别放于 250mL 锥形瓶中。加入约 30mL 水使之溶解，加入 2 滴甲基橙指示剂，用待标定的 HCl 溶液滴定至溶液由黄色恰变为橙色，即为终点。记下所消耗 HCl 溶液的体积，计算每次标定的 HCl 溶液浓度，并求其平均值及各次的相对偏差。

2) 总碱度的测定

准确称取 0.5～0.6g 自制的 Na_2CO_3 产品于烧杯中，加入少量水使其溶解，必要时可稍加热以促进溶解。冷却后，将溶液定量转入 100mL 容量瓶中，加水稀释至刻度，充分摇匀。平行移取试液 25.00mL 三份于 250mL 锥形瓶中，加 20mL 水及 2 滴甲基橙指示剂，用 HCl 标准溶液滴定至溶液由黄色恰变为橙色，即为终点。记下所消耗 HCl 溶液的体积，计算各次测定的试样总碱度(以 Na_2O%表示)，并求其平均值及各次的相对偏差。

五、注意事项

① 标定 HCl 溶液除了以无水 Na_2CO_3 作为基准物质外，还可以用硼砂($Na_2B_4O_7 \cdot 10H_2O$)。方法是：准确称取 0.4～0.6g 硼砂，加入 50mL 水使之溶解，必要时稍加热促使其溶解，加入甲基红指示剂，用待标定的 HCl 溶液滴定至溶液由黄色恰变为浅红色，即为终点。

② 用无水 Na_2CO_3 作为基准物质标定 HCl 溶液和总碱度的测定，也可以用甲基红-溴甲酚绿混合指示剂指示滴定终点。方法是：试样溶解后，加入 8～10 滴混合指示剂，用 HCl 溶液滴定至溶液由绿色恰变为暗红色。煮沸 2min，用自来水流水冷却后，继续滴定至暗红色又刚出现，即为终点。

【延伸实验】 混合碱的分析(双指示剂法)

混合碱是指 Na_2CO_3 与 NaOH 或 $NaHCO_3$ 与 Na_2CO_3 的混合物。欲确定混合碱的成分并测定各组分的含量，可用 HCl 标准溶液进行滴定，根据滴定过程中 pH 变化的情况，选用两种不同的指示剂，分别指示第一、第二化学计量点的到达，此法常称为"双指示剂法"。

当到达第一个化学计量点时，其化学反应视混合碱的组成不同是

$$\begin{cases} NaOH + HCl \longrightarrow NaCl + H_2O \\ Na_2CO_3 + HCl \longrightarrow NaHCO_3 + NaCl \end{cases}$$

或

$$Na_2CO_3 + HCl \longrightarrow NaHCO_3 + NaCl$$

反应产物为 $NaHCO_3$ 和 NaCl，此时溶液的 pH 约为 8.3，可选用酚酞作指示剂，终点时溶液由红色变为无色。所消耗 HCl 标准溶液的体积为 V_1。

继续滴定到达第二个化学计量点时，反应式为

$$NaHCO_3 + HCl \longrightarrow H_2CO_3 + NaCl$$

$$H_2CO_3 \longrightarrow CO_2\uparrow + H_2O$$

此时溶液的 pH 为 3.8～3.9，选用甲基橙作指示剂，终点时溶液由黄色变为橙色。第二步滴定所消耗 HCl 标准溶液的体积为 V_2。

比较 V_1 和 V_2 的大小，可以判断混合碱的组成，并计算各组分的含量。

实验过程为：准确称取 1.0～1.2g 混合碱试样于烧杯中，加入水使之溶解，定量转入至 100mL 容量瓶中，用水稀释至刻度，充分摇匀。平行移取试液 25.00mL 三份于锥形瓶中，加入 2～3 滴酚酞指示剂，用 HCl 标准溶液滴定至溶液由红色恰

好褪至无色，即为第一终点，记下所消耗 HCl 标准溶液的体积 V_1。再加入 1～2 滴甲基橙指示剂，继续用 HCl 标准溶液滴定至溶液由黄色恰变为橙色，即为第二终点，记下所消耗 HCl 标准溶液的体积 V_2。判断试样的组分并计算各组分的含量和各次测定偏差。

双指示剂法的传统指示剂是先用酚酞，后用甲基橙。由于酚酞变色不很敏锐，人眼观察此变化的灵敏性稍差，因此也常用甲酚红-百里酚蓝混合指示剂。该指示剂变色点 pH 为 8.3，酸型为黄色，碱型为紫色。pH＝8.2 时为玫瑰色，pH＝8.4 时为清晰的紫色，变色敏锐。用 HCl 标准溶液滴定至溶液由紫色变为粉红色，即为终点。

实验三十四　氮肥中含氮量的测定

一、预习要点

① 准确滴定弱酸（弱碱）的条件和极弱酸的强化方法。

② 酸碱滴定中指示剂的选择。

③ 甲醛法测定铵态氮的原理和方法，比较甲醛法和蒸馏法测定氮的不同之处。

二、原理提要

测定含氮量的方法有两种：蒸馏法，也称为凯氏定氮法，适用于无机、有机物质中氮含量的测定，准确度较高，但方法较为繁琐；甲醛法，适用于铵盐中铵态氮的测定，方法简便，快捷，生产实际中应用较广。

氮肥有两种：一种是铵盐，如 NH_4HCO_3（俗称碳铵）、$(NH_4)_2SO_4$（俗称肥田粉）、NH_4Cl 和 NH_4NO_3；另一种是目前普遍使用的 $(NH_2)_2CO$（俗称尿素）。铵盐（除 NH_4HCO_3 外）中含氮量的测定通常用甲醛法。由于 NH_4^+ 的酸性太弱（$K_a=5.6\times10^{-10}$），无法用碱标准溶液直接进行滴定，但可以用甲醛与铵盐作用，定量生成六次甲基四胺盐（$K_a\approx7.1\times10^{-6}$）和 H^+，反应式如下

$$4NH_4^+ + 6HCHO = (CH_2)_6N_4H^+ + 3H^+ + 6H_2O$$

所生成的六次甲基四胺盐及 H^+ 可以用 NaOH 标准溶液进行准确滴定，以酚酞作为指示剂，溶液由无色至微红色，即为终点。

尿素是一种有机弱碱（$K_b=1.3\times10^{-14}$），不能用酸标准溶液进行直接滴定。然而，尿素经浓 H_2SO_4 消解后能转化为 $(NH_4)_2SO_4$，反应式如下

$$(NH_2)_2CO + H_2SO_4 + H_2O = (NH_4)_2SO_4 + CO_2\uparrow$$

反应完全后加热除去生成的 CO_2，以甲基红为指示剂，用 NaOH 溶液中和过量的 H_2SO_4，而由尿素转化的 NH_4^+ 可用甲醛法进行测定，由此可计算出尿素中的

含氮量。

三、问题与思考

① NH_4NO_3、NH_4Cl 和 NH_4HCO_3 中的含氮量能否用甲醛法进行测定？是否需要用浓 H_2SO_4 消解？

② 若试样中含有 PO_4^{3-}、Fe^{3+}、Al^{3+} 等杂质，它们对测定结果有何影响？

③ 中和过量的 H_2SO_4 时，为何采用甲基红作指示剂？用酚酞指示剂可以吗？

④ 中和过量的 H_2SO_4 时，NaOH 溶液若加入过量或不足，对结果有何影响？如果 NaOH 溶液加入过量了该怎么处理？

四、实验内容

1. 0.1mol·L^{-1}NaOH 溶液的配制

称取 4g 固体 NaOH 放入烧杯中，加入新鲜的或煮沸除去 CO_2 的蒸馏水，溶解后转入带橡皮塞的试剂瓶中，加水稀释至 1 L，充分摇匀。

2. 甲醛(1＋1)溶液的配制

取一定量的甲醛试剂加入等体积的蒸馏水，即得(1＋1)的溶液。甲醛中常含有微量酸，应事先中和，为此，于甲醛溶液中加入 2～3 滴酚酞指示剂，小心用 0.1mol·L^{-1}的 NaOH 溶液滴至溶液呈现微红色。

3. 0.1mol·L^{-1}NaOH 溶液的标定

准确称取 0.4～0.6g 邻苯二甲酸氢钾($KHC_8H_4O_4$)基准物质三份分别于锥形瓶中，加入 40～50mL 水使之溶解，加入 2～3 滴酚酞指示剂，用待标定的 NaOH 溶液滴定至呈现微红色，保持半分钟内不褪色，即为终点。计算每次标定的 NaOH 溶液浓度，并求各次标定结果的相对偏差。

4. $(NH_4)_2SO_4$ 中含氮量的测定

准确称取 0.2～0.3g$(NH_4)_2SO_4$ 试样三份分别于锥形瓶中，加入 20～30mL 水溶解，加入 10mL (1＋1)甲醛溶液，加入 2～3 滴酚酞指示剂，充分摇匀，2min 后用 NaOH 标准溶液滴定至微红色即为终点。分别计算三份试样中氮的百分含量，并求各次测定结果的相对偏差。

5. 尿素中含氮量的测定

准确称取尿素 0.6～0.7g 于 100mL 烧杯中，加入 6mL 浓 H_2SO_4，盖上表面皿。

在通风橱内，于石棉网上缓缓加热至无 CO_2 气泡逸出后，继续用较强热加热至冒出的浓白烟又开始变稀时停止加热，让其自然冷却。小心沿烧杯嘴加入 30mL 水，吹洗表面玻璃，将溶液转移到 250mL 容量瓶中，用水稀释至近刻度线，待溶液冷至室温后再稀释至刻度，充分摇匀。移取 25.00mL 试液于锥形瓶中，加入 3 滴甲基红指示剂，用 NaOH 溶液中和过剩的 H_2SO_4（先用 $2mol \cdot L^{-1}$ 的 NaOH 溶液中和至溶液的颜色稍微变淡，再继续用 $0.1mol \cdot L^{-1}$ NaOH 溶液滴定至溶液由红色变为黄色）。加入 10mL(1+1)甲醛溶液，充分摇动。放置 5min 后，加入 5 滴酚酞指示剂，用 $0.1mol \cdot L^{-1}$ NaOH 溶液滴定至溶液由纯黄色变为金黄色，即为终点。平行滴定三份，分别计算尿素中氮的百分含量，并求各次测定结果的相对偏差。

五、注意事项

① 尿素的测定中，由于中和过量 H_2SO_4 时加入甲基红作为指示剂，所以在最后滴定用酚酞作指示剂时，终点的颜色由黄色变为金黄色（即黄色中带淡红色），不好观察。如果用甲酚红-百里酚蓝混合指示剂代替酚酞，终点颜色由黄色变为紫色，较为敏锐，容易观察。

② 如 $(NH_4)_2SO_4$ 试样中含有游离酸，加甲醛之前应事先以甲基红为指示剂，用 NaOH 标准溶液中和，以免影响测定结果。

【延伸实验】 凯氏定氮法测定奶粉中的蛋白质

有机物中的氮在强热和浓 H_2SO_4（含有 $CuSO_4$）作用下，消化生成 $(NH_4)_2SO_4$，在凯氏定氮器中与碱作用，通过蒸馏释放出 NH_3，收集于 H_3BO_3 溶液中。再用已知浓度的 HCl 标准溶液滴定，根据 HCl 消耗的量计算出试样中氮的含量，然后乘以相应的换算因子，即得蛋白质含量。其过程的反应式如下

$$H_2SO_4 \xlongequal{\triangle} SO_2 + H_2O + [O]$$

$$R{-}\underset{\displaystyle NH_2}{\underset{|}{CH}}{-}COOH + [O] \xlongequal{\quad} R{-}CO{-}COOH + NH_3\uparrow$$

$$R{-}CO{-}COOH + [O] \xlongequal{\quad} nCO_2 + mH_2O$$

$$2NH_3 + H_2SO_4 \xlongequal{\quad} (NH_4)_2SO_4$$

$$NH_4^+ + OH^- \xlongequal{\quad} NH_3\uparrow + H_2O$$

$$NH_3 + H_3BO_3 \xlongequal{\quad} NH_4^+ + H_2BO_3^-$$

$$H_2BO_3^- + H^+ \xlongequal{\quad} H_3BO_3$$

测定步骤如下：

① 准确称取奶粉样品 0.5g，置于凯氏烧瓶内，加入 8～9g K_2SO_4、0.4g $CuSO_4 \cdot 5H_2O$ 及 15mL 浓 H_2SO_4，加数粒玻璃珠，缓慢加热，并小心地尽量减少

泡沫产生，防止溶液外溅，使样品全部浸于 H_2SO_4 内。样品中泡沫消失后，即加大火力至溶液澄清，再继续加热约 1h，冷却至室温（消化样品须在通风橱中进行!）。沿瓶壁加入 50mL 纯水，溶解盐类，冷却，转入 100mL 容量瓶中，以纯水冲洗烧瓶数次，洗液并入容量瓶中，加水至刻线，摇匀。

② 按图 4.1 装好凯氏定氮装置。向蒸气发生器的水中加数滴甲基红指示剂、几滴 H_2SO_4 及数粒沸石，在整个蒸馏过程中需保持此液为橙红色，否则补加 H_2SO_4。接收液为 20mL 2%的 H_3BO_3 溶液，其中加 2 滴甲基红-次甲基蓝混合指示剂，接收时使装置的冷凝管下口浸入吸收液的液面之下。

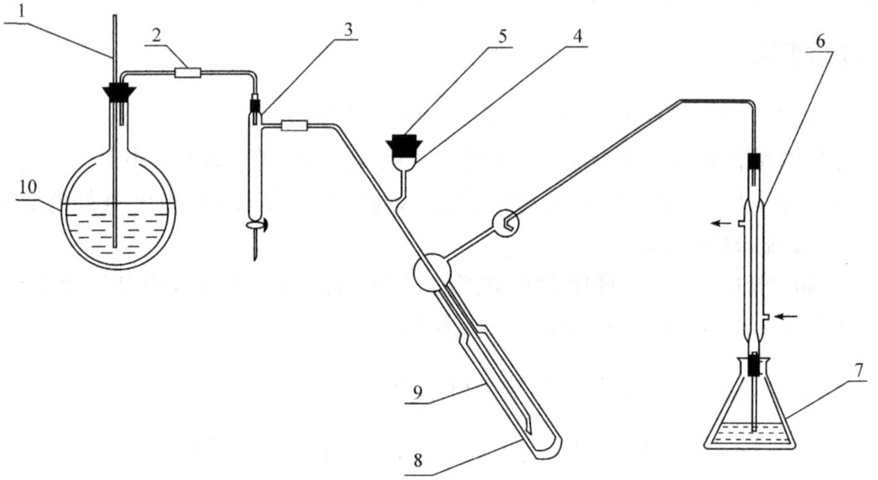

图 4.1 凯氏定氮装置

1. 安全管；2. 导管；3. 气水分离管；4. 样品入口；5. 塞子；
6. 冷凝管；7. 吸收瓶；8. 隔热液套；9. 反应管；10. 蒸气发生器

③ 移取 10.0mL 样品消化液，经进样口注入反应管内，用少量水冲洗进样口，然后快速加入 10mL 50% NaOH 溶液于反应管内，并立即塞好塞子，防止氨的逸出。从开始回流记录时间，蒸馏 4min，蒸馏时火力应均匀，中途不得停火。移动冷凝管下口使其离开接收液液面。再蒸馏 1min，用纯水洗冷凝管下口，洗液流入吸收液内。

④ 用 $0.05\text{mol}\cdot\text{L}^{-1}$ HCl 标准溶液滴定接收液至暗红色为终点。同时以同样操作做一空白试验。计算奶粉中的总氮量，进一步计算蛋白质的含量，即

$$蛋白质(\%) = 总氮量(\%) \times K$$

式中，K 为换算因数。各种食品的蛋白质换算因数稍有差别：乳类为 6.38，大米为 5.95，花生为 5.46 等。测定这些食物蛋白质时，应将测得的含氮量乘以各自的换

算因数。本实验为测定奶粉中的蛋白质含量，换算因数为6.38。

实验三十五　乙酰水杨酸的制备与分析

一、预习要点

① 乙酰水杨酸的制备过程及水浴加热、减压过滤、熔点测定的基本操作。

② 返滴定法测定药片中乙酰水杨酸含量的方法。

二、原理提要

1. 乙酰水杨酸的制备

乙酰水杨酸即阿司匹林，它是一种治疗感冒的药物，有解热镇痛作用。当乙酐或乙酰氯与水杨酸作用时就可以得到乙酰水杨酸，反应式为

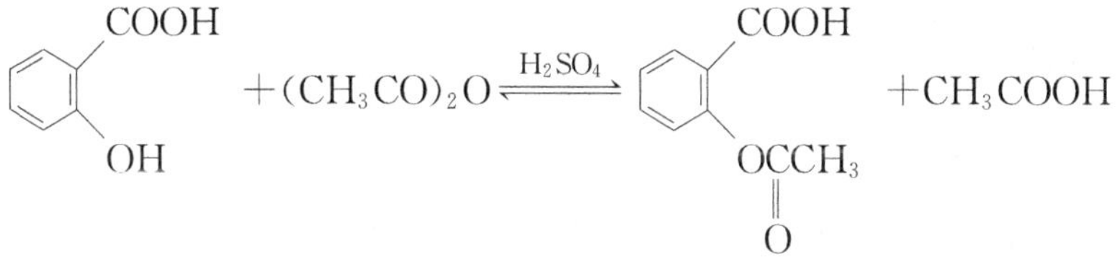

在反应中，由于水杨酸是一个双官能团化合物，一个是酚羟基，一个是羧基，因此可以形成少量的高聚物，为了除去这部分杂质，可将乙酰水杨酸变成钠盐，利用高聚物不溶于水的性质把它们分开。

2. 乙酰水杨酸的分析

乙酰水杨酸是有机弱酸($pK_a=3.0$)，摩尔质量为180.16g·mol^{-1}，易溶于乙醇而微溶于水。在NaOH或Na_2CO_3等碱性溶液中溶解，同时分解为水杨酸盐和乙酸盐，反应式为

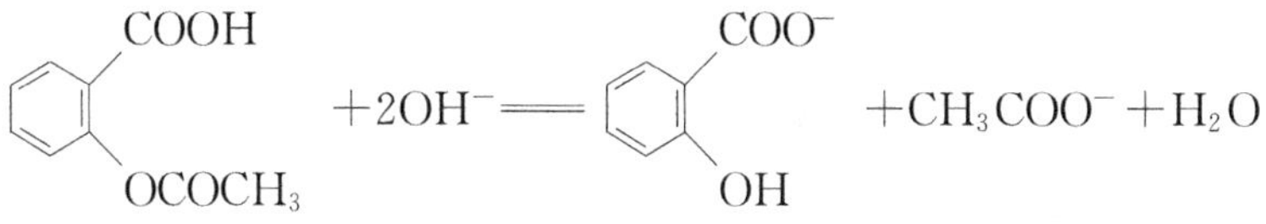

由于它的酸性较强，可以用酚酞作为指示剂，用NaOH标液直接滴定。但为防止乙酰基水解，须在10℃以下的中性乙醇中进行滴定。

片剂中通常含有一定量的赋形剂(为硬脂酸镁、淀粉、糖粉等)，在冷乙醇中不易溶解，因此不宜直接滴定而需采用返滴定法。药片研细后加入过量的NaOH标准溶液，加热一定时间使乙酰基水解完全，再用HCl标准溶液回滴过剩的NaOH，至酚酞的微红色刚好消失为即终点。由此计算片剂中乙酰水杨酸的含量(g·片$^{-1}$)。

三、问题与思考

① 水杨酸酸化时为什么要加入浓 H_2SO_4？

② 怎样检测乙酰水杨酸的纯度？

③ 在体积比 V_{NaOH}/V_{HCl} 测定中，为什么需在与测定样品相同的操作条件下进行滴定？

④ 已知水杨酸的 $pK_{a_2}=13.1$，因此当用过量 NaOH 分解乙酰水杨酸时，其反应也可表示为

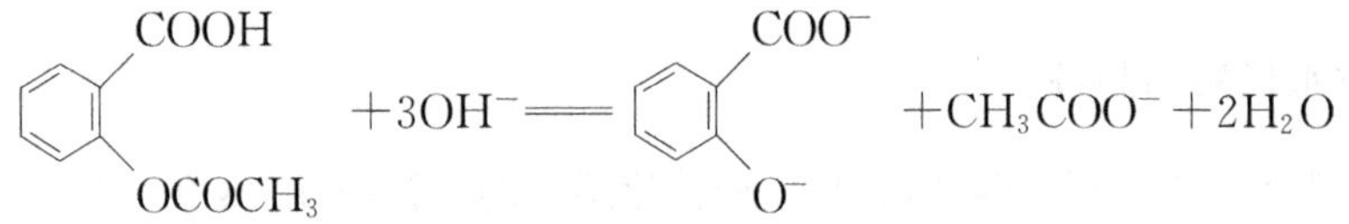

那么，计算含量时能否认为每摩尔乙酰水杨酸消耗 3mol NaOH？

四、实验内容

1．乙酰水杨酸的制备

取 2g 水杨酸放入锥形瓶中，加入 5mL 乙酸酐，然后用滴管加入 5 滴浓 H_2SO_4，摇动锥形瓶使水杨酸全部溶解后，在水浴上加热 5～10min，放置冷至室温，即有乙酰水杨酸结晶析出(若无结晶析出可放入冰水中冷却使结晶产生)。结晶析出后再加 50mL 水，继续在冷水中冷却，直至结晶全部析出，吸滤，用少量水洗涤。然后将粗品放入烧杯中，搅拌下加入 25mL 饱和 Na_2CO_3 溶液，加完后继续搅拌几分钟，直至无 CO_2 气体放出为止。用布氏漏斗过滤，并用 5～10mL 水冲洗漏斗。滤液倒入预先装有 3～5mL 浓 HCl 和 10mL 水的烧杯中，于是即有乙酰水杨酸结晶析出。在冰水中冷却，吸滤，用冷水洗 2 次。结晶在表面皿上自然干燥，测定熔点，称量并计算产率。

测定产物的熔点(纯乙酰水杨酸熔点 135～136℃)及纯度(见注意事项③)。

2．$0.1mol \cdot L^{-1}$ NaOH 溶液的配制和标定(参照实验三十四)

3．乙酰水杨酸片剂的测定

取乙酰水杨酸片剂 5 片，称其总质量，计算每片药物的质量。放在瓷研钵中将药片充分研细并混匀，倒入称量瓶中。准确称取 0.4g 药粉置于锥形瓶中，加入 40.00mL NaOH 标准溶液(从碱式滴定管中放出)，盖上表面皿，轻轻摇动后置于水浴上加热 15min 并时常振荡，取出并迅速流水冷却至室温，加入 3 滴酚酞指示剂，立即用 $0.1mol \cdot L^{-1}$ HCl 标准溶液滴定至红色刚刚消失即为终点。平行测定三份药粉样，待下列 V_{NaOH}/V_{HCl} 测定后分别计算乙酰水杨酸的含量，计算每份测定

结果的相对偏差。

4. 体积比 V_{NaOH}/V_{HCl} 的测定

在锥形瓶中移入 25.00mL NaOH 标准溶液，加水至约 40mL，在与上述测定相同的操作条件下进行加热和滴定。平行滴定 2～3 次，计算 V_{NaOH}/V_{HCl} 值。

五、注意事项

① 为了保证试样的均匀性，在可能的条件下最好取用 10 粒片剂研细，再准确称取适量（相当于 0.3g 乙酰水杨酸）进行分析测定。

② 由于 NaOH 溶液在加热过程中会受空气中 CO_2 的影响，因此实验中（样品测定及 V_{NaOH}/V_{HCl} 测定）水浴上加热的时间和冷却时间都应尽可能保持一致。

③ 如果测定的是乙酰水杨酸纯品（晶体），则可采用直接滴定法，其步骤如下：准确称取试样约 0.4g，置于干燥的锥形瓶中，加入 20mL 中性冷乙醇（95%），摇动溶解后加入 3 滴酚酞指示剂，立即用 NaOH 标准溶液滴定至微红色即为终点。由此计算试样中乙酰水杨酸的质量分数。

实验三十六　铅铋混合液中 Pb^{2+}、Bi^{3+} 浓度的连续测定

一、预习要点

① EDTA 的基本性质及配制、标定方法。

② 配位平衡中的副反应及条件稳定常数等基础知识。

③ 控制酸度进行混合金属离子连续配位滴定的方法。

④ 金属离子指示剂的作用原理及选择。

二、原理提要

配合滴定法中，混合离子的滴定常采用控制酸度法或掩蔽法进行，必须根据副反应原理及误差理论进行计算，论证它们分别测定的可能性。

Pb^{2+}、Bi^{3+} 均能与 EDTA 形成稳定的 1∶1 配合物，$\lg K$ 值分别为 18.0、27.9。由于两者的稳定常数相差很大，故可以利用酸效应，控制不同酸度，分别进行滴定。通常在 pH≈1 时滴定 Bi^{3+}，在 pH≈5～6 时滴定 Pb^{2+}。

在 Pb^{2+}、Bi^{3+} 混合液中，首先调节溶液的 pH≈1，以二甲酚橙为指示剂，此时 Bi^{3+} 与指示剂形成紫红色的配合物，而 Pb^{2+} 在此酸度下不与指示剂配合。用 EDTA标准溶液滴定 Bi^{3+}，至溶液由紫红色恰变为亮黄色，即为滴定 Bi^{3+} 的终点。

在滴定 Bi^{3+} 后的溶液中，加入六次甲基四胺溶液，调节溶液的 pH 至 5～6，此

时，由于 Pb^{2+} 与指示剂形成紫红色的配合物，而使溶液重现紫红色。用 EDTA 标准溶液继续滴定，至溶液由紫红色又恰变回亮黄色，即为滴定 Pb^{2+} 的终点。

三、问题与思考

① 本实验中，能否在 pH=5～6 的溶液中滴定 Pb^{2+}、Bi^{3+} 的合量，再另取一份试液调节 pH≈1 滴定 Bi^{3+} 的量？为什么？

② 试分析在连续滴定过程中，指示剂每次色变的过程和原因。

③ 六次甲基四胺是一种弱碱，在本实验过程中，它是如何起缓冲作用的？用 HAc-NaAc 缓冲溶液代替可以吗？为什么？

④ 如果配制 EDTA 溶液的 EDTA 试剂不纯，当含有少量铜、铅、锌的可溶性盐时，对 Pb^{2+}、Bi^{3+} 测定的结果有何影响？当含有少量钙、镁的可溶性盐时，情况又怎样？

四、实验内容

1. 0.01mol·L^{-1} EDTA 溶液的配制及标定

称取 2g EDTA 二钠盐，加入约 200mL 水，微热溶解后稀释至 500mL，摇匀后储于聚乙烯塑料瓶中备用。

准确称取 0.15～0.20g 的纯金属锌于 100mL 烧杯中，加入 10mL (1+1) HCl 溶液，盖上表面皿，待完全溶解后，用水吹洗表面皿和烧杯内壁，将溶液转入 250mL 容量瓶中，用水稀释至刻度，摇匀。

移取 25.00mL Zn^{2+} 标准溶液于锥形瓶中，加入 1～2 滴二甲酚橙指示剂。滴加 20%六次甲基四胺溶液至溶液呈现稳定的紫红色后，再多加 5mL，此时溶液的 pH 为 5～6。用 EDTA 溶液滴定至溶液由紫红色恰变为亮黄色，即为终点。平行标定三份。根据金属锌的称量及滴定用去 EDTA 溶液的体积，计算 EDTA 溶液的准确浓度。

2. Pb^{2+}、Bi^{3+} 混合液的连续测定

移取 25.00mL Pb^{2+}、Bi^{3+} 混合液于 100mL 容量瓶中，加水稀释至刻度，摇匀。从中移取 25.00mL 的稀释液三份分别于锥形瓶中，加 1～2 滴二甲酚橙指示剂，用 EDTA 标准溶液滴定至溶液由紫红色恰变为亮黄色，即为滴定 Bi^{3+} 的终点。根据消耗 EDTA 标准溶液的体积，计算原混合液中 Bi^{3+} 的含量(以 g·L^{-1} 表示)。

在滴定 Bi^{3+} 后的溶液中，滴加 20%的六次甲基四胺溶液，至溶液呈现稳定的紫红色后，再多加 5mL，此时溶液的 pH 为 5～6，继续用 EDTA 标准溶液滴定至溶液由紫红色恰变为亮黄色，即为滴定 Pb^{2+} 的终点。根据滴定 Pb^{2+} 所消耗 EDTA

标准溶液的体积，计算原混合液中 Pb^{2+} 的浓度(以 $g \cdot L^{-1}$ 表示)。

五、注意事项

① 配合反应的速率比中和反应慢，所以滴定速率不能太快，尤其是临近终点时，每滴入一滴 EDTA 溶液后需要多摇动几下。摇荡也应剧烈些，防止滴定过头，尤其是滴定 Bi^{3+} 时更要注意。

② 滴定 Bi^{3+} 时，有时终点的黄色不是亮黄，而是稍带土黄。遇此情况时需注意观察，以防止滴定过头。

【延伸实验】 铅铋合金中铅铋含量的测定

准确称取合金试样 0.5～0.6g，置于 100mL 烧杯中，加入 6～7mL(1＋2) HNO_3，立即盖上表面皿，小火加热溶解(勿使试液沸腾)，完全溶解后，即停止加热严防蒸干，用 $0.05mol \cdot L^{-1}$ 稀 HNO_3 淋洗表面皿及杯壁，将试液定量转移至 100mL 容量瓶中，用 $0.05mol \cdot L^{-1}$ HNO_3 溶液稀释至刻度，摇匀。

准确移取上述铅铋试液 25.00mL 三份分别于锥形瓶中，参照铅铋混合液的滴定方法进行测定。计算合金中铅铋各自的百分含量。

实验三十七　明矾的制备与分析及单晶的培养

一、预习要点

① Al 及 Al^{3+} 的性质。

② 利用工业上废弃铝制品材料制备明矾的工艺流程及方法。

③ 从溶液中培养晶体的原理和方法。

④ 配位返滴定法和置换滴定法测定铝的原理及方法。

二、原理提要

1. 明矾的制备

将铝溶于稀 KOH 溶液制得偏铝酸钾($KAlO_2$)，反应式为

$$2Al + 2KOH + 2H_2O = 2KAlO_2 + 3H_2\uparrow$$

往偏铝酸钾溶液中加入一定量的 H_2SO_4，生成溶解度较小的复盐明矾 $[KAl(SO_4)_2 \cdot 12H_2O]$。反应式为

$$KAlO_2 + 2H_2SO_4 + 8H_2O = KAl(SO_4)_2 \cdot 12H_2O$$

不同温度下 $KAl(SO_4)_2 \cdot 12H_2O$、$Al_2(SO_4)_3$、K_2SO_4 的溶解度如表 4.7 所示。

表 4.7 不同温度下 $KAl(SO_4)_2 \cdot 12H_2O$、$Al_2(SO_4)_3$、K_2SO_4 的溶解度 s(单位:g/100g H_2O)

温度T / K 溶解度 物质种类	273	283	293	303	313	333	353	363
$KAl(SO_4)_2 \cdot 12H_2O$	3.00	3.99	5.90	8.39	11.7	24.8	71.0	109
$Al_2(SO_4)_3$	31.2	33.5	36.4	40.4	45.8	59.2	73.0	80.8
K_2SO_4	7.4	9.3	11.1	13.0	14.8	18.2	21.4	22.9

2. 单晶的培养

要使晶体从溶液中析出,从原理上来说有两种方法。以图 4.2 的溶解度曲线和过溶解度曲线为例,BB'为溶解度曲线,在曲线的下方为不饱和区域。若从处于不饱和区域的 A 点状态的溶液出发,要使晶体析出,其中一种方法是采取 $A \to B$ 的过程,即保持浓度一定,降低温度的冷却法;另一种办法是采取 $A \to B'$的过程,即保持温度一定,增加浓度的蒸发法。用这样的方法使溶液的状态进入到 BB' 线上方区域。一进到这个区域一般就有晶核产生和成长。但有些物质,在一定条件下,虽处于这个区域,溶液中并不析出晶体,成为过饱和溶液。可是过饱和度是有界限的,一旦达到某种界限时,稍加震动就会有新的,较多的晶体析出(在图中,CC'表示过饱和的界限,此曲线称为过溶解度曲线)。在 CC'和 BB'之间的区域为准稳定区域。要使晶体能较大地成长起来,就应当使溶液处于准稳定区域,让它慢慢地成长,而不使细小的晶体析出。

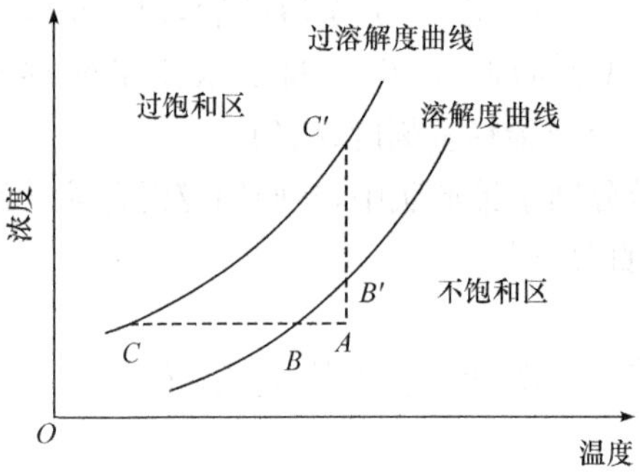

图 4.2 溶液的准稳定区域

由废铝制品制备明矾并培养单晶的工艺路线为

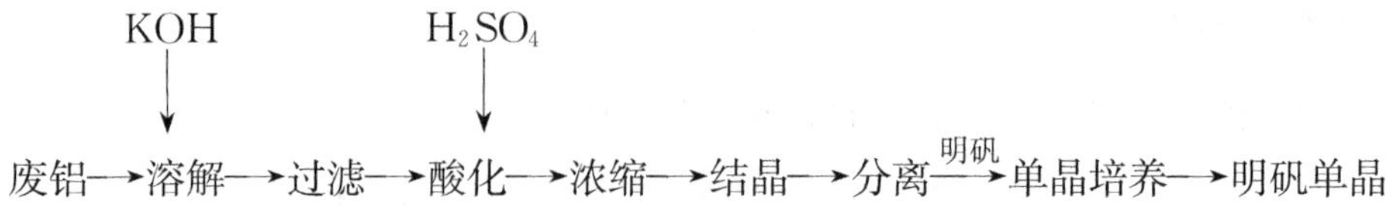

3. 明矾产品中铝含量的测定

由于 Al^{3+} 容易水解,容易形成多核羟基配合物,在较低酸度时,还会形成含有羟基的 EDTA 配合物,同时 Al^{3+} 与 EDTA 配合的速率较慢,而且对二甲酚橙指示剂有封闭作用。因此,用 EDTA 配合滴定法测定 Al^{3+} 时,不能用直接滴定法,而通常采用返滴定法或置换滴定法，本实验采用置换法测定。

明矾试样经溶解后，调节酸度至 pH 为 3 ～ 4，加入过量的 EDTA 溶液煮沸，使 Al^{3+} 与 EDTA 完全配合，冷却后，调节溶液的 pH 为 5～6，以二甲酚橙为指示剂，用 Zn^{2+} 标准溶液滴定过量的 EDTA（不计 Zn^{2+} 标准溶液的消耗体积）。然后，加入过量的 NH_4F，加热至沸，使 Al-EDTA 配合物（以 AlY^- 表示）与 F^- 之间发生置换反应，释放出与 Al^{3+} 等摩尔的 EDTA，反应式如下

$$AlY^- + 6F^- + 2H^+ \longrightarrow AlF_6^{3-} + H_2Y^{2-}$$

释放出来的 EDTA 用 Zn^{2+} 标准溶液滴定，即可计算明矾中 Al 的含量。

三、问题与思考

① 复盐和简单盐及配合物的性质有什么不同？

② 如何把籽晶植入饱和溶液？

③ 若在饱和溶液中，籽晶长出一些小晶体或烧杯底部出现少量晶体时，对大晶体的培养有何影响？应如何处理？

④ 铝的测定一般采用返滴定法或置换滴定法，为什么？

⑤ 明矾试样为什么要用水溶解？用 HCl 或 NaOH 溶解行吗？为什么？

⑥ 置换滴定法滴定 Al^{3+} 时，当用 Zn^{2+} 盐标准溶液滴定过量的 EDTA 不计体积，为什么？这次滴定的终点是否应严格控制？使用的 EDTA 溶液是否需要标定？

⑦ 明矾中铝的测定也可采用返滴定法，若用此法，分析步骤如何？

四、实验内容

1. $KAl(SO_4)_2 \cdot 12H_2O$ 的制备

取 50mL 1.5mol·L^{-1}KOH 溶液，分多次加入 2g 废铝制品（铝质牙膏壳、铝合金易拉罐等），反应完毕后用布氏漏斗抽滤，取清液稀释到 100mL，在不断搅拌下，滴加 9mol·L^{-1} H_2SO_4（按化学反应式计量）。加热至沉淀完全溶解，并适当浓缩溶液，然后用自来水冷却结晶，抽滤，所得晶体即为 $KAl(SO_4)_2 \cdot 12H_2O$。

2. 产品硫酸盐、铝盐及钾盐的定性检验

取少量产品溶于水，加入 HAc 溶液（6mol·L^{-1}）呈微酸性（pH＝6～7），分成三份：一份加入几滴 $Na_3[Co(NO_2)_6]$溶液，若试管中有黄色沉淀，表示有 K^+ 存在；另一份加入几滴铝试剂，摇荡后，放置片刻，再加 $NH_3 \cdot H_2O$（6mol·L^{-1}）碱化，置于水浴上加热，如沉淀为红色，表示有 Al^{3+} 存在；最后一份加入 0.5mL 0.1mol·$L^{-1}$$BaCl_2$溶液，若试管中有白色沉淀生成，离心分离，弃去溶液，往沉淀中加入浓 HCl，沉淀不溶，表示有 SO_4^{2-} 存在。

3. 明矾单晶的培养

$KAl(SO_4)_2 \cdot 12H_2O$ 为正八面体晶形。为获得棱角完整、透明的单晶，应让籽晶(晶种)有足够的时间长大，而晶籽能够成长的前提是溶液的浓度处于适当过饱和的准稳定区(图 4.2 的 $C'B'BC$ 区)。

本实验通过将饱和溶液在室温下静置，靠溶剂的自然挥发来创造溶液的准稳定状态，人工投放晶种让之逐渐长成单晶。

(1) 籽晶的生长和选择　根据 $KAl(SO_4)_2 \cdot 12H_2O$ 的溶解度，称取 10g 明矾，加入适量的水，加热溶解，然后放在不易振动的地方，烧杯口上架一玻璃棒，然后在烧杯口上盖一块滤纸，以免灰尘落下，放置一天，杯底会有小晶体析出，从中挑选出晶型完整的籽晶待用，同时过滤溶液，留待后用。

(2) 晶体的生长(本实验经教师同意，可课下操作)　以缝纫用的涤纶细线把籽晶系好，剪去余头，缠在玻璃棒上悬吊在已过滤的饱和溶液中，观察晶体的缓慢生长。数天后，可得到棱角完整齐全、晶莹透明的大块晶体。

在晶体生长过程中，应经常观察，若发现籽晶上又长出小晶体，应及时去掉。若杯底有晶体析出也应及时滤去，以免影响晶体生长。

4. 明矾产品中 Al 含量的测定

① $0.02mol \cdot L^{-1}$ EDTA 溶液的配制(参照实验三十六)。

② $0.01mol \cdot L^{-1}$ 锌标准溶液的配制(参照实验三十六)。

③ 准确称取 0.45～0.50g 明矾试样于 150mL 烧杯中，加入 3mL $2mol \cdot L^{-1}$ HCl 溶液，加水溶解，将溶液转移至 100mL 容量瓶中，加水稀释至刻度，摇匀。

移取上述稀释液 25.00mL 三份，分别于锥形瓶中，加入 20mL $0.02mol \cdot L^{-1}$ EDTA 溶液及 2 滴二甲酚橙指示剂，小心滴加(1+1)$NH_3 \cdot H_2O$ 调至溶液恰呈紫红色，然后滴加 3 滴(1+3)HCl。将溶液煮沸 3min，冷却，加入 20mL 20%六次甲基四胺溶液，此时溶液应呈黄色或橙黄色，否则可用 HCl 调节。再补加 2 滴二甲酚橙指示剂，用锌标准溶液滴定至溶液由黄色恰变为紫红色(此时不计滴定体积)。加入 10mL 20% NH_4F 溶液，摇匀，将溶液加热至微沸，流水冷却，补加 2 滴二甲酚橙指示剂，此时溶液应呈黄色或橙黄色，否则应滴加(1+3)HCl 调节。再用锌标准溶液滴定至溶液由黄色恰变为紫红色，即为终点。根据锌标准溶液所消耗的体积，计算明矾中 Al 的百分含量。

五、注意事项

① 偏铝酸钾溶液应在不断搅拌下，逐滴加入 H_2SO_4 溶液。

② 当含有六次甲基四胺介质的溶液加热时，由于其部分水解而使溶液 pH 升

高，使二甲酚橙呈红色，这时需补加 HCl 至呈黄色或橙黄色后，再进行滴定，反应式如下

$$(CH_2)_6N_4+6H_2O=\!=\!=6HCHO+4NH_3$$

③ 本实验过程中，对溶液加热的时间、程度及酸度控制，都需要严格的掌握，才能获得较好的分析结果。

【延伸实验】 铝合金中铝含量的测定

铝合金中往往含有较多的杂质元素，因而采用返滴定法测定 Al 含量是不准确的，应采用置换滴定法。若试样中含 Ti、Zr、Sn 等金属时，由于这些离子与 EDTA的配合物同样被 F^- 置换，因此干扰 Al 的测定，可以采用掩蔽或扣除的办法加以扣除。测定方法如下：准确称取 0.13～0.15g 合金试样于 150mL 烧杯中，加入 10mL 混合酸（HNO_3 ∶ HCl ∶ H_2O=1 ∶ 1 ∶ 2），立即盖上表面皿。微微加热，待试样溶完后把溶液加热至冒大气泡。用水冲洗表面皿及烧杯内壁，将溶液转移至 100mL 容量瓶中，稀释至刻度，摇匀。再把此试液准确稀释 4 倍。然后移取 25.00mL 稀释液三份分别于锥形瓶中，按照明矾的测定步骤进行分析。

实验三十八　水质分析

Ⅰ．水硬度的测定

一、预习要点

① EDTA 标准溶液的配制及标定方法。
② 水硬度的概念及表示方法。
③ 金属离子指示剂的作用原理及选择。
④ 直接配位滴定法测定水硬度的原理及方法。

二、原理提要

水的硬度主要指水中可溶性钙盐和镁盐的含量，含量高的水称为硬水，含量低的水称为软水。水硬度的测定通常分为总硬度和钙镁硬度的测定两种。前者是测定水中的 Ca、Mg 总量，后者是分别测定水中 Ca 和 Mg 的含量。

各个国家有其表示水硬度的方法和单位。德国硬度（°d）是每度相当于 1 L 水中含 10mg CaO（或浓度为 0.1783mmol・L^{-1} 的 CaO 所引起的硬度）；法国硬度（°f）是每度相当于 1 L 水中含 10mg $CaCO_3$（或浓度为 0.099 91mmol・L^{-1} 的 $CaCO_3$ 所引起的硬度）；英国硬度（°e）是每度相当于 1 L 水中含 14.29mg 的 $CaCO_3$（或浓度为 0.1427mmol・L^{-1} 的 $CaCO_3$ 所引起的硬度）；美国硬度是每度等于法

国硬度的十分之一。各国硬度换算关系见表4.8。

表4.8　各国硬度值换算表

硬度单位	$mmol\cdot L^{-1}$	德国硬度	法国硬度	英国硬度	美国硬度
$1mmol\cdot L^{-1}$	1.000	5.608	10.01	7.022	100.1
1德国硬度	0.1783	1.000	1.785	1.252	17.85
1法国硬度	0.099 91	0.5603	1.000	0.7015	10.00
1英国硬度	0.1427	0.7987	1.426	1.000	14.26
1美国硬度	0.009 991	0.056 02	0.100 0	0.070 15	1.000

我国是采用德国硬度单位制，通常把水的硬度分为五种类型：0～4 °d为极软水；4～8 °d为软水；8～16 °d为微硬水；16～30 °d为硬水；大于30 °d为极硬水。生活饮用水要求硬度不超过25 °d。

水硬度的测定一般采用配合滴定法。测定Ca、Mg含量时，通常在两个等分溶液分别测定Ca的含量以及Ca和Mg的含量，然后用差减法求Mg的含量。

在测定Ca时，先用NaOH调节水样至pH＝12，使Mg^{2+}生成$Mg(OH)_2$沉淀。然后以钙指示剂为指示剂用EDTA标准溶液滴定Ca^{2+}；测定Ca和Mg合量（也即总硬度）时，水样用氨性缓冲溶液调节至pH＝10，以铬黑T为指示剂用EDTA标准溶液滴定Ca^{2+}和Mg^{2+}总量。

三、问题与思考

① 用$CaCO_3$基准物质标定EDTA或水样中Mg^{2+}含量较少而进行Ca^{2+}、Mg^{2+}总量的滴定（用铬黑T为指示剂）时，为什么滴定前需加入Mg-EDTA溶液？为什么配制Mg-EDTA溶液时，两者量的比例一定要恰好1∶1？

② Ca^{2+}、Mg^{2+}与EDTA的配合物哪个稳定？为什么滴定Mg^{2+}时要控制pH＝10，而滴定Ca^{2+}时则需pH＝2？

③ 用Ca^{2+}标准溶液标定EDTA及测定水的硬度时，通常要求加入氨性缓冲溶液后立即滴定，为什么？用Ca^{2+}标定EDTA时，加入氨性缓冲溶液前，要先加入一部分EDTA溶液，为什么？

④ 测定钙硬度中，若pH＞13.5时，将会产生什么结果？

四、实验内容

1) $0.01mol\cdot L^{-1}$ EDTA溶液的配制（参照实验三十六）

2) EDTA-Mg溶液的配制

将2.44g $MgCl_2\cdot 6H_2O$及4.44g EDTA二钠盐溶解于200mL水中，加入20mL氨性缓冲溶液及适量铬黑T指示剂，应显紫红色（若呈蓝色，应加入少量$MgCl_2\cdot 6H_2O$至紫红色）。滴加$0.01mol\cdot L^{-1}$的EDTA溶液至刚变为蓝色，然后用水稀释至1 L。

3）EDTA溶液的标定

准确称取0.22～0.26g $CaCO_3$ 基准物于100mL烧杯中，加数滴水润湿，盖上表面皿，缓慢滴入（1＋1）HCl溶液至 $CaCO_3$ 完全溶解，加20mL水，小火煮沸2min，冷却后转移至250mL容量瓶中，用水稀释至刻度，摇匀。

移取上述溶液25.00mL于锥形瓶中，加50mL水及3mL Mg-EDTA溶液，从滴定管中加入15mL EDTA标准溶液，再加10mL pH≈10的氨性缓冲溶液及4滴铬黑T指示剂，立即用EDTA标准溶液继续滴定至溶液由紫红色变为纯蓝色，即为终点。平行滴定三份。计算EDTA标准溶液的浓度。

4）Ca^{2+} 的测定

移取50.00mL水样于锥形瓶中，加50mL水及2～3mL 2mol·L^{-1}NaOH溶液，再加入约30mg钙指示剂，用EDTA标准溶液滴定至溶液由酒红色刚变为纯蓝色，即为终点。平行滴定三份。计算水样中 Ca^{2+} 的含量（以mg·L^{-1}CaO表示）。

5）Ca^{2+}、Mg^{2+} 合量的测定

移取水样50.00mL于锥形瓶中，加50mL水、5mL pH≈10的氨性缓冲溶液及4滴铬黑T指示剂，用EDTA标准溶液滴定至溶液由紫红色刚变为纯蓝色，即为终点。平行滴定三份。计算水样中 Ca^{2+}、Mg^{2+} 的合量（以mg·L^{-1}CaO表示，也即为总硬度）。

由滴定 Ca^{2+}、Mg^{2+} 合量和滴定 Ca^{2+} 量所消耗EDTA的体积之差，可求出水样中 Mg^{2+} 的含量（以mg·L^{-1}MgO表示）。

五、注意事项

① 如果水样中含 Mg^{2+} 较少，则在测定 Ca^{2+}、Mg^{2+} 总量时，滴定之前必须加入3mL Mg EDTA溶液，这样终点变色更敏锐。

② 如果水样中 HCO_3^-、H_2CO_3 含量较高，由于在氨性溶液中会析出 $CaCO_3$ 沉淀，影响滴定，可经酸化并煮沸后再滴定。

③ 如果水样中含有 Fe^{3+}、Al^{3+}、Cu^{2+}、Pb^{2+} 等离子，会干扰测定，可加入三乙醇胺、KCN、Na_2S 等试剂进行掩蔽。

Ⅱ. 水中盐类总量的测定

一、预习要点

① 离子交换树脂的性质、种类及离子交换原理。

② 离子交换树脂装柱、处理、再生的操作方法。

③ 离子交换酸碱滴定法测定水中盐类总量的原理和方法。

二、原理提要

对于天然水以及海水、土壤的提取液，甚至工厂排放的废水等，人们常常需要了解其中含盐类的总量。天然水中盐类的总量较少，通常采用电导法测定，也可以采用“离子交换-酸碱滴定法”进行测定。后者是让水样中的金属离子与 H -型阳离子交换树脂发生离子交换，交换出化学计量的 H^+，然后用 NaOH 标准溶液滴定，从 NaOH 溶液的浓度和消耗的体积计算水样中盐类的总量(以每升水样含有相当于一价金属离子的毫摩尔数表示)。交换方程式如下

$$n[R]H + M^{n+} \longrightarrow [R]_nM + nH^+$$

式中：[R]H 表示 H -型阳离子交换树脂；M^{n+} 表示正 n 价的金属离子。

利用类似的原理，也可以用于某些无机盐类(如 NaCl、KNO_3 等)和某些有机酸盐类含量的测定。

水样的交换可以用“分批法”，也可用“管柱法”。“分批法”是取一定体积的水样和树脂一起共同搅拌一段时间，让交换完全，过滤分离树脂并洗涤，然后滴定滤液和洗涤液中的酸。

“管柱法”是将水样流经离子交换柱，离子交换在柱中进行。水样通过柱后，流出液中 H^+ 浓度变化大致如图 4.3 所示。开始时，流出液为柱上树脂中的介质水，H^+ 浓度几乎等于零。随着水样的不断通过，流出液中 H^+ 浓度逐渐增大，直到 H^+ 浓度达到一定值，此时，流出液的 H^+ 浓度代表水样中金属离子的量。当树脂中活性基团的 H^+ 被金属离子完全交换后，流经交换柱的水样把柱中的 H^+ 冲稀，因此流出液中 H^+ 浓度又逐渐降低，直至水样中 H^+ 的本底浓度。流出曲线中 H^+ 浓度达到最大且恒定的一段流出液(即曲线的 *abcd* 部分)可收集作为测定液进行滴定。

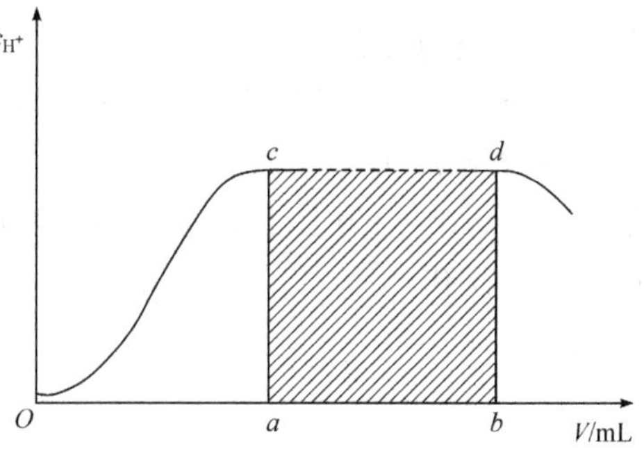

图 4.3 水样流经交换柱后 H^+ 浓度的变化曲线

对于水样量少的测定，“管柱法”是让水样全部通过交换柱，然后用蒸馏水淋洗柱至中性，收集全部交换液和淋洗液，用碱标准溶液进行滴定。

三、问题与思考

① 阳离子交换树脂如没经过 HCl 处理造型为 H-型，能否用本法测定盐类总量？

② 树脂层如混入空气，对交换及测定有何影响？如何防止树脂层混入空气？如果混入空气应如何处理？

③ 收集分析用的流出液为什么要有适宜的流速？太快或太慢有什么影响？

④ 为什么必须收集流出曲线 *abcd* 范围内的流出液进行滴定？前后两段的流出液为什么不能用来滴定？

四、实验内容

1）0.01mol・L^{-1} NaOH 溶液的配制与标定(参照实验三十四)

2）树脂的造型

出厂的树脂为钠型(R-Na 型)，使用之前需将树脂用酸处理，使它转变为氢型(R-H 型)。反应如下

$$R\text{-}Na + H^+ \longrightarrow R\text{-}H + Na^+$$

将 20g 交换树脂置于烧杯中，注入 150mL 2mol・L^{-1} HCl 溶液，搅拌，浸泡 1～2d，倾出上层 HCl 溶液，换以新鲜的 2mol・L^{-1} HCl 溶液，再浸泡 1～2d，不时加以搅拌，再倾出 HCl 溶液。用蒸馏水浸漂树脂数次，然后再用蒸馏水浸没树脂，备用。

3）交换柱的制备

将 H-型的交换树脂装入交换柱(可用酸式滴定管代替)。柱的底部先放入一小团洁净的玻璃纤维，注入蒸馏水检查流速，然后加蒸馏水至柱的一半，小心将树脂的悬浮液通过小漏斗流入柱内，当水满时，开启滴定管的旋塞，让水部分流出，但仍使液面在树脂的上面，再继续装树脂。注意勿使空气进入树脂层中，并使树脂时刻保持在水面以下。树脂层高度为 22～25cm。用蒸馏水流过交换柱以淋洗树脂，直到流出液为中性(用 pH 试纸检验)为止。

4）水样测定

将水样以每分钟 8～10mL 流速通过前面已装好的交换柱，弃去 100mL 以上的初段流出液。然后用 100mL 的容量瓶(应先用流出液润洗)接收流出液，至刻度后倒入锥形瓶中(用少量蒸馏水洗容量瓶及并入锥形瓶中)，加 4 滴酚酞指示剂，用 0.01mol・L^{-1}的 NaOH 标准溶液滴定至微红色，半分钟不消失即为终点，读取消耗的 NaOH 溶液体积，记为 amL。重复接收交换流出液并滴定一次。另取水样 100mL，加入 4 滴酚酞指示剂，用 NaOH 标准溶液滴定至终点，读取消耗的 NaOH 溶液体积，记为 bmL。重复一次，取平均值$\bar{b}$。按下式计算水样中盐类的总量。

$$c_{总} = \frac{c_{NaOH}(a-\bar{b})}{100} \times 1000 \ (\text{mmol} \cdot \text{L}^{-1})$$

5）树脂的再生

将树脂从交换柱中倒入烧杯，用 2mol·L^{-1}的 HCl 溶液浸泡，处理数次后用蒸馏水洗至中性。也可以用 2mol·L^{-1}的 HCl 溶液通过交换柱，直接把树脂在柱上再生。

常用离子交换树脂的牌号和用途如表 4.9 所示。

表 4.9 常用离子交换树脂的牌号和用途

分类			活性基团	商品牌号标例	应用
阳离子交换树脂	强酸性	聚苯乙烯型	磺酸基—SO_3H	中国强酸 732，强酸 1×12 美国 Dowex50，Amberlite IR-120 英国 Zerolite 225 日本神胶 1 号	交换阳离子，制取纯水等
		酚醛型	磺酸基—SO_3H	中国强酸 42 英国 Zerolite 215	
	弱酸性		羟基—COOH 酚基—OH	中国弱酸 724，弱酸 101×4 美国 Amberlite IRC-50 英国 Zerolite 226	有机碱的分离
阴离子交换树脂	强碱性聚苯乙烯型		季胺基≡NCl	中国强碱 717，强碱 201×7 美国 Amberlite IRA-400 英国 Zerolite FF 日本神胶 801	交换阴离子、金属配阴离子，制取纯水
	弱碱性		伯胺基—NH_2 仲胺基═NH 叔胺基≡N	中国弱碱 704，弱碱 330 美国 Amberlite IR-45	

五、注意事项

① 离子交换树脂装入交换柱时勿使空气进入树脂层中。在接收流出液时，要注意交换柱上端水样液面的下降，及时添加水样，切勿使液面低于树脂面。

② 在此滴定中，由于浓度很低，终点时指示剂变色不甚敏锐，要注意观察。

Ⅲ．水中化学需氧量(COD)的测定

一、预习要点

① 氧化还原滴定法的基本原理、方法分类及结果计算。

② 测定水中 COD 的意义及测定方法。

③ 在酸性介质中用 $KMnO_4$ 法测定水中 COD 的基本原理及关键步骤。

④ $KMnO_4$ 标准溶液的配制及标定方法。

二、原理提要

水的需氧量大小是水质污染程度的重要指标之一。它分为 COD 和生物需氧量(BOD)两种。BOD 是指水中的有机物在好氧微生物作用下，进行好氧分解过程所消耗水中溶解氧的量；COD 是指在特定条件下，采用一定的强氧化剂处理水样时，消耗氧化剂所相当的氧量，以每升多少毫克 O_2 表示。COD 反映了水中受还原性物质污染的程度。水中还原性物质包括有机物、亚硝酸盐、亚铁盐、硫化物等。水被有机物污染是很普遍的，因此 COD 也作为有机物相对含量的指标之一。

水样 COD 的测定，会因加入氧化剂的种类和浓度、溶液的反应温度、酸度和时间，以及催化剂的存在与否而得到不同的结果。因此，COD 是一个条件性的指标，必须严格按照操作步骤进行。COD 的测定有几种方法，对于污染较严重的水样或工业废水，一般用 $K_2Cr_2O_7$ 法或库仑法。一般水样可以用 $KMnO_4$ 法。由于 $KMnO_4$法是在规定的条件下所进行的反应，所以，水中有机物只能部分被氧化，并不是理论上的全部需氧量，也不是反映水体中总有机物含量的尺度。因此，常用高锰酸盐指数这一术语作为水质的一项指标，以有别于 $K_2Cr_2O_7$ 法测定的 COD。$KMnO_4$法分为酸性法和碱性法两种。本实验以酸性法测定水样的 COD 高锰酸盐指数。

水样加入 H_2SO_4 酸化后，加入一定量的 $KMnO_4$ 标准溶液，并在沸水浴中加热反应一定时间。然后加入过量的 $Na_2C_2O_4$ 标准溶液，使之与剩余的 $KMnO_4$ 充分作用，再用 $KMnO_4$ 标准溶液回滴过量的 $Na_2C_2O_4$。通过计算求得高锰酸盐指数值。反应式如下

$$4MnO_4^- + 5C + 12H^+ = 4Mn^{2+} + 5CO_2\uparrow + 6H_2O$$

$$2MnO_4^- + 5C_2O_4^{2-} + 16H^+ = 2Mn^{2+} + 10CO_2\uparrow + 8H_2O$$

高锰酸盐指数(O_2，mg·L^{-1})

$$= \frac{[5c_{KMnO_4}(V_1+V_2)_{KMnO_4} - 2c_{Na_2C_2O_4}V_{Na_2C_2O_4}]\times 8\times 1000}{V_{水样}}$$

式中：V_1 和 V_2 分别为 $KMnO_4$ 的开始加入体积和回滴过量 $Na_2C_2O_4$ 的体积。

三、问题与思考

① 本实验标定 $KMnO_4$ 溶液的方法与通常的方法有何不同？有什么优点？

② 本实验的测定方法属于何种滴定方式？为何要采取这种方式？

③ 水样中 Cl^- 含量高时为什么对测定有干扰？如有干扰应如何消除？

④ 测定水中的COD有何意义？有哪些测定方法？

四、实验内容

1）0.002mol·L^{-1} $KMnO_4$ 溶液的配制

称取 $KMnO_4$ 固体试剂 1.6g，加水 500mL，加热至沸并保持微沸状态 1h，不时加以搅拌。冷却后，用 3 号或 4 号微孔玻璃漏斗（或在玻璃漏斗上塞入一小团玻璃纤维）过滤。滤液储存于棕色瓶中，并在室温下静置 2～3d，再过滤。临用之前再稀释 10 倍。

2）0.005 000mol·L^{-1} $Na_2C_2O_4$ 标准溶液的配制

准确称取经 105℃烘干 2h 的 $Na_2C_2O_4$ 基准物质 0.1675g 于烧杯中，加入约 20mL 水使之溶解，转移至 250mL 容量瓶中，加水稀释至刻度，摇匀。

3）水中 COD 的测定

移取 100mL 水样于锥形瓶中，加 5mL（1＋3）H_2SO_4 溶液，摇匀。加入 10.00mL $KMnO_4$ 溶液（即 V_1），摇匀，立即放入沸水浴中加热 30min（从水浴重新沸腾起计时，沸水浴液面要高于反应溶液的液面）。趁热加入 10.00mL $Na_2C_2O_4$ 标准溶液（即 V），摇匀，立即用 $KMnO_4$ 溶液滴定至溶液呈微红色，记下 $KMnO_4$ 溶液的消耗体积（即 V_2）。重复测定三次。

4）$KMnO_4$ 溶液的标定

将上述已滴定完毕的溶液加热至 65～85℃，准确加入 10.00mL $Na_2C_2O_4$ 标准溶液，再用 $KMnO_4$ 溶液滴定至溶液呈微红色，记下 $KMnO_4$ 溶液消耗的体积。计算 $KMnO_4$ 溶液的准确浓度。平行标定三份。

五、注意事项

① 如果水浴加热设备受到限制，可以用电热板直接加热代替。加热至从冒第一个大气泡时开始计时，准确煮沸 10min。此法测定的精密度较差，结果也会与水浴法不尽相同。

② 本方法适用于 Cl^- 含量不超过 300mg·L^{-1} 的水样。若 Cl^- 含量超过 300mg·L^{-1}，则可将水样稀释，或加入 Ag_2SO_4 除 Cl^-。

③ 本方法适用于高锰酸盐指数不大于 5mg·L^{-1} O_2 的水样。若超过，可酌情分取少量水样，并用水稀释后测定。但测定结果必须做稀释倍数的空白扣除（进行空白值的测定，再扣除）。

④ 测定中沸水浴加热完毕后，溶液应保持淡红色。如变得太浅或完全褪去，说明 $KMnO_4$ 加的量不足。此时，需将水样稀释后再测定。

Ⅳ. 水中溶解氧的测定(碘量法)

一、预习要点

① 碘量法测定水中溶解氧的原理,水样的采集与固定,测定的步骤及注意事项。

② 碘量法的基本原理、分析方法、指示剂及方法的误差来源和消除方法。

③ 碘量法中最常使用的 $Na_2S_2O_3$ 标准溶液的配制与标定方法。

二、原理提要

水质分析中溶解氧的测定,国际标准指定了两种方法:碘量法(ISO 5813—1983)和电化学探头法(ISO 5814—1984)。中国的国家标准(GB 7489—87、GB 11913—89)分别等效和等同采用了国际标准。碘量法简单、准确,适用于溶解氧浓度从 0.2mg・L^{-1}至小于饱和度两倍(约 20mg・L^{-1})的水样,但干扰较多,易氧化的有机物、硫化物等或水样颜色太深都干扰测定,这时宜采用电化学探头法。电化学探头法选择性较高,测定速率快,并且可连续监测,适用于测定水中饱和百分率 0%~100%的溶解氧。但仪器价格较贵,且仪器的稳定性和探头寿命都不够理想。Cl_2、SO_2、H_2S、I_2 等能透过探头薄膜的气体分子或能阻塞、腐蚀薄膜的物质都干扰测定。

水中 O_2 的浓度与大气压力、水温、盐分等都有关系(表 4.10)。压力低、水温高、含盐量大都使 O_2 的溶解度有所降低,而水的污染程度对水中 O_2 的浓度影响最大,很多污染物(如 H_2S、NO_2^-、NH_4^+ 及某些有机物等)都和 O_2 的浓度互相制约。还原性污染物浓度高时,O_2 的浓度就必然降低。所以,水中溶解氧的测定对水质监测、环境评价、水产养殖等都有重要意义。

表 4.10 O_2 在水中的溶解度(mg・L^{-1})与温度和压力的关系

T/℃	p/ kPa							
	99.0	99.5	100.0	100.5	101.0	101.5	102.0	102.5
0	14.29	14.37	14.44	14.51	14.58	14.66	14.73	14.80
5	12.46	12.52	12.59	12.65	12.71	12.78	12.84	12.90
10	11.01	11.06	11.12	11.17	11.23	11.29	11.34	11.40
12	10.51	10.56	10.62	10.67	10.72	10.78	10.83	10.88
14	10.05	10.10	10.15	10.21	10.26	10.31	10.36	10.41
16	9.63	9.68	9.73	9.78	9.83	9.88	9.93	9.98
18	9.24	9.29	9.33	9.38	9.43	9.48	9.52	9.57
20	8.88	8.92	8.97	9.01	9.06	9.10	9.15	9.20
22	8.54	8.58	8.63	8.67	8.71	8.76	8.80	8.85
24	8.22	8.26	8.31	8.35	8.39	8.43	8.48	8.52
26	7.92	7.96	8.00	8.05	8.09	8.13	8.17	8.21
28	7.64	7.68	7.72	7.76	7.80	7.84	7.83	7.92
30	7.38	7.42	7.45	7.49	7.53	7.57	7.61	7.65

本实验采用碘量法测定湖水中或与空气平衡的自来水中(此水样基本无干扰)溶解氧的浓度。采集的水样加入 $MnSO_4$ 溶液和 NaOH-KI 溶液，即产生 $Mn(OH)_2$沉淀，二价 Mn 再被水中的溶解氧氧化为四价，生成 $MnO(OH)_2$ 沉淀，反应式为

$$Mn^{2+} + 2OH^- \longrightarrow Mn(OH)_2 \downarrow$$

$$2Mn(OH)_2 + O_2 \longrightarrow 2MnO(OH)_2 \downarrow$$

带有沉淀的溶液用 H_2SO_4 酸化后(pH 为 1.0～2.5)，沉淀溶解，同时四价 Mn 将 I^-氧化为 I_2，反应式为

$$MnO(OH)_2 + 2I^- + 4H^+ \longrightarrow Mn^{2+} + I_2 + 3H_2O$$

然后以淀粉为指示剂，用 $Na_2S_2O_3$ 标准溶液滴定 I_2，即可求出水中溶解氧的浓度。

若怀疑水样中有干扰测定的还原性物质或除了氧以外的氧化性物质，应进行检验，并设法予以消除。亚硝酸态氮含量大于 0.05mg·L^{-1}时干扰测定，可加叠氮化钠(NaN_3)予以消除(NaN_3 是剧毒试剂！若已知亚硝酸态氮浓度小于 0.05mg·L^{-1}，则不必加 NaN_3)。

三、问题与思考

① 水样加入 $MnSO_4$ 及碱性 KI 溶液后，为什么要待沉淀物下沉到一定程度后再加 H_2SO_4 酸化？

② 水样加入试剂后所溢出的体积要在计算测定结果时加以校正，如何计算出校正因子？

③ 处理水样时所加试剂中若含有少量 O_2 或其他氧化性干扰物质，应测定试剂空白，试问应如何测定？

④ 水中溶解氧的含量与环境保护有何关系？

四、实验内容

1) 2mol·L^{-1} $MnSO_4$ 溶液的配制

称取 170g $MnSO_4 \cdot H_2O$ 溶于适量水中，然后稀释至 500mL。

2) KI-NaOH 溶液的配制

将 150g KI 溶于 250mL 水中，再将 180g NaOH 溶于另外 250mL 水中，冷却后将两溶液合并，储于棕色细口瓶中。

3) 0.001 667mol·L^{-1} KIO_3 标准溶液的配制

准确称取经 180℃烘干 1h 的 KIO_3 基准物质 0.3567g 于烧杯中，加入 20mL 水溶解，定量转移至 100mL 容量瓶中，稀释至刻度，摇匀，再准确稀释 10 倍。

4）0.01mol·L^{-1} $Na_2S_2O_3$ 溶液的配制

称取 1.3g $Na_2S_2O_3\cdot 5H_2O$，溶于 500mL 煮沸并冷却的水中，加 0.2g Na_2CO_3，储于细口玻璃瓶中，盖上橡皮塞(装有虹吸管)，摇匀。

5）$Na_2S_2O_3$ 溶液的标定

移取 10.00mL KIO_3 标准溶液于锥形瓶中，加 100mL 水、1g KI、5mL 1mol·L^{-1} H_2SO_4，立即用 $Na_2S_2O_3$ 溶液滴定至浅黄色，加 3mL 0.5%淀粉指示剂，摇匀后，继续滴定至蓝色消失，平行滴定三份，计算 $Na_2S_2O_3$ 标准溶液的浓度。

6）水样的采集及溶解氧的固定

将连接采样器的水管插至水样瓶的底部，打开采样器的出水阀门，水样注入水样瓶中，水样注满并部分溢出水样瓶后，迅速移开流水管并盖密瓶盖。然后加入 1.0mL $MnSO_4$ 溶液及 2.0mL KI-NaOH 溶液(用带标线的滴管将试剂加至液面以下至少 5cm)，立即盖好。将水样瓶颠倒摇动 10 次，放置 5min，再颠倒 10 次。平行固定三份水样中的 O_2。

7）水样的测定

水样中的沉淀物下降至瓶口下 1/3 距离时，缓缓加入 1.7mL (1+1) H_2SO_4 至液面以下，盖好，颠倒摇动使沉淀物溶解完全，并分布均匀。取出 100.0mL 至锥形瓶中，用 $Na_2S_2O_3$ 标准溶液滴定至浅黄色，加 3mL 0.5%淀粉指示剂，继续滴定至蓝色消失。计算水样中 O_2 的浓度，以 mg·L^{-1}表示。

五、注意事项

① 水样瓶的容量是指其充水至溢出时，盖上瓶塞后所容纳水的体积。在固定水样中的氧时所加入的试剂均应使用滴管(或吸量管)加至距液面 5cm 以下，以防止盖上瓶塞时试剂与水一起溢出。溢出的水样体积应在计算测定结果时加以校正。

② 在实际工作中，要用专用的采样器在现场采集水样并随即固定 O_2，然后拿到实验室进行测定。固定后的水样在暗处可保存 24h。

③ 在测定中往往需要检验水样中是否含有氧化性或还原性干扰物质，如有必要还需对测定结果进行氧化性或还原性干扰物质的扣除。具体方法和步骤可以参考有关水中溶解氧测定的书籍或资料。

Ⅴ．水中 Cr(Ⅵ)的测定

一、预习要点

① 吸光光度法基本原理及主要特点。

② 吸光光度法测定水中 Cr(Ⅵ)的方法及标准曲线的制作方法。

③ 分光光度计的基本结构、操作方法和使用注意事项。

二、原理提要

铬能以六价和三价两种形式存在于水中。电镀、制革、制铬酸盐或铬酐等工业废水，均可污染水源，使水中含有Cr。医学研究发现，Cr(Ⅵ)有致癌危害，其毒性比Cr(Ⅲ)强100倍。按规定，生活饮用水中Cr(Ⅵ)的含量不得超过0.05mg·L^{-1}；地面水中Cr(Ⅵ)含量不得超过0.1mg·L^{-1}，污水中Cr(Ⅵ)和总Cr最高允许排放量分别为0.5mg·L^{-1}和1.5mg·L^{-1}。

测定微量Cr的方法很多，常采用吸光光度法和原子吸收分光光度法。吸光光度法中，选择合适的显色剂，可以测定Cr(Ⅵ)，将三价氧化为六价后，可测定总Cr。

吸光光度法测定Cr(Ⅵ)，国家标准(GB)采用二苯碳酰二肼(DPCI)吸光光度法。在酸性条件下，Cr(Ⅵ)与DPCI反应生成紫红色配合物，可以直接用吸光光度法测定，也可用萃取光度法测定，最大吸收波长为540nm左右，摩尔吸光系数ε为$2.6\times10^4\sim4.17\times10^4$ L·mol^{-1}·cm^{-1}。

DPCI，又名二苯卡巴肼或二苯氨基脲，它可被氧化为二苯氨基一腙(DPCO)和二苯氨基二腙(DPCDO)。Cr(Ⅵ)与DPCI显色反应的机理，几十年来虽进行了许多研究，但至今尚有争议，有待于进一步探讨。

低价和高价汞离子与DPCI试剂作用生成蓝色或蓝紫色化合物而产生干扰，但在所控制的酸度下，反应不甚灵敏。铁的浓度大于1mg·L^{-1}时，将与试剂生成黄色化合物而引起干扰，但可加入H_3PO_4与Fe^{3+}配合而消除。V(Ⅴ)的干扰与铁相似，但与试剂形成的棕黄色化合物很不稳定，颜色会很快褪去(约20min)，不干扰测定。少量Cu^{2+}、Ag^{+}、Au^{3+}等在一定程度上干扰。

Cr(Ⅵ)与DPCI的显色酸度为0.1mol·L^{-1} H_2SO_4介质。显色适宜温度为15℃，温度低时显色慢、高时稳定性较差。显色时间在2～3min内可完成，配合物在1.5h内稳定。

用此法测定水中Cr(Ⅵ)，当采用50mL水样进行测定时，最低检测浓度为0.004mg·L^{-1}，检出限为0.001mg·L^{-1}。

三、问题与思考

① 在配制标准系列和水样显色时，加入DPCI溶液后，为什么要立即摇匀？

② 测定水样中Cr含量时，应该用怎样的溶液作为参比？为什么？

③ 怎样测定水样中Cr(Ⅲ)和Cr(Ⅵ)的各自含量？

四、实验内容

(1) Cr(Ⅵ)标准贮备溶液　准确称取于100℃干燥过的基准物$K_2Cr_2O_7$ 0.2830g于50mL烧杯中，加少量水溶解后转入1000mL容量瓶中，稀释至刻度，摇匀。此溶液每毫升含 Cr(Ⅵ) 0.100mg。

(2) Cr(Ⅵ)标准操作溶液　吸取 Cr(Ⅵ)贮备液 5.00mL 于 500mL 容量瓶中，用水稀释至刻度，摇匀。得每毫升含 Cr(Ⅵ)1.00μg 溶液。临用时新配。

(3) DPCI 溶液(1.0%)　称取 0.5g DPCI，溶于丙酮后，用水稀释至 50mL，摇匀。贮于棕色瓶中，放入冰箱中保存，变色后不能使用。

(4) 标准曲线的制作　在 6 个 50mL 容量瓶中，用吸量管分别加入 0.00mL、1.00mL、2.00mL、4.00mL、6.00mL、8.00mL 的 1.00$\mu g \cdot mL^{-1}$ Cr 标液，随后各加入 0.6mL (1+1) H_2SO_4 及 30mL 水，摇匀。再各加入 1.0mL DPCI 溶液，立即摇匀，用水稀释至刻度，摇匀。静置 5min，用 3cm 比色皿，以试剂溶液为参比，在 540nm 波长处测量吸光度。然后绘制吸光度 A 与 Cr 含量(μg)的标准曲线。

(5) 试样中 Cr(Ⅵ)含量的测定

① 取适量(如 25.00mL)水样于 50mL 容量瓶中，依序加入 0.6mL(1+1) H_2SO_4 和 1.0mL DPCI 溶液，立即摇匀，用水稀释至刻度，摇匀，放置 5min，作为试样显色溶液。

② 取与①等量的水样于 100mL 烧杯中，依序加入 0.6mL (1+1) H_2SO_4 和几滴乙醇，加热以还原 Cr(Ⅵ)为 Cr(Ⅲ)，继续煮沸数分钟赶去过量乙醇，冷却后转入 50mL 容量瓶中，加入 1.0mL DPCI 溶液，用水稀释至刻度，摇匀，作为参比溶液。

以②制得的溶液为参比，测量①制得的水样显色液的吸光度，由标准曲线查出 Cr(Ⅵ)的量，计算水样中 Cr(Ⅵ)的含量($mg \cdot L^{-1}$表示)。

五、注意事项

① 水样取量的多少，应视 Cr(Ⅵ)含量的高低而定。同样，视 Cr(Ⅵ)量的高低也可改换比色皿的厚度。

② 测定 Cr(Ⅵ)的水样，采集后须加入 NaOH 使 pH 调至 8 左右，并尽快测定，放置时间不能超过 24h。如果水样不含悬浮物且色度低时，可直接进行光度测定。如水样浑浊、色度深且有有机物干扰时，可用“锌盐沉淀分离法”或“酸性 $KMnO_4$ 氧化法”进行处理(GB 7467—87)。

实验三十九　海水中卤素离子总量的测定

海水中含有不少的卤素离子，以 Cl^- 计算其含量为 16～17$g \cdot L^{-1}$。由于主要是 Cl^-，所以海水中卤素离子的总量也叫氯度。海水氯度的测定是海洋调查中很重要的一个化学项目。它可以了解海流的情况、盐度的分布、近岸或河口物质的扩散情况等。海水氯度的测定，一般采用银量法。

Ⅰ. 莫尔法

一、预习要点

① 莫尔(Mohr)法的方法原理及指示剂的作用原理。

② 莫尔法测定的适宜 pH 范围、K_2CrO_4 指示剂的用量及方法的应用。

二、原理提要

以 K_2CrO_4 为指示剂,用 $AgNO_3$ 标准溶液作为滴定剂的银量法,称为莫尔法。以滴定 Cl^- 为例,由于 AgCl 沉淀的溶解度比 Ag_2CrO_4 小,因此,滴定时首先析出 AgCl 沉淀,当 AgCl 定量沉淀后,过量 1 滴 $AgNO_3$ 溶液即与 CrO_4^{2-} 反应生成砖红色的 Ag_2CrO_4 沉淀,指示终点的到达。因此,莫尔法是根据分步沉淀的原理来指示终点的。其主要反应为

$$Ag^+ + Cl^- \xlongequal{} AgCl\downarrow(\text{白色}) \qquad K_{sp} = 1.8\times10^{-10}$$

$$2Ag^+ + CrO_4^{2-} \xlongequal{} Ag_2CrO_4\downarrow(\text{砖红色}) \qquad K_{sp} = 2.0\times10^{-12}$$

滴定必须在中性或弱碱性溶液中进行,最适宜的 pH 范围为 6.5～10.0。如果有铵盐存在时,溶液的 pH 需控制在 6.5～7.2 之间。指示剂的用量对测定的结果有影响,K_2CrO_4 适宜的浓度为 $5\times10^{-3}mol\cdot L^{-1}$。

试样中凡是能与 Ag^+ 或 CrO_4^{2-} 发生化学反应的离子存在都将干扰测定。如 PO_4^{3-}、SO_3^{2-}、S^{2-}、CO_3^{2-}、$C_2O_4^{2-}$ 及 Ba^{2+}、Pb^{2+} 等,其中 H_2S 可借助加热煮沸除去,将 SO_3^{2-} 氧化为 SO_4^{2-} 后消除干扰,Ba^{2+} 的干扰可加入过量的 Na_2SO_4 消除。大量 Cu^{2+}、Co^{2+}、Ni^{2+}、Cr^{3+} 等有色离子的存在将影响终点的观察,而 Al^{3+}、Fe^{3+}、Bi^{3+}、Sn(Ⅳ)等高价离子的存在,在中性或弱碱性介质中易水解产生沉淀,也会干扰测定。

三、问题与思考

① 莫尔法测定 Cl^- 时,为什么溶液的 pH 应控制在 6.5～10.5 范围内?

② K_2CrO_4 指示剂的浓度过大过小对测定有何影响?为什么测定稀溶液时需进行指示剂的空白校正?如何进行?

③ 如果测定试样是 $BaCl_2$ 水溶液,能否用莫尔法测定 Cl^-?应如何进行?

四、实验内容

1) $0.1mol\cdot L^{-1}$ $AgNO_3$ 溶液的配制

称取 8.5g $AgNO_3$ 溶解于 500mL 无 Cl^- 的蒸馏水中,转入棕色瓶中,置暗处保存,以防止光照分解。

2) $AgNO_3$ 溶液的标定

准确称取 0.53～0.60g NaCl 基准物于小烧杯中，用无 Cl^- 蒸馏水溶解后，转入 100mL 容量瓶中，稀释至刻度，摇匀。

移取 25.00mL 上述 NaCl 溶液于锥形瓶中，加入 25mL 水，加入 1mL 5% K_2CrO_4 溶液，在充分摇动下用 $AgNO_3$ 溶液滴定至溶液呈现淡的砖红色，即为终点。平行标定三份，计算 $AgNO_3$ 的准确浓度。

3) 海水中卤素离子总量的测定

移取 25.00mL 海水试样于 100mL 容量瓶中，用无 Cl^- 蒸馏水稀释至刻度，摇匀。

移取 25.00mL 上述稀释液于锥形瓶中，加 25mL 水及 1mL 5% K_2CrO_4 溶液，在充分摇动下用 $AgNO_3$ 标准溶液滴定至溶液呈现淡的砖红色，即为终点。平行测定三份，计算海水中卤素离子的总量，以 $g \cdot L^{-1}Cl^-$ 计。

五、注意事项

① 滴定至终点时，是白色的 AgCl 沉淀中混有很少量的砖红色 Ag_2CrO_4 沉淀，近乎于浅橙色即可，要防止滴过头。

② 指示剂用量的多少对测定有影响。测定溶液较稀时，须进行指示剂的空白校正。方法是：取 1mL K_2CrO_4 指示剂，加入约 50mL 无 Cl^- 蒸馏水，以及无 Cl^- 的 $CaCO_3$ 固体（相当于 AgCl 的量），制成相似于实际滴定的浑浊溶液。小心滴入 $AgNO_3$ 标准溶液，至与测定时终点的颜色相同为止，记录 $AgNO_3$ 的体积，并对测定结果加以扣除。

③ $AgNO_3$ 溶液或 AgCl 沉淀若不小心洒在实验台上，地上或水槽边上，应随即擦净或冲掉，以防分解后着色。Ag 是贵重金属，含 Ag 废液应当回收。

Ⅱ. 佛尔哈德法

一、预习要点

① 佛尔哈德（Volhard）法的方法原理及指示剂的作用原理。

② 佛尔哈德法测定中的直接滴定法和返滴定法。

③ 佛尔哈德法的测定条件及方法应用。

二、原理提要

以铁铵矾为指示剂，用 NH_4SCN 标准溶液作为滴定剂的银量法，称为佛尔哈德法。以滴定 Ag^+ 为例，滴定中，首先生成白色 AgSCN 沉淀，当 Ag^+ 被定量沉淀后，过量 1 滴 NH_4SCN 溶液，便形成血红色的 $[Fe(SCN)]^{2+}$，指示终点的到达。可见，该法是以沉淀反应与配合反应平衡的原理指示终点的。主要的反应式如下

$$Ag^+ + SCN^- = AgSCN\downarrow（白色） \qquad K_{sp} = 1.0\times10^{-12}$$

$$Fe^{3+} + SCN^- = [Fe(SCN)]^{2+}（红色） \qquad K_1 = 138$$

佛尔哈德法的最大优点是在酸性介质中滴定，这样可以减少共存离子的干扰。滴定的酸度一般为 0.1～1mol·L^{-1}。指示剂用量的多少对测定结果有影响，一般控制 Fe^{3+} 浓度为 0.015mol·L^{-1}。

对于卤素离子的测定，一般用返滴定方式进行。即首先加入一定量的 $AgNO_3$ 标准溶液，把卤素离子完全沉淀为卤化银，过量的 $AgNO_3$ 用 NH_4SCN 标准溶液返滴定。由于 AgCl 的溶解度比 AgSCN 大，当用返滴定法测定 Cl^- 时，到达终点后，AgCl 沉淀会慢慢转化为 AgSCN 沉淀，致使终点的红色褪去，影响测定结果。所以，在加入过量 $AgNO_3$ 溶液摇匀生成 AgCl 沉淀后，滴定之前需加入硝基苯（有毒！）或石油醚以保护 AgCl 沉淀，防止 AgCl 沉淀转化为 AgSCN 沉淀。

三、问题与思考

① 佛尔哈德法的滴定酸度为什么要控制在 H^+ 浓度为 0.1～1mol·L^{-1}？在此酸度下，PO_4^{3-}、AsO_4^{3-} 对滴定有无影响？为什么？

② 本实验为什么用 HNO_3 酸化？用 HCl 或 H_2SO_4 行吗？

③ 佛尔哈德法返滴定测定 Cl^- 时，为什么要加入硝基苯或石油醚？用此法测定 Br^-、I^- 时需要吗？为什么？

四、实验内容

1）0.1mol·L^{-1} NH_4SCN 溶液的配制

称取 3.8g A.R 级的 NH_4SCN，用 500mL 水溶解后转入试剂瓶中。

2）NH_4SCN 溶液的标定

移取 25.00mL 0.1mol·L^{-1} 的 $AgNO_3$ 标准溶液（配制与标定见莫尔法）于锥形瓶中，加入 5mL(1+1)HNO_3 及 1.0mL 铁铵矾指示剂（40%硫酸铁铵的 1mol·L^{-1} HNO_3 溶液），然后用 NH_4SCN 溶液滴定，滴定时应剧烈摇荡溶液，滴定至溶液呈现稳定的淡红色，即为终点，平行标定三份。计算 NH_4SCN 溶液的准确浓度。

3）海水中卤素离子总量的测定。

按照莫尔法将海水试样准确稀释 4 倍。

移取 25.00mL 海水稀释液于锥形瓶中，加入 25mL 水、5mL(1+1)HNO_3，由滴定管加入 $AgNO_3$ 至过量 10mL 左右（加入 $AgNO_3$ 溶液时，生成 AgCl 沉淀，接近化学计量点时，AgCl 会凝聚，振摇溶液，再让其静置片刻，使沉淀沉降，再往澄清液滴加几滴 $AgNO_3$ 溶液，如不见沉淀生成，表明 $AgNO_3$ 溶液已过量。这样，再过量 10mL 左右即可）。然后，加入 2mL 硝基苯，用橡皮塞塞住瓶口，剧烈振荡半分钟，使 AgCl 沉淀被硝基苯包裹而与溶液隔离。小心用水冲洗橡皮塞及瓶的内壁，加入 1.0mL 铁铵矾指示剂，用 NH_4SCN 标准溶液滴定至溶液呈现稳定的淡红色不褪，即为终点。平行测定三份。按返滴定的计算式计算海水中卤素离子的总量，以 $g \cdot L^{-1} Cl^-$ 计。

五、注意事项

① 佛尔哈德法测定一般酸度应大于 $0.3mol \cdot L^{-1}$，若酸度过低，Fe^{3+} 将水解形成 $Fe(OH)^{2+}$ 等深色配合物，影响终点观察。

② 强氧化剂和氮的氧化物以及铜盐、汞盐都与 SCN^- 作用，因而干扰测定，必须预先除去。

③ 若测定 I^-，则应先加入过量 $AgNO_3$ 后，再加指示剂。如果先加指示剂，则 I^- 会被 Fe^{3+} 氧化。

Ⅲ. 法扬司法

一、预习要点

① 化学吸附的基本知识。

② 法扬司(Fajans)法的方法原理及滴定过程中沉淀微粒的吸附机制。

③ 吸附指示剂的应用条件。

二、原理提要

法扬司法又叫吸附指示剂法，它是以吸附指示剂(如荧光黄)为指示剂，以 $AgNO_3$ 标准溶液为滴定剂的银量法。AgX(X 代表 Cl^-、Br^-、I^- 和 SCN^-)沉淀是一种无定形的凝乳状沉淀，具有强烈的吸附作用，由于吸附作用的选择性，如果溶液中有过量的构晶离子存在时，它将首先被吸附，构成吸附层，吸附层的离子会吸附异电荷离子(即抗衡离子)作为扩散层。以 $AgNO_3$ 溶液滴定 Cl^- 为例，滴定时生成 AgCl 沉淀，在化学计量点之前，溶液中有剩余的 Cl^-，则 AgCl 沉淀的表面就会先吸附 Cl^- 形成吸附层，Cl^- 再吸附溶液中的其他阳离子形成扩散层，可用下式表示

$$Ag^+ + Cl^- \xlongequal{} AgCl\downarrow \xlongequal{\text{剩余 } Cl^-} AgCl \cdot Cl^- \xlongequal{\text{溶液中 } M^+} AgCl \cdot Cl^- \cdot M^+$$

当到达化学计量点以后，过量一滴的 $AgNO_3$ 使溶液中有多余的 Ag^+，则吸收情况发生变化，AgCl 沉淀表面首先吸附 Ag^+ 形成吸附层，Ag^+ 再吸附指示剂的阴离子 In^- 形成扩散层，可用下式表示

$$Ag^+ + Cl^- \xlongequal{} AgCl\downarrow \xlongequal{\text{过量 } Ag^+} AgCl \cdot Ag^+ \xlongequal{\text{存在 } In^-} AgCl \cdot Ag^+ \cdot In^-$$

In^- 被吸附后，可能由于形成某种化合物而导致分子结构的微小变化，分子的能级

也发生变化，而显示出颜色的变化，即可指示滴定的终点。

法扬司法的滴定必须控制适宜的 pH 范围，其 pH 低限应由指示剂的离解常数 K_a 决定，以保证指示剂有较多的 In^- 存在，pH 高限由 Ag^+ 的水解酸度决定。吸附指示剂的吸附能力也应适宜，太弱使终点色变拖长，不敏锐，太强会使终点提前，结果产生负偏差。

为了使 AgX 沉淀具有较强的吸附能力，需要有足够的沉淀量和较大的沉淀比表面。因此，滴定溶液不能太稀，而且滴定时要加入糊精或聚乙烯醇溶液等保护剂，以防止沉淀凝聚，尽量保持胶体状态。

三、问题与思考

① 为什么实验中要尽量保持 AgCl 沉淀为胶体状态？采用什么办法保持？

② 试比较法扬司法测定 Cl^-、Br^-、I^- 和 SCN^- 时的灵敏度有何不同？并说明理由。

③ 曙红指示剂是法扬司法测定 Br^-、I^- 很好的指示剂，但不能作为测定 Cl^- 的指示剂，为什么？

④ 比较莫尔法、佛尔哈德法和法扬司法的原理及优缺点。

四、实验内容

1）NaCl 标准溶液的配制（同莫尔法）

2）$0.1mol \cdot L^{-1} AgNO_3$ 溶液的配制（同莫尔法）

3）$AgNO_3$ 溶液的标定

移取 25.00mL NaCl 标准溶液于锥形瓶中，加入 10 滴二氯荧光黄指示剂（0.1g 二氯荧光黄的 70％乙醇溶液）及 0.1g 糊精（或 10mL 1％的水溶液），摇匀。用 $AgNO_3$ 溶液滴定，滴定时可较剧烈地摇动锥形瓶，仔细观察颜色由淡黄绿色变为淡红色，即为终点。平行标定三份。计算 $AgNO_3$ 的准确浓度。

4）海水中卤素离子总量的测定

同莫尔法将海水试样准确稀释 4 倍。移取 25.00mL 稀释液于锥形瓶中，按照标定 $AgNO_3$ 的步骤进行滴定。平行测定三份。计算海水中卤素离子的总量，以 $g \cdot L^{-1} Cl^-$ 计。

五、注意事项

① 当有吸附指示剂存在时，AgCl 更易因受光照而还原为 Ag，因此应避免在阳光直照下滴定，以免还原出 Ag 使溶液变为灰黑色，影响终点的观察。

② 用二氯荧光黄作为指示剂时，滴定酸度在 pH 为 4～10；若用荧光黄作为指示剂，则滴定的 pH 为 7～10。

实验四十　硫酸亚铁铵的制备及组成的分析

一、预习要点

① 复盐硫酸亚铁铵的制备原理，沉淀与溶液的分离、溶解与结晶的基本操作。

② 了解目视比色半定量分析方法。

③ $KMnO_4$ 法测定 Fe(Ⅱ)的原理和方法。

④ $KMnO_4$ 标准溶液的配制及其以 $Na_2C_2O_4$ 为基准物的标定方法。

二、原理提要

1. 硫酸亚铁铵的制备

在实验室或工业上，常利用盐类溶解度的不同来分离和制备溶解度较小的某一盐类。本实验就是利用 $FeSO_4 \cdot (NH_4)_2SO_4 \cdot 6H_2O$ 的溶解度比 $(NH_4)_2SO_4$ 和 $FeSO_4 \cdot 7H_2O$ 的溶解度小这一特点，从 $FeSO_4$ 与 $(NH_4)_2SO_4$ 的混合液中析出 $FeSO_4 \cdot (NH_4)_2SO_4 \cdot 6H_2O$ 复盐晶体。

制备 $FeSO_4 \cdot (NH_4)_2SO_4 \cdot 6H_2O$ 的原料是 $(NH_4)_2SO_4$、H_2SO_4 和 Fe(铁屑)。铁屑与 H_2SO_4 作用可得 $FeSO_4 \cdot 7H_2O$ 蓝绿色晶体，它用于染料、医药、制革及农药等方面，但它较不稳定，在空气中容易被氧化。如在 $FeSO_4$ 溶液中加入等摩尔数的 $(NH_4)_2SO_4$ 就可制取浅蓝色的 $FeSO_4 \cdot (NH_4)_2SO_4 \cdot 6H_2O$ 晶体，经过重结晶可获得更纯的产品。此复盐比 $FeSO_4$ 稳定，可溶于水，不溶于乙醇。它除和 $FeSO_4 \cdot 7H_2O$ 有类似的用途外，特别常作为分析化学试剂。反应式为

$$Fe + H_2SO_4 = FeSO_4 + H_2\uparrow$$

$$FeSO_4 + (NH_4)_2SO_4 + 6H_2O = FeSO_4 \cdot (NH_4)_2SO_4 \cdot 6H_2O$$

$(NH_4)_2SO_4$、$FeSO_4$ 和硫酸亚铁铵在水中的溶解度(g/100g)列于表 4.11。

表 4.11　$(NH_4)_2SO_4$、$FeSO_4$ 和硫酸亚铁铵在水中的溶解度(单位:g/100g)

T/℃	0	10	20	30	40	50	60
$FeSO_4 \cdot 7H_2O$	15.65	20.51	26.5	32.9	40.2	48.6	—
$(NH_4)_2SO_4$	70.6	73.0	75.4	78.0	81.0	—	88.0
$FeSO_4 \cdot (NH_4)_2SO_4 \cdot 6H_2O$	—	12.5	—	—	33.0	40.0	—

2. 目视比色法测定 Fe^{3+} 的含量

硫酸亚铁铵中 Fe^{3+} 的含量高低，是影响其质量的重要指标之一。本实验是应用 Fe^{3+} 与 KSCN(显色剂)作用，生成红色配合物颜色的深浅来确定产品中 Fe^{3+} 的

含量，反应式为

$$Fe^{3+} + nSCN^- = [Fe(SCN)_n]^{3-n}$$

Fe^{3+}愈多，红色愈深。将样品溶液与标准Fe(Ⅲ)系列溶液作对比，鉴别产品中Fe^{3+}的含量，以确定产品级别。

3．硫酸亚铁铵中Fe^{2+}的含量的测定

在稀H_2SO_4溶液中，$KMnO_4$能定量地将Fe^{2+}氧化成Fe^{3+}，即

$$5Fe^{2+} + MnO_4^- + 8H^+ = 5Fe^{3+} + Mn^{2+} + 4H_2O$$

因此，可以用$KMnO_4$标准溶液滴定产品中的Fe^{2+}，从而得到产品中Fe^{2+}的含量。滴定到化学计量点时，微过量的$KMnO_4$使溶液呈现淡红色，从而指示滴定终点。

三、问题与思考

① 制备硫酸亚铁铵时，在蒸发、浓缩过程中，若发现溶液变黄，是什么原因？应如何处理？

② 干燥硫酸亚铁铵晶体时应注意哪些问题？

③ 以$Na_2C_2O_4$为基准物标定$KMnO_4$溶液的浓度时应注意哪些反应条件？

四、实验内容

1．硫酸亚铁铵的制备

(1) 铁屑的净化(除去油污)　由机械加工过程得来的铁屑油污较多，可用碱煮的方法除去。在台秤上称取4～5g铁屑，放入锥形瓶内，加入20mL 10% Na_2CO_3溶液，缓缓加热约10min，用倾析法除去碱液，用水将铁屑冲洗干净并烘干(如果用纯净的铁屑，可省去这一步)。

(2) $FeSO_4$的制备　往盛有4g铁屑(或纯铁粉)的锥形瓶中加入30mL $3mol \cdot L^{-1}$ H_2SO_4溶液，把锥形瓶放在水浴锅上加热直至反应完全(不再产生氢气泡)，并注意随时补充由于加热蒸发掉的水分，若酸不足，可适量补加(Fe^{2+}在强酸性溶液中稳定，加酸是为了防止其转化为Fe^{3+})，最后得到蓝绿色$FeSO_4$溶液。

(3) 硫酸亚铁铵的制备　把上述制得的$FeSO_4$溶液稀释至总体积约50mL，常压过滤。往滤液中加入9g$(NH_4)_2SO_4$固体，加热并充分搅拌至$(NH_4)_2SO_4$固体完全溶解后，将混合液转入瓷蒸发皿中，水浴加热至有固体薄膜呈现，静置让其自然冷却，析出浅蓝绿色的$FeSO_4 \cdot (NH_4)_2SO_4 \cdot 6H_2O$晶体，然后抽滤，用少量95%乙醇洗涤晶体两次，将晶体转移到表面皿上晾干。最后称量、计算理论产量和产率。

2. 产品中 Fe^{3+} 杂质的限量分析

在台秤上称取 1.0g 自制产品置于 25mL 比色管中，用 15mL 不含 O_2 的蒸馏水溶解。加 1mL 6mol·L^{-1}HCl 和 1mL 1mol·L^{-1}KSCN 溶液，继续加不含 O_2 的蒸馏水至刻度，摇匀。将呈现的红色与标准色阶对照，确定产品达到的试剂级别。

标准色阶由实验室准备。Ⅰ、Ⅱ、Ⅲ级试剂色阶中含 Fe^{3+} 的量分别为 0.050mg、0.10mg、0.20mg。

3. 硫酸亚铁铵中 Fe^{2+} 的含量的测定

(1) 0.050 00mol·$L^{-1}$$Na_2C_2O_4$ 标准溶液的配制　准确称取 105℃烘 2h 的 $Na_2C_2O_4$ 基准物 1.6～1.7g 于 100mL 烧杯中，加入约 50mL 水使之溶解，定量转移到 250mL 容量瓶中，加水稀释至刻度，摇匀。计算其准确浓度。

(2) 0.02mol·L^{-1} $KMnO_4$ 溶液的配制　称取 $KMnO_4$ 固体试剂 1.6g，加 500mL 水，加热至沸并保持微沸状态 1h，并不时加以搅拌。冷却后，用 3 号或 4 号微孔玻璃漏斗(或在玻璃漏斗上塞入一小团玻璃纤维)过滤。滤液储存于棕色瓶中，并在室温下静置 2～3d，再次过滤备用。

(3) $KMnO_4$ 溶液的标定　移取 25.00mL $Na_2C_2O_4$ 标准溶液于锥形瓶中，加入 7～8mL(1+1)H_2SO_4 及 50mL 水，加热至 75～80℃，趁热用 $KMnO_4$ 溶液滴定。滴定开始时滴定速率应很慢，待溶液中产生 Mn^{2+} 而使反应速率加快时，滴定速率才逐渐加快，直至正常的滴定速率。当滴定至溶液呈现微红色并 0.5min 内不褪色时，即为终点。平行标定三份，计算 $KMnO_4$ 溶液的准确浓度。

(4) 硫酸亚铁铵中 Fe^{2+} 的含量的测定　准确称取 0.8～1.0g 硫酸亚铁铵试样三份分别于 250mL 锥形瓶中，先取一份，加入 5mL 3mol·L^{-1} H_2SO_4 溶液，20mL 去离子水，使试样完全溶解后，立即用 $KMnO_4$ 标准溶液滴定至微红色，且保持 0.5min 内不褪即为终点。记下所消耗 $KMnO_4$ 溶液的体积，计算试样中 Fe^{2+} 的含量。依照同样步骤，逐个测定其他两份试样。

五、注意事项

① $KMnO_4$ 溶液滴定 $Na_2C_2O_4$ 溶液时要注意“三度”即温度、酸度、滴定速率以及终点的判断。

a. 温度。试液温度控制 75～85℃之间。温度太低，反应速率太慢；温度太高，草酸将分解。

b. 酸度。用硫酸调节酸度。酸度过低，MnO_4^- 会被部分地还原成 MnO_2；酸度过高，会促使 $H_2C_2O_4$ 分解。一般滴定开始的最宜酸度约为 1mol·L^{-1}。

c. 滴定速率。开始滴定时，MnO_4^- 与 $C_2O_4^{2-}$ 的反应速率很慢，滴入的$KMnO_4$褪色较慢；因此，滴定开始阶段滴定速率应很慢；否则，滴入的 $KMnO_4$ 来不及和 $C_2O_4^{2-}$ 反应，就会在热的酸性溶液中分解，导致标定结果偏低。待试液中积累了一定量 Mn^{2+}起到了催化作用时，滴定速率可以逐渐加快，直至正常滴定速率。

d. 终点。滴定时利用 $KMnO_4$ 本身的颜色指示终点，但此终点不够稳定，空气中的还原性气体及尘埃落入试液均能使 $KMnO_4$ 分解，而使微红色消失，所以滴到试液呈微红色且 0.5min 内不褪色即可认为终点已到。

② 因为 $KMnO_4$ 的氧化能力强，易与水中的有机物、空气中的尘埃等还原性物质作用，此外它还能自行分解，生成 MnO_2 和 O_2 等，在有 Mn^{2+}存在的条件下，分解速率加快，特别是见光分解更快。必须注意掌握正确的配制方法和保存条件，以延长其稳定期，但长期使用仍需定期标定。

③ Fe^{2+}易被空气中的 O_2 氧化，尤其是溶液中的 Fe^{2+} 更不稳定，因此试样溶解后应立即滴定。

④ 产品中 H_2O、SO_4^{2-}、NH_4^+ 的测定可作为综合设计实验内容，学生通过查找相关资料，拟定分析方案并进行测定。

实验四十一　$K_2Cr_2O_7$ 法测定铁矿石中 Fe 的含量

一、预习要点

① $K_2Cr_2O_7$ 法测定 Fe 的原理、方法，并与 $KMnO_4$ 法比较。

② 氧化还原指示剂的类型，本实验所用指示剂的作用原理。

③ 矿物试样的溶(融)解方法。

二、原理提要

测定铁矿石中 Fe 含量的经典方法是 $SnCl_2$-$HgCl_2$-$K_2Cr_2O_7$ 滴定法，也称“有汞测铁法”。试样用酸溶解后，用 $SnCl_2$ 将 Fe^{3+}还原为 Fe^{2+}，过量的 $SnCl_2$ 加入 $HgCl_2$氧化除去，然后以二苯胺基磺酸钠作为指示剂，用 $K_2Cr_2O_7$ 标准溶液滴定 Fe^{2+}。反应式如下

$$2Fe^{3+} + SnCl_4^{2-} + 2Cl^- = 2Fe^{2+} + SnCl_6^{2-}$$

$$SnCl_4^{2-} + 2HgCl_2 = SnCl_6^{2-} + Hg_2Cl_2 \downarrow \text{(白色)}$$

$$6Fe^{2+} + Cr_2O_7^{2-} + 14H^+ = 6Fe^{3+} + 2Cr^{3+} + 7H_2O$$

经典的 $K_2Cr_2O_7$ 法准确、简便，但所用的 $HgCl_2$ 是剧毒物质，造成环境污染。为了减少污染，近年来研究出了许多种不用汞盐的分析方法，也称“无汞测铁法”。如 $SnCl_2$-$TiCl_3$ 联合还原、Na_2WO_4 指示的方法就是一种改进的 $K_2Cr_2O_7$ 法。这

种方法列为铁矿石分析的国家标准(GB 6730.5—86)。

试样经硫-磷混酸溶解后，首先用 $SnCl_2$ 还原大部分的 Fe^{3+}，继续用 $TiCl_3$ 定量还原剩余部分的 Fe^{3+}。反应式如下

$$2Fe^{3+} + SnCl_4^{2-} + 2Cl^- \longrightarrow 2Fe^{2+} + SnCl_6^{2-}$$

$$Fe^{3+} + Ti^{3+} + H_2O \longrightarrow Fe^{2+} + TiO^{2+} + 2H^+$$

当 Fe^{3+} 定量还原为 Fe^{2+} 后，过量一滴的 $TiCl_3$ 使溶液中作为指示剂的 Na_2WO_4 还原为“钨蓝”，溶液呈蓝色。然后滴加 $K_2Cr_2O_7$ 溶液使“钨蓝”恰好褪色，或以 Cu^{2+} 为催化剂，借助水中的溶解氧使“钨蓝”消失。最后以二苯胺基磺酸钠作指示剂，用 $K_2Cr_2O_7$ 标准溶液滴定至溶液呈稳定的紫色。

显然，要定量还原 Fe^{3+}，不能单用 $SnCl_2$。但也不宜单用 $TiCl_3$，因为溶液中如引入较多的 Ti(Ⅳ)，当用水稀释时，常易出现大量的四价钛盐水解沉淀而影响滴定，故通常将 $SnCl_2$ 与 $TiCl_3$ 联合使用。

三、问题与思考

① 还原 Fe^{3+} 时，为什么要使用两种还原剂？只使用其中的一种有什么问题？

② 试样溶解之后，为什么要一份一份地进行还原与滴定？

③ 空白试验(注意事项 3)时为什么要加硫酸亚铁铵溶液？

④ 比较经典法与改进的 $K_2Cr_2O_7$ 法测定 Fe 在原理上有何不同？各有何优缺点？

⑤ 滴定为什么要在 H_3PO_4 介质中进行？终点的颜色变化如何？

四、实验内容

1. 0.016 67mol·L^{-1} $K_2Cr_2O_7$ 标准溶液的配制

用指定质量称量法准确称取 1.2258g $K_2Cr_2O_7$ 基准物质于 100mL 烧杯中，加水溶解后，转入 250mL 容量瓶中，用水稀释至刻度，充分摇匀。

2. 铁矿石的测定

准确称取 0.15～0.20g 试样三份，分别置于锥形瓶中，滴加几滴水润湿样品并摇动使其散开，加入 10mL(1+1)硫-磷混合酸(如试样中硫化物含量高时则同时加入约 1mL 浓 HNO_3)，摇匀后置于电热板上加热分解试样，先低温加热，然后提高温度，加热至冒 SO_3 白烟，此时，试液应清亮，残渣为白色或浅色时表示试样已分解完全。取下锥形瓶稍冷，加入已预热的 30mL(1+3)HCl(以上三份试样可同时平行溶解，接着需逐份进行还原并滴定)。把试液加热至近沸，趁热边摇荡边滴加 10%的 $SnCl_2$ 溶液，使大部分 Fe^{3+} 还原为 Fc^{2+}，溶液由黄色变为浅黄色，加入 1mL 10%的 Na_2WO_4 溶液，滴加 1.5%的 $TiCl_3$ 溶液至溶液出现稳定的“钨蓝”30s

内不褪为止。

加入约 60mL 的新鲜蒸馏水，摇匀并放置 10～20s，用 $K_2Cr_2O_7$ 标准溶液滴定至“钨蓝”刚好褪去(不计体积)，然后加入 5～6 滴二苯胺基磺酸钠指示剂，立即用 $K_2Cr_2O_7$ 标准溶液滴定至溶液呈现稳定的紫色，即为终点。计算试样中 Fe 的百分含量。

五、注意事项

① 试样溶解完全后，需强热至冒 SO_3 白烟(若加入浓 HNO_3，也表明 HNO_3 已赶尽，不致影响测定)。但只要开始冒 SO_3 白烟即可停止，太长时间的强热会使 H_3PO_4 形成焦磷酸盐粘底，包夹试样而影响测定结果。溶样过程应经常摇动，以防结块粘底。

② 试样溶解后，必须一份一份地进行还原与滴定。不能三份都还原后才分别滴定。

③ 在精确分析中，应进行指示剂空白校正，方法如下：取 30mL(1+1)HCl 置于锥形瓶中，加入 2.00mL 0.5mol·$L^{-1}$$Fe(NH_4)_2(SO_4)_2$ 标准溶液，10mL 硫-磷混酸及 5～6 滴二苯胺基磺酸钠指示剂，用 $K_2Cr_2O_7$ 标准溶液滴定至紫色。记下所耗 $K_2Cr_2O_7$ 标准溶液的体积(A)。再加入 2.00mL Fe^{2+} 标准溶液，继续滴定至紫色，记下所耗 $K_2Cr_2O_7$ 标准溶液的体积(B)。如此反复滴定 2 次，求平均值$\overline{B}$，则空白值为 $A-\overline{B}$。

④ 还有另外一种无汞测铁法，即 $SnCl_2$ 作为还原剂，甲基橙指示法。具体操作见欧阳耀国等编的《分析化学基础实验》(厦门大学出版社出版，1998，103)。

实验四十二 $CuSO_4 \cdot 5H_2O$ 的制备及组成的分析

一、预习要点

① 重结晶提纯物质的方法及操作。
② $Na_2S_2O_3$ 溶液的配制及标定原理和方法。
③ 氧化还原电位的基本知识及碘量法测定 Cu 的原理和方法。
④ 碘量法的误差来源及消除方法。

二、原理提要

在 H_2SO_4 和 HNO_3 混合溶液中，Cu 被氧化成 Cu^{2+}，溶液经加热浓缩后，可得 $CuSO_4 \cdot 5H_2O$ 晶体(即胆矾)。该粗产品经重结晶，可得较纯净的 $CuSO_4 \cdot 5H_2O$ 晶体。

在弱酸性介质中(pH 为 3.0～4.0),胆矾中的 Cu^{2+} 与过量的 KI 作用,生成与 Cu^{2+} 化学计量的 I_2 及 CuI 沉淀。反应式为

$$2Cu^{2+} + 4I^- \longrightarrow 2CuI\downarrow + I_2$$

当 KI 过量时可写为

$$2Cu^{2+} + 5I^- \longrightarrow 2CuI\downarrow + I_3^-$$

析出的 I_2 用 $Na_2S_2O_3$ 标准溶液滴定,以淀粉为指示剂,反应式为

$$I_3^- + 2S_2O_3^{2-} \longrightarrow 3I^- + S_4O_6^{2-}$$

从而可得到胆矾中 Cu 的含量。

Cu^{2+} 氧化 I^- 的反应在弱酸性介质中进行,酸度过低时,Cu^{2+} 会水解,使反应不完全,结果偏低,且终点拖长;酸度过高时,I^- 易被空气中的 O_2 氧化生成 I_2(Cu^{2+} 催化此反应),使结果偏高。通常加入 NH_4HF_2 作为缓冲溶液,控制溶液的 pH 在 3.0～4.0 之间,而且 NH_4HF_2 还可掩蔽试样中可能存在的 Fe^{3+},消除其对测定的干扰(Fe^{3+} 能氧化 I^-)。

Cu^{2+} 与 I^- 之间的反应具有一定的可逆性,加入过量 KI,可使 Cu^{2+} 的还原更完全,而且可以使生成的 I_2 以 I_3^- 形式存在,减少 I_2 的挥发损失。但是,CuI 沉淀强烈地吸附 I_3^-,又会使结果偏低。通常的办法是加入硫氰酸盐,使 CuI ($K_{sp} = 1.1\times10^{-12}$)转化为溶解度更小的 CuSCN 沉淀($K_{sp} = 4.8\times10^{-15}$),将吸附的 I_3^- 释放出来,使反应更趋于完全,但 SCN^- 只能在临近终点时加入,过早加入可能使部分 Cu^{2+} 直接被 SCN^- 还原,致使化学计量关系被破坏。反应式为

$$6Cu^{2+} + 7SCN^- + 4H_2O \longrightarrow 6CuSCN\downarrow + SO_4^{2-} + CN^- + 8H^+$$

胆矾在不同的温度下可以逐步脱水。反应式为

$$CuSO_4\cdot5H_2O \xlongequal{102℃} CuSO_4\cdot3H_2O + 2H_2O$$

$$CuSO_4\cdot3H_2O \xlongequal{113℃} CuSO_4\cdot H_2O + 2H_2O$$

$$CuSO_4\cdot H_2O \xlongequal{258℃} CuSO_4 + H_2O$$

将已知质量的水合硫酸铜晶体加热,除去所有的结晶水后得到白色粉末无水硫酸铜,称量,便可计算出水合硫酸铜中结晶水的数目。

三、问题与思考

① 制备胆矾实验中,溶解铜屑时,为什么要加 HNO_3?

② 制备和提纯胆矾实验中,加热浓缩溶液时,可否将溶液蒸发干?为什么?

③ 标定 $Na_2S_2O_3$ 溶液的基准物质有哪些?本实验用哪种合适?为什么?

④ Cu^{2+}/Cu^+ 和 I_2/I^- 的标准电极电位分别为 0.158V 和 0.535V,解释为什

么 Cu^{2+} 能氧化 I^- 而生成 I_2？

⑤ 碘量法测定 Cu 时，为什么要加入 NH_4HF_2？滴定临近终点时，为什么要加入 NH_4SCN？为什么又不能过早加入？

四、实验内容

1. $CuSO_4 \cdot 5H_2O$ 的制备

(1) 铜屑的预处理　称取 1.5g 铜屑，放入蒸发皿中，强烈灼烧至表面呈黑色(除去附着在铜屑上的油污)，自然冷却。

(2) $CuSO_4 \cdot 5H_2O$ 的制备　在灼烧过的铜屑中，加入 5.5mL 3mol·L^{-1} H_2SO_4 溶液，然后缓慢、分批加入 2.5mL 浓 HNO_3(在通风橱中进行)。待反应缓和后盖上表面皿，水浴加热。在加热过程中需要补加 2.5mL 3mol·L^{-1} H_2SO_4 和 0.5mL 浓 HNO_3(由于反应情况不同，补加的酸量根据具体情况而定，在保持反应继续进行的情况下，尽量少加 HNO_3)。待铜屑接近全部溶解后，趁热用倾泻法将溶液转至小烧杯中，然后再将溶液转回洗净的蒸发皿中，水浴加热，浓缩至表面有晶体膜出现。取下蒸发皿，让溶液冷却，析出粗的 $CuSO_4 \cdot 5H_2O$ 晶体，抽滤，称量。

(3) $CuSO_4 \cdot 5H_2O$ 的重结晶提纯　将 $CuSO_4 \cdot 5H_2O$ 粗产品转入烧杯中，按每克粗产品 1.2mL 水的比例加相应体积的蒸馏水。加热使 $CuSO_4 \cdot 5H_2O$ 完全溶解，趁热过滤，滤液收集在小烧杯中，让其自然冷却，即有晶体析出(若无晶体析出，可加一粒细小的 $CuSO_4$ 晶体，或在水浴上再加热浓缩)。完全冷却后，抽滤，将晶体转至干净的表面皿，晾干后称量。

2. $CuSO_4 \cdot 5H_2O$ 晶体中 Cu 含量的测定

(1) 0.1mol·L^{-1} $Na_2S_2O_3$ 溶液的配制　称取 25g $Na_2S_2O_3 \cdot 5H_2O$ 试剂于烧杯中，加入 300～500mL 新煮沸并冷却的蒸馏水，溶解后，加入约 0.1g Na_2CO_3 固体，用新煮沸并冷却的蒸馏水稀释至 1 L，储于棕色试剂瓶中，置暗处 3～5d 后标定使用。

(2) 0.016 67mol·L^{-1} 的 KIO_3 标准溶液的配制　准确称取 0.3567g KIO_3 基准物于 100mL 烧杯中，用蒸馏水溶解后，定量转入 100mL 容量瓶中，用水稀释至刻度，摇匀。

(3) $Na_2S_2O_3$ 溶液的标定　准确移取 KIO_3 标准溶液 25.00mL 于锥形瓶中，加入 10mL 20%的 KI 溶液及 5mL 1mol·L^{-1} 的 H_2SO_4 溶液，加水稀释至约 100mL，立即用待标定的 $Na_2S_2O_3$ 溶液滴定至淡黄色，加入 5mL 0.5%的淀粉指示剂，继续滴定至溶液的蓝色刚消失，即为终点。记下所消耗 $Na_2S_2O_3$ 溶液的体积，并计算其准确浓度。

(4) Cu 含量的测定　准确称取 $CuSO_4 \cdot 5H_2O$ 样品 2.2～2.6g，置于 100mL

烧杯中，加入 10mL 1mol·L^{-1} H_2SO_4 溶液和少量水使样品溶解，然后定量转入 100mL 容量瓶中，用水稀释至刻度，摇匀。

移取上述溶液 25.00mL 于 250mL 锥形瓶中，加 50mL 水、10mL 20%KI 溶液，用 $Na_2S_2O_3$ 标准溶液滴定至溶液呈淡黄色，然后加入 5mL 0.5%淀粉溶液，并继续滴定至溶液呈浅蓝色，再向其中加入 10mL 10% NH_4SCN 溶液，摇荡 1～2min，用标准 $Na_2S_2O_3$ 溶液继续滴定至蓝色刚好消失（此时溶液呈乳白色，并可能有点泛红），即为终点，记下所消耗 $Na_2S_2O_3$ 溶液的体积，平行测定三份。计算 $CuSO_4 \cdot 5H_2O$ 中 Cu 的含量。

3. 水合硫酸铜晶体中结晶水的测定

（1）空坩埚的恒重　将两个洁净的瓷坩埚放在 300℃±20℃的马弗炉中灼烧至恒重。前后两次称量的差值≤0.4mg，即为恒重。

（2）水合硫酸铜晶体的脱水　准确称取一定量的水合硫酸铜晶体置于已恒重的空坩埚中，然后将坩埚放入 300±20℃的马弗炉中灼烧至恒重（20min 左右，蓝色的 $CuSO_4$ 晶体全部变为白色粉末），取出坩埚，稍凉片刻，放入干燥器中，冷至室温，准确称量。计算每摩尔水合硫酸铜晶体中所含结晶水的数目。

五、注意事项

① 淀粉指示剂不能太早加入，否则淀粉与 I_2 过早形成蓝色缔合物，大量吸附 I_3^-，颜色变为深灰色，终点拖长且不敏锐，不好观察。

② 加入 KI 溶液轻轻摇匀后应立即滴定。KI 加入一份就应滴定一份，不得三份同时加 KI 后才逐份滴定。滴定的开始阶段，滴定速率可以快些，但不应太剧烈地摇荡（为什么?）。

③ 标定 $Na_2S_2O_3$ 的基准物质还有 $K_2Cr_2O_7$，方法是：移取 0.016 67mol·L^{-1} $K_2Cr_2O_7$ 标准溶液 25.00mL 于锥形瓶中，加入 5mL 6mol·L^{-1} HCl 及 10mL 20% KI 溶液，摇匀后置于暗处 5min，待反应完全后加入 100mL 水，用待标定的 $Na_2S_2O_3$ 溶液滴定至淡黄色，加入 5mL 0.5%的淀粉指示剂，继续滴定至溶液呈现亮绿色，即为终点。由消耗 $Na_2S_2O_3$ 溶液的体积计算其准确浓度。

【延伸实验】　铜合金中 Cu 含量的测定

铜合金的种类较多，主要有黄铜（铜锌合金）和各种青铜（锡青铜或 Cu 与其他金属的合金）等。铜合金中 Cu 含量的测定通常用碘量法，具体步骤如下。

准确称取 0.20～0.25g 铜合金试样三份，分别置于锥形瓶中，加入 10mL (1+1)HCl，滴加 3mL 30%的 H_2O_2（为什么要加 H_2O_2?），加热使试样完全溶解后，继续加热使多余的H_2O_2完全分解驱尽(为什么要驱尽H_2O_2？根据实践经验，加热溶样开始时产生大量小气泡，试样溶完后继续加热至冒大气泡，即表明H_2O_2已完全分解驱尽)，再煮沸1～2min(注意勿使溶液蒸干)。冷却后加约25mL水，滴加(1+1)的$NH_3 \cdot H_2O$至溶液刚有沉淀生成，加入8mL(1+1)HAc、10mL 20%的NH_4HF_2及10mL 20%的KI溶液(一份一份地加)，轻轻摇匀后，按照胆矾中Cu的测定方法，立即用$Na_2S_2O_3$标准溶液滴定。从滴定消耗的$Na_2S_2O_3$标准溶液体积计算铜合金中Cu的含量。测定中的注意事项见上述胆矾中Cu含量的测定。

对于铜合金中Cu含量的测定，标定$Na_2S_2O_3$溶液的基准物质常用纯金属Cu。标定方法、步骤与上述铜合金的测定相同。准确称取0.50～0.70g纯金属Cu于250mL烧杯中，加入15mL(1+1)HCl，在摇动下滴加5mL 30%的H_2O_2，盖上表面皿。加热使Cu完全溶解，并继续加热至多余的H_2O_2完全分解驱尽。冷却后用少量水淋洗表面皿，把溶液定量转移至100mL容量瓶中，用水稀释至刻度，摇匀。从中移取三份25.00mL溶液分别于锥形瓶中，按照上述铜合金试样溶液的测定步骤，加入各种试剂及滴定。从滴定消耗的$Na_2S_2O_3$溶液体积计算其准确浓度。

实验四十三　片剂中维生素C含量的测定

一、预习要点

① 氧化还原滴定法测定维生素C含量的原理和方法。

② 本实验的测定方法与直接碘量法(或称碘滴定法)的不同。

③ 本实验误差产生的主要原因。

二、实验原理

维生素C又称抗坏血酸，分子式为$C_6H_8O_6$。通常用于防治坏血病及各种慢性传染病的辅助治疗。市售维生素C药片中含有淀粉等添加剂。由于维生素C分子中含有还原性的烯二醇基，能被I_2定量氧化为二酮基，因而可用I_2标准溶液直接滴定以测定药片、注射液、饮料、蔬菜、水果等中的维生素C的含量。反应式为

$$C_6H_8O_6 + I_2 = C_6H_6O_6 + 2HI$$

在维生素C药片中，由于没有其他还原性物质存在，所以在测定时，可以在试样溶液中加入KI及淀粉指示剂，直接用KIO_3标准溶液滴定。这种改进的碘量法，测定步骤更简便，精密度更好，测定结果与直接碘量法一样。

抗坏血酸具有较强的还原性，电对反应式为

$$C_6H_8O_6 = C_6H_6O_6 + 2H^+ + 2e \quad \varphi^{\ominus} = 0.18\ V$$

在空气中极易被氧化而变黄色，尤其在碱性介质中更甚，测定时加入HCl使溶液呈弱酸性，减少维生素C的副反应。

维生素C除医用价值外，在化学上的应用也非常广泛。在分析化学中常作为还原剂用于光度法和配合滴定法等分析中，如把Fe^{3+}还原为Fe^{2+}、Cu^{2+}还原为Cu^{+}、Se(Ⅲ)还原为元素Se、Au(Ⅲ)还原为金属Au等。

三、问题与思考

① 测定维生素C试样时，为何要在HCl介质中进行？

② 维生素C药片试样溶解时，为何要用新煮沸而冷的蒸馏水？

四、实验内容

1. $0.01mol \cdot L^{-1}$ KIO_3 标准溶液的配制

准确称取基准物KIO_3固体于100mL烧杯中，用少量蒸馏水溶解后，定量转移到250mL容量瓶中，用水稀释至刻度，充分摇匀。计算KIO_3的物质的量浓度。

2. 片剂中维生素C含量的测定

取10片药剂，准确称其质量后，研成细粉末并混均匀。准确称取三份粉末样各0.15～0.25g于250mL锥形瓶中，加100mL新煮沸过的冷蒸馏水、5mL $1mol \cdot L^{-1}$ HCl、1g KI固体或10mL 10% KI溶液、5mL 0.5%淀粉溶液，立即用KIO_3标准溶液滴定至溶液刚呈现蓝色，在0.5min内不褪，即为终点。记下所消耗KIO_3标准溶液的体积。平行测定三份。计算片剂中维生素C的含量(mg/片)。

五、注意事项

① 维生素C溶液很不稳定，易被空气所氧化，所以，试样溶完后应立即滴定。

② 为减少由于维生素C被空气氧化所造成的误差，必须在第一份试样做完后，再溶解第二份试样。

【延伸实验】 水中丙酮的测定

在强碱性介质中，丙酮能与I_2反应，生成碘仿。利用此性质，可以用直接碘量法的返滴定法测定丙酮的含量。即向含有丙酮的试液中加入NaOH溶液，再加入一定量过量的I_2标准溶液，待反应完全后，将溶液酸化并用$Na_2S_2O_3$标准溶液返滴定过量的I_2(能否用直接碘量法进行测定?)。

测定步骤如下。

1. $0.05mol \cdot L^{-1}$的I_2溶液的配制

称取3.3g I_2及5g KI于玻璃研钵中，在通风橱内加入少量水研磨，待I_2完全溶解后，溶液转移到棕色试剂瓶中，加水稀释至 250mL ，充分摇匀。

2. $Na_2S_2O_3$ 溶液的配制与标定(见实验四十二)

3. 丙酮的测定

准确移取含适量丙酮的试样溶液于碘量瓶中，加入 20mL 2mol·L^{-1} 的 NaOH 溶液及 25.00mL 0.05mol·L^{-1} 的 I_2 溶液，摇匀，在室温下放置 10min，再于 60℃的水浴中放置 10min，然后加入 25mL 2mol·L^{-1} 的 HCl 溶液，片刻后用 $Na_2S_2O_3$ 标准溶液滴定至淡黄色，加入 5mL 0.5%的淀粉指示剂，继续滴定至溶液蓝色刚消失，即为终点，记下所消耗的 $Na_2S_2O_3$ 溶液的体积。平行测三份。

用同样体积的蒸馏水代替试液，在相同的条件下进行空白滴定，记下所消耗的 $Na_2S_2O_3$ 溶液的体积。平行测三份，取其平均值。根据测定和空白实验中所用 $Na_2S_2O_3$ 溶液的体积，计算试样中丙酮的含量(以 g·L^{-1} 表示)，写出实验过程的化学反应方程式。

实验四十四　可溶性钡盐中 Ba 含量的测定(灼烧恒重法)

一、预习要点

① 沉淀溶解平衡的基本知识及影响沉淀溶解度的因素。

② 晶形沉淀的沉淀条件和沉淀(灼烧)重量法的基本操作。

③ $BaSO_4$ 沉淀重量法的原理及方法。

二、原理提要

$BaSO_4$ 沉淀重量法既可用于 Ba 含量的测定，也可用于 SO_4^{2-} 含量的测定。

可溶性钡盐经溶解及 HCl 酸化后，在加热和不断搅拌下，慢慢加入稀、热的 H_2SO_4 溶液，产生 $BaSO_4$ 晶形沉淀。沉淀经陈化、过滤、烘干、炭化、灰化和灼烧后，以纯净的 $BaSO_4$ 形式称量，即可求出试样中 Ba 的含量。

用 $BaSO_4$ 重量法测定 Ba 时，一般用稀 H_2SO_4 溶液作为沉淀剂。虽然 Ba^{2+} 所形成的一系列微溶化合物中，$BaSO_4$ 的溶解度最小，但在 25℃时，100mL 溶液中也可以溶解 0.25mg，如果沉淀的溶液和洗涤的溶液体积比较大，溶解损失所造成的误差也不可忽视。为了使 $BaSO_4$ 沉淀更完全，H_2SO_4 必须过量。由于 H_2SO_4 在高温下可挥发除去，故沉淀包藏的 H_2SO_4 不致引起误差，因此沉淀剂可过量 50%至 100%。

$BaSO_4$ 沉淀一般在 0.05mol·L^{-1} 左右的 HCl 介质中进行，以防止产生 $BaCO_3$、$BaHPO_4$、$BaHAsO_4$ 沉淀以及 $Ba(OH)_2$ 共沉淀。同时，适当提高酸度，可

增加$BaSO_4$沉淀的溶解度，降低沉淀过程中的相对过饱和度，有利于获得较好的晶形沉淀。

Pb^{2+}、Sr^{2+}等离子的存在，也产生硫酸盐沉淀而干扰 Ba 的测定。K^+、Na^+、Ca^{2+}、Fe^{3+}等阳离子及 NO_3^-、ClO_3^-、Cl^- 等阴离子的存在，可引起共沉淀，对测定 Ba 有所影响。实验中，应严格掌握沉淀条件，以获得粗大、纯净的 $BaSO_4$ 晶形沉淀。

三、问题与思考

① 试样溶解后的溶液为什么要酸化？可以用 HNO_3 酸化吗？为什么？

② 怎样用沉淀理论来解释本实验中的沉淀条件？

③ 如果在 $BaSO_4$ 沉淀中包夹 $BaCl_2$，则将使测定结果偏高还是偏低？

④ 试拟出用沉淀重量法测定可溶性硫酸盐中 SO_4^{2-} 含量的实验步骤。测定 Ba^{2+}时，沉淀剂稀 H_2SO_4 可过量 50%～100%，而测定 SO_4^{2-} 时，沉淀剂 $BaCl_2$ 应过量大约多少？为什么比前者过量得少？

四、实验内容

1. 称样及沉淀的制备

准确称取 0.40～0.60g 试样两份，分别置于 250mL 烧杯中，加 100mL 水及 3mL 2mol·L^{-1}的 HCl 溶液，搅拌溶解，加热至近沸。

另取 4mL 1mol·L^{-1}的 H_2SO_4 溶液两份，分别于 100mL 烧杯中，各加水 30mL，加热至近沸。在不断搅拌下用滴管将两份稀 H_2SO_4 溶液分别滴加到两份 Ba^{2+}的试样溶液中，直到两份稀 H_2SO_4 溶液分别加完为止。充分搅拌后静置片刻，待 $BaSO_4$ 沉淀沉降后，小心于上层清液中滴入 1～2 滴 0.1mol·L^{-1}的 H_2SO_4 溶液，仔细观察沉淀是否完全。沉淀完全后，盖上表面皿（切勿将玻璃棒取出杯外），放置过夜陈化（也可将沉淀放在水浴或沙浴上，经常搅拌并保温 40min）。

2. 沉淀的过滤和洗涤

按照 1.2.11 节所述的重量法基本操作，用慢速或中速定量滤纸进行倾泻法过滤。用 0.01mol·L^{-1}的稀 H_2SO_4 溶液（用 1mol·L^{-1}的 H_2SO_4 稀释）在烧杯中洗涤沉淀 3～4 次（每次约 10mL）。然后，小心将沉淀定量转移到滤纸上，用淀帚由上至下擦拭烧杯内壁，再用洗瓶吹洗烧杯内壁，最后用折叠滤纸时撕下的小片滤纸擦拭玻璃棒及烧杯内壁，并丢入漏斗沉淀中。用稀 H_2SO_4 洗涤漏斗中的沉淀及滤纸 4～6 次，直到洗涤液中无 Cl^- 为止（用试管收集约 2mL 滤液，加 1 滴 2mol·L^{-1}的 HNO_3 及 2 滴 0.1mol·L^{-1} $AgNO_3$ 溶液，若无白色浑浊产生，表明 Cl^-已洗净）。

3. 空坩埚的恒重

将两个洁净的瓷坩埚放在800℃±20℃的高温炉中灼烧至恒重。第一次灼烧恒温时间 40min，第二次及以后每次只需灼烧 20min。前后两次称量的差值≤0.4mg，即为恒重。

4. 沉淀的灼烧和恒重

将包叠好沉淀的滤纸包置于已恒重的瓷坩埚中，经烘干、炭化、灰化后，放入800℃±20℃的高温炉中灼烧至恒重。计算 $BaSO_4$ 的质量并换算为试样中 Ba 的百分含量。

五、注意事项

① $BaSO_4$ 是一种晶形沉淀，要注意沉淀的条件：热、稀、慢、搅、陈化 5 个主要条件。

② 沉淀及滤纸的干燥、炭化和灰化应在酒精灯或煤气灯或电炉上加热进行，不能于高温炉中进行。滤纸灰化时，需有足够的空气，以防止 $BaSO_4$ 被滤纸的炭还原为 BaS。反应如下

$$BaSO_4 + 4C \xlongequal{} BaS + 4CO\uparrow$$

$$BaSO_4 + 4CO \xlongequal{} BaS + 4CO_2\uparrow$$

若遇到此情况，可滴加 2～3 滴(1＋1)H_2SO_4，小心加热，冒尽白烟后重新灰化及灼烧。

③ 灼烧温度不能太高，如超过 950℃，可能导致 $BaSO_4$ 的部分分解

$$BaSO_4 \xlongequal{} BaO + SO_3\uparrow$$

④ 坩埚及沉淀进行恒重操作时，每次都应注意控制放置相同的冷却时间、相同的称量时间、相同的操作环境及操作速率，即尽量保持各种操作条件的一致性。这样，可以减少灼烧、称量的次数。

【延伸实验】 可溶性钡盐中 Ba 含量的测定(微波干燥法)

微波干燥法的方法、原理及沉淀操作条件与灼烧恒重法的基本相同，不同之处是前者使用微波炉干燥 $BaSO_4$ 沉淀，与传统的灼烧干燥法相比，它既可节省实验时间，又可节约能源，操作也较为简便。

使用微波炉干燥 $BaSO_4$ 沉淀时，如果沉淀中包藏有 H_2SO_4 等高沸点杂质，则不能在干燥过程中分解或挥发掉(灼烧干燥时可以除掉 H_2SO_4)，因此，对沉淀条件和洗涤操作的要求更严格。应将含 Ba^{2+} 试液进一步稀释，而且必须使过量沉淀剂控制

在20%～50%之内，滴加沉淀剂的速率要缓慢。这样，可减少 $BaSO_4$ 沉淀中包藏 H_2SO_4 及其他杂质，使测定结果的准确度与传统的灼烧法相同。实验步骤如下。

1. 称样及沉淀的制备

与上述的灼烧恒重法相同。

2. 玻璃坩埚的准备

洗净两个玻璃坩埚，用真空泵抽 2min 以除掉玻璃砂板微孔中的水分，便于干燥。放进微波炉于500 W 的输出功率(中高火)下进行干燥，第一次干燥 10min，第二次 4min。每次干燥后放入干燥器中冷却 12～15min(刚放入时留一小缝隙，0.5min 后再盖严)，然后在分析天平上快速称量。两次称量所得质量之差若不超过 0.4mg，即已恒重，否则，还要再次干燥 4min，冷却、称量，直至恒重(注意不要将刚要进行初次干燥的湿坩埚与进行第二次干燥的干坩埚放入同一个微波炉中)。

3. 沉淀的过滤和洗涤

$BaSO_4$ 沉淀冷却后，用倾泻法在已恒重的玻璃坩埚中进行减压过滤。上清液滤完后，用洗涤液(在 100mL 水中加 3～5 滴稀 H_2SO_4 溶液，混匀)在烧杯中将沉淀洗三次，每次用 15mL，再用水洗一次。然后将沉淀转移到坩埚中，用淀帚擦"活"黏附在杯壁和玻璃棒上的沉淀，再用水冲洗烧杯和玻璃棒直至沉淀转移完全。最后用水淋洗沉淀及坩埚内壁 6 次以上，这时沉淀基本已洗涤干净(将抽滤瓶中的滤液倒掉，洗净，再洗涤坩埚内的沉淀一次，然后取少量滤液加 HNO_3 酸化，再加 $AgNO_3$ 溶液检验是否有 Cl^- 存在)。继续抽干 2min 以上(至不再产生水雾)。

4. 沉淀的干燥和恒重

将玻璃坩埚放入微波炉进行干燥(第一次 10min，第二次 4min)，冷却、称量，直至恒重。计算 $BaSO_4$ 的质量及换算为试样中 Ba 的百分含量。

实验四十五　邻二氮菲吸光光度法测定 Fe
——测定条件的试验及碳酸岩矿中 Fe 的测定

一、预习要点

① 吸光光度法的基本原理及分光光度计的使用方法。

② 吸光光度法分析的实验条件及其选择。

③ 吸收曲线的绘制及最大吸收波长的选择，标准曲线的绘制及摩尔吸光系数的求算。

④ 吸光光度法测定配合物的组成及稳定常数。

二、原理提要

吸光光度法测定 Fe 的显色剂颇多，有邻二氮菲（又称邻菲咯啉、1,10-phenanthroline，简写为 Phen）及其衍生物、磺基水杨酸、硫氰酸盐、5-Br-PADAP 等。其中邻二氮菲吸光光度法的灵敏度高，稳定性好，干扰容易消除，因而是普遍应用的一种方法。

在 pH 为 2～9 的溶液中，Fe^{2+} 与邻二氮菲生成稳定的橘红色配合物 $[Fe(Phen)_3]^{2+}$，反应式为

$$Fe^{2+} + 3Phen = [Fe(Phen)_3]^{2+}\text{（橘红色）}$$

$[Fe(Phen)_3]^{2+}$ 的 $\lg\beta_3 = 21.3$（20℃），$\varepsilon_{508} = 1.1\times10^4\ L\cdot mol^{-1}\cdot cm^{-1}$。邻二氮菲也与 Fe^{3+} 生成 $[Fe(Phen)_3]^{3+}$ 配合物，呈淡蓝色，其 $\lg\beta_3 = 14.1$，ε 也比 $[Fe(Phen)_3]^{2+}$ 小。因此，测定 Fe 时，需先把 Fe^{3+} 还原（还原剂为盐酸羟胺或抗坏血酸）为 Fe^{2+}，反应式为

$$2Fe^{3+} + 2NH_2OH\cdot HCl = 2Fe^{2+} + N_2\uparrow + 2H_2O + 4H^+ + 2Cl^-$$

再用邻二氮菲显色和测定。

很多二价金属离子，如 Cu^{2+}、Co^{2+}、Ni^{2+}、Cd^{2+}、Zn^{2+}、Mn^{2+}、Hg^{2+} 等，也与邻二氮菲生成稳定配合物，但最大吸收波长有较大的差别，少量存在这些离子时，不影响 Fe^{2+} 的测定，而量大时可用 EDTA 掩蔽或预先分离。

本实验首先进行邻二氮菲吸光光度法测定 Fe 部分条件的试验，包括测量波长、显色剂用量、显色反应的酸度、显色时间等。然后用标准曲线法测定碳酸岩矿石中 Fe 的含量。

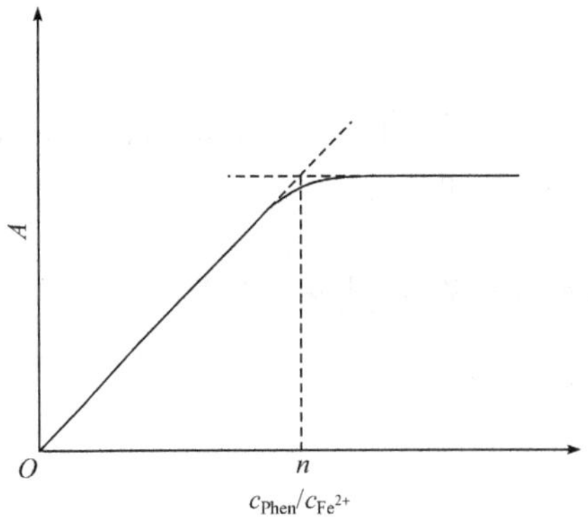

图 4.4　摩尔比法测定配合物的组成

吸光光度法也是测定配合物组成的常用方法，有摩尔比法、等摩尔连续变化法、平衡移动法和斜率比法等。本实验用摩尔比法测定 Fe^{2+}-Phen 配合物的组成。配制一系列的溶液，使 Fe^{2+} 的浓度 $c_{Fe^{2+}}$ 固定，而 Phen 的浓度 c_{Phen} 改变（或两者相反），在选定的波长下，测定系列溶液的吸光度 A，然后以 A 对 $c_{Phen}/c_{Fe^{2+}}$ 作图。对于像 Fe^{2+} 及 Phen 在选定波长下各自均无吸收的体系，图形如图 4.4 所示。两条直线段的延长线交点，所对应的 $c_{Phen}/c_{Fe^{2+}}$ 即为配合比。

三、问题与思考

① 为什么测定中需要加入盐酸羟胺溶液？又为什么需要加入 NaAc 溶液？

② 本实验中哪些试剂需准确配制和准确加入？哪些试剂不需准确配制但需准确加入？

③ 试对所做的条件试验进行讨论并选择适宜的测量条件，根据实验结果计算在适宜波长下的摩尔吸光系数。

④ 本实验中，碳酸岩试样溶解定容后，为什么要用干滤纸过滤？为什么要取中段滤液进行分析？

四、实验内容

1. 主要试剂的配制

（1）Fe 标准溶液 a（$100\mu g \cdot mL^{-1}$） 准确称取 0.8634g$FeNH_4(SO_4)_2 \cdot 12H_2O$ 基准物于烧杯中，加入 20mL $6mol \cdot L^{-1}$ HCl 和少量水，溶解后转移到 1 L 容量瓶中，稀释至刻度，摇匀。

（2）Fe 标准溶液 b（$1.00 \times 10^{-3} mol \cdot L^{-1}$） 准确称取 0.4822g $FeNH_4(SO_4)_2 \cdot 12H_2O$ 基准物于烧杯中，按(1)方法配制成 1 L 溶液。

（3）邻二氮菲（$1.00 \times 10^{-3} mol \cdot L^{-1}$） 准确称取 0.1982g 邻二氮菲于烧杯中，加水溶解，转移到 1 L 容量瓶中，稀释至刻度、摇匀。

2. 条件试验

（1）吸收曲线的制作及测量波长的选择 用吸量管吸取 0.00mL 和 1.00mL Fe 标准溶液 a 分别于两个 50mL 容量瓶中，依次加入 1mL 10%盐酸羟胺溶液、2mL 0.15%邻二氮菲溶液、5mL $1mol \cdot L^{-1}$ NaAc 溶液，用水稀释至刻度，摇匀。放置 10min 后，用 1cm 比色皿，以试剂空白（即不加铁标液的一瓶）为参比溶液，在波长为 440～580nm 之间，每间隔 10nm 测一次 A（在最大吸收峰的附近，每间隔 5nm 测一次）。以波长 λ 为横坐标，以 A 为纵坐标，绘制吸收曲线。从吸收曲线上确定最大吸收波长 λ_{max}，以下实验均选择在此波长处测量 A。

（2）显色反应酸度的选择 取 7 个 50mL 容量瓶，分别加入 1.00mL 铁标准溶液 a 及 1mL 10%盐酸羟胺、2mL 0.15% Phen，摇匀。再用滴定管分别加入 $0.1mol \cdot L^{-1}$ NaOH 0.0mL、2.0mL、5.0mL、10.0mL、15.0mL、20.0mL 和 30.0mL，用水稀释至刻度，摇匀。放置 10min 后，用 1cm 比色皿，以蒸馏水为参比溶液，在选定的波长处测定各溶液的 A。同时用 pH 计测量各溶液的 pH。以 pH 为横坐标，以 A 为纵坐标，绘制 A-pH 曲线，找出显色反应的适宜 pH 范围。

(3) 显色剂用量的选择　取 7 个 50mL 容量瓶，分别加入 1.00mL 铁标准溶液 a 及 1mL 10％盐酸羟胺。摇匀。再分别加入 0.15％ Phen 0.10mL、0.30mL、0.50mL、0.80mL、1.00mL、2.00mL、4.00mL 以及 5mL NaAc 溶液。用水稀释至刻度，摇匀并放置 10min。测定各溶液的吸光度。以 Phen 溶液的加入体积 V 为横坐标，以 A 为纵坐标，绘制 A-V 关系的显色剂用量的影响曲线，找出测定 Fe 时，Phen 的最适宜用量。

(4) 显色时间及有色溶液(配合物)稳定性的试验　在一个 50mL 容量瓶中加入 1mL 铁标准溶液 a 及 1mL 10％盐酸羟胺，摇匀。再加入 2mL 0.15％ Phen 溶液、5mL NaAc 溶液，用水稀释至刻度、摇匀并开始记录时间。然后依放置 5min、10min、20min、30min、60min、120min……后，测定各放置时间下的吸光度。以时间 t 为横坐标，以 A 为纵坐标，绘制 A-t 关系的显色时间影响曲线。找出测定配合物吸光度的适宜时间，并了解配合物的稳定情况。

3. 碳酸岩矿中 Fe 的测定

(1) 标准曲线的制作　移取 10.00mL 100μg · mL^{-1}铁标准溶液 a 于 100mL 容量瓶中，加入 2mL(1＋1)HCl，用水稀释至刻度，摇匀，得 10.00μg · mL^{-1}的 Fe 标准溶液。

取 6 个 50mL 容量瓶，用吸量管分别加入 10.00μg · mL^{-1}的 Fe 标准溶液 0.00mL、2.00mL、4.00mL、6.00mL、8.00mL 和 10.00mL，再分别依次加入 1mL 10％盐酸羟胺、2mL 0.15％ Phen、5mL NaAc 溶液，每加入一种溶液后均应摇匀。用水稀释至刻度，摇匀后放置 10min。用 1cm 比色皿，以试剂空白(即没加 Fe 标液的一瓶)为参比溶液，在所选定的波长处，测定各溶液的 A。以含铁量(也可用浓度或 Fe 标液的体积)为横坐标，以 A 为纵坐标，绘制标准曲线。由标准曲线计算 $[Fe(Phen)_3]^{2+}$ 配合物的摩尔吸光系数。

(2) 试样的测定　准确称取碳酸岩矿粉末试样 0.5g 于 150mL 烧杯中，滴加少量水润湿，盖上表面皿，沿烧杯嘴慢慢加入 10mL(1＋1)的 HCl，缓缓加热至微沸并保持 15min(注意勿蒸干!)，加 20mL 热水，冷却后定量转入 100mL 容量瓶中，用水稀释至刻度，摇匀。用干滤纸过滤，吸取中段滤液 10.00mL 于 50mL 容量瓶中，依次加入 1mL 10％盐酸羟胺、2mL 0.15％ Phen、10mL NaAc 溶液，用水稀释至刻度，摇匀后放置 10min。与制作标准曲线相同的条件下测定其 A。从标准曲线求出 Fe 的含量并计算试样中 Fe 的百分含量。

4. 配合物组成的测定——物质的量比法

取 8 个 50mL 容量瓶，分别加入 1.00mL 1.00×10^{-3} mol · L^{-1}的 Fe 标准溶液及 1mL 10％盐酸羟胺，依次加入 1.00×10^{-3} mol · L^{-1} Phen 溶液 1.00mL、

1.50mL、2.00mL、2.50mL、3.00mL、3.50mL、4.00mL 和 4.50mL，再各加 5mL NaAc 溶液，用水稀释至刻度，摇匀。以蒸馏水为参比溶液，按照上述的方法测定各溶液的 A。以 A 对 $c_{Phen}/c_{Fe^{2+}}$ 作图，根据曲线上前后两直线段延长线的交点位置，确定 Fe^{2+}-Phen 配合物的配合比。

五、注意事项

① 实验前要认真阅读 1.3.4 节中有关分光光度计的使用方法。

② 本实验试剂较多，注意勿加错试剂。各种试剂与吸量管应配套使用。

③ 要正确掌握作图的方法和技术。

4.3 配合物的制备与组成的测定

实验四十六 一水合硫酸四氨合铜的制备与分析

一、预习要点

① 铜氨配合物的性质及制备方法。

② 减压过滤的装置及基本操作，电烘箱的使用。

③ 氧化还原滴定法和酸碱中和滴定法。

二、原理提要

$CuSO_4$ 与过量 $NH_3 \cdot H_2O$ 反应，生成铜氨配离子。当冷却溶液及降低溶剂的极性时，由于配合物的溶解度降低而以晶体析出，反应式为

$$CuSO_4 + 4NH_3 + H_2O = [Cu(NH_3)_4]SO_4 \cdot H_2O$$

经减压过滤及干燥后，得到合成产物。

产物中的 Cu 可用碘量法进行测定，其原理见实验四十二。

产物中的 NH_3 可用酸碱滴定的返滴定法进行测定，即称取准确量的产物，溶于准确体积且过量的 HCl 标准溶液中，待反应完全后，用 NaOH 标准溶液滴定过量的 HCl。

三、问题与思考

① 根据 $[Cu(NH_3)_4]^{2+}$ 的 β 值，欲制备 $[Cu(NH_3)_4]SO_4 \cdot H_2O$ 晶体，应如何考虑所用试剂的量及浓度？

② $[Cu(NH_3)_4]SO_4 \cdot H_2O$ 在水中的溶解度较大，能否用加热浓缩的方法获得这种化合物晶体？

③ 如果产物的分析结果 Cu^{2+} 与 NH_3 物质的量之比不是 1∶4，分析产生误差

的原因？

④ 碘量法测定 Cu^{2+} 及酸碱滴定法测定 NH_3 应注意哪些问题？

四、实验内容

1. 一水合硫酸四氨合铜的制备

称取 5g(准确至 mg)$CuSO_4 \cdot 5H_2O$ 粉末于 150mL 烧杯中，用 20mL 6mol·L^{-1} $NH_3 \cdot H_2O$ 溶解并以多褶滤纸过滤，滤液收集于 150mL 锥形瓶中。在磁力搅拌下逐滴加入 20mL 无水乙醇，用冰水冷却溶液 15min。抽滤收集蓝色晶体，并用乙醇洗涤两次，每次 10mL。小心将晶体转移到干净的表面皿中，于 50℃的烘箱中干燥 2h，称量产物的质量并计算理论产量及实际产率。

2. 合成产物中 Cu^{2+} 的测定

(1) 0.1mol·L^{-1} $Na_2S_2O_3$ 溶液的配制及标定　参照实验四十二的方法进行。

(2) Cu^{2+} 的测定　准确称取 0.50～0.55g(准确至 0.1mg)合成产物三份，分别置于 250mL 锥形瓶中，加入约 50mL 蒸馏水。滴加(1+1)的 HCl 溶液至溶液有沉淀形成并呈浅蓝色，再加 8mL(1+1)HAc 溶液、10mL 20% NH_4HF_2 溶液及 10mL 20% KI 溶液，轻轻摇匀，立即用 $Na_2S_2O_3$ 标准溶液滴定，至淡黄色时加入 5mL 0.5%淀粉指示剂，继续滴定至很淡的蓝色，再加 10mL 10% NH_4SCN 溶液，摇荡 1～2min。继续滴定至溶液的蓝色恰好消失，即为终点。记下所消耗 $Na_2S_2O_3$ 标准溶液的体积，计算合成产物中 Cu^{2+} 的含量，并以此计算产物的摩尔质量。

3. 合成产物中 NH_3 的测定

(1) 0.1mol·L^{-1} HCl 溶液的标定　参照实验三十三的注意事项①进行。

(2) 0.1mol·L^{-1} NaOH 溶液的标定　用上述 0.1mol·L^{-1} HCl 标准溶液标定。

(3) 氨的测定　移取 50.00mL 0.1mol·L^{-1} HCl 标准溶液于 250mL 锥形瓶中。准确称取 0.15～0.2g 合成产物并定量转入锥形瓶中，加入 50mL 去离子水，4 滴茜素磺酸盐(alizarine sulphonate)和 4 滴溴甲酚绿(bromcresol green)指示剂。用 0.1mol·L^{-1} NaOH 标准溶液滴定至溶液颜色由黄变蓝。记下所消耗的 NaOH 标准溶液体积，计算合成产物中 NH_3 的含量，并以 $[Cu(NH_3)_4]SO_4 \cdot H_2O$ 为准，计算产物的纯度。

五、注意事项

① 制备配合物中，用 20mL $NH_3 \cdot H_2O$ 溶解 $CuSO_4$ 时，应留有 3～5mL $NH_3 \cdot H_2O$，用于洗涤过滤后的滤纸，以减少损失。

② 抽滤配合物晶体时，抽滤瓶应浸在冰水中，过滤后，应用滤液洗涤原来盛沉淀的锥形瓶。

③ 用 $Na_2S_2O_3$ 溶液滴定 I_2 溶液时，开始时滴定速率应快些，在溶液接近黄色时再减慢。当溶液呈现淡黄色时才加入淀粉指示剂，过早加入会影响终点变色。

实验四十七　Sn(Ⅱ)-草酸根配合物的制备与分析

一、预习要点

① Sn(Ⅱ)与 $C_2O_4^{2-}$ 形成的配合物的性质及制备方法。

② $KMnO_4$ 氧化还原滴定法的各种条件。

③ $KMnO_4$ 法滴定 Sn(Ⅱ)-草酸根配合物时的化学计量关系。

二、原理提要

1. 配合物的制备

在较大量 HCl 存在下，$SnCl_2$ 与 $K_2C_2O_4$ 反应，生成二草酸锡(Ⅱ)配合物离子，当浓度较大时，可析出三水合二草酸锡(Ⅱ)酸钾晶体，即

$$Sn(\text{Ⅱ})+2C_2O_4^{2-} \longrightarrow [Sn(C_2O_4)_2]^{2-} \longrightarrow K_2[Sn(C_2O_4)_2]\cdot 3H_2O$$

2. 配合物中 Sn(Ⅱ)和 $C_2O_4^{2-}$ 的测定

在酸性介质中，$KMnO_4$ 可以定量地氧化 Sn(Ⅱ)和 $C_2O_4^{2-}$，反应式为

$$5C_2O_4^{2-}+2MnO_4^{-}+16H^{+} \rule{0pt}{0pt}= 2Mn^{2+}+10CO_2\uparrow+8H_2O$$

$$5Sn(\text{Ⅱ})+2MnO_4^{-}+16H^{+} = 5Sn(\text{Ⅳ})+2Mn^{2+}+8H_2O$$

因此，可以用 $KMnO_4$ 标准溶液同时滴定合成产物中的 Sn(Ⅱ)及 $C_2O_4^{2-}$，并根据两个滴定反应的化学计量关系判断产物的纯度。

三、问题与思考

① 合成产物中除 $K_2[Sn(C_2O_4)_2]\cdot 3H_2O$ 以外还可能存在哪些化合物？

② 用 $KMnO_4$ 溶液滴定样品时，开始时和接近终点时要慢，为什么？

四、实验内容

1. 三水合二草酸锡(Ⅱ)酸钾的制备

在一只 25mL 烧杯内将 2.25g $SnCl_2\cdot 2H_2O$ 溶解于 6mL 4mol·L^{-1} HCl，在另一只 50mL 烧杯内将 7.37g $K_2C_2O_4\cdot H_2O$ 溶解于 25mL 水。在不断搅拌下将 Sn(Ⅱ)溶液倒入草酸盐溶液混合，继续剧烈搅拌片刻，产生沉淀后静置 2h 使沉淀

晶化。经抽滤收集晶体，分别用水和乙醇各洗涤两次，在空气中干燥过夜。称量产物的质量，并计算理论产量及实际产率。

2. $K_2[Sn(C_2O_4)_2]\cdot 3H_2O$ 中的 Sn(Ⅱ)和 $C_2O_4^{2-}$ 的分析

(1) 0.02mol·L^{-1} $KMnO_4$ 溶液的配制及标定　参照实验四十的方法进行。

(2) 配合物的分析

准确称量约 150mg 配合物置于 250mL 锥形瓶中加 50mL 蒸馏水，25mL 2mol·L^{-1} H_2SO_4，加热到 75～80℃，用 $KMnO_4$ 标准溶液滴定。由滴定得到的数据计算配合物的摩尔质量及结晶水的数目，从而判断产物中配合物的纯度和合成效果。

五、注意事项

① 制备配合物时，要充分搅拌，然后静置 2h，否则可能反应不完全或形成其他的副产物。

② 用 $KMnO_4$ 滴定配合物溶液前，加热的温度不可过高，更不可沸腾，否则易发生 Sn(Ⅳ)的水解而使溶液浑浊，影响终点的观察。滴定时间拖得太长也会逐渐浑浊，应尽量避免。

实验四十八　三草酸合铁(Ⅲ)酸钾的制备及组成的测定

一、预习要点

① 三草酸合铁(Ⅲ)酸钾的性质及制备方法。

② $KMnO_4$ 法滴定 $C_2O_4^{2-}$ 及 Fe^{2+} 的条件控制，沉淀滴定法测定 Cl^- 的方法及注意事项。

③ 离子交换的基本原理及实验操作技术。

二、原理提要

1. 三草酸合铁(Ⅲ)酸钾配合物的制备

三草酸合铁(Ⅲ)酸钾 $K_3[Fe(C_2O_4)_3]\cdot 3H_2O$ 是一种绿色的单斜晶体，溶于水而不溶于乙醇。它是光敏物质，遇光分解。本实验为了制备纯的三草酸合铁(Ⅲ)酸钾晶体，首先利用硫酸亚铁铵与 $H_2C_2O_4$ 反应制备出 FeC_2O_4，反应式为

$$Fe(NH_4)_2(SO_4)_2+H_2C_2O_4+2H_2O \xlongequal{} FeC_2O_4\cdot 2H_2O+(NH_4)_2SO_4+H_2SO_4$$

然后在 $K_2C_2O_4$ 和 $H_2C_2O_4$ 的存在下，用 H_2O_2 将 FeC_2O_4 氧化成草酸高铁配合物，加入乙醇后，便从溶液中析出 $K_3[Fe(C_2O_4)_3]\cdot 3H_2O$ 晶体，其总的反应式可写为

$$2FeC_2O_4\cdot 2H_2O+H_2O_2+3K_2C_2O_4+H_2C_2O_4 \xlongequal{} 2K_3[Fe(C_2O_4)_3]\cdot 3H_2O$$

2. 产物化学式的确定

(1) 用 $KMnO_4$ 法测定 $C_2O_4^{2-}$ 的含量　$C_2O_4^{2-}$ 在酸性介质中可被 $KMnO_4$ 定量氧化。反应式为

$$2MnO_4^- + 5C_2O_4^{2-} + 16H^+ \longrightarrow 2Mn^{2+} + 10CO_2 + 8H_2O$$

用已知浓度的 $KMnO_4$ 标准溶液滴定 $C_2O_4^{2-}$，由消耗 $KMnO_4$ 的量，便可求算出与之反应的 $C_2O_4^{2-}$ 的量。

(2) Fe 含量的测定　先用还原剂把 Fe^{3+} 还原为 Fe^{2+}，再用 $KMnO_4$ 标准溶液滴定 Fe^{2+}。反应式为

$$MnO_4^- + 5Fe^{2+} + 8H^+ \longrightarrow Mn^{2+} + 5Fe^{3+} + 4H_2O$$

由消耗 $KMnO_4$ 的量，计算出 Fe^{2+} 的量，即为 Fe^{3+} 的量。

(3) 结晶水的测定　用重量分析法。

(4) K 含量的确定　由 $C_2O_4^{2-}$、Fe 含量的测定可知每克无水盐中所含 Fe 和 $C_2O_4^{2-}$ 的物质的量 n_1 和 n_2，则可求得每克无水盐中所含 K 物质的量 n_3。

当每克盐各组分的 n 已知，并求出 n_1、n_2、n_3 的比值，则此化合物的化学式就可确定。

3. 三草酸合铁(Ⅲ)配离子的电荷测定

为进一步确证产物的化学式，可进一步用离子交换法测定配离子的电荷。

离子交换法是进行离子分离的有效方法之一。其分离过程是在离子交换树脂上进行的，这种树脂为人工合成的固态高分子聚合物，它具有网状骨架结构，其网眼中含有许多活性官能团，可以和各种离子进行选择性交换。如果网状骨架上引入物是阴离子活性基团，就称为阳离子交换树脂，目前应用最为广泛的聚苯乙烯磺酸型阳离子交换树脂就是苯乙烯和一定量的二乙烯苯的共聚物，经过浓 H_2SO_4 处理，在共聚物的苯环上引入磺酸基($-SO_3H$)而成。它是强酸性的阳离子交换树脂，当树脂经过水浸而充分膨胀之后，骨架内的孔隙扩大了，苯环上的磺酸基($-SO_3H$)中的 H^+ 可与水溶液中的阳离子(例如 Na^+)进行交换，即

$$R-SO_3-H + Na^+ \rightleftharpoons R-SO_3-Na + H^+ \qquad (\text{R 代表树脂母体})$$

交换后 Na^+ 留在树脂上，H^+ 进入溶液中。如果共聚物的网状骨架中引入各种胺基，就成为阴离子交换树脂，例如季铵盐型强碱性阴离子交换树脂 $R\equiv N^+Cl^-$，其中的 Cl^-(或其他阴离子)可以与溶液中的阴离子 X^- 进行交换

$$R\equiv N^+Cl^- + X^- \rightleftharpoons R\equiv N^+X^- + Cl^-$$

X 的负电荷如果是 2 或 3，则每摩尔 X 置换出的 Cl^- 的量也是 2mol 或 3mol。

本实验用阴离子交换沉淀滴定法测定三草酸合铁(Ⅲ)配离子的电荷。将准确

称量的三草酸合铁(Ⅲ)酸钾溶于水后，让其通过717苯乙烯强碱性阴离子交换树脂 $R \equiv N^+Cl^-$ 交换柱，树脂中的 Cl^- 被配位阴离子所置换。流出液用标准 $AgNO_3$ 溶液滴定，可得 Cl^- 的总量，即可求出配离子的电荷数 n_4

$$n_4 = \frac{Cl^- \text{的量(mol)}}{\text{配合物的量(mol)}}$$

三、问题与思考

① 合成实验中，产物中可能存在的杂质是什么？能否用蒸干最后的溶液的办法来提高产量？为什么？

② 根据三草酸合铁(Ⅲ)酸钾的性质，该化合物应如何保存？

③ $K_3Fe(C_2O_4)_3 \cdot 3H_2O$ 结晶水的测定采用烘干脱水法，$FeCl_3 \cdot 6H_2O$ 等物质能否用此法脱水？为什么？

④ 标定 $KMnO_4$ 溶液时，溶液酸度对反应有无影响？若在弱酸性介质中反应，将会产生什么现象？

⑤ 测定配离子电荷时如果树脂未经浸泡或未充分膨胀，对实验有何影响？

⑥ 在离子交换实验中，交换前试液或交换后流出液有损失，或者流出速率过快，对实验结果将各有什么影响？

四、实验内容

1. 三草酸合铁(Ⅲ)酸钾的合成

称取5.0g $Fe(NH_4)_2(SO_4)_2 \cdot 6H_2O$ 固体于100mL烧杯中，加入15mL蒸馏水和5滴 $3mol \cdot L^{-1}$ H_2SO_4，加热使其溶解。然后加入25mL饱和 $H_2C_2O_4$ 溶液，加热至沸，并不断搅拌。静置，令黄色 $FeC_2O_4 \cdot 2H_2O$ 晶体沉降，用倾析法弃去上层清液(尽可能把清液倾干净)。

加入10mL饱和 $K_2C_2O_4$ 溶液于上述沉淀中，水浴加热至40℃左右，用滴管慢慢加入20mL 3% H_2O_2，不断搅拌并保持温度在40℃左右[此时会有 $Fe(OH)_3$ 沉淀]。将溶液加热至沸，再加入8mL饱和 $H_2C_2O_4$(先一次加入5mL，再慢慢加入3mL)，并保持温度接近沸腾。趁热将溶液过滤到一个100mL的烧杯中，加入15mL 95%乙醇，若有晶体析出，温热使生成的晶体再溶解。用表面皿盖住烧杯，放置到第二天，即有晶体析出。将析出之晶体在布氏漏斗上抽干，称量并计算产率。

2. 结晶水的测定

① 将两个 ϕ 2.5cm×4.0cm的称量瓶放入烘箱中，在110℃下干燥1h，然后置

于干燥器中冷至室温，称量。重复上述操作至恒重（即两次称量相差不超过0.3mg）。

② 准确称取1.0～1.2g晾干的产物两份，分别放入两个已恒重的称量瓶中。置于烘箱中，在110℃下干燥1h，置干燥器中冷至室温，称量。重复干燥、冷却、称量等操作，直至恒重。根据称量结果，计算结晶水的含量（每克无水配合物所对应结晶水的量n_{H_2O}）。

3. 草酸根含量的测定

（1）0.02mol·L^{-1} $KMnO_4$溶液的配制与标定　参照实验四十的方法进行。

（2）$C_2O_4^{2-}$含量的测定　准确称取0.26～0.30g上述脱水后的$K_3Fe(C_2O_4)_3$样品三份，分别放入三个250mL锥形瓶中，加入50mL水和15mL 2mol·L^{-1} H_2SO_4。用$KMnO_4$标准溶液滴定（方法与标定相同），计算每克无水配合物所含$C_2O_4^{2-}$的n_1值。滴定后的三份溶液应保留待用。

4. Fe含量的测定

在滴定$C_2O_4^{2-}$后保留的溶液中加入还原剂锌粉，充分摇动。把溶液加热2min以上，使Fe^{3+}完全还原为Fe^{2+}，过滤除去多余的锌粉。滤液收集在另一洁净的锥形瓶中，洗涤锌粉，使Fe^{2+}定量转移到滤液中，用$KMnO_4$标准溶液滴定至微红色。计算每克无水配合物所含Fe的n_2值。

5. 三草酸合铁（Ⅲ）配离子的电荷测定（离子交换沉淀滴定法）

（1）树脂处理　将国产717苯乙烯强碱性阴离子交换树脂（氯型）在蒸馏水中浸泡24h，使它充分膨胀。必要时在浸泡前用水浮选，以除去混在树脂中的杂质。

（2）装柱　取一支20mm×400mm的玻璃管，下端用插有一小段玻璃管的胶塞塞住，玻璃管下部通过乳胶管与一尖嘴玻璃管相接，乳胶管用螺丝夹夹住（控制流出速率），大玻璃管固定在铁架上（图4.5）。管内底部放一小团玻璃纤维（挡住胶塞孔口），在管中装入蒸馏水至1/3高度，排除管中、玻璃纤维中和尖嘴中的空气，然后将泡好的树脂和水搅匀成糊状，从管上端倾入（树脂随水一起倾入，防止树脂分层），使树脂自然下沉，同时将多余

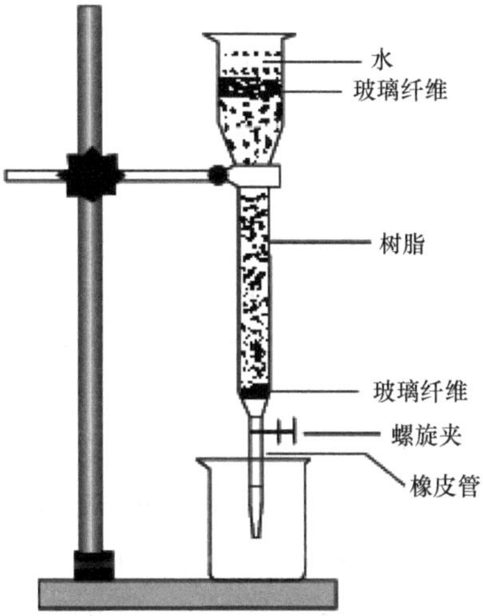

图4.5　离子交换柱

的水自尖嘴排出。树脂高度为20cm，当上部残留的水达0.5cm时，在顶部也装入一小团玻璃纤维，防止注入溶液时将树脂冲起。在操作过程中树脂要一直保持被水覆盖，严防水流干而有空气进入树脂中。如果树脂床中进入空气，会产生间隙使交换效果降低。在这种情况下就需要重新装柱，或用蒸馏水从下端通入管柱进行逆流冲洗赶走气泡。

(3) 交换　用蒸馏水淋洗树脂床，当用 $AgNO_3$ 检查流出液时仅出现轻微浑浊(留作比较)，即可认为已淋洗干净，继续让液面下降至接近与树脂床上缘时，即用螺丝夹夹紧。

准确称取1g三草酸合铁(Ⅲ)酸钾[$K_3Fe(C_2O_4)_3 \cdot 3H_2O$](准至0.1mg)，在50mL烧杯中用10～15mL的蒸馏水将其溶解。小心将全部溶液移至交换柱内。小心松开螺丝夹，以每分钟3mL的速率让其流出。用一个洁净的100mL容量瓶收集流出液。当柱中的液面下降至将与树脂床相齐时，将5mL洗过小烧杯的蒸馏水转入交换柱，继续流过树脂床。重复2～3次后，可直接用滴管吸取蒸馏水将交换柱上部管壁上可能残留的溶液尽可能冲洗下去。等容量瓶内收集的流出液达60～70mL时，用 $AgNO_3$ 检查滴出液，当仅出现轻微浑浊(与蒸馏水淋洗液比较)，即停止淋洗，用蒸馏水将容量瓶内的溶液稀释至刻度，摇匀。准确移取25.00mL淋洗液于锥形瓶中，用莫尔法滴定 Cl^-(实验三十九)。求出收集到的 Cl^- 的总量(mol)。计算配合物阴离子的电荷数 n_4(取最接近的整数)。

用饱和NaCl溶液淋洗树脂柱，直到流出液酸化后检不出 Fe^{3+} 为止，树脂回收。

6. 产物化学式的确定

由上述所测得的 n_1 和 n_2 值可计算每克无水配合物所含K的量 n_3，再由结晶水的含量 n_{H_2O} 和配离子所含的电荷数目 n_4 可确定产物的化学式。

五、注意事项

① 制备 FeC_2O_4 时，蒸馏水不宜过多，否则将影响产率。

② 制备配合物时，H_2O_2(3%)必须是新配制的。

③ 测定结晶水含量时，产物在110℃下烘1h，结晶水才能全部失去。

④ 交换之前，要洗净树脂床上的 Cl^-。这时，淋洗的速率不能太快，大约 $10mL \cdot min^{-1}$。

⑤ 测定 $C_2O_4^{2-}$ 含量时应注意：

a. 用 $KMnO_4$ 滴定 $C_2O_4^{2-}$ 时，为了加快反应速率需升温至75～85℃，但不能超过85℃，否则 $H_2C_2O_4$ 易分解，反应式为

$$H_2C_2O_4 = H_2O + CO_2 + CO$$

b. 滴定完成后保留滴定液，用来测定Fe含量。

⑥ 测定 Fe 含量时应注意：

a. 加入的还原剂锌粉需过量。为了保证 Zn 能把 Fe^{3+} 完全还原为 Fe^{2+}，反应体系需加热。锌粉除与 Fe^{3+} 反应外，也与溶液中 H^+ 反应，因此溶液必须保持足够的酸度，以免 Fe^{3+}、Fe^{2+} 等水解而析出。

b. 滴定前过量的锌粉应过滤除去。过滤时要做到使 Fe^{2+} 定量地转移到滤液中，因此过滤后要对漏斗中的锌粉进行洗涤。洗涤液与滤液合并用来滴定。另外，洗涤不能用水而要用稀 H_2SO_4（为什么?）。

实验四十九　三氯化六氨合钴(Ⅲ)的制备及组成的测定

一、预习要点

① Co(Ⅱ)、Co(Ⅲ)化合物的性质及三氯化六氨合钴(Ⅲ)的制备。

② 酸碱滴定法、氧化还原滴定法中的碘量法及沉淀滴定法中的莫尔法的基本原理及各种条件。

③ 蒸馏法测定 NH_3 的装置及实验技术。

二、原理提要

从有关电对的标准电极电位可以知道，在通常情况下，二价钴盐较三价钴盐稳定得多，而在它们的配合状态下却正相反，三价钴反而比二价钴稳定。因此，通常采用空气或 H_2O_2 氧化二价钴配合物的方法，来制备三价钴的配合物。

氯化钴(Ⅲ)的氨合物有许多种，主要有三氯化六氨合钴(Ⅲ)$\{[Co(NH_3)_6]Cl_3\}$（橙黄色晶体）、三氯化五氨一水合钴(Ⅲ)$\{[Co(NH_3)_5H_2O]Cl_3\}$（砖红色晶体）、二氯化一氯五氨合钴(Ⅲ)$\{[Co(NH_3)_5Cl]Cl_2\}$（紫红色晶体）等。它们的制备条件各不相同。例如，在没有活性炭存在下制得三氯化五氨一水合钴(Ⅲ)，在活性炭存在下制得的主要是三氯化六氨合钴(Ⅲ)。本实验就是用活性炭作为催化剂，在过量 NH_3 及 NH_4Cl 存在下，用 H_2O_2 氧化 $CoCl_2$ 溶液，来制备$[Co(NH_3)_6]Cl_3$ 的。其总反应式为

$$2CoCl_2+2NH_4Cl+10NH_3+H_2O_2 = 2[Co(NH_3)_6]Cl_3+2H_2O$$

得到的固体产物中混有大量活性炭，可以将其溶解在酸性溶液中，使之与炭分离。随后在高的 HCl 浓度下令其结晶出来。

三氯化六氨合钴(Ⅲ)为橙黄色单斜晶体，20℃时在水中的溶解度为 $0.26 mol \cdot L^{-1}$。

在$[Co(NH_3)_6]^{3+}$溶液中存在如下的平衡

$$[Co(NH_3)_6]^{3+} \rightleftharpoons Co^{3+}+6NH_3 \quad (K_{不稳}=2.2\times10^{-34})$$

$$[Co(NH_3)_6]^{3+}+H_2O \rightleftharpoons [Co(NH_3)_5H_2O]^{3+}+NH_3$$

$$[Co(NH_3)_5H_2O]^{3+} \rightleftharpoons [Co(NH_3)_5OH]^{2+} + H^+$$

从 $K_{不稳}$ 值可以看出，$[Co(NH_3)_6]^{3+}$ 是很稳定的，因此，在强碱作用下（不加热时）或强酸的作用下基本不被分解，只有加入强碱，在沸热的条件下才分解。反应式如下

$$[Co(NH_3)_6]Cl_3 + 3NaOH \xlongequal{沸热} Co(OH)_3\downarrow + 6NH_3 + 3NaCl$$

在 215℃下 $[Co(NH_3)_6]Cl_3$ 转化为 $[Co(NH_3)_5Cl]Cl_2$，若进一步加热超过 250℃则被还原为 $CoCl_2$。

合成配合物产物中的各种组分可以用不同方法进行测定，其中，NH_3 可以用蒸馏法测定，Co(Ⅲ)可以用碘量法测定，而 Cl^- 可以用莫尔法测定。

三、问题与思考

① 在制备过程中，为什么在溶液中加入 H_2O_2 后要在 60℃恒温一段时间？产品为何要在 105℃以下烘干？温度过高有何影响？

② 在制备过程中，加入 H_2O_2 和浓 HCl 时都要求慢慢加入，为什么？

③ 要使 $[Co(NH_3)_6]Cl_3$ 合成产率高，你认为哪些步骤是比较关键的？为什么？

四、实验内容

1. $[Co(NH_3)_6]Cl_3$ 的制备

在 100mL 锥形瓶内加入 9g 研细的氯化亚钴（$CoCl_2 \cdot 6H_2O$）、6g NH_4Cl 和 10mL 水。加热溶解后加入 0.5g 活性炭，冷却，加 20mL 浓 $NH_3 \cdot H_2O$，进一步冷至 10℃以下，缓慢加入 20mL 6%的 H_2O_2，在水浴上加热至 60℃，恒温 20min，用自来水冷却后再以冰水冷却。用布氏漏斗抽滤，将沉淀溶于含有 3mL 浓 HCl 的 80mL 沸水中，趁热过滤。慢慢加入 10mL 浓 HCl 于滤液中，以冰水冷却，即有晶体析出，抽滤，用少量乙醇洗涤，抽干。将固体置于真空干燥器中干燥或在 105℃以下烘干。称量，计算产率。

2. $[Co(NH_3)_6]Cl_3$ 组成的测定

(1) NH_3 的测定　准确称取 0.3g 左右产品，放入 250mL 锥形瓶中，加 80mL 水使其溶解，然后加入 10mL 10% NaOH 溶液。在另一锥形瓶中准确加入 30～35mL 0.5mol·L^{-1} HCl 标准溶液（如何配制和标定?），放在冰水浴中冷却，作为接受器。按图 4.6 安装好，从漏斗加 3～5mL 10% NaOH 溶液于小试管中，使漏斗柄下端插入试管液面 2～3cm，试管口塞子上的另一连通孔使试管与锥形瓶相通，塞紧锥形瓶口，将氨导气管插入接收器底部。检查气密性，符合要求后，加热样品溶液，沸腾后改用小火，保持微沸状态蒸馏 1h 左右，即可将溶液中的 NH_3 全部

蒸出。蒸馏完毕，用少量蒸馏水冲洗冰浴瓶中的导管内外，洗涤液流入冰浴瓶中，取出吸收瓶，加 2 滴甲基红指示剂，用 0.5mol·L^{-1}的 NaOH 标准溶液（如何配制与标定?）滴定过量的 HCl。计算 NH_3 的百分含量，并与理论值比较。

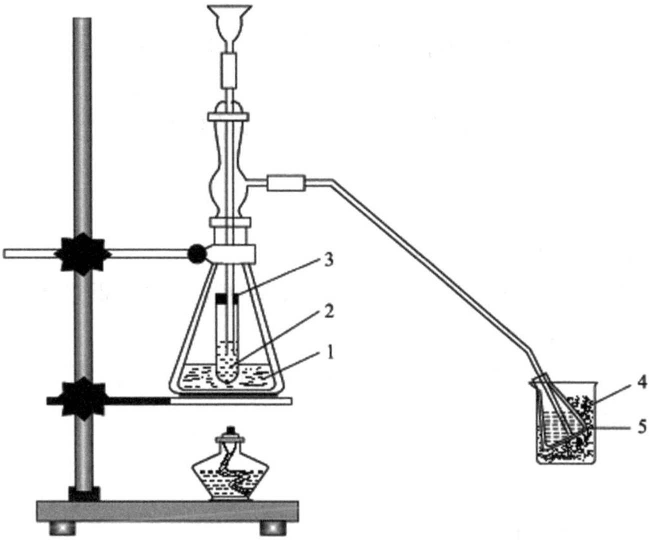

图 4.6　蒸馏测 NH_3 装置

1. 样品；2. 10%的 NaOH 溶液；3. 切口橡皮塞；4. 冰浴；5. HCl 标准溶液

(2) Co 的测定　将上面蒸出 NH_3 后的样品溶液冷却，打开瓶塞，将锥形瓶内壁溅附的液珠全部冲洗到样品溶液中。加入 1g KI 固体，摇荡使之溶解，再加入 12mL 6mol·L^{-1}HCl 溶液，于暗处放置约 10min，然后再加入适量的蒸馏水使溶液总体积约为 100mL，用 0.05mol·$L^{-1}$$Na_2S_2O_3$ 标准溶液（如何配制与标定?）滴定至淡黄色，加入 3mL 0.1%淀粉溶液，继续滴定至溶液呈粉红色为止，计算 Co 的百分含量，并与理论值比较。

(3) Cl 的测定　准确称取所制产品 0.2g 左右于 250mL 锥形瓶中，加 50mL 水溶解，然后加入 13mL 10% NaOH 溶液，加热充分赶 NH_3 后，用普通漏斗过滤，并用少量蒸馏水洗涤容器及沉淀物几次，然后往滤液中滴加 6mol·L^{-1} HNO_3 溶液，使溶液呈微酸性，再加 1mL 5% K_2CrO_4 溶液，摇匀后，以 0.1mol·$L^{-1}$$AgNO_3$ 标准溶液（如何配制与标定?）滴定至溶液呈微砖红色。按照滴定的数据计算 Cl 的百分含量，并与理论值比较。

由以上分析 Co、NH_3、Cl 的结果，写出产品的化学式。

五、注意事项

① 制备配合物时，6% 的 H_2O_2 必须是新配制的。

② 蒸馏 NH_3 时，沸腾后应改为小火，保持微沸状态，不可剧烈沸腾，以防喷溅及蒸气把少量碱带出。

③ 测定 Co 时，要注意碘量法各种条件的控制。

4.4 分析化学数据处理的计算机方法

实验五十 线性回归分析

一、预习要点

① Excel 软件的基础知识及线性回归方法。

② 将邻二氮菲分光光度法测定 Fe 的标准曲线实验数据进行线性回归分析，求得线性方程及相关系数。

③ 绘制出邻二氮菲-Fe(Ⅱ)配合物的吸收光谱，将各种条件对实验及配合物组成的测定数据作图。

二、原理提要

1. Excel 软件的一般知识

Microsoft Excel 软件是一个功能极强的电子表格软件，本文主要涉及表格处理和图形处理两部分内容。

当启动 Microsoft Excel 后，窗口便显示一本空白、备用的工作簿。工作簿是由工作表和图表组成，类似于一叠表格纸。在工作簿的页，即工作表中输入数据后，就可以利用这些数据进行公式编辑或画图。工作表是工作簿的基本组成单位，是由行列分割的网格(即单元格)组成：垂直方向称为列，以字母标志；水平方向称为行，以数字标志。每个单元格用行、列位置标识，例如 A1 表示第 A 列第 1 行的单元格。在单元格输入文字、数值和公式等信息，可以创建表。若利用图表导向的功能，还可以快速地创建图表，可视化地表示工作表的数据。

在公式输入过程中应注意所选择的单元格的属性。使单元格地址的行、列变为绝对时，只需在它们前面各加上一个美元符，例如 $A$1，当公式被复制时，地址不需要调整。在混合单元格地址中，只有一部分是绝对的，只需在那些需要变为绝对地址的部分前加上一个美元符。例如，单元格地址 $A1 只使行被修改，A$1 只使列被修改。

2. 线性回归分析

回归系数的确定：分析化学中的标准曲线大多可以用一元线性方程表示。设以 x 表示自变量，y 表示因变量，则一元回归线性方程表示为

$$y = a + bx$$

其中 a 和 b 称为回归系数。设对 y 进行 n 次独立的观测，得到一系列观测值。

$$(x_i, y_i) \qquad (i = 1, 2, \cdots, n)$$

根据最小二乘法的原理，最佳的回归线应是各观测值 y_i 与相对应的落在回归线上的值之差的平方和(Q)为最小，则

$$Q = \sum_{i=1}^{n} (y_i - a - bx_i)^2$$

令

$$\frac{\partial Q}{\partial a} = -2\sum_{i=1}^{n} (y_i - a - bx_i) = 0$$

$$\frac{\partial Q}{\partial b} = -2\sum_{i=1}^{n} x_i(y_i - a - bx_i) = 0$$

上两式求解，得

$$a = \frac{\sum_{i=1}^{n} y_i - b\sum_{i=1}^{n} x_i}{n} = \overline{y} - b\overline{x}$$

$$b = \frac{\sum_{i=1}^{n} (x_i - \overline{x})(y_i - \overline{y})}{\sum_{i=1}^{n} (x_i - \overline{x})^2}$$

其中

$$\overline{y} = \frac{1}{n}\sum_{i=1}^{n} y_i, \qquad \overline{x} = \frac{1}{n}\sum_{i=1}^{n} x_i$$

相关系数：判断一元回归线是否有意义，可用相关系数来检验。相关系数的定义为

$$R = b\sqrt{\frac{\sum_{i=1}^{n} (x_i - \overline{x})^2}{\sum_{i=1}^{n} (y_i - \overline{y})^2}} = \frac{\sum_{i=1}^{n} (x_i - \overline{x})(y_i - \overline{y})}{\sqrt{\sum_{i=1}^{n} (x_i - \overline{x})^2 \sum_{i=1}^{n} (y_i - \overline{y})^2}}$$

相关系数的物理意义如下：

① 当所有的 y_i 值都在回归线上时，$R=\pm 1$。

② 当 y 与 x 之间完全不在线上时，$R=0$。

③ 当 R 的值在 0 与 1 之间时，可根据测量的次数及置信水平与相应的相关系数临界值比较，大于临界值时，则可认为这种线性关系是有意义的。

三、问题与思考

① 如何从一组标准曲线和未知液的吸光度测量数据中获得误差最小的未知液的浓度值？

② 如何判断一元线性回归方程是否有意义？

四、实验内容

① 双击 Microsoft Excel 7.0 以上版本，进入数据表工作状态。

② 输入标准曲线实验数据或打开数据文件，利用 Excel 的"插入""图表"功能，以 XY 散点的方式作标准曲线。

③ 将鼠标移入图中，双击鼠标左键，进入图编辑状态，以进行必要的图编辑。将鼠标移至图中实验数据点，单击鼠标右键，选择"添加趋势线"功能，进入回归分析状态，在类型处选择"线性"，在选项处选择"显示公式"和"显示 R 平方值"，单击"确定"，退出回归分析状态。即得到标准曲线图及回归方程和相关系数(为使图美观，可进行相应的编辑，如字体的选择、坐标刻度的选择等)。

④ 输入吸收光谱实验数据，或打开相关的数据文件，利用 Excel 的"插入""图表"功能，以 XY 散点的方式作吸收光谱图。

⑤ 参照实验步骤 4，作有关条件实验及配合物组成的曲线，求配合比。

五、注意事项

可以采用函数"CORREL"计算出相关系数 R，而图中输出的 R^2 是指相关系数的平方。

实验五十一　线性滴定计算机处理作图法测定硼酸的含量

一、预习要点

① 用指示剂目测滴定终点准确滴定弱酸(碱)的条件及滴定极弱酸(碱)的方法。

② 线性滴定法的原理及实验方法。

③ Microsoft Excel 计算机软件包的使用方法及在分析化学实验数据处理中的应用。

④ pH 计的使用方法。

二、原理提要

设有体积为 V_0(mL)，浓度为 c_a^0 的弱酸，用浓度为 c_b^0 的强碱滴定，V 为加入的

强碱的体积，体系的质子条件式为

$$[H^+]+c_b=[A^-]+[OH^-] \tag{4.1}$$

其中

$$c_b=\frac{c_b^0V}{V_0+V} \tag{4.2}$$

设 V_e 为滴定至化学计量点时所加入的强碱的体积，则有

$$c_a^0V_0 = c_b^0V_e \tag{4.3}$$

又依据物料平衡和弱酸的离解平衡

$$[A^-]+[HA]=\frac{c_a^0V_0}{V_0+V} \qquad [HA]=[A^-]a_{H^+}K_{HA}^H \tag{4.4}$$

从而得到

$$[A^-]+[A^-]a_{H^+}K_{HA}^H=\frac{c_b^0V_e}{V_0+V}$$

$$[A^-]=\frac{c_b^0V_e}{(V_0+V)(1+a_{H^+}K_{HA}^H)} \tag{4.5}$$

式中，K_{HA}^H 为酸的混合稳定常数，它是混合电离常数 K_a 的倒数，即 $K_{HA}^H=1/K_a$。

将式(4.5)和式(4.2)代入式(4.1)，得

$$[H^+]+\frac{c_b^0V}{V_0+V}=\frac{c_b^0V_e}{(V_0+V)(1+a_{H^+}K_{HA}^H)}+[OH^-] \tag{4.6}$$

整理后得到

$$\begin{aligned} f(V) &= V_e-V \\ &= Va_{H^+}K_{HA}^H+[(V_0+V)/c_b^0]([H^+]-[OH^-])(1+a_{H^+}K_{HA}^H) \end{aligned} \tag{4.7}$$

式(4.7)为线性滴定法所依据的殷格曼(Ingman)函数公式。$f(V)$ 对 V 作图得一直线，交于 V 轴得 $V_e-V=0$，即 $V=V_e$。

根据殷格曼的建议，应用公式(4.7)计算时，有两点必须注意：

① 在滴定溶液中必须控制离子强度 I，由于大多数的常数是在离子强度为 0.1 的介质中测得，因此，滴定时一般可控制离子强度 $I=0.1$。

② 等式中的$[H^+]$和$[OH^-]$应由测得的活度换算求得，浓度和活度的换算方法为：在离子强度为 0.1 的情况下，$[H^+]=a_{H^+}\times10^{0.08}$，$[OH^-]=a_{OH^-}\times10^{0.12}$。

线性滴定法有很多优点，首先在滴定过程中，标准溶液可用等量分步的方法加入，操作简单。其次是因为线性滴定法加液次数少，一般 5～10 次就足够了，故测定速率快。第三是突破了传统滴定法的局限，pK_a 即使大于 10～11，还是可以滴定的，因而滴定范围扩大了。在传统滴定法中，愈接近终点，溶液愈稀，加入滴定液的量愈少，这在较弱酸的滴定中，往往使终点指示不明显，造成较大的误差。直线

法中滴定液是等量加入的，不以终点附近作为终点，通过直线作图，具有统计的性质，因此，准确度较高，对于极弱酸的滴定，尤其如此。

三、问题与思考

① 线性滴定法有哪些优点？

② 极弱酸的测定，可以采用强化法、非水滴定法与线性滴定法，线性滴定法与前两种方法的根本区别是什么？

③ 试设计一个用线性滴定法测定 NH_4Cl 含量的方案。

四、实验内容

1．0.1mol・L^{-1}NaOH 溶液的配制与标定（按照实验三十四的方法进行）

2．实验数据的测定

① 打开 pH 计，先用 pH 为 6.86 的标准缓冲溶液定位，再用 pH 为 9.18 的标准缓冲溶液进行斜率校正。

② 用吸量管吸取 5.00mL 0.1mol・L^{-1}的 H_3BO_3 试液于一干燥的 250mL 的烧杯中，再用吸量管加入 10.00mL 1mol・L^{-1}的 KCl 溶液，从滴定管中加蒸馏水至总体积为 100mL（记下 V_0 的准确读数）。此时溶液离子强度为 $I=0.1$。

③ 加入 1.00mL NaOH 标准溶液，浸入电极，以玻璃棒搅动溶液（或以复合电极搅动溶液），等读数稳定后，读取 pH。如此反复 10 次，即加入 NaOH 的总量为 10.00mL，共测得 10 对数据。

3．实验数据的计算机处理

（1）启动 Excel　双击 Microsoft Excel 图标，启动 Excel 软件包，进入数据表工作状态。

（2）输入栏标　按图 4.7 所示，在第 1 行 A1 至 I1 单元格中依次键入 V、f、pH、[H]、[OH]、[H]－[OH]、$(V_0+V)/c_0$、$1+(H)/K_a$、$V(H)/K_a$，作为各栏的标识。

（3）输入实验数据　将滴定体积依次输入 A 栏（列）的 A2 至 A11 单元格，将相应的 pH 输入 C 栏（列）的 C2 至 C11 单元格，在 B12 单元格中输入硼酸的离解常数 K_a 值，即“5.8E－10”（A12 可输入“$K_a=$”作为标识），在 B13 单元格中输入初始体积 V_0 值（A13 可输入“$V_0=$”作为标识），在 B14 单元格中输入 NaOH 的浓度 c_b^0 值（A14 可输入“$c_b^0=$”作为标识）。

(4) 输入公式　在第 2 行 D2 单元格中输入公式“=10^(−C2+0.08)”，求出 $[H^+]$；在 E2 单元格中输入公式“=10^(−(14−C2)+0.12)”，求出 $[OH^-]$；在 F2 单元格中输入公式“=D2−E2”，求出 $([H^+]-[OH^-])$ 项；在 G2 单元格中输入公式“=($B$13+A2)/$B$14”，求出 $[(V_0+V)/c_b^0]$ 项；在 H2 单元格中输入公式“=1+(10^(−C2))/$B$12”，求出 $(1+a_{H^+}K_{HA}^{H})$ 项；在 I2 单元格中输入公式“=A2*(10^(−C2))/$B$12”，求出 $Va_{H^+}K_{HA}^{H}$ 项；最后，在 B2 输入公式“=I2+F2*G2*H2”，求出 $f(V)$ 。

(5) 复制公式　通过拖拉鼠标的方式将第 2 行的公式复制到第 3 行至第 11 行。至此已完成了所有计算(如图 4.7 中 Excel 工作表所示)。

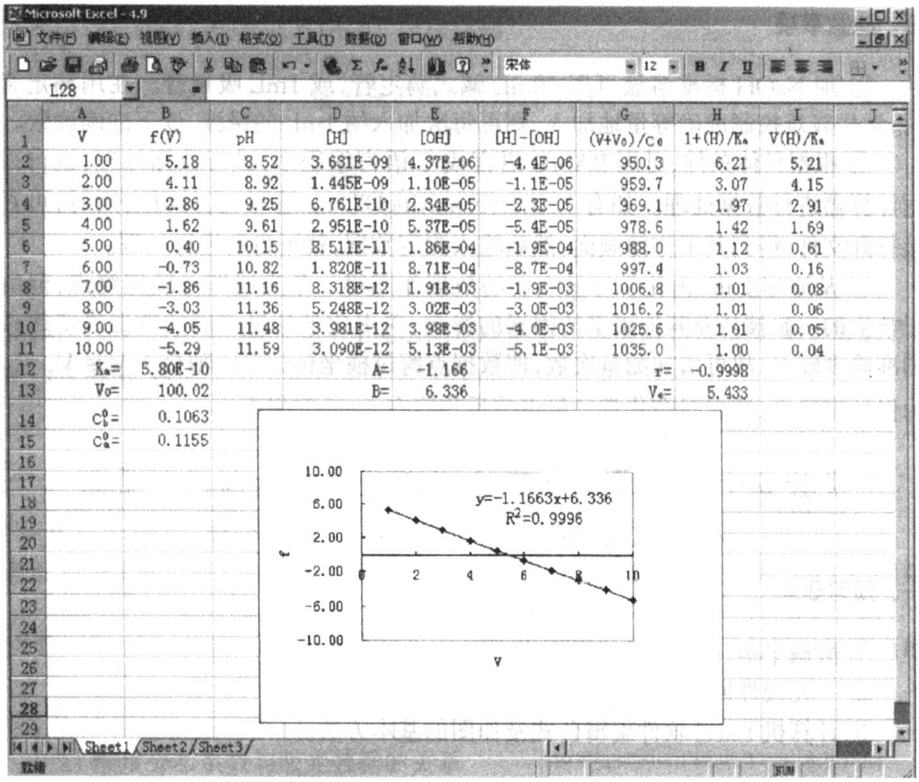

	A	B	C	D	E	F	G	H	I
1	V	f(V)	pH	[H]	[OH]	[H]-[OH]	(V+V₀)/c₀	1+(H)/Kₐ	V(H)/Kₐ
2	1.00	5.18	8.52	3.631E-09	4.37E-06	-4.4E-06	950.3	6.21	5.21
3	2.00	4.11	8.92	1.445E-09	1.10E-05	-1.1E-05	959.7	3.07	4.15
4	3.00	2.86	9.25	6.761E-10	2.34E-05	-2.3E-05	969.1	1.97	2.91
5	4.00	1.62	9.61	2.951E-10	5.37E-05	-5.4E-05	978.6	1.42	1.69
6	5.00	0.40	10.15	8.511E-11	1.86E-04	-1.9E-04	988.0	1.12	0.61
7	6.00	-0.73	10.82	1.820E-11	8.71E-04	-8.7E-04	997.4	1.03	0.16
8	7.00	-1.86	11.16	8.318E-12	1.91E-03	-1.9E-03	1006.8	1.01	0.08
9	8.00	-3.03	11.36	5.248E-12	3.02E-03	-3.0E-03	1016.2	1.01	0.06
10	9.00	-4.05	11.48	3.981E-12	3.98E-03	-4.0E-03	1025.6	1.01	0.05
11	10.00	-5.29	11.59	3.090E-12	5.13E-03	-5.1E-03	1035.0	1.00	0.04
12	K_a=	5.80E-10		A=	-1.166		r=	-0.9998	
13	V_0=	100.02		B=	6.336		V_e=	5.433	
14	c_b^0=	0.1063							
15	c_a^0=	0.1155							

图 4.7　线性滴定的数据工作表画面和标有一元线性回归方程及相关系数的线性回归图

(6) 求线性回归方程的斜率　将鼠标移至单元格 E12，选择内部函数“SLOPE”，求出回归方程的斜率 A(D12 可输入标识)。

(7) 求线性回归方程的截距　将鼠标移至单元格 E13，选择内部函数“INTERCEPT”，求出回归方程的截距 B(D13 可输入标识)。

(8) 求相关系数　将鼠标移至单元格 H12,选择内部函数“CORREL”,求出相关系数 r(G12 可输入标识)。

(9) 将鼠标移至单元格 H13,根据线性方程求出 V_e(G13 可输入标识)。再将鼠标移至 B15,按照式(4.3)求出 c_a^0(A15 可输入标识)。

(10) 利用“插入”“图表”的功能,将 $f(V)$(B 栏)相对于 V(A 栏)作 XY 散点图。并进行一元线性回归拟合(参考实验五十),可得到标有线性回归方程及相关系数的回归线性图(如图 4.7 线性回归图所示)。

(11) 打印出数据表及线性图,作为实验报告用。将文件另存,供指导老师调阅。

五、注意事项

① 加 NaOH 标准溶液可用 10mL 碱式滴定管,或 1mL 吸量管。在用滴定管时,学生较难控制准确等量地加入,则可每次加入约 1mL 的碱液,读下准确读数。

② 根据具体条件,可用 BASIC 语言或 C 语言编程序,进行数据处理,也可采用计算器进行数据处理。如有 XXDD(XianXingDiDing 缩写)文件可启用时,可直接打开文件,得到其工作簿画面,然后输入测定数据,就可自动进行处理。

③ 从原理上讲,由化学计量点前的数据作图得一条直线即可确定终点,但由于学生的实验技巧及其他诸多的因素的影响,单由化学计量点前的数据确定终点的准确度较差,故可增加测量次数,使数据点跨过横坐标,与 V 轴交于 $V=V_e$ 处。为保证准确度,数据对在化学计量点前后均应在 4～5 对以上。

实验五十二　吸光光度法测定酸碱指示剂离解常数及酸度分布曲线的计算机数据处理

一、预习要点

① 酸碱平衡、酸度分布曲线的相关知识及平衡数据的测定方法。

② 一元线性回归分析最小二乘法的基本原理。

③ 计算机 Excel 软件编辑公式及作图的基本方法。

二、原理提要

1) 离解常数与吸光数据的关系

指示剂 HIn 本身是一种弱酸,存在着如下的酸碱平衡

$$HIn \rightleftharpoons H^+ + In^-$$

设其共轭酸 HIn 和共轭碱 In^- 的最大吸收波长分别为 λ_a 和 λ_b,若用 1.0cm 的比色皿,以蒸馏水为参比,在 λ_a 处测量具有确定 pH、分析浓度为 c 的指示剂水溶液的

吸光度，根据光吸收定律有

$$A_{\lambda_a}=\varepsilon_{\lambda_a}^{In^-}[In^-]+\varepsilon_{\lambda_a}^{HIn}[HIn]$$

$$=\varepsilon_{\lambda_a}^{In^-}c\frac{K_a}{[H^+]+K_a}+\varepsilon_{\lambda_a}^{HIn}c\frac{[H^+]}{[H^+]+K_a} \tag{4.8}$$

当 pH<pK_a−1 时，$c\approx[HIn]$，

$$A'_{\lambda_a}=\varepsilon_{\lambda_a}^{HIn}c=A_{\lambda_a}^{HIn} \tag{4.9}$$

当 pH>pK_a+1 时，$c\approx[In^-]$，

$$A''_{\lambda_a}=\varepsilon_{\lambda_a}^{In^-}c=A_{\lambda_a}^{In^-} \tag{4.10}$$

将式(4.9)、式(4.10)代入式(4.8)，整理得到

$$\lg\frac{A_{\lambda_a}-A_{\lambda_a}^{HIn}}{A_{\lambda_a}^{In^-}-A_{\lambda_a}}=pH-pK_a \tag{4.11}$$

同理，对应于吸收波长 λ_b，可得

$$\lg\frac{A_{\lambda_b}-A_{\lambda_b}^{HIn}}{A_{\lambda_b}^{In^-}-A_{\lambda_b}}=pH-pK_a \tag{4.12}$$

式(4.11)或式(4.12)即为分光光度法测定酸碱指示剂离解常数 pK_a 的计算公式。从两式可见，当

$$\lg\frac{A_{\lambda_i}-A_{\lambda_i}^{HIn}}{A_{\lambda_i}^{In^-}-A_{\lambda_i}}=0 \qquad (i=a,b)$$

时，有

$$pK_a=pH$$

若配制一系列不同 pH 的指示剂溶液，在 λ_a 或 λ_b（一般选择吸光度较大的波长）处测量其吸光度，以 $\lg\frac{A_{\lambda_i}-A_{\lambda_i}^{HIn}}{A_{\lambda_i}^{In^-}-A_{\lambda_i}}$ 相对于 pH 作图，则得一直线，直线与横坐标交点的 pH 为 pK_a。

2）酸度分布系数与吸光数据的关系

弱酸弱碱的酸度分布曲线，通常是通过计算而得，本实验采用分光光度法测定。

根据式(4.8)，对某一 pH 的指示剂溶液

$$A_{\lambda_a}=A_{\lambda_a}^{In^-}\delta_{In^-}+A_{\lambda_a}^{HIn}\delta_{HIn}$$

同理

$$A_{\lambda_b}=A_{\lambda_b}^{In^-}\delta_{In^-}+A_{\lambda_b}^{HIn}\delta_{HIn}$$

解联立方程，得

$$\delta_{In^-} = \frac{A_{\lambda_a} A_{\lambda_b}^{HIn} - A_{\lambda_b} A_{\lambda_a}^{HIn}}{A_{\lambda_a}^{In^-} A_{\lambda_b}^{HIn} - A_{\lambda_a}^{HIn} A_{\lambda_b}^{In^-}} \tag{4.13}$$

$$\delta_{HIn} = \frac{A_{\lambda_a} - A_{\lambda_a}^{In^-} \delta_{In^-}}{A_{\lambda_a}^{HIn}} \tag{4.14}$$

测定不同 pH 的指示剂溶液在 λ_a 和 λ_b 的吸光度，据式(4.13)、式(4.14)可求得各 pH 时的 δ_{In^-} 和 δ_{HIn}，并相对于 pH 作图，即得到该指示剂的酸度分布曲线。

三、问题与思考

① 如何求得酸碱指示剂的酸色形或碱色形的最大吸收波长？为绘制两种型体各自的吸收光谱，溶液的 pH 应分别控制在多少？

② 如何求得酸色形和碱色形在两个最大吸收波长处的摩尔吸收系数？

③ 在 Excel 中，如何快速准确地编辑公式和作图？

四、实验内容

1. 甲基橙吸光数据的测定

移取 1mL 0.02%甲基橙水溶液于一系列 18 个 50mL 容量瓶，加入去离子水至刻度线下 1cm 处，摇匀，再加入几滴不等量不同浓度的 HCl 或 NaOH 溶液，用去离子水定容后配制成一系列不同 pH 等浓度的甲基橙溶液，目测其颜色从红→橙→黄排列，其中绝大多数溶液目测时为有明显不同颜色变化的橙色溶液，红色和黄色溶液各配 2～3 瓶即可。

采用 pH 为 4.01 和 6.86 的标准缓冲溶液校正 pH 计，再采用 pH 计准确测定以上溶液的 pH。

当 $pH < pK_a - 1$ 时，甲基橙溶液主要以共轭酸型存在，因此取 pH 最小的甲基橙溶液在不同波长下测定其吸光度，寻找共轭酸 HIn 的最大吸收波长 λ_a。当 $pH > pK_a + 1$ 时，甲基橙溶液主要以共轭碱型存在，因此取 pH 最大的甲基橙溶液在不同波长下测定其吸光度，寻找共轭碱 In^- 的最大吸收波长 λ_b。

将以上已配制的一系列不同 pH 的等浓度甲基橙水溶液分别在波长 λ_a 和 λ_b 处测量吸光度。

2. 甲基橙共轭酸 HIn 和共轭碱 In^- 吸收曲线的制作

打开 Microsoft Excel，如图 4.8 所示，在工作表 sheet1 的 A 列输入波长，在 B 列相应的行输入甲基橙共轭酸水溶液在相应波长下的吸光度，再选择图表导向图标→XY 散点图→系列→添加系列，X 值的区间选择 A2 至 A24，Y 值的区间选择 B2 至 B24，再依序填入标题、横轴和纵轴的单位，即可得到甲基橙共轭酸的吸收曲线图，获得最大的吸收波长 λ_a。同样，输入相应的共轭碱在不同波长下的吸光度并作图，可以得到甲基橙共轭碱的吸收曲线图，获得最大的吸收波长 λ_b。

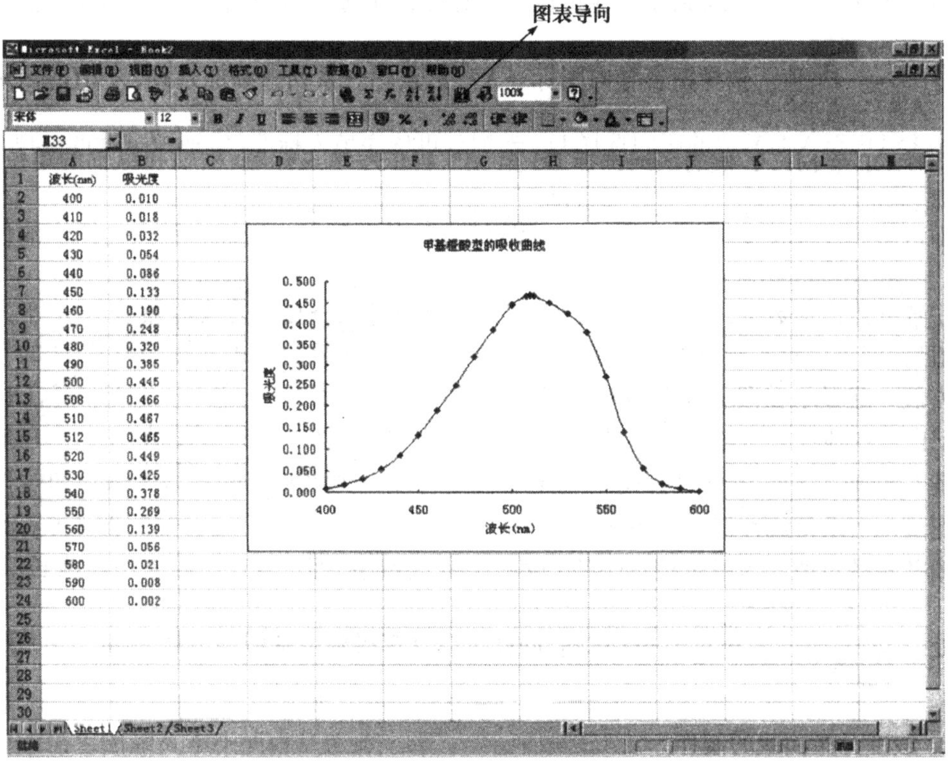

图 4.8　甲基橙酸型水溶液的吸收曲线图

3. 甲基橙离解常数的求算

在工作表 sheet2 的 B1:S1 区域分别输入一系列甲基橙溶液的 pH，在 B2:S2 区域分别输入在波长 λ_a 处测得的不同 pH 甲基橙溶液的吸光度，在 B3:S3 区域分别输入在波长 λ_b 处测得的不同 pH 甲基橙溶液的吸光度。其中 B2 和 B3 是甲基橙溶液在 pH 最小时，即主要是以共轭酸形式存在时的吸光度，即 $A_{\lambda_a}^{HIn}$ 和 $A_{\lambda_b}^{HIn}$。S2 和 S3 是甲基橙溶液在 pH 为最大时，即主要是共轭碱形式存在时的吸光度，即 $A_{\lambda_a}^{In^-}$ 和 $A_{\lambda_b}^{In^-}$。

只选择一系列橙色溶液，使 pH 范围大约在 pK_a ±1 内，分别计算其在波长 λ_a

和 λ_b 处得到的 $\lg\frac{A_{\lambda_i}-A_{\lambda_i}^{HIn}}{A_{\lambda_i}^{In^-}-A_{\lambda_i}}$值。在地址 D5 输入公式 $\lg\frac{A_{\lambda_i}-A_{\lambda_i}^{HIn}}{A_{\lambda_i}^{In^-}-A_{\lambda_i}}$，编辑的形式为"＝LOG10((D2－＄B2)/(＄S2－D2))"，其中 $A_{\lambda_i}^{HIn}$ 和 $A_{\lambda_i}^{In^-}$ 的地址需要将列绝对化。复制 D5 的公式到 D5：M6 区域，则可以分别得到在波长 λ_a 和 λ_b 处的 $\lg\frac{A_{\lambda_i}-A_{\lambda_i}^{HIn}}{A_{\lambda_i}^{In^-}-A_{\lambda_i}}$值。选择图表导向图标→*XY* 散点图→系列→添加系列，*X* 值的区间选择 D1 至 M1，*Y* 值的区间选择 D5 至 M5，再依序填入标题、横轴和纵轴的单位，即可得到在波长 λ_a 处 $\lg\frac{A_{\lambda_i}-A_{\lambda_i}^{HIn}}{A_{\lambda_i}^{In^-}-A_{\lambda_i}}$相对于 pH 的关系图。鼠标右键点击图上的任一数据点击活数据，在选择添加趋势线→线性→选项→显示公式以及显示 *R* 平方值后，即可以对实验数据进行线性拟合。线性拟合所得的公式和相关系数 *R* 的平方值一起显示在图上。在地址 C27 输入斜率的计算函数"＝SLOPE(D5：M5，D1：M1)"，在地址 C28 输入截距的计算函数"＝INTERCEPT(D5：M5，D1：M1)"，在地址 C29 输入 pK_a 的计算公式"＝－C28"，即可以得到甲基橙的离解常数。通过作图法也可求得线性拟合方程式为 $y=1.0057x-3.4537$，$R^2=0.9968$(图 4.9)，其中截距的负值即为甲基橙的 pK_a(取两位有效数字，即 3.45)。若采用在波长 λ_b 处以 $\lg\frac{A_{\lambda_i}-A_{\lambda_i}^{HIn}}{A_{\lambda_i}^{In^-}-A_{\lambda_i}}$相对于 pH 作图，同样可以计算得到甲基橙的离解常数。

4. 酸度分布曲线的制作

在工作表 sheet2 的地址 B8 输入甲基橙水溶液共轭碱在 pH 为最小时的分布分数，输入的公式为"＝(B2＊＄B3－B3＊＄B2)/(＄S2＊＄B3－＄B2＊＄S3)"，其中 $A_{\lambda_a}^{HIn}$、$A_{\lambda_a}^{In^-}$、$A_{\lambda_b}^{HIn}$ 和 $A_{\lambda_b}^{In^-}$ 的地址需要将列绝对化，将 B8 的公式复制到区域 B8：S8；在地址 B9 输入甲基橙水溶液共轭酸在 pH 最小时的分布分数，输入的公式为"＝(B2－＄S2＊B8)/＄B2"，其中 $A_{\lambda_a}^{HIn}$ 和 $A_{\lambda_a}^{In^-}$ 的地址需要将列绝对化，将 B9 的公式复制到区域 B9：S9。选择图表导向图标→*XY* 散点图→系列→添加系列，系列 1 为共轭碱的分布曲线，*X* 值的区间选择 B1 至 S1，*Y* 值的区间选择 B8 至 S8；添加的系列 2 为共轭酸的分布曲线，*X* 值的区间选择 B1 至 S1，*Y* 值的区间选择 B9 至 S9。再依序填入标题、横轴和纵轴的单位，即可以得到甲基橙的酸度分布曲线，如图 4.9 所示。

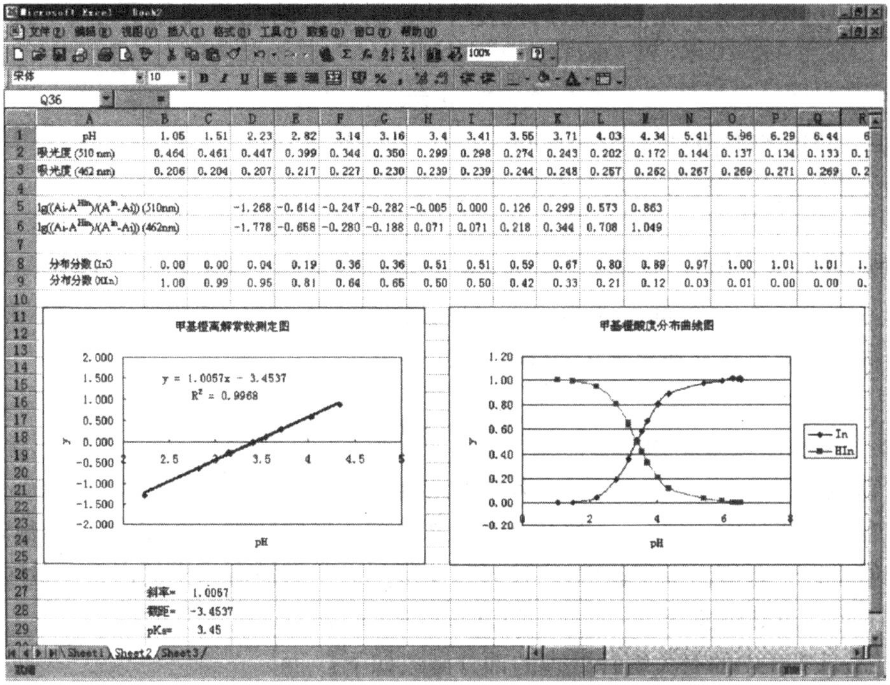

	A	B	C	D	E	F	G	H	I	J	K	L	M	N	O	P	Q
1	pH	1.05	1.51	2.23	2.82	3.14	3.16	3.4	3.41	3.56	3.71	4.03	4.34	5.41	5.96	6.29	6.44
2	吸光度(510 nm)	0.464	0.461	0.447	0.399	0.344	0.350	0.299	0.298	0.274	0.243	0.202	0.172	0.144	0.137	0.134	0.133
3	吸光度(462 nm)	0.206	0.204	0.207	0.217	0.227	0.230	0.239	0.239	0.244	0.248	0.257	0.262	0.267	0.269	0.271	0.269
4																	
5	$\lg((A_i-A^{HIn})/(A^{In}-A_i))$ (510nm)			-1.268	-0.614	-0.247	-0.282	-0.005	0.000	0.126	0.299	0.573	0.863				
6	$\lg((A_i-A^{HIn})/(A^{In}-A_i))$ (462nm)			-1.778	-0.658	-0.280	-0.188	0.071	0.071	0.218	0.344	0.708	1.049				
7																	
8	分布分数(In)	0.00	0.00	0.04	0.19	0.36	0.36	0.51	0.51	0.59	0.67	0.80	0.89	0.97	1.00	1.01	1.01
9	分布分数(HIn)	1.00	0.99	0.95	0.81	0.64	0.65	0.50	0.50	0.42	0.33	0.21	0.12	0.03	0.01	0.00	0.00

图 4.9　甲基橙离解常数的测定和酸度分布曲线图

五、注意事项

① 注意使配制的甲基橙溶液的颜色呈红→橙→黄排列，其中绝大多数溶液为有明显不同颜色变化的橙色溶液。

② 编辑公式时注意相对地址和绝对地址的不同。

③ 作图时选择的图表类型为 XY 散点图。

实验五十三　大宗分析测量数据的统计处理

一、预习要点

① 分析测量数据统计分布的规律和相关知识。

② Excel 软件有关统计处理的函数及科学作图的功能。

二、原理提要

分析测定中的测量值(x)一般遵从(或近似遵从)正态分布。若以 μ 表示总体平均值，$x-\mu$ 表示随机误差，则以总体标准偏差(σ)为单位表示的随机误差仍然遵从(或近似遵从)正态分布。正态分布的两个参数 μ 和 σ 分别表示了数据的集中趋

势和分散趋势。在有限次的测定中,数据集中的趋势可用算术平均值 $\overline{x}$ 表示

$$\overline{x}=\frac{1}{n}\sum_{i=1}^{n}x_i$$

数据分散程度可用标准偏差 s 表示

$$s=\sqrt{\frac{\sum\limits_{i=1}^{n}(x_i-\overline{x})^2}{n-1}}$$

相对标准偏差也称变异系数 CV,用百分率表示

$$CV=\frac{s}{\overline{x}}\times 100\%$$

通过有限次测量的 $\overline{x}$ 和 s 可对 μ 和 σ 做出估计。

在数理统计中,μ 和 σ 是对无限次测定而言。但实际上,当 $n>30$ 时,测定的平均值接近于真值。本实验中,在计算每年厦门大学海域海水中的卤素总量时,所采用的数据个数远大于 30,因此可将其求得的 $\overline{x}$ 和 s 分别视为 μ 和 σ。

Excel 7.0 中的有关统计处理的部分函数如下:

“AVERAGE”:计算平均值。

“STDEV”:返回某总体抽样所得样本的标准偏差。

“STDEVP”:计算样本总体的标准偏差。

“STANDARDIZED”:返回由平均值和标准偏差表征的分布的正态化值。正态化值 u 的定义为 $u=\frac{x-\mu}{\sigma}$。

三、问题与思考

① 测量数据随机误差的正态分布图反映出随机误差具有什么样的规律性?

② 比较样品容量分别为 1、2 和 3 的平均值标准偏差,会发现什么样的变化规律?

③ 随机抽出几个样本,根据其样本平均值、样本标准偏差和测量次数,以总体平均值可能存在的区间做出估计(置信度为 95%),并与总体平均值比较。

四、实验内容

① 双击 Microsoft Excel 7.0 以上版本,进入数据表工作状态,打开数据文件。

② 输入计算公式,并结合 Excel 的复制功能完成数据计算,求出每个学生所测得的厦门大学海域海水中卤素总量,选择 Excel 的函数(f_x)功能,并利用 Excel 的内部函数,“AVERAGE”与“STDEV”,求出每个学生所测得的厦门大学海域海

水中卤素总量的样本平均值、样本标准偏差及变异系数。

③ 利用 Excel 的内部函数，“AVERAGE”与“STDEVP”，求出每年学生所测得的厦门大学海域海水中卤素总量的总体平均值、样本总体标准偏差及变异系数。

④ 在计算过程中进行异常值的弃留检验和两种方法的显著性检验。

⑤ 利用 Excel 的排序功能键对样本平均值进行排序，并利用“COUNT”函数功能，求出落在不同测量值区间的测量数据的个数（频数 n_i），求出相应的频率（n_i/n，其中 n 为样本数）和频率密度（$n_i/n\Delta s$，其中 Δs 为组距），并选择“插入”“图表”功能，以柱形图的形式做出测量数据的频率密度分布图（图 4.10）。

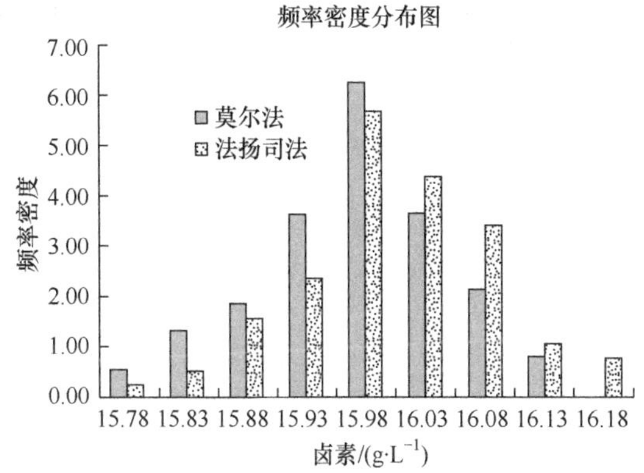

图 4.10 厦门大学海域海水中卤素总量测定值图的频率密度分布图

⑥ 利用 Excel 内部函数“STANDARDIZED”，求出样本平均值的正态化值（u），并做出随机误差的正态化分布图（图 4.11）。

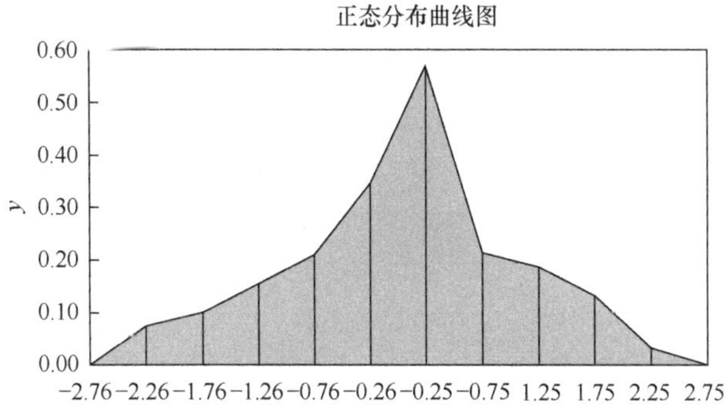

图 4.11 测量数据随机误差的正态化分布图

⑦ 输出数据处理结果，保存文件并退出。

五、注意事项

① 每个学生所测得的样本的标准偏差采用“STDEV”函数，所选择的区间为每个学生数次测量所得的卤素总量。每年学生所测得的样品的总体标准偏差采用“STDEVP”函数，所选择的区间为所有学生的平均卤素总量。

② 每个学生测定的平均卤素总量通过“STANDARDIZED”函数计算得一个 u，通过公式拷贝，可以得到所有学生测定的平均卤素总量的 u。将所有 u 排序后再利用“COUNT”函数功能，求出落在不同 u 区间的 n_i、n_i/n，和 $n_i/n\Delta s$（其中 Δs 为根据 u 值变化重新设置的组距），并选择“插入”、“图表”功能，做出测量数机误差的正态化分布图。

第5章 综合设计与研究性实验

5.1 概 述

综合设计与研究性实验旨在进一步培养学生独立思考和分析、解决问题的能力，以及开拓创新、勇于实践的思想意识。这一章的实验，要求学生依据各实验所给出的实验要求、原理提要或研究课题导向，查阅有关书籍、期刊、手册等参考资料，运用所学的化学理论和实验技能，自己按照实验目的、原理、试剂(注明规格、浓度)、仪器、实验步骤等方面拟定出实验方案，通过实验检验其方案的可行性，并做出结果判断，写出实验报告或研究小论文。

在无机化合物制备与提纯的过程中，由于原料来源与组成的差异，往往需要采用不同的制备与提纯方法。因而应依据课题的具体情况尽可能地了解反应物的主要成分、存在形式和化学性质，通过查阅文献，掌握有关化合物的各种性质，确定最佳的反应条件和提纯手段，并制定出对各中间产物的简单鉴别方法，以获得合乎要求的产品。

各种规格的化合物各有相应的国家标准、部颁标准或特殊标准。根据产品的用途和标准可采用相应的物理化学分析方法和化学分析方法对其进行鉴定或分析。物理化学分析方法在其他课程中会逐步学习，下面简单介绍确定定量化学分析方法的一般思路。

在实际工作中，定量分析的任务往往是复杂多样的。分析的对象可能是无机试样或有机试样；待测组分可能是常量、微量或痕量；待测项目可能是单项或全分析；有的试样在分析测试之前还需进行分离或富集等。此外，还可能要求进行价态分析、表面分析或微区分析。要完成复杂多样的分析任务，需要选择各种各样的分析方法，其中有些是成熟的分析方法，可由大型参考书或有关部门出版的分析操作规程标准中查到；有些分析任务则难以找到现成的分析方法，或现成的分析方法不适合特定分析对象的具体情况等。这就要求分析工作者能根据实际情况，运用所掌握的分析化学知识和实验技术，以及有关的实践经验，制定出合适的分析方案，并以适当的方法检验所制定的方案的可行性。针对给定的分析任务、选择正确的分析方法、设计出合理可行的分析方案，是一项极其重要的工作，它直接关系到分析任务完成的好坏与分析结果的可靠性。

当给定某待测样品时，首先，应根据待测样品的来源(合成产品、矿样、三废试样等)、组分的物理化学性质(物态、外观、熔点、沸点、酸碱性或氧化还原性质等)、含量的高低(常量、微量或痕量),选择合适的分析方法。常量分析可用化学分析方法,微量或痕量分析可用分光光度法或其他仪器分析方法。其次,应注意化学反应条件的选择,主要是酸度、浓度、温度、速率和消除干扰等。最后,实验方案的设计要具体,包括方法原理、试剂配制、仪器设备、取样量的确定、溶样方法、具体分析步骤及分析结果的计算等,都要叙述清楚。实验方案经课堂讨论后,方可进行实验。

5.2 综合设计实验

实验五十四 混合溶液中各组分的分析

Ⅰ. $HCl-H_3BO_3$ 混合液

一、实验要求

欲测定 HCl 和 H_3BO_3 混合液中 HCl 和 H_3BO_3 的浓度(两种酸的浓度均约为 $0.5mol \cdot L^{-1}$),试拟出分析方案。

二、原理提要

强碱滴定弱酸时,弱酸的 K_a 越大,滴定的突跃越大;弱酸的 K_a 越小,滴定的突跃越小。当弱酸的 $cK_a \geqslant 10^{-8}$时,才有明显的滴定突跃,滴定才能得到准确的结果。若体系中存在着两种酸 HA 和 HB,要准确滴定各组分的含量,除了满足上述条件外,还须满足 $c_{HA}K_a^{HA}/c_{HB}K_a^{HB} \geqslant 10^5$ 的条件。若 HA 为一强酸,HB 为一弱酸,滴定至第一化学计量点时,强酸 HA 全部被中和,控制体系 pH 的成分为 HB,其 pH 可按一元酸体系计算

$$[H^+] = \sqrt{c_{HB}^{e1} K_a^{HB}}$$

滴定至第二化学计量点时,体系中主要酸碱成分为 B^-,其 pH 可按一元弱碱体系计算

$$[OH^-] = \sqrt{c_{B^-}^{e2} K_b^{B^-}}$$

HCl 是一强酸,可用 NaOH 标准溶液准确进行滴定。硼酸为一极弱的酸,在水溶液中按下式离解

$$H_3BO_3 + 2H_2O = H_3O^+ + B(OH)_4^-$$

$K_a = 5.7 \times 10^{-10}$。由于硼酸的强度太弱,不能用 NaOH 溶液准确进行滴定。但如果在溶液中加入足量的甘油或甘露醇,由于它们能与硼酸根形成稳定的配合物,故大大增强了硼酸在水溶液中的酸式离解,使其用 NaOH 准确进行滴定成为可能。

三、问题与思考

① 已知硼酸共轭碱的 $pK_b=4.75$，可否用酸碱返滴定法测定 HCl 和 H_3BO_3 混合液中各组分的浓度？为什么？

② 已知硼酸(用 HA 表示)与甘露醇(R 表示)生成的配合物(R_2A)的稳定常数为 $\lg\beta_1=2.5$，$\lg\beta_2=4.8$。若用 $0.10mol \cdot L^{-1}$ NaOH 溶液滴定 $0.10mol \cdot L^{-1}$ H_3BO_3 溶液，并使滴定至终点时的 R 的浓度为 $0.20mol \cdot L^{-1}$，试计算此条件下硼酸的表观离解常数 K_a' 及化学计量点时溶液的 pH，并据此确定应选用何种指示剂。

四、参考资料

欧阳耀国，郭祥群，蔡维平. 1998. 分析化学基础实验. 厦门：厦门大学出版社，154

Ⅱ. Ca^{2+}-EDTA 混合液

一、实验要求

① 请给出判别混合液中 Ca^{2+} 与 EDTA 的物质的量的相对大小的方案。

② 已知 Ca^{2+} 与 EDTA 各自浓度约为 $0.007 \sim 0.015mol \cdot L^{-1}$，请自拟出实验方案测出各自的准确浓度。

③ 根据实验结果写出报告，并总结出自拟实验方案的优缺点。

二、原理提要

Ca^{2+} 与 EDTA 能形成具有一定稳定性的配合物，$\lg K_{CaY}-10.7$，可在 pH>12 的碱性介质中，以钙指示剂指示终点，或在 pH 为 10 的氨性缓冲介质中，在少量 MgY 存在下，以铬黑 T 为指示剂，用 EDTA 准确滴定 Ca^{2+}。在 pH 为 4～6 的微酸性介质中，由于酸效应，Ca^{2+} 与 EDTA 的配合能力大大降低，$\lg K'_{CaY}=2.1 \sim 5.9$。此时，共存于 EDTA 中 Ca^{2+} 不干扰一些能与 EDTA 形成较稳定配合物($\lg K_{MY} \geq 16 \sim 18$)的金属离子标准溶液对 EDTA 的测定。

提示一，判断混合液中 EDTA 与 Ca^{2+} 物质的量的相对大小，如表 5.1 所示。

表 5.1　判断混合液中 EDTA 与 Ca^{2+} 物质的量的相对大小

相对量	溶液 pH(缓冲体系)	指示剂	颜色
$n_{Ca}>n_{EDTA}$			
$n_{Ca}<n_{EDTA}$			
$n_{Ca}=n_{EDTA}$			

提示二，依据上述判断，设计实验方案，如表 5.2 所示。

表 5.2　设计实验方案

相对量	介质	指示剂	滴定剂	终点颜色变化	滴定体积	化学计量关系
$n_{Ca}>n_{EDTA}$	pH=12					
	pH=5～6					
$n_{Ca}<n_{EDTA}$						
$n_{Ca}=n_{EDTA}$						

三、问题与思考

① 是否必须判断溶液中 EDTA 与 Ca^{2+} 的物质的量的相对大小？能否不经判断直接进行滴定？

② 如何判断试液中是 $n_{Ca}>n_{EDTA}$或是 $n_{Ca}\leqslant n_{EDTA}$？又如何进一步判断试液中是 $n_{Ca}<n_{EDTA}$或是 $n_{Ca}=n_{EDTA}$？

③ 欲在微酸性介质中(pH=5.5)，测定 EDTA 的物质的量，应以什么金属离子溶液作为标准溶液？$\lg K$ 应大于多少？为什么？

④ 在 pH=10 的氨性缓冲介质中，用 Zn^{2+} 标准溶液滴定，能否测得混合液中 EDTA 总的物质的量？

⑤ 若分别在 pH=5.5 和 pH=10 时，用 Zn^{2+} 标准溶液滴定试液，所耗体积是否相等？为什么？在什么情况下相等？

四、参考资料

欧阳耀国，郭祥群，蔡维平. 1998. 分析化学基础实验. 厦门：厦门大学出版社，158～160

Ⅲ. H_2SO_4-$H_2C_2O_4$ 混合液

一、实验要求

现有一混合酸样品，已知其中可能含有 H_2SO_4(约 0.25mol・L^{-1})和 $H_2C_2O_4$(约 0.3mol・L^{-1})。试拟出一实验方案，分析出 H_2SO_4 和 $H_2C_2O_4$ 各自的准确浓度。

二、原理提要

H_2SO_4 与 $H_2C_2O_4$ 皆为二元酸(H_2SO_4：$K_{a_2}=1.0\times10^{-2}$；$H_2C_2O_4$：$K_{a_1}=5.9\times10^{-2}$，$K_{a_2}=6.4\times10^{-5}$)。由于 $K_{a_i}/K_{a_{i+1}}<10^5$，故难以用酸碱滴定法测得某一酸型体的浓度。但由于 K_{a_i} 均$>10^{-5}$，只要酸的浓度不是太低，可用酸碱滴定法测定

两种酸的总浓度。

在 H_2SO_4 介质中，MnO_4^- 可与 $C_2O_4^{2-}$ 定量反应，即

$$2MnO_4^- + 5C_2O_4^{2-} + 16H^+ = 2Mn^{2+} + 10CO_2\uparrow + 8H_2O$$

因此，$H_2C_2O_4$ 的含量可用 $KMnO_4$ 氧化还原滴定法测得。酸的总量减去 $H_2C_2O_4$ 的含量后，便可求得 H_2SO_4 的分量。

三、问题与思考

① 用酸碱滴定法准确滴定酸的总浓度至化学计量点时，体系中主要的酸碱型体是什么？写出体系的质子条件式。

② 用酸碱滴定法准确滴定酸的总浓度至化学计量点时，pH 为多大？应选用什么作为指示剂？

③ 用 $KMnO_4$ 法准确滴定 $H_2C_2O_4$ 时，滴定应在什么条件下进行？应选用什么作为指示剂？具体操作应注意些什么？

④ 分析测定 H_2SO_4 与 $H_2C_2O_4$ 各自含量的化学计量关系是什么？

⑤ 除了实验原理所提示的分析方法外，可否用其他化学分析方法进行测定？

四、参考资料

欧阳耀国，郭祥群，蔡维平. 1998. 分析化学基础实验. 厦门：厦门大学出版社，164

Ⅳ. HCl-$FeCl_3$ 混合液

一、实验要求

现有金属酸洗液一份，其中含 Fe^{3+} 为 0.008～0.012mol·L^{-1}，含游离酸(HCl)为 0.08～0.12mol·L^{-1}。试根据所学的酸碱滴定原理，配合离解平衡理论，及氧化还原滴定的实验方法，拟定出测定该试液中 Fe^{3+} 和 HCl 的准确浓度的分析方案，并实施该方案，报告出分析结果。

二、原理提要

生产上经常要测定 Fe、Al、Cu 等水解金属盐(M)中的游离酸，如金属酸洗液中游离酸的测定。由于易水解离子的酸性通常较强(例如 Fe^{3+} 的羟基配合物的 $\lg\beta_1 = 11.87$，$\lg\beta_2 = 21.17$，$\lg\beta_3 = 29.67$，酸性比 HAc 还强)，因此滴定游离酸时的突跃很小，不能准确滴定。引用 Ca-EDTA，Ba-EDTA，Zn-EDTA 等配位体缓冲溶液(N-EDTA)，可有效地掩蔽易水解的金属离子，使滴定游离酸时的突跃显著增大。

配位体缓冲溶液是由配位体(L)和过量金属离子(N)组成。缓冲液中的配位体与酸洗液中易水解的金属离子(M)配合，置换出不易水解的金属离子(N)，既可

有效地掩蔽易水解的金属离子，又不改变滴定过程中体系的酸碱平衡。

考虑下列平衡关系（省略电荷）

$$N + L \rightleftharpoons NL$$

$$K_{NL} = \frac{[NL]}{[N][L]} \tag{5.1}$$

如只考虑 L 与 H^+ 结合的副反应，则用表观稳定常数表示

$$K'_{NL} = \frac{[NL]}{[N][L']} = \frac{K_{NL}}{\alpha_{L(H)}} \tag{5.2}$$

式中：$\alpha_{L(H)}$ 为酸效应系数。设 N 和 NL 的原始浓度分别为 c_N 和 c_{NL}，则

$$c_N + c_{NL} = [NL] + [N] \tag{5.3}$$

$$c_{NL} = [NL] + [L'] \tag{5.4}$$

$$K'_{NL} = \frac{c_{NL} - [L']}{(c_N + [L'])[L']} \tag{5.5}$$

当溶液的 pH 较高时，$\alpha_{L(H)}$ 减小，K'_{NL} 较大，故[L′]很小。若 c_{NL} 和 c_N 均不太小，则

$$c_{NL} - [L'] \approx c_{NL}$$

$$c_N + [L'] \approx c_N$$

由式(5.5)得到

$$pL' = \lg K'_{NL} + \lg \frac{c_N}{c_{NL}} \tag{5.6}$$

可见 c_N/c_{NL} 一定时，pL′将随 lg K'_{NL} 的增大（即 pH 的增大）而增大，但 pL 却不随 pH 的变化而变化，因为

$$\begin{aligned} pL &= pL' + \lg\alpha_{L(H)} \\ &= \lg K'_{NL} + \lg\alpha_{L(H)} + \lg \frac{c_N}{c_{NL}} \\ &= \lg K_{NL} + \lg \frac{c_N}{c_{NL}} \end{aligned} \tag{5.7}$$

可见当 c_N/c_{NL} 一定时，pL 只与 lg K_{NL} 有关。当 c_N/c_{NL} 值变化 10 倍时，pL 变化 1 个单位，与酸碱缓冲液相似，即为有效的配位体缓冲范围。

当溶液 pH 较低时，H^+ 浓度较大，以致 L 主要是与 H^+ 结合，$\alpha_{L(H)} \geqslant \alpha_{L(N)}$，配合物由于酸效应而离解，pL 基本上只决定于 c_L 和 $\alpha_{L(H)}$，则失去了配位体缓冲溶液的作用。此外，由于 L 的酸效应，配位体缓冲液的加入，将影响滴定体系的酸碱平衡。通常情况下，用 $\alpha_{L(H)} = \alpha_{L(N)}$ 作为判断配位体缓冲液是否起缓冲作用的界限。此时，由于

$$\alpha_{L(N)} = 1 + K_{NL}[N] \approx K_{NL}[N]$$

又要求 $\alpha_{L(H)} = \alpha_{L(N)}$，故

$$K'_{NL}[N] = \frac{K_{NL}}{\alpha_{L(H)}}[N] = \frac{K_{NL}}{\alpha_{L(N)}}[N] = 1 \tag{5.8}$$

式(5.8)中[N]可近似地以 c_N 代替。显而易见，要使配位体缓冲溶液起作用，至少应使 $\alpha_{L(N)} \geqslant \alpha_{L(H)}$，即应使 $c_N K'_{NL} \geqslant 1$。故

$$\lg K'_{NL} \geqslant pc_N$$

在实验过程中，配位体缓冲液的组分配比（[N]/[NY]）对滴定无显著的影响，但应保证缓冲体系中相应的金属离子有一定的过量，一般以[N]/[NY]≥0.5为宜。为有效地掩蔽M，配位体缓冲液组分中的EDTA的量要足够大，一般以[M]∶[NY]＝(1∶1)～(1∶3)为宜。

三、问题与思考

① 用NaOH滴定$FeCl_3$与HCl混合液中的游离酸，能否得到明显的滴定突跃？

② 在Ca-EDTA配位体缓冲溶液存在下，用NaOH滴定HCl，可得到几个滴定突跃（提示：[Fe(OH)Y]的$\lg\beta=6.5$）？

③ 在Ca-EDTA配位体缓冲溶液存在下，用NaOH滴定HCl，至第一化学计量点时，体系中控制pH的主要型体是什么？pH为多少？可选用什么作为指示剂（提示：[FeY]为深黄色）？终点从什么颜色变化到什么颜色？

④ 配位体缓冲溶液（N-EDTA）应如何配制？配位体缓冲液在加入试液之前是否需要中和？中和时应以什么为指示剂？

⑤ 配位体缓冲溶液浓度应控制为多大？

⑥ 若将配位体缓冲溶液（N-EDTA）的pH控制为滴定终点的相同值，配位体缓冲溶液加入试液前与加入试液后滴定至终点时的[Y′]是否相同？由此变化引起的滴定误差有多大？Ca-EDTA、Ba-EDTA、Zn-EDTA等不同配位体缓冲溶液引起的此类误差是否相同？何者较小？

⑦ 若用EDTA配合滴定法测定Fe^{3+}的浓度，应控制pH为多大？如何调节体系的pH？应选用什么作为指示剂？

⑧ 可否用氧化还原滴定法分析Fe^{3+}的浓度？应如何进行？

⑨ 可否用EDTA溶液代替N-EDTA配位体缓冲液掩蔽Fe^{3+}？对测定结果有没有影响？

⑩ 可否用EDTA-N金属离子缓冲液代替N-EDTA配位体缓冲液作为掩蔽剂？对测定结果有没有影响？

四、参考资料

欧阳耀国，郭祥群，蔡维平．1998．分析化学基础实验．厦门：厦门大学出版社，160～164

王志铿，赵藻藩．1982．水解金属盐中游离酸的测定——配位体缓冲溶液的作用．理化检验（化学分册），18(1)：封2～2

张锡瑜等．1991．化学分析原理．北京：科学出版社，148～149

赵藻藩．1981．配位体系缓冲溶液的理论考察．化学学报，39(4)：362～366

实验五十五　L-胱氨酸试剂纯度的测定

一、实验要求

现有一未知纯度的 L-胱氨酸试剂，试拟出分析方案，测定出试剂的纯度。

二、原理提要

胱氨酸溶于稀 NaOH 或 HCl 溶液。

在 $KBrO_3$ 的标准溶液中，加入过量的 KBr，将溶液酸化，BrO_3^- 与 Br^- 发生下列反应

$$BrO_3^- + 5Br^- + 6H^+ \xlongequal{} 3Br_2 + 3H_2O$$

在有过量 Br_2 存在的强酸性（HCl 的浓度约为 $1mol \cdot L^{-1}$）溶液中，胱氨酸与 Br_2 发生如下反应

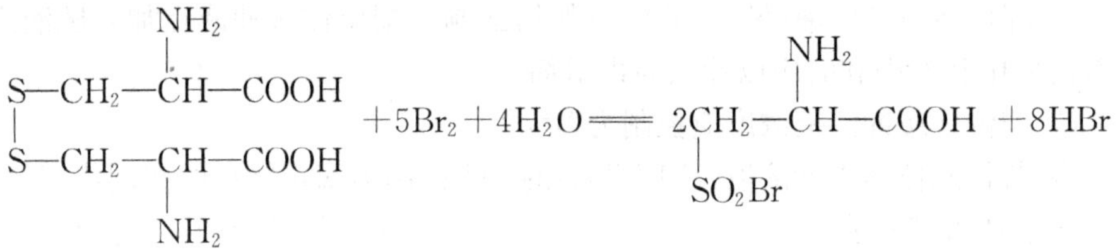

反应在 10～15min 内可以完成，剩余的 Br_2 用 KI 还原，析出的 I_2 可用 $Na_2S_2O_3$ 标准溶液滴定。

三、问题与思考

① 为使有足够量的 Br_2 与胱氨酸反应，而且有足够剩余的 Br_2 供碘量法准确滴定，应配制多大浓度的 $KBrO_3$？取用多少体积参加反应？应称取多少胱氨酸样品？

② 如何由实验数据计算胱氨酸的百分含量？

③ 试分析本测定的主要误差来源。

四、参考资料

欧阳耀国，郭祥群，蔡维平．1998．分析化学基础实验．厦门：厦门大学出版社，165

实验五十六　蛋壳中钙、镁含量的测定

一、实验要求

① 设计采用 EDTA 配合滴定法测定蛋壳中钙、镁含量的分析方案并实施

测定。

② 设计采用 $KMnO_4$ 氧化还原滴定法测定蛋壳中钙含量的分析方案并实施测定。

③ 设计采用酸碱滴定法测定蛋壳中钙镁总量的分析方案并实施测定。

二、原理提要

蛋壳的主要成分是 $CaCO_3$，其中还含有少量 $MgCO_3$、$Mg_3(PO_4)_2$ 和有机物，不含有毒组分(重金属离子等)，是一种天然的优质钙源，可作为制备补钙营养品柠檬酸钙的基本原料。

蛋壳中钙和镁的含量可采用配位滴定法分别测出，也可用酸碱滴定法测定钙镁的含量，及用 $KMnO_4$ 法测定其中钙的含量。测定方法原理简述如下。

1. EDTA 配合滴定法

用氨性缓冲溶液调节 pH=10，以铬黑 T 作为指示剂，用 EDTA 可直接测定 Ca^{2+} 和 Mg^{2+} 的总量。用 NaOH 调节 pH=12 时，Mg^{2+} 生成 $Mg(OH)_2$ 沉淀。然后以钙指示剂指示终点，用 EDTA 标准溶液滴定可测定 Ca^{2+} 含量。Mg^{2+} 的含量可用差减法求得。测定中为消除蛋壳中可能存在的微量杂质 Fe^{3+} 的干扰，应加入三乙醇胺掩蔽 Fe^{3+}。

2. $KMnO_4$ 法

$KMnO_4$ 法测定 Ca^{2+}，是采用间接滴定法。由于 CaC_2O_4 的 pK_{sp} 为 7.8(I=0.1 时)，而 MgC_2O_4 的 pK_{sp} 为 3.3(I=0.1 时)较小，可控制一定 pH，使 Ca^{2+} 定量沉淀为 CaC_2O_4，而 Mg^{2+} 不能形成沉淀。再经过滤、洗涤分离出 CaC_2O_4 沉淀。将其溶于热的稀 H_2SO_4 溶液中，最后用 $KMnO_4$ 标准溶液滴定 $H_2C_2O_4$。根据所消耗 $KMnO_4$ 的量，间接求得 Ca^{2+} 的含量。

为保证 Ca^{2+} 定量转化为 CaC_2O_4 并得到便于洗涤和过滤的颗粒较大的晶形沉淀，必须控制好反应条件。在含有 Ca^{2+} 的酸性试液中，加入过量 $(NH_4)_2C_2O_4$，然后用稀 $NH_3 \cdot H_2O$ 慢慢中和至甲基橙显黄色，以使沉淀缓慢地生成。沉淀完全后须放置陈化一段时间。用蒸馏水洗去沉淀表面吸附的 $C_2O_4^{2-}$。若在中性或弱碱性溶液中沉淀，会有部分 $Ca(OH)_2$ 或碱式 CaC_2O_4 生成，将使测定结果偏低。过滤后，沉淀表面吸附的 $C_2O_4^{2-}$ 必须洗净，否则分析结果将偏高。为使沉淀的洗涤充分且溶解损失较小，必须用倾泻法过滤和洗涤。以少量多次的原则用冷水洗涤沉淀。

3. 酸碱滴定法

蛋壳中的碳酸盐能与 HCl 发生反应

$$CaCO_3 + 2H^+ \longrightarrow Ca^{2+} + CO_2\uparrow + H_2O$$

过量酸可用 NaOH 标准溶液回滴，根据实际与碳酸盐反应的 HCl 的量可以求得蛋壳中钙、镁的总含量。

在蛋壳样品的实际测定过程中，还需对样品进行预处理和分解。蛋壳的预处理过程是将蛋壳洗净并除去蛋壳内表层的蛋白膜，然后晾干，再将干燥的蛋壳研成粉末。经预处理的蛋壳样品可用 1∶1 的 HCl 溶液微火加热溶解。

三、问题与思考

① 试比较三种方法的优缺点及分析中应注意的事项。

② 用 $KMnO_4$ 法测定 Ca^{2+} 含量时，哪些过程会引入误差？应采取什么相应的措施？

四、参考资料

甘孟瑜，曹渊. 2001. 大学化学实验. 重庆：重庆大学出版社，138～140

周其镇，方国女，樊行雪. 2000. 大学化学基础实验（Ⅰ）. 北京：化学工业出版社，230

实验五十七　无氰电镀液的分析

一、实验要求

请自拟一实验方案，测定无氰镀锌液中的 $ZnCl_2$、NH_4Cl 及硫脲的含量。

二、原理提要

在电镀工业中，由于镀层种类和镀层质量的要求不同，所采用的电镀液成分也有所不同。电镀液的种类有如无氰镀锌液和无氰镀镉液等。本实验主要测定氨三乙酸-NH_4Cl 镀锌液中 $ZnCl_2$、NH_4Cl 和硫脲的含量。

1. $ZnCl_2$ 测定

镀锌液中 $ZnCl_2$ 含量的测定，可采用配位滴定法。于待测样品溶液中，加入适宜缓冲液，控制一定 pH，以铬黑 T 为指示剂，用 EDTA 标准溶液滴定待测液中的 Zn^{2+}。

2. NH_4Cl 测定

镀锌液中 NH_4Cl 含量的测定，可采用酸碱滴定法（甲醛法）。由于电镀液中氨三乙酸($pK_{a_1} \sim pK_{a_3}$,1.89、2.49、9.73)等酸性物质的存在会参与滴定过程中酸碱反应,测定前应用 NaOH 标准溶液中和。中和后的电镀液中的铵盐与过量甲醛作用,定量产生六次甲基四铵盐和 H^+,此产物可用 NaOH 标准溶液准确滴定。

3. 硫脲测定

镀锌液中硫脲含量的测定,可采用碘量法。利用 I_2 在碱性介质中生成 NaIO,而 NaIO 中的氧能定量地将硫脲中硫置换转化为尿素,同时硫被氧化成 H_2SO_4。剩余的 NaIO 酸化后用 $Na_2S_2O_3$ 滴定,然后根据 I_2 和 $Na_2S_2O_3$ 的用量,计算出硫脲的含量。

主要反应为

$$2NaOH + I_2 = NaIO + NaI + H_2O$$

$$4NaIO + CS(NH_2)_2 + H_2O = CO(NH_2)_2 + 4NaI + H_2SO_4$$

$$I_2 + 2Na_2S_2O_3 = 2NaI + Na_2S_4O_6$$

三、问题与思考

① 用配位滴定法测定氯化锌含量(以铬黑 T 为指示剂)的 pH 为多少？应如何控制？

② 用甲醛法测定 NH_4Cl 含量时,镀锌液是否必须预先中和？为什么？

③ 写出测定硫脲中的有关反应式。如何计算硫脲的含量？

④ 上述三种测定的主要误差来源是什么？应分别采取什么相应的措施？

四、参考资料

陈必友. 1992. 工厂分析化学手册. 北京:国防工业出版社,370～374

南京大学大学化学实验教学组. 1999. 大学化学实验. 北京:高等教育出版社,278～279

徐红娣,李光萃. 1993. 常用电镀溶液的分析. 第三版. 北京:机械工业出版社,63～73

实验五十八　果蔬中维生素 C 的分析

一、实验要求

现有一水果或蔬菜,试拟出分析方案,测定出其中维生素 C 的含量。

二、原理提要

维生素是人类维持正常生命过程所必需的一类有机物质,维生素 C 是维生素大家族中的一个重要成员,它广泛存在于新鲜水果、蔬菜以及天然野生植物中。维生素 C 又名抗坏血酸,在碱性介质中易被氧化成脱氢抗坏血酸。当 pH>5 时,脱

氢抗坏血酸的内环开裂，形成二酮古洛糖酸。结构式为

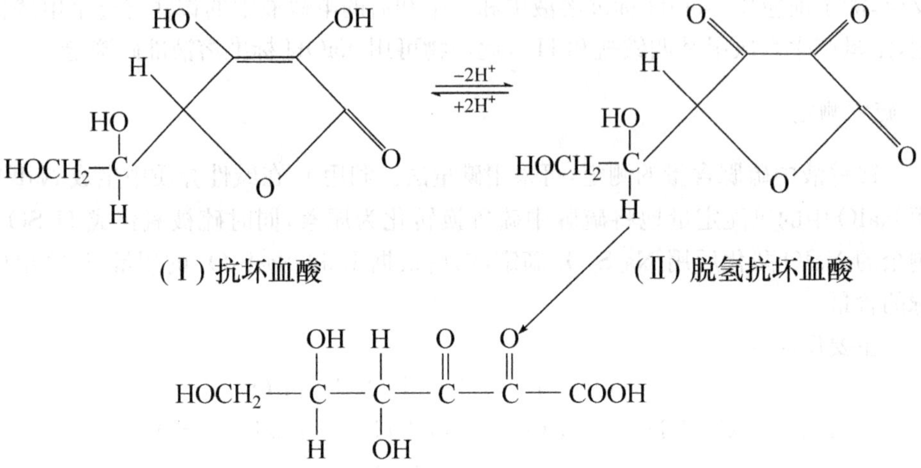

(Ⅰ) 抗坏血酸　　(Ⅱ) 脱氢抗坏血酸

(Ⅲ) 二酮古洛糖酸

脱氢抗坏血酸和二酮古洛糖酸均能与 2,4 -二硝基苯肼作用生成红色物质脎，脎能溶于 H_2SO_4，在 500nm 波长处具有最大吸收。水果或蔬菜试样经过提取和脱色等化学处理，制得试样溶液。试样溶液与维生素 C 标准溶液在同等条件下用 2,4 -二硝基苯肼显色，并在 500nm 波长处测量吸光度，根据样品溶液的吸光度由工作曲线查出维生素 C 的浓度，即可求出样品中维生素 C 的含量。

三、问题与思考

① 如何从水果或蔬菜中提取维生素 C?

② 进行分光光度分析时，如何选择参比溶液?

四、参考资料

马全红，路春娥，关敏等. 2002. 大学化学实验. 南京：东南大学出版社，149

苏显云等. 2001. 大学普通化学实验. 北京：高等教育出版社，69

实验五十九　茶叶中微量元素的鉴定与分析

一、实验要求

鉴定并分析茶叶中微量元素 Ca、Mg、Al、Fe、Mn 和 P 几种微量元素。

二、原理提要

茶叶是有机体，主要由 C、H、N、O 等元素组成，还含有微量的 P 和 Ca、Mg、

Fe、Al、Mn 等金属元素。把茶叶"干灰化"后用酸浸提，通过特征的定性实验，即可鉴定是否存在这些金属元素。

茶叶中 Ca、Mg 的含量都较大，且二者性质接近，故 Mg 不可能直接滴定。选择合适的指示剂和 pH，先用 EDTA 滴定出 Ca、Mg 的总量，再用 EDTA 滴出 Ca 含量，则可求出 Mg 的含量。实验过程中需选择合适的掩蔽剂，三乙醇胺用于在碱性溶液中掩蔽 Fe^{3+} 、Al^{3+} 和少量的 Mn^{2+} 等。

茶叶中 Al、Fe、Mn 和 P 的含量可以采用分光光度法进行测定。样品经灼烧后，灰分中残留的微量 Al，在微酸性介质中与铝试剂共热，形成稳定的红色配合物。茶叶中的 Fe^{3+} 可以还原为 Fe^{2+}，Fe^{2+} 与邻二氮菲在 pH 为 3～9 的介质中反应生成橘红色配合物。Mn 的测定可以采用强氧化剂过硫酸铵把 Mn^{2+} 氧化为 MnO_4^- 生成紫红色溶液。磷酸盐在酸性条件及铵盐存在下与钼酸铵结合为磷钼酸铵黄色结晶，但其水溶性游离磷钼酸遇到还原剂则产生蓝色的磷钼蓝。在各种化合物的最大吸收波长处测定吸光度并与标准曲线相比较，可以分别测定 Al、Fe、Mn、P 的含量。由于吸收曲线的制作、显色反应酸度、显色剂用量、显色时间和其他离子的干扰等因素影响到测定的灵敏度和准确度，因此样品测定前应进行条件实验。

三、问题与思考

① 应如何选择灰化茶叶的温度？

② Ca、Mg 总量测定以及 Ca 含量的测定时 pH 是多少？

③ Ca、Mg、Al、Fe、Mn 和 P 的测定时各需要考虑哪些离子的干扰？

四、参考资料

中国农业科学院茶叶研究所．1983．茶树生理及茶叶生化实验手册．北京：农业出版社，140，144，145，151，153

周其镇，方国女，樊行雪．2000．大学基础化学实验（Ⅰ）．北京：化学工业出版社，235

实验六十　环境友好产品（CaO_2，$Na_2CO_3 \cdot 1.5H_2O_2 \cdot H_2O$）的制备与分析

一、实验要求

① 实验之前，要预习有关过氧化物的性质及其应用。

② 合成过氧化钙（CaO_2），并设计分析方案，测定产物中的 CaO_2 含量。

③ 合成过碳酸钠（$Na_2CO_3 \cdot 1.5H_2O_2 \cdot H_2O$），并设计分析方案测定产物中 Na_2CO_3 含量和 H_2O_2（活性氧）的含量。

二、原理提要

1. CaO_2 的合成及含量的测定

(1) CaO_2 的合成　在元素周期表中ⅠA、ⅡA族及Ag、Zn等元素均可形成化学稳定性各异的简单过氧化物。它们是氧化剂，对生态环境是友好的，生产过程中一般不排放污染物。可以实现污染的“零排放”。

$CaO_2 \cdot 8H_2O$ 是白色结晶粉末，50℃转化为 $CaO_2 \cdot 2H_2O$，110～150℃可以脱水，转化为 CaO_2，室温下较为稳定，加热到270℃时分解为CaO和 O_2，反应式为

$$CaO_2 \xrightarrow{270℃} CaO + \frac{1}{2}O_2 \qquad \Delta_r H_m^{\ominus} = 22.70\text{kJ} \cdot \text{mol}^{-1}$$

CaO_2 难溶于水，不溶于乙醇与丙酮，在潮湿的空气中也会缓慢分解，它与稀酸反应生成 H_2O_2，若放入微量KI作为催化剂，可作为应急氧气源。

CaO_2 广泛作为杀菌剂、防腐剂、解酸剂和油类漂白剂，CaO_2 也是种子及谷物的消毒剂，例如将 CaO_2 用于稻谷种子拌种，不易发生秧苗烂根。CaO_2 是口香糖、牙膏、化妆品的添加剂。若在面包烤制中添加一定量的 CaO_2，能引发酵母增长，增加面包的可塑性。用聚乙烯醇等微溶于水的聚合物包裹 CaO_2 微粒，可以制成寿命长、活性大的氧化剂。据有关资料报道，CaO_2 可代替活性污泥处理城市污水，降低COD和BOD(即化学需氧量和生化需氧量)。

制备 CaO_2 的原料可以是 $CaCl_2 \cdot 6H_2O$、H_2O_2 及 $NH_3 \cdot H_2O$，也可以是 $Ca(OH)_2$、H_2O_2 及 NH_4Cl。在较低温度下，通过原料物质之间的反应，在水溶液中生成 $CaO_2 \cdot 8H_2O$，在110℃条件下真空干燥，得到白色或淡黄色粉末固体 CaO_2。产品要放在封闭容器中置于低温干燥处保存。在反应过程中加入微量 $Ca_3(PO_4)_2$ 及少量乙醇，可以增加 CaO_2 的化学稳定性，有利于提高产率。有关化学反应式如下

$$CaCl_2 + 2NH_3 \cdot H_2O \rightleftharpoons 2NH_4Cl + Ca(OH)_2$$

$$Ca(OH)_2 + H_2O_2 + 6H_2O \rightleftharpoons CaO_2 \cdot 8H_2O$$

$$CaCl_2 \cdot 6H_2O + H_2O_2 + 2NH_3 \cdot H_2O \xrightleftharpoons{0℃} CaO_2 \cdot 8H_2O + 2NH_4Cl$$

分离出的 $CaO_2 \cdot 8H_2O$ 的母液可以循环使用。

(2) CaO_2 含量的测定　在酸性条件下，CaO_2 与稀酸反应生成 H_2O_2，用标准 $KMnO_4$ 溶液滴定所生成的 H_2O_2，以确定含量。加入微量 $MnSO_4$ 可加速反应，总反应式如下

$$5CaO_2 + 2MnO_4^- + 16H^+ = 5Ca^{2+} + 2Mn^{2+} + 5O_2\uparrow + 8H_2O$$

$$w_{CaO_2} = \frac{\frac{5}{2}c_{KMnO_4}V_{KMnO_4}M_{CaO_2}}{m_{产品CaO_2}} \times 100\%$$

2. $Na_2CO_3 \cdot 1.5H_2O_2$ 的合成和活性氧的测定

(1) $Na_2CO_3 \cdot 1.5H_2O_2$ 的合成　过碳酸钠是 Na_2CO_3 与 H_2O_2 的加合物 $Na_2CO_3 \cdot 1.5H_2O_2 \cdot H_2O$，是一种固体放氧剂，可作为纺织造纸等工业的漂白剂、精细化学品生产中的消毒剂、洗涤剂的添加剂及金属表面处理剂的添加剂等。外观为白色结晶粉末，理论上活性氧的含量约为 14%，相当于 30%的 H_2O_2 溶液。比过硼酸钠($NaBO_2 \cdot H_2O_2 \cdot 3H_2O$)中 11%的活性氧含量要多 3%。同时，合成过碳酸钠的原料易得且无毒性。

20℃时过碳酸钠在水中的溶解度约为 14g。自动缓慢地放出 O_2，在重金属离子催化作用下，加速放出 O_2。在 110℃左右分解，反应式为

$$Na_2CO_3 \cdot 1.5H_2O_2 \cdot H_2O \xrightarrow{110℃} Na_2CO_3 + 2.5H_2O + 0.75O_2$$

用 Na_2CO_3 或 $Na_2CO_3 \cdot 10H_2O$ 以及 H_2O_2 为原料，在一定条件下可以合成 $Na_2CO_3 \cdot nH_2O_2 \cdot mH_2O$(一般 $n=1.5$，$m=1$)。合成方法有干法、喷雾法、溶剂法以及湿法(低温结晶法)等多种。本设计实验可采用低温结晶法，反应过程如下

Na_2CO_3 水解　　$CO_3^{2-} + H_2O \rightleftharpoons HCO_3^- + OH^-$

酸碱中和　　$H_2O_2 + OH^- \rightleftharpoons HO_2^- + H_2O$

过氧键转移　　$HCO_3^- + HO_2^- \rightleftharpoons HCO_4^- + OH^-$

低温下析出结晶，反应式为

$$2NaHCO_4 \cdot H_2O \longrightarrow Na_2CO_3 \cdot 1.5H_2O_2 + CO_2 + 1.5H_2O + 0.25O_2 \uparrow$$

-4℃左右析出 $Na_2CO_3 \cdot 1.5H_2O_2 \cdot H_2O$ 晶体。

为了提高合成产物的产量和析出速率，可以采用盐析法。由于 NaCl 溶解度基本不随温度降低而减小，在合成反应完成之后，加入适量的 NaCl 固体，促进 $Na_2CO_3 \cdot 1.5H_2O_2 \cdot H_2O$ 晶体大量析出。母液可循环使用，实现污染“零排放”。

由于 $Na_2CO_3 \cdot 1.5H_2O_2 \cdot H_2O$ 易与有机物反应，因此它的晶体与母液不能通过滤纸加以分离，要用砂芯漏斗抽滤或离心分离法分离。

为了增加 $Na_2CO_3 \cdot 1.5H_2O_2 \cdot H_2O$ 的稳定性，在合成过程中应加入少量稳定剂如$MgSO_4$、Na_2SiO_3、$Na_4P_2O_7$ 等，也可加入 EDTA 钠盐或柠檬酸钠盐作为配合剂，以掩蔽重金属离子，使它们失去催化 H_2O_2 分解的能力。同时对产品应尽量除去非结晶水。

(2) H_2O_2 含量的测定　产品中 H_2O_2 含量的测定，可采用间接碘量法。将待测样品在弱酸性介质中与过量 KI 反应，定量生成的 I_2 可用 $Na_2S_2O_3$ 标准溶液滴定。产品活性氧的含量计算如下

$$w_{活性氧} = w_{H_2O_2} \cdot \frac{16}{34}$$

三、问题与思考

① 合成 CaO_2 过程中会含有哪些主要杂质？如何提高产品的纯度？

② 测定 CaO_2 含量时，为何不用稀 H_2SO_4 而用稀 HCl？这样对测定结果有无影响？如何证实？

③ 根据实验原理，在制备 $Na_2CO_3 \cdot 1.5H_2O_2 \cdot H_2O$ 过程中，应注意掌握好哪些操作条件？

④ 试分析 $Na_2CO_3 \cdot 1.5H_2O_2 \cdot H_2O$ 具有洗涤、漂白与消毒作用的原因。

⑤ 如何正确掌握测定 $Na_2CO_3 \cdot 1.5H_2O_2 \cdot H_2O$ 中 H_2O_2 的含量。分析测定结果成败的原因。

⑥ 测定 $Na_2CO_3 \cdot 1.5H_2O_2 \cdot H_2O$ 中 H_2O_2 的含量时，为何不能像测定 CaO_2 含量那样，用 $KMnO_4$ 标准溶液滴定？

四、参考资料

赫斯洛普 R B，琼斯 K. 1981. 高等无机化学(中). 北京：人民教育出版社
柯以侃. 2001. 大学化学实验. 北京：化学工业出版社，316～322
吕希伦. 1987. 无机过氧化物化学. 北京：科学出版社，307～309
南京大学. 1988. 无机及分析化学实验. 第三版. 北京：高等教育出版社
天津化工研究院. 1981. 无机盐工业手册(下). 北京：化学工业出版社

5.3 研究性实验

实验六十一 放大化学反应法测定微量碘化物

一、课题导向

碘是人体必需的微量元素之一，是维持甲状腺功能的重要元素。缺碘会导致人的一系列疾病的产生，如智力下降、甲状腺肿大等。因而在人们的日常生活中，每天摄入一定量的碘是非常必要的。将碘加入食盐中是一个很有效的方法。通常是将 KI 或 KIO_3 加入食盐中以达到补充碘的目的。食盐中碘含量(以 I 计算)一般为 $2\times10^{-3}\%$～$5\times10^{-3}\%$(20～ 50$\mu g \cdot g^{-1}$)。

常量碘化物的测定可用化学滴定法，如银量法。但由于化学滴定法的灵敏度较低，使其不能应用于微量碘化物的分析。微量碘的测定通常利用仪器分析的方法，包括光分析法如常规光度法、催化动力学光度法、萃取光度法、溶剂浮选光度法、双波长光度法、褪色光度法、荧光光度法、流动注射光度法、化学发光法和光化学反应分析法，电化学分析方法如离子选择性电极法和极谱法，色谱法如离子色谱

和气相色谱。近年来，含微量碘的样品的分析目标集中在食品、水中微量碘的测定，其他还有人发、血清、植物样品和环境样品等。食品主要包括食盐、加碘盐、海藻类(海带)、粮食(大米)、乳品等。其中食盐和水的研究为最多。

这里推荐两种简便的测定微量碘的分析方法以供进一步研究。其中一种是放大化学反应法，借鉴适于加碘盐中的 I^- 的测定的国家标准方法，将氧化剂由 Br_2 改为 Cl_2，I^- 经饱和 Cl_2 水氧化定量转化为 IO_3^-，即

$$I^- + 3Cl_2 + 3H_2O \xlongequal{} IO_3^- + 6Cl^- + 6H^+$$

煮沸除去过量 Cl_2 后，加入过量 KI 并酸化，反应为

$$IO_3^- + 5I^- + 6H^+ \xlongequal{} 3I_2 + 3H_2O$$

然后用 $Na_2S_2O_3$ 标准溶液滴定析出的 I_2。由于 1mol I^- 消耗滴定剂 $Na_2S_2O_3$ 6mol，反应扩大 6 倍，其灵敏度提高 6 倍，可用于加碘盐中含碘的测定。若析出的 I_2 暂不用 $Na_2S_2O_3$ 滴定，而是用 CCl_4 溶剂萃取至有机相与水溶液分离，然后再反萃取至水相，继续用 Cl_2 水氧化。这时由原来样品中 1mol 的 I^- 析出的 3mol 的 I_2 被氧化成 6mol 的 IO_3^-，继续用间接碘量法滴定，将消耗滴定剂 $Na_2S_2O_3$ 36mol。如此灵敏度倍增至 36 倍。此法又称倍增反应法。还有一种方法是放大化学反应结合分光光度的方法，前面操作步骤同于放大化学反应法，析出的 I_2 不用 $Na_2S_2O_3$ 滴定，而是与淀粉溶液显色，在波长 590nm 进行比色分析，可用于微量碘的测定。

两种方法的测定条件有待仔细研究，如第一种方法的萃取溶剂的选择、反萃条件的选择，以及过量氧化剂的除尽等对分析结果准确与否都是至关重要的；第二种方法需要选择适宜的显色条件如酸度、KI 和淀粉用量以及显色时间等。这些测定条件都需要通过对标准样品的测定实验来确定，分析方法应用于实际样品分析时还应考虑干扰问题。

二、参考资料

刘约权，李贵深. 1999. 实验化学. 上册. 北京：高等教育出版社，208～210

彭崇慧，冯建章，张锡瑜等. 1997. 定量化学分析简明教程. 第二版. 北京：北京大学出版社，242～243

王鹏，史书杰. 1996. 微量碘的快速流动注射光度分析. 分析化学，24(6)：720～723

王中一. 1983. 食品中碘的定量分析. 食品科学，4(6)：35～36

薛宏基，汤大卫，丁贵平. 1995. 放大反应滴定法测定食品中的微量碘. 食品科学，16(9)：53～55

中华人民共和国国家标准制盐工业通用试验方法. 碘离子的测定. X35 GB/T 130.25.7—1999

中国食品添加剂生产应用工业协会. 1999. 食品添加剂分析检验手册. 北京：中国轻工业出版社，212～216

实验六十二 红丹中Pb(Ⅱ)及Pb(Ⅳ)含量的测定

一、课题导向

红丹又称红铅、高铅酸亚铅、铅丹、光明丹、冬丹、铅红、红色氧化铅、樟丹。化学名称是四氧化三铅，分子式为 Pb_3O_4 或 $2PbO \cdot PbO_2$。相对分子质量为 685.57。红丹为鲜红至橘红色重质四方晶系结晶或粉末，有毒。密度为 $9.1g \cdot cm^{-3}$。

红丹中的铅存在 Pb(Ⅱ)和 Pb(Ⅳ)两种价态。Pb(Ⅱ)可用 EDTA 直接滴定，也可用草酸沉淀，$KMnO_4$ 间接滴定；Pb(Ⅳ)可用间接碘量法测定，也可用还原剂如 H_2O_2 或草酸将 Pb(Ⅳ)还原为 Pb(Ⅱ)，再测 Pb(Ⅱ)。以下推荐三种关于红丹中铅的价态分析的方法以供进一步的研究。

① 由于 PbO 易溶于 HNO_3，而 PbO_2 不溶于 HNO_3，可将红丹用稀 HNO_3 处理，PbO 转化为 Pb^{2+} 便与 Pb(Ⅳ)分离。滤液中 Pb^{2+} 可用 EDTA 配合滴定法测定；PbO_2 沉淀用 H_2O_2 还原为 Pb^{2+}，再用 EDTA 滴定，可测出 Pb(Ⅳ)的含量。

② 先用稀 HNO_3 处理红丹，再用 H_2O_2 还原 PbO_2，加热除去剩余 H_2O_2，最后用 EDTA 滴定可测定红丹中 Pb(Ⅱ)和 Pb(Ⅳ)的总量，其中的 Pb(Ⅳ)可用间接碘量法测定。

③ 先用稀 HNO_3 将红丹中的 PbO 溶解，再用一定量的过量 $Na_2C_2O_4$ 将未溶解的 PbO_2 还原为 Pb^{2+}，然后用 NH_3 中和，这时 Pb^{2+} 以 PbC_2O_4 形式沉淀，过滤，滤液酸化后用 $KMnO_4$ 滴定过量的 $Na_2C_2O_4$。沉淀溶解于酸中，也用 $KMnO_4$ 滴定。根据两次 $KMnO_4$ 的滴定体积，可通过计算分别得出 Pb(Ⅱ)和 Pb(Ⅳ)的含量。

二、参考资料

陈必友. 1992. 工厂分析化学手册. 北京：国防工业出版社，227～278

韩长日，宋小平. 2001. 颜料制造与色料应用技术. 北京：科学技术文献出版社，437～440，463～466

彭崇慧，冯建章，张锡瑜等. 1997. 定量化学分析简明教程. 第二版. 北京：北京大学出版社，247

实验六十三 酸碱滴定法测定磷时 P 与 NaOH 化学计量比的测定

一、课题导向

采用酸碱滴定法测定钢铁和矿石等试样中的磷时，一般先将试样分解，使试样中的 P 转变为 PO_4^{3-}。在体系中存在适量 HNO_3 和 NH_4NO_3 时，加入钼酸铵使之生成磷钼酸铵沉淀。然后用过量的 NaOH 标准溶液溶解此沉淀，过剩的 NaOH 用 HNO_3 标准溶液滴定，以此测定 P 的含量。在确定 P 与 NaOH 的化学计量系数比时，有的教科书认为，磷钼酸铵是三铵盐。反应的方程式为

$$(NH_4)_3PO_4 \cdot 12MoO_3 + 23OH^- \xlongequal{} HPO_4^{2-} + 12MoO_4^{2-} + 3NH_4^+ + 11H_2O$$

在上式中，P 与 NaOH 的化学计量系数比为 1∶23，即 P 的计量系数为 1/23。有的教科书则认为，磷钼酸铵应是二铵盐 $(NH_4)_2HPO_4 \cdot 12MoO_3$，则反应的方程式改为

$$(NH_4)_2HPO_4 \cdot 12MoO_3 + 24OH^- \xlongequal{} HPO_4^{2-} + 12MoO_4^{2-} + 2NH_4^+ + 12H_2O$$

在上式中，P 与 NaOH 的化学计量系数比为 1∶24，即 P 的计量系数为 1/24。

实验设计过程中可以考虑采用已知 P 含量的标样对磷钼酸铵容量法中的 P 与 NaOH 的化学计量比进行确证。

二、参考资料

林清赞. 1996. 磷在酸碱滴定法中的计量关系. 化学计量，5：38
武汉大学. 2000. 分析化学(第四版). 北京：高等教育出版社，76

实验六十四　由低品位萤石矿制备氟硅酸钠及产品纯度的测定

一、课题向导

氟硅酸钠是一种白色粉状的无机精细化工产品，可作为玻璃和搪瓷的乳白剂、助熔剂、木材防腐剂、农业杀虫剂、耐酸水泥的吸湿剂等。本实验可以采用萤石矿(含 CaF_2)和石英砂(含 SiO_2)作为主要原料来制备氟硅酸钠。

制备反应原理及工艺流程如下

$$CaF_2 + H_2SO_4 \xlongequal{} CaSO_4 + 2HF$$

$$6HF + SiO_2 \xlongequal{} H_2SiF_6 + 2H_2O$$

$$H_2SiF_6 + 2NaCl \xlongequal{} Na_2SiF_6 + 2HCl$$

萤石矿、石英砂、H_2SO_4 $\xrightarrow{\text{①反应}}$ $\xrightarrow{\text{②过滤、洗涤}}$ 氟硅酸溶液 $\xrightarrow{\text{③饱和 NaCl 溶液}}$ $\xrightarrow{\text{④过滤、洗涤和脱水}}$ 氟硅酸钠

其中萤石矿的粒度、H_2SO_4 的浓度和用量、反应温度和时间以及 NaCl 用量等实验条件都可能影响到氟硅酸钠制备的纯度。

产品的纯度可以采用重量法直接测定，也可以用氟硅酸钠水解释放出 HF，再用 NaOH 标准溶液滴定 HF 间接测定，反应方程式如下

$$K_2SiF_6 + 3H_2O \xlongequal{} 2KF + H_2SiO_3 + 4HF$$

二、参考资料

刘彦明，王辉，郭鹏. 1998. 硫酸分解萤矿石制备氟硅酸钠. 非金属矿，3：12
武汉大学. 2000. 分析化学. 第四版. 北京：高等教育出版社，77

实验六十五　水处理絮凝剂——聚碱式氯化铝的制备

一、课题导向

絮凝沉降仍然是十分有效和经济的污水处理工艺过程之一，也是城市生活用水处理的主要工艺。絮凝剂包括许多无机高分子絮凝剂和有机高分子絮凝剂，其中聚碱式 $AlCl_3$ 属于目前五种主要的无机高分子絮凝剂之一，呈白色黏稠状，化学成分为$[Al(OH)_mCl_{3-m}]_n$，式中 $m=1\sim3$、$n=1\sim10$。研究认为，在 Al(Ⅲ)的水解聚合过程中，水解与聚合反应交替进行，结果趋向于生成具有高电荷的聚合羟基络离子，在水中有强的吸附能力、较好的絮凝效果和较快的沉降速率，能有效去除水中的颗粒及胶体污染物。

制备聚碱式 $AlCl_3$ 的原材料可以是废铝料，也可以是高岭土或铝土矿。首先将样品溶解为 Al^{3+} 自由离子状态，溶样一般采用酸溶法，可以采用纯的 HCl，也可以采用工业 HCl。

中和比$[R=n(OH)/n(Al)]$、聚合反应的时间和温度等因素都可能影响聚碱式 $AlCl_3$ 的絮凝效果。取一定量的 $AlCl_3$ 溶液加 $NH_3\cdot H_2O$ 使之转变成 $Al(OH)_3$，再用适量的 $AlCl_3$ 溶液溶解 $Al(OH)_3$，使之具有合适的中和比，此时溶液中的有效组分占优势。选择一定的温度下聚合一定时间，可以得到黏稠状液体产品。

聚碱式氯化铝产品有液体和固体两种性状。加热聚合物，100℃前它仅失去3%左右的吸附水，随温度升高，聚合物大量裂解出 HCl 和 H_2O，最后剩下 Al_2O_3 固体。在实验室可将聚合好的液体产品在瓷盘或蒸发皿中铺开，于烘箱中控制温度干燥得到淡黄色固体产品。制备所得产品可以做净水效果实验进行性能评估。

二、参考资料

柯以侃. 2001. 大学化学实验. 北京：化学工业出版社，341
韦薇，李璐. 1998. 利用废铝边角制备高效絮凝剂聚合氯合铝的研究. 楚雄师专学报，3：104

实验六十六　纳米材料(TiO_2，α-Al_2O_3)的制备

一、课题导向

粒子直径在 1～100nm 的粒子称为纳米粒子，由纳米粒子制成的材料称为纳

米材料。纳米材料分为两大类:一类是粒度在纳米级的超细材料(如 TiO_2 微粉);另一类是具有纳米孔、纳米通道等纳米相结构的材料。由于纳米粒子的尺度如此微细,它与化学成分完全相同的宏观粒子相比,具有许多不同寻常的特点,如表面效应、体积效应、量子尺寸效应等,在电学、光学、磁学、力学及生物学等方面表现出许多优良性能。

纳米材料的制备技术可归纳为物理法、化学法和物理化学综合法。大部分单纯的物理、化学方法具有许多缺陷。物理化学综合法又可分为气相法、固相法、液-固法。根据具体的实验条件来选择不同的合成方法。

TiO_2 纳米材料作为一种新型的无机功能材料,因其具有比表面积大、表面活性高、光吸收性能好且吸收紫外线的能力强等优点,在太阳能的储存与利用、光电转换、光致变色、光降解污染物、水的光解、固氮及石油泄漏的清除、高级汽车涂料、防晒化妆品及精细陶瓷等方面得到广泛的应用。用 α-Al_2O_3 纳米粉末制取烧结材料时烧结温度低,烧结速率快,烧结体致密度高,从而使产品在力学、光学、加工精度等方面均远远优于由微米级 α-Al_2O_3 制成的陶瓷。因此,近年来关于 α-Al_2O_3 纳米粉末的制备研究也引起了人们的广泛关注。

二、参考资料

程志林,晁自胜,万惠林. 2002. 发泡法合成纳米氧化铝. 应用化学,19(11):1032

甘孟瑜,曹渊. 2001. 大学化学实验. 第二版. 重庆:重庆大学出版社,142

柯以侃. 2001. 大学化学实验. 北京:化学工业出版社,342

苏显云等. 2001. 大学普通化学实验. 北京:高等教育出版社,44

吴凤清,阮圣平,李晓平等. 2001. 纳米 TiO_2 的制备、表征及光催化性能的研究. 功能材料,32(1):69

武汉大学化学与分子科学学院实验中心. 2003. 综合化学实验. 武汉:武汉大学出版社,99

袁军文,段学臣. 2002. 纳米级二氧化钛的制备. 硬质合金,19(4):218

实验六十七　三废综合利用

Ⅰ. 含 Ag 废液或废渣中提取 Ag 并制成 $AgNO_3$ 及分析

一、课题导向

Ag 是贵金属之一,由于其良好的导电性而用于某些精密仪器中。银盐及 Ag 的配合物广泛用于胶卷及暖水瓶胆的生产工业。从含 Ag 废液中回收 Ag 不仅可获得金属 Ag,降低生产费用,节约资源,而且还可以消除含 Ag 废液对环境的污染(如城市下水道排放水中要求 Ag^+ 的含量不超过 $1mg \cdot L^{-1}$)。

含 Ag 废液的来源不同,其中所含的物质不同。如"海水中卤素离子总量的测定"实验中，所产生的废液主要含 AgCl 沉淀物，而洗相定影过程所产生的废定影液中主要含 $Ag(S_2O_3)_2^{3-}$。工业与实验室的废液与废渣的共同特点是贵金属含量较低，需要经过富集，然后再提取、纯化。从含 Ag 废液中回收金属 Ag 的方法有硫化物沉淀法、金属 Zn 置换法、电解法、连二亚硫酸钠（保险粉）还原法以及傅锦坤等近年来研究开发的用乳酸杆菌 A09 吸附还原 Ag(Ⅰ)法，这种利用微生物吸附贵金属的方法特别适用于含 Ag 量低的废液中 Ag 的回收，并且不造成二次污染，在环保和贵金属回收方面具有广阔的应用前景。具体实验时采取哪一种提取方法是根据废液中 Ag 的含量、杂质及存在形式决定，具体问题，具体分析。从废定影液中回收金属 Ag 常用硫化物沉淀法。

Ag 或 Ag_2S 溶于中等强度的 HNO_3（HNO_3 把 Ag_2S 中的 S 氧化为单质 S，过滤除去 S，从滤液中可得 $AgNO_3$）可得 $AgNO_3$。$AgNO_3$ 中 Ag 的分析用沉淀滴定法或电位滴定法进行。

另外，也可以从废弃的电影胶片、X 射线胶片、照相胶片等废弃的感光材料中回收 Ag。

二、参考资料

甘孟瑜，曹渊. 2001. 大学化学实验. 第二版. 重庆：重庆大学出版社，150

夏士明：2002. 从废胶片中回收银和片基材料的新方法. 化学世界，43(9)：502

薛福连. 2002. 从废定影液中回收银方法简介. 宁波化工.（4～3）：43

浙江大学普通化学教研组. 1996. 普通化学实验. 第三版. 北京：高等教育出版社，179

周其镇，方国女，樊行雪. 2000. 大学基础化学实验（Ⅰ）. 北京：化学工业出版社，249

Ⅱ. 废烂板液的综合利用

一、课题导向

在印刷电路板的制造中，铜板的腐蚀是一道重要工序。用于印刷电路板的腐蚀液又称烂板液，通常是 $FeCl_3$、HCl 及 H_2O_2 组成的混合液。腐蚀过程发生如下反应

$$Cu + 2FeCl_3 \xlongequal{40\sim60℃} 2FeCl_2 + CuCl_2$$

$$Cu + H_2O_2 + 2HCl \xlongequal{} CuCl_2 + 2H_2O$$

$$2FeCl_2 + H_2O_2 + 2HCl \xlongequal{} 2FeCl_3 + 2H_2O$$

腐蚀后的废液称为废烂板液，其组成是 $CuCl_2$（$1\sim1.3mol \cdot L^{-1}$）、$FeCl_3$（$2\sim2.5mol \cdot L^{-1}$）、$FeCl_2$（$2\sim2.5mol \cdot L^{-1}$）及适量的 HCl，若直接排放将污染环境。

对废烂板液的分析及综合利用是一个无机制备与化学分析的综合研究课题。可开展的工作如下：

① 对所提供的废烂板液进行 Cu^{2+}、Fe^{3+}、Fe^{2+} 含量测定；

② Cu、Fe 分离；

③ 铜盐如 $CuSO_4$、CuC_2O_4 或铜配合物，如草酸合铜酸钾、草酸合铜酸铵等的制备及 Cu 的含量分析；

④ Fe 盐如 $FeCl_2$、$FeSO_4$、硫酸亚铁铵、$FeCl_3$、硫酸高铁铵、FeC_2O_4、草酸高铁或 Fe 配合物，如草酸合高铁酸钾、草酸合高铁酸铵等的制备及 Fe 的含量分析。

二、参考资料

中山大学等. 1992. 无机化学实验. 第三版. 北京：高等教育出版社，187

周其镇，方国女，樊行雪. 2000. 大学基础化学实验（Ⅰ）. 北京：化学工业出版社，250

Ⅲ. 用废铝箔、铝制饮料罐壳制备 $Al_2(SO_4)_3$ 及组成分析

一、课题导向

Al 是活泼轻金属，延展性好，可加工成极薄的薄膜。现代食品、香烟等包装内衬很多用铝箔，饮料罐也多用薄铝制造。如果回收这些废物，可获得一定的经济效益和社会效益。若抛弃，不仅造成资源的浪费，而且导致环境污染。通过食物链使大量的 Al^{3+} 进入人体后，能毒害神经，甚至导致痴呆。

Al 的回收方法应根据废料的大小以及存在的状态来确定。大量 Al 废料可以用熔炼的方法回收成金属 Al，而对于零散的铝制品包装袋之类，宜采用化学方法制成化学试剂。

Al 是两性金属，溶于过量 NaOH 溶液后，得到四羟基合铝酸钠，再用 H_2SO_4 调节溶液的 pH，将其转化成 $Al(OH)_3$ 沉淀与其他物质分开，再用 H_2SO_4 溶解 $Al(OH)_3$ 沉淀制得 $Al_2(SO_4)_3$ 溶液，浓缩冷却后得到含结晶水的 $Al_2(SO_4)_3$ 晶体。

用重量法分析晶体中的结晶水及 SO_4^{2-} 的含量，用配位滴定法测定 Al 的含量。

二、参考资料

陈坚固，杨森根. 1998. 无机化学实验. 厦门：厦门大学出版社，66

欧阳耀国，郭祥群，蔡维平. 1998. 分析化学基础实验. 厦门：厦门大学出版社，90～157

苏显云等. 2001. 大学化学基础实验. 北京：高等教育出版社，91

Ⅳ. 废旧干电池的综合利用

一、课题导向

干电池的种类很多，除了我们最常用的普通锌锰干电池外，还有广泛用于电动助听器中的锌汞电池，用于电子表、袖珍电子计算器中的银锌微型纽扣电池，常用于手机、笔记本电脑、摄像机等便携式电子设备中的镍镉电池、镍氢电池、锂离子电

池等。随着人们对生活的快捷、方便的要求，对各种电池的需求量也越来越大，由此带来的环境污染和资源浪费问题也日益突出。由于废旧电池中含有的 Hg、Cd、Ni 等金属或其盐可以溶解于水，或渗入土壤中，而最终通过食物链影响人们的身体健康，所以全社会正在开展回收废旧电池的活动。如何合理地、经济地、无污染地从废旧电池中回收、提取有用的物质，这是解决废旧电池污染的根本途径。

不同电池的组成物质不同，其回收利用的方法不同。如日常生活中常用的锌锰干电池，其负极是作为电池壳体的 Zn 电极，正极是被 MnO_2 包围着的石墨电极，电解质是 $ZnCl_2$ 及 NH_4Cl 的糊状物。同学们可以自己剥开一个废锌锰干电池看看它的构造及组成，其放电过程中的化学反应为

$$Zn+2NH_4Cl+2MnO = Zn(NH_3)_2Cl_2+2MnOOH$$

回收处理废锌锰干电池可以获得多种物质，如 Zn、Cu、$ZnSO_4$、MnO_2、NH_4Cl 和碳棒。关于废锌锰干电池的综合利用研究可开展以下几个方面的工作：

① NH_4Cl 的提取及提纯，并进行定性和定量分析。NH_4Cl 中 NH_4^+ 的含量分析用甲醛法。

② MnO_2 的提取。

③ 锌粒及 $ZnSO_4$ 的制备。

④ $MnSO_4$、$ZnSO_4$ 的制备及锌锰复合微肥的配制。

二、参考资料

崔培英，曹彦宁，刘西德. 2003. 利用废旧电池制备锌锰复合微肥的研究. 化学世界，(1)：53
甘孟瑜，曹渊. 2001. 大学化学实验. 第二版. 重庆：重庆大学出版社，148
高嵩. 1987. 废电池回收利用的理论与实践. 电池，3：3
郭立，何深思. 2002. 废干电池回收的障碍与对策. 环境保护，4：42
刘旦初. 1999. 化学与人类. 第二版. 上海：复旦大学出版社，40
吴泳. 1999. 大学化学新体系实验. 北京：科学出版社，210
杨培霞，张相育等. 2002. 废旧电池回收工艺的研究. 化学工程师，2：33

V. 含贵金属失效催化剂中贵金属的回收

一、课题导向

催化剂在现代化学化工生产中占有极其重要的地位，据统计大约有 85%以上的化学化工反应都需要使用催化剂。尤其在现代大型化工生产和石油化工生产中，很多反应都必须靠使用性能优良的催化剂来实现。

如当前世界各国生产 H_2SO_4 都采用接触法，以 V_2O_5 为催化剂。大量的 H_2SO_4 生产需要大量的钒催化剂。生产过程中，催化剂由于衰老、中毒等各种原因而失去活性，需要不断地更换。以年产 30 万 t H_2SO_4 厂为例，每年排弃的废钒

催化剂达 100t 以上。所以,如何化废为宝,从废钒催化剂中提取出价格昂贵的 V_2O_5 具有非常现实的意义。

又如我国以煤、渣油为原料的大、中、小型合成 NH_3 厂几乎全都使用钴-钼耐硫变换催化剂。我国每年生产化肥所产生的废催化剂的数量多达 2.5 万 t,按组分估算,含钼 11t,含钴 44t,剩余的大部分是载体 Al_2O_3,将其中的稀贵金属 Co、Mo 以及大量的 Al 加以回收利用,具有很高的社会效益和经济效益。关于废钴-钼催化剂综合利用方面可开展以下工作:

① 钼酸铵的制备及 Mo 的含量分析。

② 氧化钴的制备。

近年来,傅锦坤等研究开发了利用不同菌体从含贵金属(Pt、Pd、Au、Ag 等)的工业废水或废催化剂中回收贵金属的方法,如用 R08 菌体从废钯催化剂($Pd/\gamma\text{-}Al_2O_3$)王水处理液中回收 Pd,用 D01 菌体从废铂($Pt/\gamma\text{-}Al_2O_3$)王水处理液中回收 Pt 等,有望部分或全部取代现行化学回收工艺,而且可简化工艺流程,提高回收率,降低成本,避免或减少污染,具有广阔的应用前景。

二、参考资料

崔燕,胡宝兰等. 2002. 钴-钼催化剂综合利用研究. 无机盐工业,34(1):36

傅锦坤,刘月英,姚炳新等. 一种用细菌吸附并还原水溶液中低浓度金离子的方法. 中国发明专利,2000 年,公开号 CN1259583A

柯以侃. 2001. 大学化学实验. 北京:化学工业出版社,342

刘月英,傅锦坤,李仁忠等. 2000. 细菌吸附 Pd^{2+} 的研究. 微生物学报, 40(5):535

张良佺,严瑞瑄. 1997. 从废钒催化剂中提取 V_2O_5 的研究. 无机盐工业,(1):39

Liu Y Y,Fu J K et al. 2000. A Study of Pt^{4+}-Absorption and its Reduction by Bacillus Megaterium D01. Chem. Research in Chinese Universities, 16(3):246

第6章 文献实验

文献实验，一方面旨在让学生了解国内外化学实验教学研究与发展的现状；另一方面也是为了给学有余力的学生提供能够结合所学的分析化学基础理论与实验技能，解决某些较为复杂的实验问题的课题，以利于进一步拓宽学生的知识面，提高学生解决问题的能力。

这里选编的文献实验中，多数取材于前几年的美国化学教育杂志 *Journal of Chemical Education*。文献实验中的内容，则是根据国内大学低年段化学系学生的知识背景进行摘编的，但实验的主要内容仍基本保持与原文献相同。图是采用原实验数据，经 Microsoft Excel 7.0 重新处理后作图，即使是重新做出的图，也仍保持与原来的相同（只是对文献中的图、表及公式，按本书的章节做了统一的编排）。这样做的目的是为了使学生有机会接触原始文献，初步培养学生阅读化学文献的能力。

实验六十八 Determination of the Dissociation Constant for a Monoprotic Acid by Simple pH Measurements[1]

The dissociation constant for a weak monoprotic acid may be calculated in aqueous alkaline solution by straightforward pH measurements, before and after the addition of the acid, and with the advantage of not having to standardize the solutions. The proposed experimental procedure is particularly interesting in the case of organic acid that are slightly soluble in water.

The conventional procedures for the determination of the acid dissociation constants K'_a, in aqueous solutions, use potentiometric, conductometric, or spectrophotometric techniques. In the case of organic acids slightly soluble in water, such techniques are often inapplicable. In the present work, we show these constants may be calculated by simple pH measurements (in alkaline solutions) before and after the addition of the selected acid.

Procedure

The aqueous dissociation reaction for a monoprotic acid, HA, can be obtained as the sum.

$$HA + OH^- \rightleftharpoons A^- + H_2O \qquad K_1 = \frac{[A^-]}{[HA][OH^-]} \tag{6.1}$$

$$H_2O \rightleftharpoons H^+ + OH^- \qquad K_w = [OH^-][H^+] \tag{6.2}$$

$$HA \rightleftharpoons A^- + H^+ \qquad K'_a = K_1 K_w = \frac{[A^-][H^+]}{[HA]} \tag{6.3}$$

where K'_a represents the apparent dissociation constant, in which the activity coefficients for each ionic specie are included.

If the ionic strength, I, is maintained constant, those coefficients, γ', may be calculated through the Debye-Hückel, and in this way, a thermodynamic value for K_a is obtained.

$$K_a = K'_a K_\gamma \tag{6.4}$$

where

$$K_\gamma = \frac{\gamma_{A^-}\gamma_{H^+}}{\gamma_{HA}} \tag{6.5}$$

In the laboratory we just calculated K'_a by working at constant I, which is implied by the previous calculation of K_1. Thus, if we do a mass balance to the reaction,

$$\begin{array}{llllll} & HA & + & OH^- & \rightleftharpoons & A^- & + & H_2O \\ t=0 & A_0 & & B_0 & & — & & — \\ t=t_{equil} & A=A_0-x & & B=B_0-x & & x & & \end{array} \tag{6.6}$$

where A_0 and B_0 are the initial concentrations of acid and alkali; x is that of the acid dissociated at equilibrium; and A and B are the concentrations of HA and OH^- at equilibrium.

On the other hand,

$$K_1 = \frac{[A^-]}{[HA][OH^-]} = \frac{x}{(A_0 - x)B} \tag{6.7}$$

This equation may be easily converted, by inverse transformation, as

$$\frac{1}{x} = \frac{1}{A_0} + \frac{1}{A_0 K_1}\frac{1}{B} \tag{6.8}$$

A graphic plot of $1/x$ versus $1/B$ must show linear dependence.

In order to obtain the aforementioned plot, it is necessary, to obtain B and x. These may be calculated by pH measurements of alkaline solutions at different initial concentrations (B'_0) at time $t = 0$, $(pH)_{t=0}$, and at equilibrium time, $(pH)_{t=equil}$, after the addition of a constant amount of acid (A_0). The different concentration values, as a function of pH are

$$(\mathrm{pOH})_{t=0} = 14 - (\mathrm{pH})_{t=0} \tag{6.9}$$

$$(\mathrm{pOH})_{t=\mathrm{equil}} = 14 - (\mathrm{pH})_{t=\mathrm{equil}} \tag{6.10}$$

and

$$B_0 = 10^{-(\mathrm{pOH})}_{t=0}$$

$$B = 10^{-(\mathrm{pOH})}_{t=\mathrm{equil}}$$

$$x = B_0 - B \tag{6.11}$$

$$\frac{1}{B} = 10^{(\mathrm{pOH})}_{t=\mathrm{equil}} \tag{6.12}$$

$$\frac{1}{x} = \frac{1}{10^{-(\mathrm{pOH})}_{t=0} - 10^{-(\mathrm{pOH})}_{t=\mathrm{equil}}} \tag{6.13}$$

Because the ionic strength is constant, the corresponding values for ionic species activity coefficients may be considered as virtually constant in all the experiments. Thus, K_1 would be obtained as the quotient between the intercept and the slope of the straight line in the plot, and $K'_a = K_1 K_w$, where K_w represents the water ionization constant.

Experimental

NaOH solutions of between 4×10^{-3} and 4×10^{-4} mol · L^{-1} were prepared by adding between 0.1mL and 1.0mL of 0.2mol · L^{-1} NaOH to a flask, and diluting to 50mL with 0.05mol · L^{-1} NaCl. The ionic strength is maintained virtually constant because the NaCl : NaOH molar ratio in each solution is at least 12 : 1. Next, the initial pH values are determined for each solution. Immediately afterward, a constant mass of acid(30 to 80 mg)is added to each alkaline solution so that the resulting acid concentration is about 10^{-3} mol · L^{-1}. The solution is stirred, and the pH is measured when equilibrium is reached(which, in alkaline media, occurs in few seconds). We are now in a position to obtain the above-mentioned plot.

Table 6.1 shows the experimental data for *p*-chlorophenol and the pH values before and after the addition of the acid. Figure 6.1 shows the linear dependence between $1/x$ and $1/B$ from the experimental data illustrated in Table 6.1. Finally, Table 6.2 summarizes the pK_a values obtained by our method for several organic acids, together with those reported in the literature.

Conclusion

This method may be applied to organic acids with very different dissociation constants, from formic acid, pK_a=3.75, to *m*-cresol with pK_a=10.01. Reproducible results (linear-regression coefficients greater than 0.99) are obtained and are consistent with those produced by conventional methods.

Table 6.1 Experimental Conditions and Data for the pK_a Determination of *p*-Chlorophenol

Experiment /No.	0.2mol · L^{-1} NaOH /mL	0.05mol · L^{-1} NaCl /mL	$pH_{t=0}$	$pH_{t=equil}$ 1)
1	0.9	49.1	11.69	9.74
2	0.8	49.2	11.63	9.56
3	0.7	49.3	11.55	9.43
4	0.6	49.4	11.48	9.28
5	0.5	49.5	11.39	9.14
6	0.4	49.6	11.29	8.99
7	0.3	49.7	11.15	8.78

1) After the addition of 40 mg *p*-chlorophenol.

Table 6.2 Dissociation Constants of Organic Acids in Aqueous(T=25℃)

Compound	pK_a	pK_a 1)
phenol	10.0±0.27	9.92
p-aminobenzoic	4.91±0.13	4.92
p-chlorophenol	9.36±0.21	9.18
acetic	4.76±0.08	4.75
formic	3.62±0.14	3.75
m-cresol	9.98±0.18	10.01

1) Values obtained from Handbook of Chemistry and Physics.

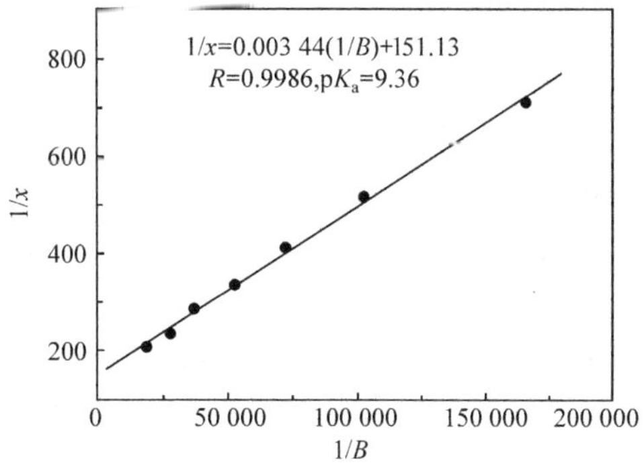

Figure 6.1 Graphic plot of the $1/x$ versus $1/B$ for the pK_a determination of *p*-chlorophenol

Our method, although generally applicable to any type of monoprotic acid, is all the more useful the more insoluble the acid is. Our method's main advantage is that the acid is always dissolved at a basic pH, making the dissolution process easier.

Finally, our procedure makes unnecessary the previous identification of the studied acid (it is only necessary to know the approximate molecular weight) as well as the exact concentration of the alkaline solution used; just the initial and final pH values for each solution are needed. It is not necessary, therefore, to standardize the solutions.

Reference

1 García-Doménech R, de Julián-Ortiz J V, Antón-Fos G M, et al. J. Chem. Edu., 1996, 73(8): 792~793

实验六十九 From Titration Data to Buffer Capacities —A Computer Experiment for the Chemistry Lab or Lecture[1]

This paper is for all chemistry teachers who have beginning students, computers, and spreadsheets, and would like these reactants to combine more effectively. Give your students the titration data we present in Tables 6.3 and 6.4. Let them enter these data into their spreadsheets, plot it in several ways that you direct, and produce graphs. In the process, your students will discover many things about pH, the taking of derivatives, buffer capacity, and the way buffers behave upon dilution. The remainder of this paper contains instructions for the computer experiment. During the experiment, the instructor may want to explain the data and graphs produced. We provide here some suggested commentary.

Plots of Data on Spreadsheets

Instruction for the students

The data in Table 6.3 describe the titrations of two acid solutions: 25.0mL of 0.100mol · L^{-1} hydrochloric acid (HCl) and 25.0mL of 0.100mol · L^{-1} acetic acid (HOAc). The titrant volumes from 0~50mL are for titrations of the acids with 0.100mol · L^{-1} sodium hydroxide solution. The (-)mL entries correspond to the volumes of 0.100mol · L^{-1} HCl you would need to add to the original acetic acid sample to lower its pH to that in the table. We will call the addition of acid to an acidic solution a reverse titration. The data in Table 6.4 describe dilutions of two acid samples with water. Enter the data from Table 6.3 and Table 6.4 in appropriately labeled columns in your spreadsheet. Plot curves of pH vs. mL titration for the two acids titrated, with pH on the y-axis and mL titrant on the x-axis. The y-axis range should be 0~14. Include the data for the sodium hydroxide solution and the data for the reverse titration with HCl. The reason for the reverse titration with HCl will become apparent later.

Table 6.3 Titration Data for 25.00mL Samples of 0.100mol · L^{-1} Hydrochloric Acid and 0.100mol · L^{-1} Acetic Acid Solution

mL Titrant	pH. HCl Solution	pH. HOAc Solution[1)]
−10		1.596
−9		1.627
−8		1.664
−7		1.707
−6		1.758
−5		1.820
−4		1.898
−3		2.001
−2		2.150
−1		2.394
0	1.067	2.881
2	1.137	3.671
4	1.207	3.990
6	1.279	4.199
8	1.354	4.366
10	1.434	4.513
12	1.519	4.650
14	1.614	4.787
16	1.723	4.929
18	1.852	5.087
20	2.018	5.227
22	2.258	5.539
24	2.753	6.052
26	11.212	11.212
28	11.671	11.671
30	11.876	11.876
32	12.006	12.006
34	12.100	12.100
36	12.172	12.172
38	12.230	12.230
40	12.278	12.278
42	12.319	12.319
44	12.354	12.354
46	12.385	12.385
48	12.412	12.412
50	12.436	12.436

1) (+)titrant is 0.100mol · L^{-1} NaOH; (−)titrant is 0.100mol · L^{-1} HCl.

Table 6.4 Dilution Data for 0.500mL Samples of 0.100mol · L^{-1} Hydrochloric Acid Solution and 0.100mol · L^{-1} Acetic Acid / 0.100mol · L^{-1} Sodium Acetate Solution

mL Water Added	HCl pH of Solution	HOAc/NaOAc pH of Solution	Formal Concentration mol · L^{-1}
0	1.067	4.632	0.100 00
2	1.747	4.694	0.020 00
4	1.994	4.710	0.011 00
6	2.148	4.718	0.007 69
8	2.261	4.723	0.005 88
10	2.351	4.727	0.004 76
12	2.425	4.731	0.004 00
14	2.487	4.733	0.003 45
16	2.542	4.736	0.003 03
18	2.591	4.738	0.002 70
20	2.634	4.740	0.002 44
22	2.674	4.741	0.002 22
24	2.710	4.743	0.002 04
26	2.744	4.744	0.001 89
28	2.775	4.746	0.001 75
30	2.804	4.747	0.001 64
32	2.831	4.748	0.001 54
34	2.856	4.749	0.001 45
36	2.880	4.750	0.001 37
38	2.903	4.751	0.001 30
40	2.925	4.752	0.001 24
42	2.945	4.753	0.001 18
44	2.965	4.754	0.001 12
46	2.984	4.755	0.001 08
48	3.002	4.756	0.001 03
50	3.019	4.757	0.000 99
500	4.005	4.871	0.000 10
5E+03	5.002	5.274	1E−05
5E+04	5.996	6.041	1E−06
5E+05	6.790	6.974	1E−07
5E+06	6.977	6.977	1E−08

Instructor Comments

Notice the inflection points (Figure 6.2). This is where the slope of the line ceases to increase and begins to decrease. The inflection regions are the pH ranges within which we want a colored indicator to change. This pH range is large for the strong acid-strong base titration, but smaller for the weak acid-strong base titration. Therefore the indicator is less critical in the strong acid-strong base titration, but quite careful chosen for the weak acid-strong base titration.

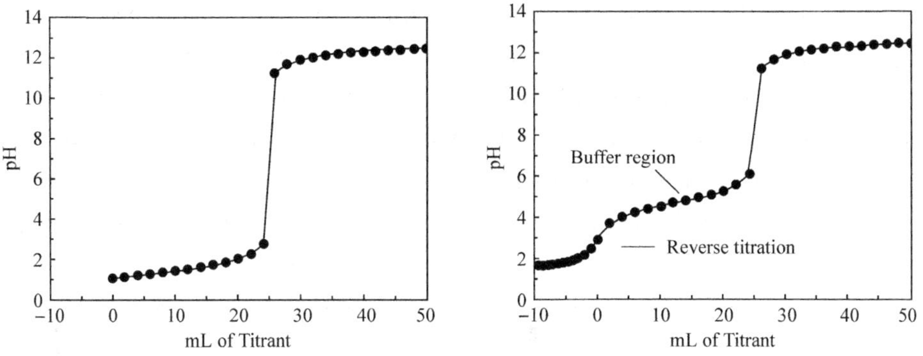

(a) HCl (b) HOAc

Figure 6.2 Plots of pH vs. mL of 0.100 mol · L^{-1} NaOH added to 25.0mL of 0.100 mol · L^{-1} HCl and 25.0mL of 0.100mol · L^{-1} HOAc: the reverse titration region is for mL of 0.100mol · L^{-1} HCl added to 25.0mL of 0.100mol · L^{-1} HOAc

There are regions in which the pH is least dependent upon mL of titrant. In the HCl titration there are two of these regions: one at low pH and the other at high pH. These are called the pseudobuffer regions. These solutions are resisting a change of pH, but not due to some equilibrium buffer action. Instead, these regions (below pH=2 and above pH=12) resist a change in pH due to the logarithmic definition of pH. Addition of small amounts of H^+ and OH^- can have little effect on the pH because $[H^+]$ or $[OH^-]$ is already very large and small additions make little difference.

The region of moderate slope before the inflection point in the weak acid curve is often marked off and labeled the buffer region in textbooks, even though this slope is not as small as the slope in pseudobuffering regions of strong-acid titration curves. In the buffer region for the acetic acid titration, some base has been added to neutralize some of the weak acid, producing the salt of that weak acid (sodium acetate, NaOAc, in this case). Therefore, these solutions contain the weak acid plus its salt, the requirements for an equilibrium buffer. The equilibrium established in this region acts to regulate pH. Buffering is best at the half-way to neutralization point, and the pH there is the pK_a of the weak acid being titrated (pK_a=4.76 for acetic acid).

Reverse the variables

Instruction for the students

Now reverse the variables, thus plotting mL of titrant vs. pH (mL on the y-axis, pH on the x-axis). On most spreadsheets this is a simple task involving the choice of x block and y block. The new plots are instructive.

Instructor Comments

Now that the variables are reversed, the steep slopes have become small slopes, and the best buffer regions are now steep regions(Figure 6. 3). The reason for the reverse titration with HCl becomes apparent. We wished to back into the low pH range in order to show the steep pseudobuffering region in the weak acid plot more convincingly. In each plot there is a steep pseudobuffering region at high pH also. In the weak acid plot there is a third moderately steep region due to the equilibrium buffer of the weak acid and its salt.

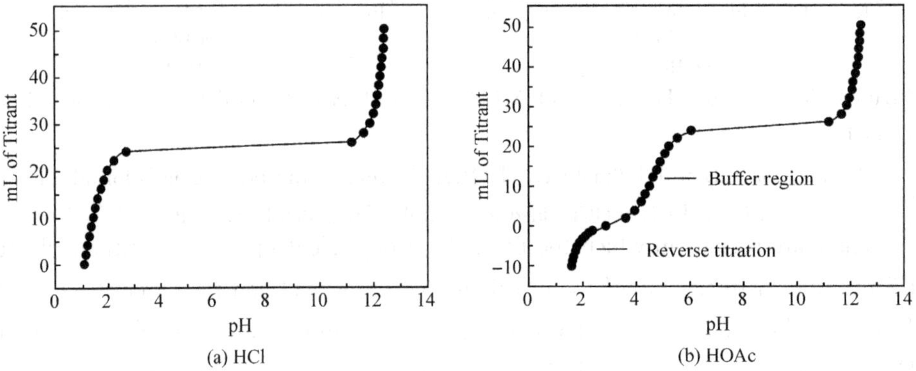

Figure 6. 3 Plots of mL of 0. 100mol • L^{-1} NaOH added vs. pH for the HCl sample and the sample of HOAc. The HOAc plot includes the results of the reverse titration with HCl

Plot the Derivative

Instruction for the students

The spreadsheet can easily plot the derivative of the mL of titrant vs. pH. By constructing the formula for the Δy over Δx values, and copying this down the column, you obtain the derivative values that should be plotted versus averages of the pH values used to obtain them. You may have to figure out the correct formulas to enter, or your instructor may tell you explicitly. In either case, the resulting graphs are instructive because they are proportional to(but not equal to) the buffer capacity as it is usually defined.

You will need to increase the y range in your graphs to accommodate the newly y values.

Instructor Comments

The slopes of the plots in Figure 6. 4, are Δ(mL base)/ΔpH. Regions where the values of Δ(mL base)/ΔpH are large indicate that the pH of the solution dose not change very much for changes in mL of acid or base added. The solutions in these regions have a larger buffer capacity than those elsewhere. The usual definition of the buffer capacity is centered around the pH change caused by the addition of small amounts of acid or base to a given solution. The quantitative relationship for buffer capacity was first introduced by Van Slyke in 1922.[2] The differential ratio $dc_b/d(pH)$ is the buffer capacity β; it expresses the relationship between the increment of strong base added, in gram equivalents per liter, and the resulting increment in pH. The relationship is

$$\beta = \frac{dc_b}{d(pH)} = \frac{-dc_a}{d(pH)} \tag{6.14}$$

where c_b and c_a are the number of moles of monoprotic, strong base, or acid added per liter. In either case, β is always positive.

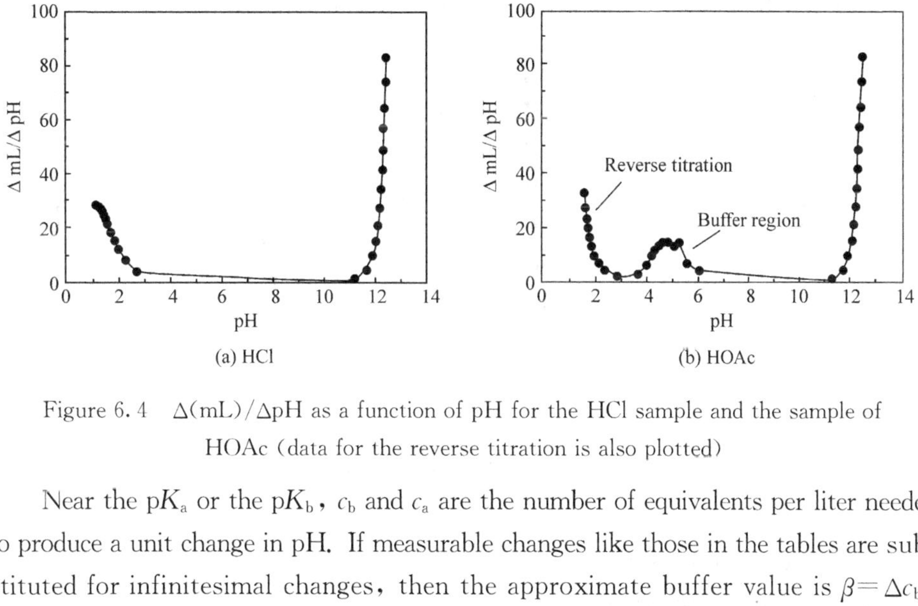

Figure 6.4 Δ(mL)/ΔpH as a function of pH for the HCl sample and the sample of HOAc (data for the reverse titration is also plotted)

Near the pK_a or the pK_b, c_b and c_a are the number of equivalents per liter needed to produce a unit change in pH. If measurable changes like those in the tables are substituted for infinitesimal changes, then the approximate buffer value is $\beta = \Delta c_b / \Delta pH$. Students can obtain approximate β values from the slopes in Figure 6.4.

Plots of an Extensive Property vs. pH

Instruction for the students

The y-axis values from your previous plots, Δ(mL base)/ΔpH, must be multiplied by the concentration of the titrant solution and divided by 1000 and by the liters of solution. The molarity of the titrant ($0.100\text{mol} \cdot L^{-1}$ for the NaOH) times mL gives millimoles of base, which divided by 1000 gives moles of base. Then divided by the total liters of solution at that point in the titration (0.025L + L of titrant added). Use 0.100mol · L^{-1} for the HCl concentration in the reverse titration also. After such formulas are added to create columns of buffer capacity, β, set the y-axis range to 0 to 0.12, and plot the β values vs. pH.

Instructor Comments

Point out that β is an extensive property, not an intensive property of some solution concentration. The high buffer capacity regions called pseudobuffering are always in a titration curve at the high-pH end if the titrant is a strong base, and at the low-pH end if the titrant is a strong acid. If the species titrated is strong, both high-pH and low-pH regions show a pseudobuffering wing [Figure 6.5(a)]. Because the titrant was a strong base and one of the titrated species was weak, we artificially back-titrated it with a strong acid in order to get both of these regions on one plot [Figure 6.5(b)]. The buffer capacity hump in Figure 6.5(b) is the result of real equilibrium buffering by the mixture of a weak acid and its salt.

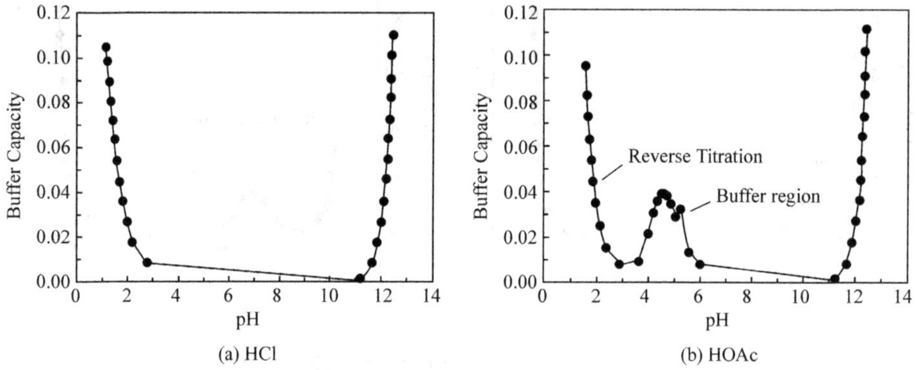

Figure 6.5 Buffer capacity as a function of pH for the HCl sample and the HOAc solution. The buffer capacity wing to the left in b was acquired using the reverse titration data

An Unexpected Equilibrium

Instruction for the students

Table 6.4 contains dilution data for two solutions: 0.500mL of 0.100mol · L^{-1} HCl solution, and 0.500mL of a solution that is 0.100mol · L^{-1} in both acetic acid and sodium acetate. The pH values in the table are for dilutions of these two solutions with water. For the dilution data, plot pH vs. mL from 0 up to 50mL of water added. Use 0～7 as the y-axis range.

Instructor Comments

Although the low pH region in the hydrochloric acid titration had a pseudobuffering capacity to the addition of small amounts of acid and base, this solution has no ability to keep the pH constant upon dilution of the solution [Figure 6.6(a)]. The ability to resist pH changes upon dilution is an important property for buffers because they are usually mixed with other reagents in an experiment. Often commercial buffers are shipped concentrated and are expected to buffer though diluted 10 to 100 times. Strong electrolyte solutions cannot do this. The equilibrium buffer does an excellent job resisting pH change upon dilution [Figure 6.6(b)].

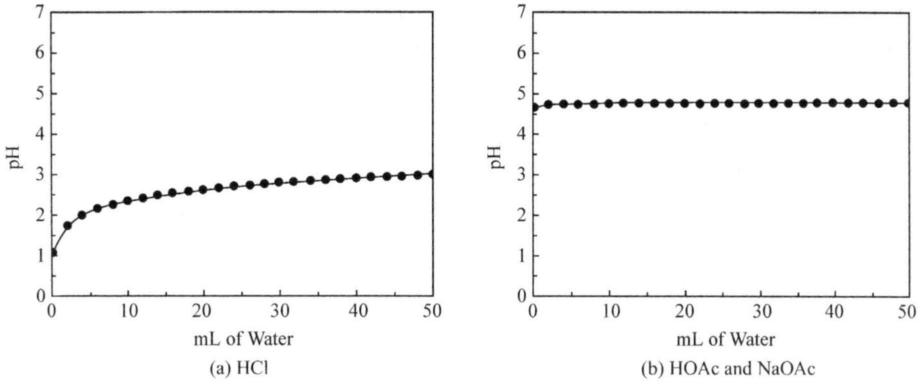

Figure 6.6 Plots of pH vs. mL of water added to 0.500 mL of 0.100mol • L^{-1} HCl and 0.500mL of a solution 0.100mol • L^{-1} in both HOAc and NaOAc

Extreme Dilutions

Instruction for the students

Again we wish to reverse the axes and plot pH for dilution on the axis. However, in order to see the effect of extreme dilutions, we need to plot-lg$c$ vs. pH. So incorporate data tabulated for the very dilute solutions into these plots. After construction a column of $-\lg c$, inspect it to find the proper y-axis range.

Instructor Comments

Looking at Figure 6.7, and remembering that the divisions on the y-axis are decades of concentration, we see that equilibrium buffers do quite well at keeping a constant pH despite dilution. The hydrochloric acid solution is not a good buffer upon dilution, changing pH by 1 for each decade, or 0.303 for each double dilution. At extremely high dilution every solution must necessarily approach a pH of 7, and one can see this trend at the right side of each plot in Figure 6.7.

First Derivative of the Dilution Data

Instruction for the students

Finally, plot the first derivative of this dilution data by first constructing the appropriate formulas for $\Delta(-\lg c)/\Delta pH$ and, coping the formulas down the columns

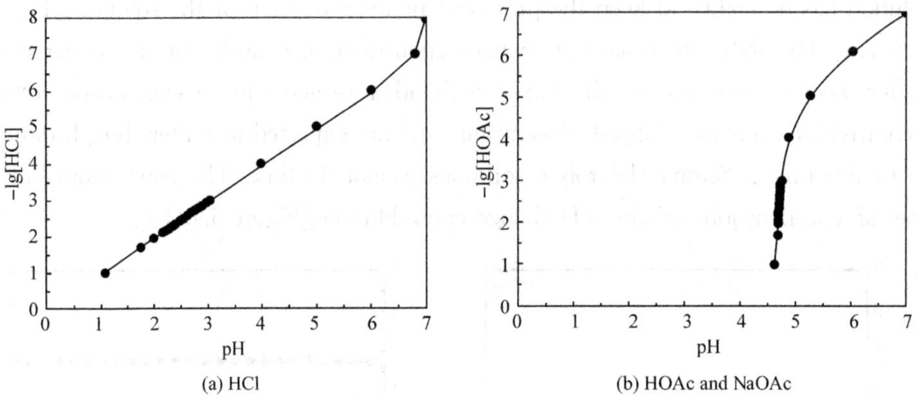

Figure 6.7 Plots of-lg of the formal concentration vs. pH for 0.500mL of 0.100mol · L^{-1} HCl and 0.500mL of a solution 0.100mol · L^{-1} in both HOAc and NaOAc

of the spreadsheet. Inspect the derivative values to find the appropriate *y*-axis range, and then plot the derivative vs. pH as before.

Instructor Comments

The previous definition of buffer capacity will not do for dilution because we are not adding a strong acid or base. The quantity calculated, $\Delta(-\lg c)/\Delta\text{pH}$, is as good a definition of buffer capacity with respect to dilution as any (Figure 6.8). It will be large if ΔpH is small for a given dilution. It also has the advantage of being an intensive property of the dilution; it dose not depend upon the sample size. This new buffer capacity, β_{dil}, is quite large for the equilibrium buffer over four decades of dilution. For the strong electrolyte it is a constant value of 1 due to the identity between the molar concentration of a strong acid and its hydrogen ion concentration.

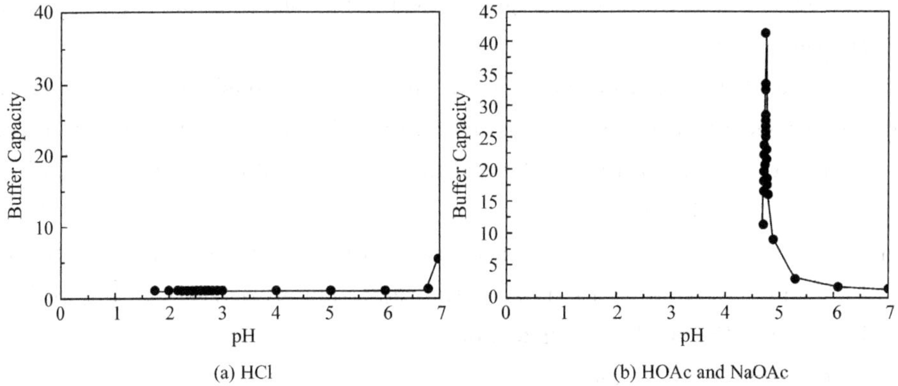

Figure 6.8 Plots of buffer capacity vs. pH for 0.500mL of 0.100mol · L^{-1} HCl and 0.500mL of a solution 0.100mol · L^{-1} in both HOAc and NaOAc

Summary

Much more can be learned by the manipulation of titration data besides the location of the equivalence point. Turning titration plots sideways and taking the first derivative displays buffer capacities as a function of pH. These plots show clearly why there is pseudobuffering at high and low pH values, and they show a true maximum at the pK_a or pK_b of the weak electrolyte species. The ability of a buffer solution to keep a constant pH upon dilution is important, and equilibrium buffers have this property to a much greater extent than non-equilibrium buffers. A convenient definition of buffer capacity with respect to dilution is β_{dil} where

$$\beta_{dil} = \frac{d(-\lg c)}{d(pH)} \tag{6.15}$$

Reference

1 Clark R W, White G D, Bonicamp J M, et al. J. Chem. Edu., 1995, 72(8): 746～750

2 Van Slyke D D. J. Biol. Chem., 1992, 52: 525～570

实验七十 Determination of the Thermodynamic Solubility Product, K_{sp}^0, of PbI_2 Assuming Non-ideal Behavior[1]

Solubility equilibria are usually introduced in the general chemistry course with limited mention of the non-ideal behavior of real solutions. Non-ideal behavior is introduced in the quantitative analytical chemistry course in the context of gravimetry. Often this concept is left as an academic exercise with no experimental application. The determination of a solubility-product constant as reported here differs from other experiments in that non-ideality is taken into account through Debye-Hückel theory by making few simplifying assumptions.

The measurement of a thermodynamic constant is a valuable and satisfying experience for students who otherwise find lecture concepts of non-ideality intimidating or unmanageable. One recent article reports the experimental determination of the thermodynamic acid-dissociation constant.[2] The project reported here studies the effect of ionic strength on the solubility of lead (Ⅱ) iodide and models the effect with Debye-Hückel theory. From measured solubility in solutions of varying ionic strength, the thermodynamic solubility product, K_{sp}^0, is calculated using activity coefficients derived from the extended Debye-Hückel law and the solubility at infinite dilution assuming the Debye-Hückel limiting law is an acceptable model. The apparent solubility product, K'_{sp}, is calculated assuming solution ideality and then compared with the calculated K_{sp}^0.

The equilibrium mass-action for the sparingly soluble lead (Ⅱ) iodide in aqueous solution is written

$$PbI_2 \rightleftharpoons Pb^{2+} + 2I^- \tag{6.16}$$

The thermodynamic solubility-product expression, written in terms of activity, α, is

$$K_{sp}^0 = \alpha_{Pb^{2+}} \alpha_{I^-}^2 \tag{6.17}$$

or, in terms of molar concentration

$$K_{sp}^0 = [Pb^{2+}][I^-]^2 \gamma_{Pb^{2+}} \gamma_{I^-}^2 \tag{6.18}$$

where $\gamma_{Pb^{2+}}$ and γ_{I^-} are the activity coefficients of the lead and iodide ions.

Solution ideality can often be assumed in calculations involving solubility equilibria. In the ideal case, γ is assumed to be unity so that the solubility, s $(=[Pb^{2+}])$, of PbI_2 is calculated as $\sqrt[3]{K_{sp}/4}$. The activity coefficient (therefore solubility) is a function of ionic strength, I; ionic charge, Z; and effective ionic diameter, R. Effective ionic diameters are tabulated in most chemical reference books and quantitative analytical chemistry texts. The value of γ for a given ion, i, can be calculated with the extended Debye-Hückel expression

$$-\lg\gamma_i = \frac{0.5085Z^2\sqrt{I}}{1+0.3281R_i\sqrt{I}} \tag{6.19}$$

By nature of the electrostatic behavior of ions in aqueous solution, larger effective ionic diameters and higher ionic charges leads to larger deviations from ideality. In the more rigorous solution, solubility is calculated as

$$s = [Pb^{2+}] = \sqrt[3]{\frac{K_{sp}}{4\gamma_{Pb^{2+}}\gamma_{I^-}^2}} \tag{6.20}$$

If solution ideality is not assumed, it is possible to determine K_{sp}^0 experimentally, using equation (6.18) and (6.19), by measuring the molar solubility of the sparingly soluble salt at different ionic strengths. If the limited Debye-Hückel law

$$-\lg\gamma_i = 0.51Z^2\sqrt{I} \tag{6.21}$$

is assumed to adequately describe the activity coefficients, then a straight-line plot of lg solubility versus $\sqrt{I}$ can be constructed. The solubility extrapolated to zero ionic strength may be used to calculate K_{sp}^0.

Calculation of solubility using activity coefficients derived from the Debye-Hückel law closely models experimental results. However, it is important for the student to understand that activity coefficients for individual ions cannot be determined experimentally. An excellent treatment of Debye-Hückel theory is given in reference.[3]

Experimental Procedure

Preparation of Stock Solution

All chemicals used were reagent-grade. Stock solutions of 0.1mol · L^{-1} $Pb(NO_3)_2$ and 0.1mol · L^{-1} KNO_2 were prepared by dissolving the solids in sufficient deionized water to make 100mL each. One-tenth molar nitric acid was prepared from the concentrated reagent. The exact concentration of these solutions is not critical.

Solutions of KNO_3 were carefully prepared with nominal concentrations of 0.001, 0.005, 0.01, and 0.025mol · L^{-1} from a stock 0.050mol · L^{-1} KNO_3 solution. A stock solution of 0.1mol · L^{-1} KI was accurately prepared and was used in preparing the solid PbI_2 and for spectroscopic standards.

Preparation of Saturated Solutions

Small pellets of pure PbI_2 were prepared in six, labeled, 15mm×10cm test tubes by mixing equal volumes of 0.1mol · L^{-1} KI and 0.1mol · L^{-1} $Pb(NO_3)_2$ and centrifuging. The pellet was washed three times with deionized water, with centrifuging between washes, to remove extraneous ions. Deionized water (about 3mL) was added to the first tube. About 3mL each of the 0.001, 0.005, 0.01, 0.025, and 0.05mol · L^{-1} KNO_3 solutions were added, in order, to suspend the solid and placed in water bath at about 40～50℃ for 10 min. The tubes were gently agitated every few minutes to keep the solid suspended. The solutions were allowed to cool in a beaker of room temperature water with occasional agitation. Finally, all of the tubes were centrifuged at maximum speed for 5～10 min.

Preparation for the Calibration Curve

A 5mL aliquot of the stock KI solution was diluted to 100mL. From the resulting 0.005mol · L^{-1} solution, 5mL, 10mL, 20mL, and 25mL aliquots were transferred to 100mL volumetric flasks and diluted to give final concentrations of 2.5×10^{-4}, 5.00×10^{-4}, 1.00×10^{-3}, 1.25×10^{-3}mol · L^{-1}KI.

Samples for spectroscopic analysis were individually prepared in one of two matched Bausch and Lomb Spectronic-20 cuvettes by pipetting 1.00mL of standard KI solution into the cuvette followed by 1.00mL of 0.1mol · L^{-1} HNO_3 and 1.00mL of 0.1mol · L^{-1} KNO_2. A reference blank was prepared in the other cuvettes by pipetting 1.00mL of water, 1.00mL of HNO_3, and 0.1mol · L^{-1} KNO_2. The cuvettes were vortexed to effect mixing.

The I^- is oxidized quantitatively to I_2 by the nitrite ion in acidic solution following the equation

$$2I^- + NO_2^- + 4H^+ = I_2 + 2NO + 2H_2O \quad K = 5 \times 10^{15} \tag{6.22}$$

Because the iodide ion is in limiting stoichiometric quantity, the orange-brown solution formed is assumed to contain aqueous I_2 rather than I_3^- ion. Aqueous solutions of I_2 have a relatively strong absorbance band at 525 nm. These solutions are stable for only a short time due to the vaporization of the I_2 unless excess iodide is present; therefore, analyses were carried out promptly.

The present transmittance (%T) of the iodine solution was determined at 525 nm in a Bausch and Lomb Spectronic-20 spectrophotometer. The transmittance was converted to absorbance, and the Beer's Law plot (calibration curve) was constructed by plotting absorbance as a function of the calculated concentration of iodine. The equation of the best-fit line was determined by linear least-squares fitting of the data. Figure 6.9 shows the resulting Beer's law plot using a 1cm diameter cuvette. Although stock solutions were shared between students, individual calibration plots were constructed for each spectrophotometer.

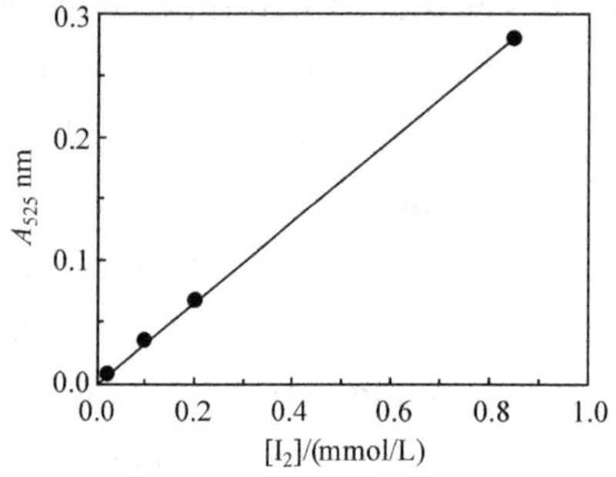

Figure 6.9 Beer's law plot of A at 525 nm vs. $[I_2]$ (The I^- was converted to I_2 as described in the text)

Analysis of Saturated PbI_2 Solutions

A 1.00mL aliquot of the first saturated PbI_2 solution was transferred to the sample cuvette followed by 1.00mL of the nitric acid solution and 1.00mL of 0.1mol · L^{-1} KNO_2. Care was taken to avoid pipetting any solid because the iodide ion present in the PbI_2 would be oxidized along with solution iodide thereby giving a high result for $[I^-]$. Absorbance was calculated from % T, and the $[I^-]$ was determined from the equation of the least-squares-fitted line. Replicate determinations were carried out for each equilibrated solution, and the values of each [I^-] were averaged.

Results and Discussion

The molar solubility of PbI_2, s, is determined by stoichiometry as 1/2[I^-]. Typical solubility results and the corresponding apparent solubility products (values of K'_{sp}) are tabulated in Table 6.5. Not unexpectedly, the values for K'_{sp} increase with increasing ionic strength. The symbols in Figure 6.10 are experimentally determined solubilities plotted versus total ionic strength at 25℃. Because the contribution to I from the lead ion and iodide is not negligible, the total ionic strength, I_T, includes the contribution from those ions. Using the molar concentrations of the lead (Ⅱ) and iodide ions and the calculated activity coefficients [from equation (6.19) and I_T], we calculated the thermodynamic solubility-product constants. They are summarized in Table 6.6.

Table 6.5 Typical Solubility Data Obtained at Six Ionic Strengths[1)]

Tube	I[2)]	[I^-]	s[3)]	I_T[2)]	K'_{sp}[4)]
1	0.000	3.77×10^{-3}	1.89×10^{-3}	5.66×10^{-3}	2.68×10^{-8}
2	0.001	3.80×10^{-3}	1.90×10^{-3}	6.70×10^{-3}	2.74×10^{-8}
3	0.005	3.97×10^{-3}	1.98×10^{-3}	10.9×10^{-3}	3.12×10^{-8}
4	0.010	4.12×10^{-3}	2.06×10^{-3}	16.2×10^{-3}	3.51×10^{-8}
5	0.025	4.48×10^{-3}	2.24×10^{-3}	31.7×10^{-3}	4.49×10^{-8}
6	0.050	4.91×10^{-3}	2.45×10^{-3}	57.4×10^{-3}	5.90×10^{-8}

1) All concentrations reported in molarity.

2) Ionic strength. I is the ionic strength due only to KNO_3. I_T is the total ionic strength of the solution including the contribution by Pb^{2+} and I^-.

3) Molar solubility, s of PbI_2 is [Pb^{2+}].

4) Apparent solubility product from equilibrium molar concentrations.

Table 6.6 Activity Coefficients and Thermodynamic Solubility Products Calculated at Six Ionic Strengths

Tube	γ_{Pb}[1)]	γ_I[1)]	K^0_{sp}[2)]
1	0.728	0.921	1.66×10^{-8}
2	0.710	0.915	1.63×10^{-8}
3	0.655	0.895	1.64×10^{-8}
4	0.605	0.876	1.62×10^{-8}
5	0.517	0.837	1.63×10^{-8}
6	0.437	0.797	1.64×10^{-8}
		Average	1.64×10^{-8}

1) γ_{Pb} and γ_I are the activity coefficients of Pb^{2+} and I^- from equation (6.19).

2) Thermodynamic solubility product from equation (6.18).

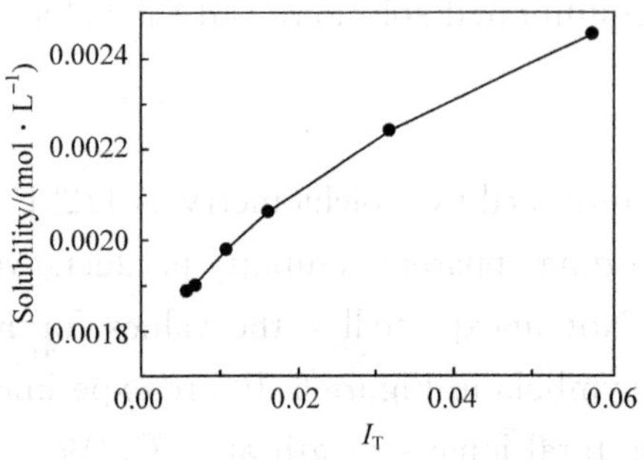

Figure 6.10 Effect of total ionic strength, I_T, on molar solubility. Symbols are experimental data. The line is the theoretical solubility calculated using equations (6.18) and (6.19)

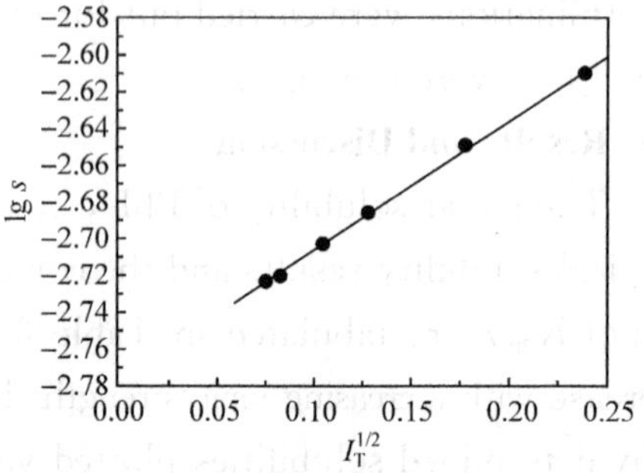

Figure 6.11 Data of Figure 6.10 plotted against $\sqrt{I_T}$

When activity is considered in the solubility-product calculation, the values of K_{sp} become more constant with an average value of 1.64×10^{-8}. The increase in I_T by the sparingly soluble salt may be neglected if the contribution is less than 1%(e. g. very small solubility products). To compare the results from the limited and extended Debye-Hückel laws, the lg of the measured solubilities are replotted versus $\sqrt{I_T}$ in Figure 6.11. Extrapolating the line to zero ionic strength yields a solubility of 1.67×10^{-3} mol · L^{-1} which, after substitution into equation (6.17), gives $K_{sp}^0=1.86\times10^{-8}$.

Both treatments of the data produce high value for the K_{sp}^0 when compared to the literature value (1.39×10^{-8}, 25℃). Temperature variations alone cannot account for this discrepancy. In this experiment, typical solubility-product constants obtained using extended Debye-Hückel treatment range from 1.3×10^{-8} to 1.6×10^{-8} and are always higher when analyzed with the limiting law. When determined potentiometrically and without accounting for ionic strength, the K'_{sp} obtained for PbI_2 was reported as 1.1×10^{-8}. An aspect of the system not deal with here is the possibility of ion association (ion pairing). The errors introduced by ignoring ion pairing have been addressed in an article.[4]

Spreadsheet Modeling

To demonstrate that the non-ideal behavior of solubility can be accurately modeled with the extended Debye-Hüclel law, the theoretical-solubility versus ionic-strength curve was calculated over the experimental ionic-strength range using the average experimental K_{sp}^0. The activity coefficients for each ion were iteratively calculated, including the concentration of the Pb^{2+} and I^- into the total ionic strength after each iteration. A computer spreadsheet program lends itself well to modeling this system and carrying out the iterative calculation.

In the spreadsheet implementation, automatic recalculation of spreadsheet cells is turned off, and the mathematical model is built. A circular argument was established for carrying out the iterative calculation with the spreadsheet. The circular argument arises when the calculated $[Pb^{2+}]$ [using equation (6.20)] and $[I^-]$ are included in the cell that contains the formula for I_T. Although the solubilities for only three initial ionic strengths are presented in the example, the formulas are easily copied down for additional theoretical ionic strengths. The upper panel of Table 6.7 shows the initial state of the spreadsheet model before executing the iteration. The iteration calculation is repeatedly executed until the change in ionic strength from one iteration to the next does not exceed a selected tolerance (e. g. 0.1%). Usually 4 ~ 6 iterationsare all that are necessary for convergence. The lower panel of Table 6.7 shows

Table 6.7 Iterative Spreadsheet Calculation of Solubility[1)]

Spreadsheet cells before iterative calculation				
Initial ionic strength /(mol · L^{-1})	Total ionic strength /(mol · L^{-1})	γ(Pb)	γ(I)	s /(mol · L^{-1})
0.0000	0.0048	1.000	1.000	0.0016
0.0010	0.0058	1.000	1.000	0.0016
0.0100	0.0148	1.000	1.000	0.0016
Spreadsheet cells after iterative calculation				
Initial ionic strength /(mol · L^{-1})	Total ionic strength /(mol · L^{-1})	γ(Pb)	γ(I)	s /(mol · L^{-1})
0.0000	0.0056	0.729	0.921	0.00187
0.0010	0.0067	0.710	0.915	0.00190
0.0100	0.0162	0.606	0.876	0.00206

1) Values and format are taken from the spreadsheet program. γ(Pb) and γ(I) are the activity coefficients of Pb^{2+} and I^- calculated from the total ionic strength. Total ionic strength contains contributions from the initial ionic strength and the ionic strength due to dissolved PbI_2. The molar solubility of PbI_2, s, is the $[Pb^{2+}]$ calculated from equation (6.20). A circular calculation exists because solubility is calculated from total ionic strength and vise versa.

the results of five iterations, further iterations led to no further change in any calculated cell. The total ionic strength of a saturated PbI_2 solution is significantly higher than the ionic strength due only to the non-reactive salt. The solid line in Figure 6.10 represents the theoretical solubility of 0.0 ~ 0.05mol · L^{-1}. There is excellent agreement between the experimental and calculated results.

Conclusion

The results obtained illustrated well the neutral-salt (non-common-ion) effect. The experiment shows quantitatively that the assumption of the equality of ionic activity and molar concentration is not valid. For example, even in dilute solution, the activity of lead ion differs significantly from the molar concentration (see Table 6.6). The calculated activity coefficient of lead ion changes from 0.728 to 0.437 over the experimental ionic-strength range. The activity coefficient for I^- changes from 0.921 to 0.797 over the same ionic-strength range.

These deviations from unity in the activity coefficients clearly demonstrate the need to account for I in solubility and solubility-product calculations. Although the average K^0_{sp} calculated using activity is close to the K^0_{sp} determined from solubility at infinite dilution, a more rigorous treatment is necessary for improved accuracy.

This experiment worked very well in student hands numerous times over several years with equal success as the data reported here. This analysis gives the analytical student practical experience and understanding in dealing with non-ideal behavior. After completing this project, students are able to extrapolate their understanding of non-ideal behavior of the dissociation of solids to other equilibrium problems, for example, the increase in the dissociation constants of weak acids in solutions of high ionic strength, such as physiological fluids. Further, it demonstrates two levels of complexity by which real solutions may be approached. Finally, it shows that the rigorous analysis of real solutions may be quite manageable in practice.

Reference

1 Green D B, Rechtsteine G, Honodel A. J. Chem. Edu., 1996, 73(8): 789~792

2 Partanen J I, Karki M H. J. Chem. Edu., 1994, 74: A210

3 Robinson, R A, Stocks R H. Electrolyte solutions. 2nd ed. London: Butterworths Scientific, 1959

4 Russo S O, Hanania G I H. J. Chem. Edu., 1989, 66: 148~153

实验七十一　An Undergraduate Thin-Layer Chromatography Experiment

Olfactory Delights[1]

Students are given a four-component standard to analyze and a two-component unknown to identify. After development of the TLC sheet, visualization of the spots is accomplished using potassium permanganate ($KMnO_4$) and 2,4-dinitrophenylhydrazine (2,4-DNPH). Reactivity toward reagents is noted. R_f values are calculated for each component, and unknown components are identified by name and structure. In addition, a tracing of the chromatogram is included in the report along with comments on the relative rates of migration as a function of the groups present within each compound.

Students also are able to play a "sniff-and-guess" game. Small numbered vials of various compounds are on hand for the student to smell in order to identify the odor. A list of their chemical formulas, names, and identifying scents is given to the students after all samples have been identified. It should be noted that some students have exhibited an allergic-type reaction, especially when sniffing floral scents.

Reagents

Baker-flex silica gel IB2 sheets were obtained from VWR Scientific, Bridgeport, NJ. Gelman Science Chromist reagent spray units were obtained from Baxter Healthcare Corp., Edison, NJ. Chemical reagents and solvents were purchased from Aldrich Chemical Company. Potassium permanganate was prepared by dissolving 1.6 g $KMnO_4$ and 15 g anhydrous Na_2CO_3 in 100mL distilled water. Watch for the appearance of MnO_2 as a brown solid. Discard if this occurs.

2, 4-dinitrophenylhydrazine was prepared by dissolving 0.1 g of 2, 4-DNPH in 100mL of 95% ethanol and 1mL of HCl. We found that the amounts indicated will suffice for about 40 students. Spotters were drawn from melting point capillary tubes. Standards were prepared by mixing three drops (if liquid) or 0.05 g (if solid) with 5mL of methylene chloride. The standards and unknowns need to be fresh and should be stored under refrigeration in amber screw-cap vials. Some samples deteriorate with time, probably due to aerial oxidation. Shelf-life is about five days.

Thin-Layer Chromatography

A 1L beaker, lined with filter paper, served as the development chamber. Fifty milliliters of toluene/ethyl acetate (90 : 10) was poured onto the filter paper, and the beaker was covered with aluminum foil. The chamber was allowed to equilibrate for about 20 min while samples were spotted.

Silica gel sheets (20 cm×20 cm) were cut into three 13 cm×7 cm strips. Each pair of students prepared one strip with each chamber holding two strips. The strip was placed directly upon a template and samples spotted according to the guide as shown in Figure 6.12.

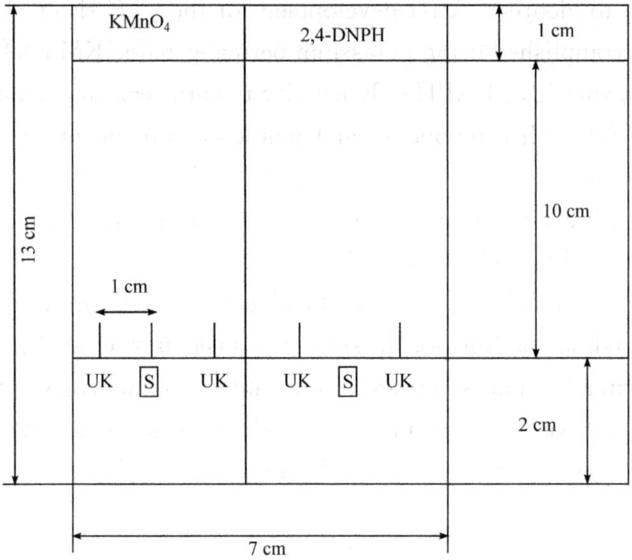

Figure 6.12 Spotting template: UK=unknown; S=standard; not drawn to scale

Spot size was no greater than 2 mm in diameter. On each side of the solvent front line, a light mark was made with a pencil. A student-identifying code also was noted above this front line.

Each student was given a list of standards that contained four components arranged in order of decreasing R_f (Table 6.8). They were notated as five possible groupings, designated as As through Es, respectively. The unknowns, identified by the code $A_{1\sim4}$ through $E_{1\sim4}$, consisted of combination of the respective four-components standard. Each pair of students was assigned two appropriately labeled vials-one standard and one unknown.

The sheets were developed at room temperature until the solvent front reached the pencil mark, 10 cm from the origin. Development time was about 20 min. The sheets were removed from the chamber simultaneously. The solvent fronts were marked with a pencil, and the sheets were hung in a hood to air dry.

Table 6.8 **Standards[1] Used in Olfactory Delights Experiment**

Group	Compound	2, 4-DNPH[2]	R_f(100)[3]
As	(*R*)-(+)-citronellal	+	72
	piperonal	+	49
	(+ / −)-menthol	−	26
	(*R*)-(+)-β-citronellol	−	20
Bs	4-allylanisole	−	66
	linalyl acetate	−	55
	(*R*)-(−)-carvone	+	45
	ethyl vanillin	+	25
Cs	cuminaldehyde	+	57
	eugenol	−	44
	(*R*)-endo-(+)-fenchyl alcohol	−	37
	vanilin	+	19
Ds	*trans*-anethole	−	71
	citral	+	48
	(+ / −)-linalool	−	33
	isophorone	+	25
Es	(*R*)−(+)-limonene	−	72
	α-methyl-*trans*-cinnamaldehyde	+	55
	p-anisaldehyde	+	44
	phenethyl alcohol	−	20

1) Arranged in order of decreasing R_f values within each group.

2) All components test positive with $KMnO_4$.

3) Sample of actual student date; R_f values are relative and reproducible while absolute values may vary; R_f values are not included in handout.

Visualization of Components

Sheets were cut in half lengthwise after drying (Figure 6.12). Separate spray stations were set up in laboratory hoods. Spraying with the oxidizing agent $KMnO_4$ detected the presence of alkenes, aldehydes, alcohols or phenols as yellow of white spot on a pink background. Every component was positive for $KMnO_4$. A positive reaction between 2, 4-DNPH and aldehydes or ketones produced a yellow or a yellow-orange spot (Table 6.8). The sheets were dried at the bench and any spots that appeared within three minutes were circled with a pencil. In some instances, the color was best viewed from the reverse side of the sheet when it was held up to the light. Caution students to wear poly-gloves when spraying or holding damp sheets.

Calculation of R_f Values

Using a metric ruler, the students measured the distances from the origin to the solvent front and from the origin to the center of each spot. R_f values were calculated using the formula:

R_f=distance from origin to spot center / distance from origin to solvent front

The values were reported as $R_f \times 100$ to two significant figures. A typical student separation is shown in Figure 6. 13.

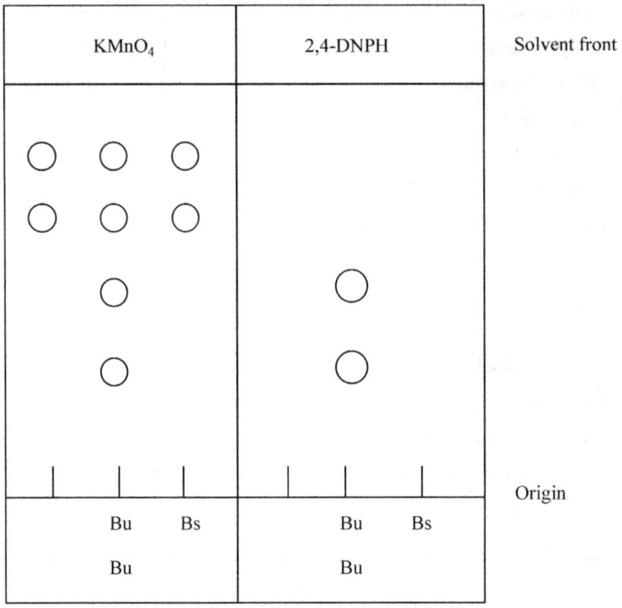

Figure 6. 13 Schematic representation of a typical student chromatogram showing standard Group B (Bs) and Unknown Group B (Bu); components with decreasing $R_f \times 100$ values: Bu ($KMnO_4$): 4-allylanisole, 65; linalyl acetate, 54; Bs ($KMnO_4$): 4-allylanisole, 65; linalyl acetate, 54; (*R*)-(−)-carvone, 43; ethyl vanillin, 25; Bs(2,4-DNPH): (*R*)-(−)-carvone, 44; ethyl vanillin, 27

Discussion

This experiment is a good illustration of thin-layer chromatographic techniques as well as an exercise in deductive reasoning. It is completed easily within a three-hour laboratory session.

Student results correlated well with standard runs, and they were able to identity reliably their unknowns. The most enjoyable part of the lab was undoubtedly the sniff test that led to discussions of the histories and properties of various flavor and fragrance components. The most insightful statement made by a student as a result of this exercise was "Gee, I guess chemistry IS real!"

Reference

1 Lynch M A, Gloffke W, Rauner R A. J. Chem. Edu., 1995, 72(12): 1137～1138

实验七十二 pH Titration of H_3PO_4 Mixtures, Calculation of K_1, K_2 and K_3[1]

Purpose

In this experiment the titration of pure H_3PO_4 and H_3PO_4 with HCl or NaH_2PO_4 is followed by measuring the pH of the solution after each addition of NaOH titrant. From this data, K_1, K_2 and K_3 of H_3PO_4 may be calculated. In addition the amount of HCl, H_3PO_4 and NaH_2PO_4 present in the sample may be determined.

Apparatus

pH meter. pH electrode (glass) and reference electrode (SCE or Ag | AgCl) or combination pH electrode; Magnetic stirrer

Beakers (2), 300mL, tall form; Graduated cylinder, 100mL; Volumetric flasks (2), 100mL; Buret, 50mL; Pipet, 25mL

Chemicals

0.100mol/L sodium hydroxide [NaOH], standard

Sample 1: Approximately 0.1mol/L phosphoric acid [H_3PO_4] diluted to mark in a 100mL volumetric flask (Sample 1 is optional, it is included to enable comparison of pure H_3PO_4 with a mixture of H_3PO_4 and another acid.)

Sample 2: Approximately 0.1mol/L H_3PO_4, plus hydrochloric acid [HCl] or sodium phosphate [NaH_2PO_4], monobasic diluted to mark in a 100mL volumetric flask

Buffer, for standardization of pH meter: pH 4.0, commercial, or pH 3.57, saturated potassium acid tartrate [$KHC_4H_4O_6$], approximately 0.6g per 100mL

Theory

During the course of the titration, addition of OH^- will not significantly increase the pH of the solution until most of the HCl has been neutralized and the H_3PO_4 has been changed into $H_2PO_4^-$.

$$H_3PO_4 + OH^- \longrightarrow H_2PO_4^- + H_2O \qquad (6.23)$$

Further addition of OH^- will increase the pH of the solution, yielding the first break in the titration curve at the equivalence point.

Additional OH^- will then react with the second hydrogen ion, converting $H_2PO_4^-$ into HPO_4^{2-}

$$H_2PO_4^- + OH^- \longrightarrow HPO_4^{2-} + H_2O \tag{6.24}$$

Until this conversion is almost complete, only a small change in pH of the solution upon addition of base is observed (i. e. a buffered solution). As the conversion is completed, there is an accompanying sharp rise in pH of the solution.

The third hydrogen ion reacts only partially with OH^-, yielding PO_4^{3-}.

$$HPO_4^{2-} + OH^- \longrightarrow PO_4^{3-} + H_2O \tag{6.25}$$

The pH of the solution rises only very gradually with the continued addition of OH^-. (Why?)

Further discussion of the titration curve will come in the section on treatment of data.

Note

Most of the difficulties of this assignment result from improper care and handling of the pH meter, and, even more important, failure to understand the principles of titrating polyprotic acids and their salts. Many students have produced a great deal of very fine data only to find that they have done the wrong titrations or cannot calculate their results correctly. The directions here are intentionally vague in some respects in order to give the student a chance to apply his theoretical knowledge. Consult the instructor if necessary.

Electrodes are fragile, so care must be taken to avoid bumping or scratching them. Although most newer electrodes are constructed with a plastic body shield, it is still possible to damage the thin glass tips, particularly with a magnetic stirring bar. Electrodes must not be removed from a solution while the meter is indicating, as damage to the meter is possible. When the instrument is not in use, it should be kept on STANDBY and the electrodes should be immersed in distilled water to maintain hydration.

Procedure

Set up a titration assembly similar to the one shown in Fig. 6. 14. Turn on and standardize the pH meter, following the instructions supplied with the instrument. A set of very general instructions, which apply to many meters is given in the text of the chapter. For precise results, it is preferable to standardize the meter using two buffers, one at pH 7, the other at pH 4. In the event only one buffer is used, it should be the one around pH 4. Rinse the electrodes with distilled water after using the buffer. Care must be taken to prevent rinse water or any other liquid from entering the filling hole of the reference electrode. Keep the electrodes immersed in distilled water until your sample is ready to titrate.

Take a 25mL aliquot of H_3PO_4 solution (Sample 1) and dilute it with distilled water to 100mL in 300mL tall-form beaker.

Wash the electrodes (or the combination electrode) thoroughly with distilled water, and introduce them in such a way that they will not touch each other, the side or bottom of the beaker, or the stirring bar.

Place the magnetic stirring bar in the beaker, taking care that the bar will clear the electrodes.

Keep the solution well stirred throughout the titration. Record the pH of the solution before adding any of the titrant. The first few additions of titrant (0.100mol • L^{-1} NaOH) may be rather large, 3 to 4mL. Readings of pH and volume are taken after each addition. When the pH begins to change rather rapidly, the size of the additions should be greatly decreased. In the neighbourhood of the end points, the additions should be reduced to 0.1mL. The titration should be continued until a pH of 12 is obtained. If necessary, repeat the titration to obtain sufficient points around the end points. Rinse and store the electrodes in distilled water.

Take a 25mL aliquot of H_3PO_4 plus HCl or NaH_2PO_4 (Sample 2) and dilute it with distilled water to 100mL in a 300mL tall-form beaker or Erlenmeyer flask.

Carry out a titration in the same manner as with Sample 1. Again, repeat the titration if necessary to obtain sufficient readings.

Treatment of Data

For each set of data, plot pH vs. milliliters of NaOH added on fine-ruled graph paper (ruling of 10 by 10 to the cm is desirable). Determine the end points from these graphs using the method designated by the instructor.

Calculate the molarity and the number of grams of H_3PO_4 and HCl or NaH_2PO_4 present in your samples.

Calculate K_1, K_2, K_3 and the equilibrium constant for corresponding equation from your data for the pure H_3PO_4 (Sample 1) and for the mixture of H_3PO_4 plus HCl or NaH_2PO_4 (Sample 2).

Be sure to take into account increased volumes when calculating concentrations at all points on the curve, remembering the initial aliquot volume.

Calculation of K_1, K_2 and K_3

In this discussion, it is assumed that the sample is pure H_3PO_4; it is left to the student to develop the proper equations for his particular sample 1.

One way of calculating K_1 is as follows:

$$H_3PO_4 \longrightarrow H_2PO_4^- + H^+$$

$$K_1 \approx \frac{[H_2PO_4^-][H^+]}{[H_3PO_4]}$$

From the initial pH reading the concentration of H^+ in solution at the beginning of the titration may be calculated. Ionization of H_3PO_4 gives $H_2PO_4^-$ and H^+, and hence $c_{H_2PO_4^-} = c_{H^+}$. The concentration of H_3PO_4 can be calculated from the amount of NaOH used in reaching each end point. This is the original concentration of H_3PO_4. The concentration of H_3PO_4 remaining in solution after ionization is the original concentration less the concentration of H^+. Similar arguments can be made for the case in which HCl or NaH_2PO_4 are present in the original H_3PO_4 solution.

There is another method for calculating K_1. Stoichiometrically, the point halfway to the end point should give equal concentrations of $H_2PO_4^-$ and H_3PO_4, in which case K_1 would equal the H^+ concentration.

$$K_1 = \frac{[H^+][H_2PO_4^-]}{[H_3PO_4]} = [H^+]$$

However, because K_1 is relatively large, at the halfway point B, $[H_2PO_4^-] > [H_3PO_4]$, due to the ionization of H_3PO_4 to $H_2PO_4^-$ and H^+. Hence an indirect method must be used in calculating K_1.

Starting at point A in Figure 6.14 calculate the moles of acid added to reach point B (adding acid from A to B is the equivalent of adding base from B to A). From this calculate the H^+ concentration added.

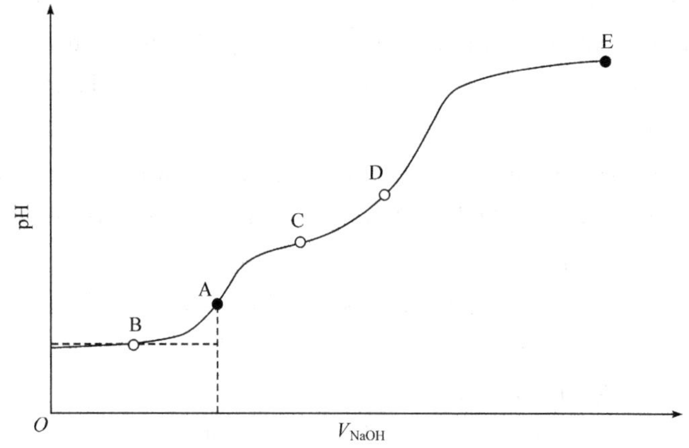

Figure 6.14 Potentiometric titration curve for titration of H_3PO_4 with NaOH

From the pH value at B calculate the H^+ concentration actually present in the solution. The difference in H^+ concentrations ($H^+_{added} - H^+_{pH}$) is a measure of the H^+ used in converting $H_2PO_4^-$ to H_3PO_4.

$$H^+ + H_2PO_4^- \longrightarrow H_3PO_4$$

The concentration of H^+ used is a measure of the concentration of H_3PO_4 formed. From the pH, the value of the H^+ concentration in the solution can be determined.

The actual concentration of $H_2PO_4^-$ in solution at point B is the concentration at point A less the concentration of H_3PO_4 which is present at point B. Dilution corrections must be made for the $H_2PO_4^-$ concentration observed at point A when it is used at point B. With $[H^+]$, $[H_3PO_4]$ and $[H_2PO_4^-]$ known, K_1 may be determined.

K_2 can be calculated as follows:

$$H_2PO_4^- \longrightarrow HPO_4^{2-} + H^+$$

$$K_2 = \frac{[H^+][HPO_4^{2-}]}{[H_2PO_4^-]}$$

Point C in Figure 6.14 represents a mark halfway to the second end point. Hence

$$[HPO_4^{2-}] = [H_2PO_4^-]$$

$$K_2 = [H^+]$$

K_2 may be determined from the pH value.

The following describes the calculation of K_3:

$$HPO_4^{2-} \longrightarrow PO_4^{3-} + H^+$$

$$K_3 = \frac{[PO_4^{3-}][H^+]}{[HPO_4^{2-}]}$$

Because of the small value of K_3, an indirect method must also be used in calculating its value.

Calculate the amount of NaOH added from the end point D to any selected point E on the top, level part of the curve. Then calculate the concentration of OH^- added.

$$OH^-_{added} = \frac{\text{mL NaOH(E} - \text{D)} \times \text{M}}{\text{vol. at E}}$$

The actual measure of the OH^- concentration can be determined from the pH of the solution at E. The difference in the concentrations ($OH^-_{added} - OH^-_{pH}$) is a measure of OH^- used to convert HPO_4^{2-} to PO_4^{3-}, thus their concentrations may be determined.

The OH^- concentration of the solution comes from the pH value.

With the concentrations of H^+, HPO_4^{2-}, and PO_4^{3-} known, K_3 may be determined.

Questions

① Comment on the statement that a buffer is a mixture of a conjugate acid and base.

② Why is a saturated solution of potassium acid tartrate ($KHC_4H_4O_6$) acceptable as a pH standard? Is it a buffer?

③ How accurate is K_1? K_2? K_3? Why?

④ In the calculation of the K value for a 0.01mol • L^{-1} monobasic acid, in what pH range may ionization (of HA) and hydrolysis (of A^-) be neglected?

⑤ Sketch your electrode system and label each part and each chemical. Describe the function of each.

⑥ What is the difference between pH and pa_H? Which quantity is measured by a pH meter?

Reference

1 Sawyer D T, Heinemann W R, Beebe J M. Chemistry Experiments for Instrumental Method. John Wiley and Sons, Inc. 1984.

实验七十三 Sulfur Chemistry

Although sulfur and oxygen belong to the same family in the Periodic Table, their chemical behaviors are markedly different. In general oxygen behaves as an oxidizing agent, and in most of its compounds it has an oxidation number of −2. In sulfide compounds sulfur also has an oxidation number of −2. But the reactivity of sulfur toward elements is typically much lower than that of oxygen. More often we encounter sulfur in a positive oxidation state, with +6 the most common, follow by +4.

Sulfur burns easily in air to form SO_2, a gas with a characteristic acrid odor. Sulfur dioxide dissolves readily in water to form sulfurous acid, H_2SO_3, which is a weak acid containing the sulfite anion, SO_3^{2-}. Both SO_2 and the sulfite ion are subject to further oxidation, to SO_3 and SO_4^{2-}. Sulfur trioxide reacts with the water to form sulfuric acid, H_2SO_4. This reaction will occur in your lungs if you breathe some SO_3, which accounts for the fact that sulfur trioxide is a choking gas. H_2SO_3 and H_2SO_4 are the main components in much of the acid rain that falls downwind from industrial plants that burn a lot of coal. Sulfur compounds often have bad smells. And in this experiment we will try to keep the odors down, although you may get a whiff now and then.

One property of sulfur that is not shared with oxygen is its tendency to bond to itself in chains. Elemental sulfur is crystalline and contains eight-membered rings, so its formula is S_8. Elemental sulfur will add to sulfide ion in solution, forming polysulfides such as S_5^{2-} and S_6^{2-}. This tendency to form chains also occurs with some sulfur oxyanions.

Most sulfates are soluble in water, the most common exceptions being $BaSO_4$ and $PbSO_4$. Sulfites are typically less soluble than sulfates. $CuSO_3$, for example, is insoluble, while the sulfate is soluble. Since SO_3^{2-} ion is the conjugate base of the weak acid HSO_3^-, water insoluble sulfites dissolve in solutions of strong acids. Insoluble sulfates, on the other hand, do not go into solution in acids, since the HSO_4^- ion is a fairly strong acid. On the stockroom shelf we find hydrogen sulfites and hydrogen sulfates, such as $NaHSO_3$ and $NaHSO_4$, as well as sulfite and sulfate salts, like Na_2SO_3 and Na_2SO_4. Sodium hydrogen sulfate is a convenient solid source of H^+ ion.

There are many sulfur oxyanions, and in this experiment we will work with several of them. One of the most important of these is the thiosulfate ion, $S_2O_3^{2-}$, which we will make by reacting sulfur with sulfite ion in solution. Thiosulfate ion has the electronic structure of SO_4^{2-} ion, with one oxygen replaced by sulfur. Thiosulfate ion has some interesting chemistry. It forms many stable complex ions, probably the most important being that with silver ion, $Ag(S_2O_3)_2^{3-}$. In photography, silver bromide is removed from the negative in the fixing reaction; in that reaction, sodium thiosulfate, "hypo", in solution is used to dissolve the AgBr, with the silver ion ending up as the thiosulfate complex. Thiosulfate ion is also a reasonably good reducing agent, and is used in the classic redox titration for determination of iodine:

$$2S_2O_3^{2-}(aq) + I_2(aq) \longrightarrow 2I^-(aq) + S_4O_6^{2-}(aq)$$

The tetrathionate ion, a product in the above reaction, contains a chain of four sulfur atoms and is formed when two $S_2O_3^{2-}$ ions link together.

Thiosulfate ion is stable in neutral or basic solution, but in acid it will decompose to free sulfur and sulfite ion. Sodium thiosulfate is produced as a hydrate, $Na_2S_2O_3 \cdot 5H_2O$; that is the thiosulfate you will find in the stockroom.

In the second part of the experiment we will compare the properties of thiosulfate ion with those of sulfite and sulfate ions, with respect to reaction with acids, solubility of salts, redox behavior, and tendency to form complex ions. We will then use those properties to confirm that the salt we prepared is indeed a thiosulfate.

Wear your safety glasses while performing this experiment.

EXPERIMENTAL PROCEDURE

A. Preparation of Sodium Thiosulfate.

Weigh out about 6.0 grams of sodium sulfite in a 100mL beaker, using a top-loading balance. Add 30mL distilled water, and note the level of the liquid on the beaker wall. Place the beaker on a piece of wire gauze on a ring stand, and heat gently until all of the solid has dissolved (do not boil). Add about 2.0 grams of powdered sulfur, and boil the mixture gently for 10 minutes, while stirring frequently. You will find that you have to push the sulfur down the walls of the beaker occasionally during this period since the solid tends to creep up the sides.

Set up a small Buchner funnel, using a small filter flask, 250mL or less. Filter the mixture through filter paper while hot, using suction. Rinse out the beaker with a minimal amount of water (2mL or 3mL), and pour the rinse into the funnel. Remove the filter paper and residual sulfur. And put the paper aside for later weighing.

Clean out the 100mL beaker and into it pour the filtrate from the filter flask, rinsing the flask with a few mL of water and adding the rinse to the beaker. Evaporate the solution by gentle boiling until its volume goes down to about one half that of the initial 30mL of solution. Leave your stirring rod in the beaker during this process. While the evaporation is going on, you may proceed with the rest of the experiment, but check the level in the beaker every few minutes.

When the liquid level has been reduced to about 15mL, remove the beaker from the ring and put it in an ice-bath. Cool the mixture to 3℃ or lower, while stirring. Scratching the bottom of the beaker with the stirring rod will tend to encourage crystal formation. If after 5 minutes at the low temperature, no crystals have appeared, seed the mixture with a few finely ground crystals of $Na_2S_2O_3 \cdot 5H_2O$. Once the solute ions have been given a clue as to the structure of the crystals that should form, crystallization should proceed smoothly.

Set up the small Buchner funnel, and after 5 minutes of cooling and stirring the crystals, filter them through filter paper with suction. Scrape out as many crystals from the beaker into the funnel as you can, using your rubber policeman. Do not wash the crystals, since they are very soluble in water. Pull air through the crystals for 5 minutes, while pressing them down with the policeman. Remove the filter paper from the funnel, and transfer the crystals to a dry piece of filter paper for further drying while you continue with the rest of the experiment.

B. Properties of Some Sulfur Oxyanions

BEHAVIOR ON ADDITION OF ACID. To three small test tubes add 1mL of 0.1mol • L^{-1} solutions of $Na_2S_2O_3$, Na_2SO_3, and Na_2SO_4, one solution to a tube. To the first solution add 6 drops of 6mol • L^{-1} HCl, and wiggle the tube to mix the reagents. Observe the tube for a minute or two. Record any changes. Carefully sniff the top of the tube to detect any odor of evolved gas. Put the test tube in a hot-water bath. Test for evolved gas with a piece of moistened blue litmus paper held over the end of tube; repeat the test with a small strip of filter paper moistened with 0.1mol • L^{-1} $K_2Cr_2O_7$, If SO_2 or SO_3 is given off, the litmus paper will gradually turn red, and the orange dichromate will slowly turn green as it oxidizes any SO_2. Repeat the procedure with the tubes containing Na_2SO_3 and Na_2SO_4. Record all observations.

SOLUBILITY OF SALTS. Pour the contents of the test tubes into a beaker and rinse out the tubes. To the three tubes add 1mL of the thiosulfate, sulfite, and sulfate solutions as before. Then add 6 drops 1mol • L^{-1} $BaCl_2$ to each tube. If a precipitate forms, centrifuge it out, discarding the liquid into the waste beaker. To each precipitate add 1mL 6mol • L^{-1} HCl and stir with your stirring rod. Record your observations.

REDOX BEHAVIOR. Again, pour the contents of the tubes into the beaker, and, after rinsing them out, put 1mL of three sulfur oxyanion-containing solutions into the tubes, one solution to a tube. This time add 0.1mol • L^{-1} KI_3 solution (which contains I_2 in KI), drop by drop, to each tube. If the sulfur oxyanion reduced I_2, the color will disappear. Record your observations.

COMPLEX ION FORMATION. Pour the contents of the tubes into the waste beaker, and, after rinsing, put 4 drops 0.1mol • L^{-1} $AgNO_3$ into each tube. To the first tube add 1mL 0.1mol • L^{-1} $Na_2S_2O_3$ dropwise, taking no more than 10 seconds to add the solution. If a precipitate forms and then dissolves in excess reagent, the oxyanion must form a complex ion with Ag^+. If the solution is added too slowly, reduction of Ag^+ ion to the metal may occur, which will cause the solution to turn yellow, or even black. Repeat the experiment using the Na_2SO_3 and Na_2SO_4 solutions. Record your observations.

To establish relative stabilities of any complex ions, we can proceed as follows. Pour out the contents of the test tubes into beaker, rinse the tubes, and to each of the three tubes add 1mL 0.1mol • L^{-1} NaBr. Then to each tube add 4 drops 0.1mol • L^{-1} $AgNO_3$. A very insoluble precipitate of AgBr will form. To the first tube add 0.1mol • L^{-1} $Na_2S_2O_3$, drop by drop, until you have added about 1mL. If the silver thiosulfate complex ion is more stable than AgBr, the complex will form and the solid will dissolve. Repeat the test with the Na_2SO_4 solutions and record your results.

PROPERTIES OF THE PREPARED SOLID. In part A of this experiment you prepared a compound which is supposed to be $Na_2S_2O_3 \cdot 5H_2O$. Weigh the solid, which should be about dry by now, to ±0.1g, on its piece of filter paper. Then weigh a piece of filter paper and calculate the amount of solid you obtained. Also weigh the piece of filter paper on which you have the excess sulfur and find the mass of the unreacted sulfur.

In this experiment you carried out several experiments on solutions containing $S_2O_3^{2-}$, SO_3^{2-} and SO_4^{2-} ions. Using your observations in these experiments, carry out four tests to establish that your prepared solid contains $S_2O_3^{2-}$ ions. Then determine, by at least one test, whether the solid also contains SO_3^{2-} and/or SO_4^{2-} ion.

DISPOSAL OF REAGENTS. For the most part the reagents used in this experiment are either nonpolluting or used in very small amounts. Dispose of the contents of the waste beaker and suction flask as directed by your instructor.

主要参考书

北京大学化学系分析化学教学组. 1998. 基础分析化学实验.第二版. 北京：北京大学出版社
蔡炳新，陈贻文. 2001. 基础化学实验. 北京：科学出版社
陈坚固，杨森根等. 1998. 无机化学实验. 厦门：厦门大学出版社
甘孟瑜，曹渊. 2001. 大学化学实验.第二版. 重庆：重庆大学出版社
柯以侃. 2001. 大学化学实验. 北京：化学工业出版社
南京大学大学化学实验教学组. 1999. 大学化学实验. 北京：高等教育出版社
欧阳耀国，郭祥群，蔡维平. 1998. 分析化学基础实验. 厦门：厦门大学出版社
彭崇慧，冯建章，张锡瑜. 1997. 定量分析简明教程.第二版. 北京：北京大学出版社
苏显云等. 2001. 大学化学基础实验. 北京：高等教育出版社
孙毓庆. 2003. 分析化学. 北京：科学出版社
武汉大学. 2000. 分析化学.第四版. 北京：高等教育出版社
武汉大学. 吉林大学等. 1994. 无机化学(上、下册).第三版. 北京：高等教育出版社
武汉大学. 2000. 分析化学实验.第四版. 北京：高等教育出版社
中山大学等. 1992. 无机化学实验.第三版. 北京：高等教育出版社
周其镇，方国汝，樊行雪. 2000. 大学化学基础实验(Ⅰ). 北京：化学工业出版社

附　录

附录 1　不同温度下的饱和水蒸气压(单位:Pa)

温度/℃	0.0	0.2	0.4	0.6	0.8
5	872.3	884.6	897.0	909.5	922.2
6	935.0	948.0	961.1	974.4	988.0
7	1002	1015	1029	1044	1058
8	1073	1087	1102	1117	1132
9	1148	1163	1179	1195	1211
10	1228	1244	1261	1278	1295
11	1312	1330	1347.7	1365.7	1383.9
12	1402.3	1420.9	1439.7	1458.7	1477.9
13	1497.3	1517.0	1536.9	1557.2	1577.6
14	1598.1	1619.0	1640.1	1661.4	1683.0
15	1704.9	1726.9	1749.3	1771.8	1794.6
16	1817.7	1841.0	1864.7	1888.6	1912.7
17	1937.1	1961.8	1986.9	2012.1	2037.7
18	2063.4	2089.5	2115.9	2142.6	2169.4
19	2196.7	2224.4	2252.3	2280.4	2309.0
20	2337.8	2366.8	2396.3	2426.0	2457.4
21	2486.4	2517.1	2548.1	2579.6	2611.3
22	2643.3	2675.7	2708.5	2741.7	2775.1
23	2808.8	2842.9	2877.4	2912.3	2947.7
24	2983.3	3019.4	3056.0	3092.8	3129.4
25	3167.1	3204.9	3243.1	3281.9	3321.3
26	3360.9	3400.9	3441.3	3481.9	3523.1
27	3564.8	3607.0	3649.5	3692.4	3735.8
28	3779.5	3823.6	3868.3	3913.5	3959.2
29	4005.3	4051.9	4098.9	4146.5	4194.4
30	4242.8	4291.7	4341.0	4390.8	4441.2
31	4492.2	4543.8	4595.7	4648.1	4701.0
32	4754.6	4808.6	4863.1	4918.3	4973.9
33	5030.1	5086.8	5144.0	5201.9	5260.4
34	5319.2	5378.7	5438.9	5500.4	5560.8
35	5622.8	5685.3	5748.4	5812.1	5876.4

续表

温度/℃	0.0	0.2	0.4	0.6	0.8
36	5941.1	6006.6	6072.6	6139.4	6206.8
37	6275.0	6343.6	6413.0	6483.0	6553.6
38	6624.9	6696.8	6769.2	6842.4	6916.5
39	6991.6	7067.2	7143.3	7220.1	7297.5
40	7375.8	7454	7534	7614	7695
41	7778	7861	7943	8029	8114
42	8199	8285	8372	8460	8548
43	8639	8730	8820	8914	9007
44	9100	9195	9291	9387	9484

注：摘自 Robert C，Weast P D. Handbook of Chemistry and Physics. 55 th edition (1974～1975)；本表数据由原来的数据(mmHg)乘以 133.32 而得。

附录 2　常用浓酸浓碱的相对密度和浓度

试剂名称	相对密度	质量分数/%	$c/(mol \cdot L^{-1})$
盐　酸	1.18～1.19	36～38	11.6～12.4
硝　酸	1.39～1.40	65.0～68.0	14.4～15.2
硫　酸	1.83～1.84	95～98	17.8～18.4
磷　酸	1.69	85	14.6
高氯酸	1.68	70.0～72.0	11.7～12.0
冰醋酸	1.05	99.8(优级纯)，99.0(分析纯、化学纯)	17.4
氢氟酸	1.13	40	22.5
氢溴酸	1.49	47.0	8.6
氨　水	0.88～0.90	25.0～28.0	13.3～14.8

附录 3　常用指示剂

1. 酸碱指示剂(291～298K)

指示剂名称	变色 pH 范围	颜色变化	溶液配制方法
甲基紫 (第一变色范围)	0.13～0.5	黄～绿	0.1%或 0.05%的水溶液
甲酚红 (第一变色范围)	0.2～1.8	红～黄	0.04g 指示剂溶于 100mL 50%乙醇中

续表

指示剂名称	变色 pH 范围	颜色变化	溶液配制方法
甲基紫 (第二变色范围)	1.0～1.5	绿～蓝	0.1%水溶液
百里酚蓝 (麝香草酚蓝) (第一变色范围)	1.2～2.8	红～黄	0.1g 指示剂溶于 100mL 20%乙醇中
甲基紫 (第三变色范围)	2.0～3.0	蓝～紫	0.1%水溶液
茜素黄 R (第一变色范围)	1.9～3.3	红～黄	0.1%水溶液
甲基橙	3.1～4.4	红～橙黄	0.1%水溶液
溴酚蓝	3.0～4.6	黄～蓝	0.1g 指示剂溶于 100mL 20%乙醇中
刚果红	3.0～5.2	蓝紫～红	0.1%水溶液
茜素红 S (第一变色范围)	3.7～5.2	黄～紫	0.1%水溶液
溴甲酚绿	3.8～5.4	黄～蓝	0.1g 指示剂溶于 100mL 20%乙醇中
甲基红	4.4～6.2	红～黄	0.1g 或 0.2g 指示剂溶于 100mL 60%乙醇中
溴酚红	5.0～6.8	黄～红	0.1g 或 0.04g 指示剂溶于 100mL 20%乙醇中
溴甲酚紫	5.2～6.8	黄～紫红	0.1g 指示剂溶于 100mL 20%乙醇中
溴百里酚蓝	6.0～7.6	黄～蓝	0.05g 指示剂溶于 100mL 20%乙醇中
中性红	6.8～8.0	红～亮黄	0.1g 指示剂溶于 100mL 60%乙醇中
酚红	6.8～8.0	黄～红	0.1g 指示剂溶于 100mL 20%乙醇中
甲酚红	7.2～8.8	亮黄～紫红	0.1g 指示剂溶于 100mL 50%乙醇中
百里酚蓝 (麝香草酚蓝) (第二变色范围)	8.0～9.0	黄～蓝	参看第一变色范围
酚酞	8.2～10.0	无色～紫红	①0.1g 指示剂溶于 100mL 60%乙醇中 ②1g 酚酞溶于 100mL 90%乙醇中
百里酚酞	9.4～10.6	无色～蓝	0.1g 指示剂溶于 100mL 90%乙醇中
茜素红 S (第二变色范围)	10.0～12.0	紫～淡黄	参看第一变色范围
茜素黄 R (第二变色范围)	10.1～12.1	黄～淡紫	0.1%水溶液

2. 混合酸碱指示剂

指示剂溶液的组成	变色点 pH	颜色		备　注
		酸色	碱色	
一份 0.1%甲基黄乙醇溶液 一份 0.1%次甲基蓝乙醇溶液	3.25	蓝紫	绿	pH=3.2 蓝紫色 pH=3.4 绿色
四份 0.2%溴甲酚绿乙醇溶液 一份 0.2%二甲基黄乙醇溶液	3.9	橙	绿	变色点黄色
一份 0.2%甲基橙溶液 一份 0.28%靛蓝(二磺酸)乙醇溶液	4.1	紫	黄绿	调节两者的比例,直至终点敏锐
一份 0.1%溴百里酚绿钠盐水溶液 一份 0.2%甲基橙水溶液	4.3	黄	蓝绿	pH=3.5 黄色 pH=4.0 黄绿色 pH=4.3 绿色
三份 0.1%溴甲酚绿乙醇溶液 一份 0.2%甲基红乙醇溶液	5.1	酒红	绿	
一份 0.2%甲基红乙醇溶液 一份 0.1%次甲基蓝乙醇溶液	5.4	红紫	绿	pH=5.2 红紫 pH=5.4 暗蓝 pH=5.6 绿
一份 0.1%溴甲酚绿钠盐水溶液 一份 0.1%氯酚红钠盐水溶液	6.1	黄绿	蓝紫	pH=5.4 蓝绿 pH=5.8 蓝 pH=6.2 蓝紫
一份 0.1%溴甲酚紫钠盐水溶液 一份 0.1%溴百里酚蓝钠盐水溶液	6.7	黄	蓝紫	pH=6.2 黄紫 pH=6.6 紫 pH=6.8 蓝紫
一份 0.1%中性红乙醇溶液 一份 0.1%次甲基蓝乙醇溶液	7.0	蓝紫	绿	pH=7.0 蓝紫
一份 0.1%溴百里酚蓝钠盐水溶液 一份 0.1%酚红钠盐水溶液	7.5	黄	紫	pH=7.2 暗绿 pH=7.4 淡紫 pH=7.6 深紫
一份 0.1%甲酚红 50%乙醇溶液 六份 0.1%百里酚蓝 50%乙醇溶液	8.3	黄	紫	pH=8.2 玫瑰色 pH=8.4 紫色 变色点微红色

3. 金属离子指示剂

名　称	配　制	用于测定		
		元素	颜色变化	测定条件
酸性铬蓝K[1]	0.1%乙醇溶液	Ca	红～蓝	pH=12
		Mg	红～蓝	pH=10(氨性缓冲溶液)
钙指示剂	与NaCl配成1∶100的固体混合物	Ca	酒红～蓝	pH>12(KOH或NaOH)
铬黑T	0.5%水溶液； 与NaCl配成1∶100的固体混合物	Al	蓝～红	pH=7～8，吡啶存在下，以 Zn^{2+} 回滴
		Bi	蓝～红	pH=9～10，以 Zn^{2+} 回滴
		Ca	红～蓝	pH=10，加入EDTA－Mg
		Cd	红～蓝	pH=10(氨性缓冲溶液)
		Mg	红～蓝	pH=10(氨性缓冲溶液)
		Mn	红～蓝	氨性缓冲溶液，加羟胺
		Ni	红～蓝	氨性缓冲溶液
		Pb	红～蓝	氨性缓冲溶液，加酒石酸钾
		Zn	红～蓝	pH=6.8～10(氨性缓冲溶液)
o-PAN[2]	0.1%乙醇(或甲醇)溶液	Cd	红～黄	pH=6(乙酸缓冲溶液)
		Co	黄～红	乙酸缓冲溶液，70～80℃以 Cu^{2+} 回滴
		Cu	紫～黄	pH=10(氨性缓冲溶液)
			红～黄	pH=6(乙酸缓冲溶液)
		Zn	粉红～黄	pH=5～7(乙酸缓冲溶液)
磺基水杨酸	1%～2%水溶液	Fe(Ⅲ)	红紫～黄	pH=1.5～3
二甲酚橙	0.5%乙醇(或水)溶液	Bi	红～黄	pH=1～2(HNO_3)
		Cd	粉红～黄	pH=5～6(六次甲基四胺)
		Pb	红紫～黄	pH=5～6(乙酸缓冲溶液)
		Th(Ⅳ)	红～黄	pH=1.6～3.5(HNO_3)
		Zn	红～黄	pH=5～6(乙酸缓冲溶液)
紫脲酸胺	与NaCl按1∶100质量比混合	Ca	红～紫	pH>12(25%乙醇)
		Cu	黄～紫	pH=7～8
		Ni	黄～紫红	pH=8.5～11.5

1) 为提高灵敏度和稳定性，常将酸性铬蓝K、萘酚绿B、NaCl按质量比0.2∶0.34∶100混合成固体指示剂，称K-B指示剂。

2) 常配制成Cu-PAN(CuY-PAN)指示剂，可扩大PAN指示剂的应用范围及提高灵敏度。

4. 氧化还原指示剂

指示剂名称	$\varphi^{\ominus\prime}$/V, $[H^+]=1mol\cdot L^{-1}$	颜色变化		溶液配制方法
		氧化态	还原态	
中性红	0.24	红	无色	0.05%的60%乙醇溶液
亚甲基蓝	0.36	蓝	无色	0.05%水溶液
变胺蓝	0.59 (pH=2)	无色	蓝色	0.05%水溶液
二苯胺	0.76	紫	无色	1%的浓 H_2SO_4 溶液
二苯胺磺酸钠	0.85	紫红	无色	0.5%水溶液。如溶液混浊，可滴加少量HCl
N-邻苯氨基苯甲酸	1.08	紫红	无色	0.1g指示剂加20mL 5%的 Na_2CO_3 溶液，用水稀释至100mL
邻二氮菲-Fe(Ⅱ)	1.06	浅蓝	红	1.485g邻二氮菲加0.965g $FeSO_4$，溶于100mL水中(0.025mol·L^{-1}水溶液)
5-硝基邻二氮菲-Fe(Ⅱ)	1.25	浅蓝	紫红	1.608g 5-硝基邻二氮菲加0.695g $FeSO_4$，溶于100mL水中(0.025mol·L^{-1}水溶液)

5. 吸附指示剂

名　称	配　制	用于测定		
		可测元素(括号内为滴定剂)	颜色变化	测定条件
荧光黄	1%钠盐水溶液	Cl^-、Br^-、I^-、SCN^-(Ag^+)	黄绿～粉红	中性或弱碱性
二氯荧光黄	1%钠盐水溶液	Cl^-、Br^-、I^-(Ag^+)	黄绿～粉红	pH=4.4～7
四溴荧光黄(曙红)	1%钠盐水溶液	Br^-、I^-(Ag^+)	橙红～红紫	pH=1～2

附录4　常用缓冲溶液的配制

缓冲溶液组成	pK_a	缓冲液pH	缓冲溶液配制方法
氨基乙酸-HCl	2.35(pK_{a_1})	2.3	150g氨基乙酸溶于500mL水，加80mL浓HCl，水稀释至1L
H_3PO_4-柠檬酸盐		2.5	113g $Na_2HPO_4\cdot 12H_2O$ 溶于200mL水，加387g柠檬酸，溶解，过滤，稀释至1L
一氯乙酸-NaOH	2.86	2.8	200g一氯乙酸溶于200mL水，加40g NaOH溶解后，稀释至1L

缓冲溶液组成	pK_a	缓冲液 pH	缓冲溶液配制方法
邻苯二甲酸氢钾-HCl	2.95(pK_{a_1})	2.9	500g 邻苯二甲酸氢钾溶于 500mL 水，加 80mL 浓 HCl，稀释至 1L
甲酸-NaOH	3.76	3.7	95g 甲酸和 40g NaOH 溶于 500mL 水，稀释至 1L
NH_4Ac-HAc		4.5	77g NH_4Ac 溶于 200mL 水，加 59mL 冰醋酸，稀释至 1L
NaAc-HAc	4.74	4.7	83g 无水 NaAc 溶于水，加 60mL 冰醋酸，稀释至 1L
NaAc-HAc	4.74	5.0	160g 无水 NaAc 溶于水，加 60mL 冰醋酸，稀释至 1L
六亚甲基四胺-HCl	5.15	5.4	40g 六亚甲基四胺溶于 200mL 水，加 100mL 浓 HCl，稀释至 1L
NH_4Ac-HAc		6.0	600g NH_4Ac 溶于水，加 20mL 冰醋酸，稀释至 1L
NaAc-Na_2HPO_4		8.0	50g 无水 NaAc 和 50g $Na_2HPO_4 \cdot 12H_2O$ 溶于水，稀释至 1L
Tris-HCl(三羟甲基氨甲烷 $CNH_2(HOCH_3)_3$)	8.21	8.2	25g Tris 试剂溶于水，加 18mL 浓 HCl，稀释至1L
NH_3-NH_4Cl	9.26	9.2	54g NH_4Cl 溶于水，加 63mL 浓 $NH_3 \cdot H_2O$，稀释至 1L
NH_3-NH_4Cl	9.26	10.0	① 54g NH_4Cl 溶于水，加 350mL 浓 $NH_3 \cdot H_2O$，稀释至 1L ② 67.5g NH_4Cl 溶于 200mL 水，加 570mL 浓 $NH_3 \cdot H_2O$，用水稀释至 1L

附录 5 常用工作基准试剂

国家标准编号	名称	主要用途	使用前的干燥方法
GB 1253—89	氯化钠	标定 $AgNO_3$ 溶液	773～873K 灼烧至恒重
GB 1254—90	草酸钠	标定 $KMnO_4$ 溶液	(378±2)K 干燥至恒重
GB 1255—90	无水碳酸钠	标定 HCl、H_2SO_4 溶液	543～573K 灼烧至恒重
GB 1256—90	三氧化二砷	标定 I_2 溶液	H_2SO_4 干燥器中干燥至恒重
GB 1257—89	邻苯二甲酸氢钾	标定 NaOH、$HClO_4$ 溶液	378～383K 干燥至恒重
GB 1258—90	碘酸钾	标定 $Na_2S_2O_3$ 溶液	(453±2)K 干燥至恒重
GB 1259—89	重铬酸钾	标定 $Na_2S_2O_3$、$FeSO_4$ 溶液	(393±2)K 干燥至恒重
GB 1260—90	氧化锌	标定 EDTA 溶液	1073K 灼烧至恒重
GB 12593—90	乙二胺四乙酸二钠	标定金属离子溶液	$Mg(NO_3)_2$ 饱和溶液恒湿器中放置 7d
GB 12594—90	溴酸钾	标定 $Na_2S_2O_3$ 溶液，配制标准溶液	(453±2)K 干燥至恒重
GB 12595—90	硝酸银	标定卤化物及硫氰酸盐溶液	H_2SO_4 干燥器中干燥至恒重
GB 12596—90	碳酸钙	标定 EDTA 溶液	(383±2)K 干燥至恒重
	硼砂	标定 HCl、H_2SO_4 溶液	置于含 NaCl 和蔗糖饱和溶液的干燥器中
	草酸(二结晶水)	标定 NaOH、$KMnO_4$ 溶液	室温空气干燥
	铜	标定 $Na_2S_2O_3$ 溶液	室温干燥器中保存
	锌	标定 EDTA 溶液	室温干燥器中保存

附录 6　化合物的摩尔质量

化合物	$M/(g\cdot mol^{-1})$	化合物	$M/(g\cdot mol^{-1})$	化合物	$M/(g\cdot mol^{-1})$
Ag_3AsO_4	462.52	$Ca_3(PO_4)_2$	310.18	$CrCl_3\cdot 6H_2O$	266.45
AgBr	187.77	$CaSO_4$	136.14	$Cr(NO_3)_3$	238.01
AgCl	143.32	$CdCO_3$	172.42	Cr_2O_3	151.99
AgCN	133.89	$CdCl_2$	183.82	CuCl	99.00
AgSCN	165.95	CdS	144.47	$CuCl_2$	134.45
Ag_2CrO_4	331.73	$Ce(SO_4)_2$	332.24	$CuCl_2\cdot 2H_2O$	170.48
AgI	234.77	$Ce(SO_4)_2\cdot 4H_2O$	404.30	CuSCN	121.62
$AgNO_3$	169.87	$CoCl_2$	129.84	CuI	190.45
$AlCl_3$	133.34	$CoCl_2\cdot 6H_2O$	237.93	$Cu(NO_3)_2$	187.56
$AlCl_3\cdot 6H_2O$	241.43	$Co(NO_3)_2$	182.94	$Cu(NO_3)_2\cdot 3H_2O$	241.60
$Al(NO_3)_3$	213.00	$Co(NO_3)_2\cdot 6H_2O$	291.03	CuO	79.54
$Al(NO_3)_3\cdot 9H_2O$	375.13	CoS	90.99	Cu_2O	143.09
Al_2O_3	101.96	$CoSO_4$	154.99	CuS	95.61
$Al(OH)_3$	78.00	$CoSO_4\cdot 7H_2O$	281.10	$CuSO_4$	159.06
$Al_2(SO_4)_3$	342.14	$CO(NH_2)_2$(尿素)	60.06	$CuSO_4\cdot 5H_2O$	249.68
$Al_2(SO_4)_3\cdot 18H_2O$	666.41	$CS(NH_2)_2$(硫脲)	76.12	$FeCl_2$	126.75
As_2O_3	197.84	C_6H_5OH	94.11	$FeCl_2\cdot 4H_2O$	198.81
As_2O_5	229.84	CH_2O(甲醛)	30.03	$FeCl_3$	162.21
As_2S_3	246.03	$C_{14}H_{14}N_3O_3SNa$		$FeCl_3\cdot 6H_2O$	270.30
$BaCO_3$	197.34	(甲基橙)	327.33	$FeNH_4(SO_4)_2\cdot 12H_2O$	482.18
BaC_2O_4	225.35	$C_6H_5NO_3$		$Fe(NO_3)_3$	241.86
$BaCl_2$	208.24	(硝基酚)	139.11	$Fe(NO_3)_3\cdot 9H_2O$	404.00
$BaCl_2\cdot 2H_2O$	244.27	$C_4H_8N_2O_2$		FeO	71.85
$BaCrO_4$	253.32	(丁二酮肟)	116.12	Fe_2O_3	159.69
BaO	153.33	$(CH_2)_6N_4$		Fe_3O_4	231.54
$Ba(OH)_2$	171.34	(六亚甲基四胺)	140.19	$Fe(OH)_3$	106.87
$BaSO_4$	233.39	$C_7H_6O_6S\cdot 2H_2O$		FeS	87.91
$BiCl_3$	315.34	(磺基水杨酸)	254.22	Fe_2S_3	207.87
BiOCl	260.43	C_9H_6NOH		$FeSO_4$	151.91
CO_2	44.01	(8-羟基喹啉)	145.16	$FeSO_4\cdot 7H_2O$	278.01
CaO	56.08	$C_{12}H_8N_2\cdot H_2O$		$Fe(NH_4)_2(SO_4)_2\cdot 6H_2O$	392.13
$CaCO_3$	100.09	(邻菲啰啉)	198.22	H_3AsO_3	125.94
CaC_2O_4	128.10	$C_2H_5NO_2$		H_3AsO_4	141.94
$CaCl_2$	110.99	(氨基乙酸,甘氨酸)	75.07	H_3BO_3	61.83
$CaCl_2\cdot 6H_2O$	219.08	$C_6H_{12}N_2O_4S_2$		HBr	80.91
$Ca(NO_3)_2\cdot 4H_2O$	236.15	(*L*-胱氨酸)	240.30	HCN	27.03
$Ca(OH)_2$	74.09	$CrCl_3$	158.36	HCOOH	46.03

化合物	$M/(g\cdot mol^{-1})$	化合物	$M/(g\cdot mol^{-1})$	化合物	$M/(g\cdot mol^{-1})$
CH_3COOH	60.05	KBr	119.00	$Mg(OH)_2$	58.32
H_2CO_3	62.02	$KBrO_3$	167.00	$Mg_2P_2O_7$	222.55
$H_2C_2O_4$	90.04	KCl	74.55	$MgSO_4\cdot 7H_2O$	246.47
$H_2C_2O_4\cdot 2H_2O$	126.07	$KClO_3$	122.55	$MnCO_3$	114.95
$H_2C_4H_4O_4$	118.09	$KClO_4$	138.55	$MnCl_2\cdot 4H_2O$	197.91
(丁二酸)		KCN	65.12	$Mn(NO_3)_2\cdot 6H_2O$	287.04
$H_2C_4H_4O_6$	150.09	$KSCN$	97.18	MnO	70.94
(酒石酸)		K_2CO_3	138.21	MnO_2	86.94
$H_3C_6H_5O_7\cdot H_2O$	210.14	K_2CrO_4	194.19	MnS	87.00
(柠檬酸)		$K_2Cr_2O_7$	294.18	$MnSO_4$	151.00
$H_2C_4H_4O_5$	134.09	$K_3Fe(CN)_6$	329.25	$MnSO_4\cdot 4H_2O$	223.06
(*DL*-苹果酸)		$K_4Fe(CN)_6$	368.35	NO	30.01
$HC_3H_6NO_2$	89.10	$KFe(SO_4)_2\cdot 12H_2O$	503.24	NO_2	46.01
(*DL*-α-丙氨酸)		$KHC_2O_4\cdot H_2O$	146.14	NH_3	17.03
HCl	36.46	$KHC_2O_4\cdot H_2C_2O_4$	254.19	CH_3COONH_4	77.08
HF	20.01	$\cdot 2H_2O$		$NH_2OH\cdot HCl$	69.49
HI	127.91	$KHC_4H_4O_6$	188.18	(盐酸羟胺)	
HIO_3	175.91	(酒石酸氢钾)		NH_4Cl	53.49
HNO_2	47.01	$KHC_8H_4O_4$	204.22	$(NH_4)_2CO_3$	96.09
HNO_3	63.01	(邻苯二甲酸氢钾)		$(NH_4)_2C_2O_4$	124.10
H_2O	18.02	$KHSO_4$	136.16	$(NH_4)_2C_2O_4\cdot H_2O$	142.11
H_2O_2	34.02	KI	166.00	NH_4SCN	76.12
H_3PO_4	98.00	KIO_3	214.00	NH_4HCO_3	79.06
H_2S	34.08	$KIO_3\cdot HIO_3$	389.91	$(NH_4)_2MoO_4$	196.01
H_2SO_3	82.07	$KMnO_4$	158.03	NH_4NO_3	80.04
H_2SO_4	98.07	$KNaC_4H_4O_6\cdot 4H_2O$	282.22	$(NH_4)_2HPO_4$	132.06
$Hg(CN)_2$	252.63	KNO_3	101.10	$(NH_4)_2S$	68.14
$HgCl_2$	271.50	KNO_2	85.10	$(NH_4)_2SO_4$	132.13
Hg_2Cl_2	472.09	K_2O	94.20	NH_4VO_3	116.98
HgI_2	454.40	KOH	56.11	Na_3AsO_3	191.89
$Hg_2(NO_3)_2$	525.19	K_2SO_4	174.25	$Na_2B_4O_7\cdot 10H_2O$	381.37
$Hg_2(NO_3)_2\cdot 2H_2O$	561.22	$MgCO_3$	84.31	$NaBiO_3$	279.97
$Hg(NO_3)_2$	324.60	$MgCl_2$	95.21	$NaCN$	49.01
HgO	216.59	$MgCl_2\cdot 6H_2O$	203.30	$NaSCN$	81.07
HgS	232.65	MgC_2O_4	112.33	Na_2CO_3	105.99
$HgSO_4$	296.65	$Mg(NO_3)_2\cdot 6H_2O$	256.41	$Na_2CO_3\cdot 10H_2O$	286.14
Hg_2SO_4	497.24	$MgNH_4PO_4$	137.32	$Na_2C_2O_4$	134.00
$KAl(SO_4)_2\cdot 12H_2O$	474.38	MgO	40.30	CH_3COONa	82.03

续表

化合物	$M/(g \cdot mol^{-1})$	化合物	$M/(g \cdot mol^{-1})$	化合物	$M/(g \cdot mol^{-1})$
$CH_3COONa \cdot 3H_2O$	136.08	$Ni(NO_3)_2 \cdot 6H_2O$	290.80	SiO_2	60.08
$Na_3C_6H_5O_7$	258.07	NiS	90.76	$SnCl_2$	189.60
(柠檬酸钠)		$NiSO_4 \cdot 7H_2O$	280.86	$SnCl_2 \cdot 2H_2O$	225.63
$NaC_5H_8NO_4 \cdot H_2O$	187.13	$Ni(C_4H_7N_2O_2)_2$	288.91	$SnCl_4$	260.50
(L-谷氨酸钠)		(丁二酮肟合镍)		$SnCl_4 \cdot 5H_2O$	350.58
$NaCl$	58.44	P_2O_5	141.95	SnO_2	150.69
$NaClO$	74.44	$PbCO_3$	267.21	SnS	150.75
$NaHCO_3$	84.01	PbC_2O_4	295.22	$SrCO_3$	147.63
$Na_2HPO_4 \cdot 12H_2O$	358.14	$PbCl_2$	278.10	SrC_2O_4	175.64
$Na_2H_2C_{10}H_{12}O_8N_2$	336.21	$PbCrO_4$	323.19	$SrCrO_4$	203.61
(EDTA 二钠盐)		$Pb(CH_3COO)_2 \cdot 3H_2O$	379.30	$Sr(NO_3)_2$	211.63
$Na_2H_2C_{10}H_{12}O_8N_2 \cdot 2H_2O$	372.24	$Pb(CH_3COO)_2$	325.29	$Sr(NO_3)_2 \cdot 4H_2O$	283.69
$NaNO_2$	69.00	PbI_2	461.01	$SrSO_4$	183.69
$NaNO_3$	85.00	$Pb(NO_3)_2$	331.21	$UO_2(CH_3COO)_2 \cdot 2H_2O$	424.15
Na_2O	61.98	PbO	223.20	$ZnCO_3$	125.39
Na_2O_2	77.98	PbO_2	239.20	ZnC_2O_4	153.40
$NaOH$	40.00	$Pb_3(PO_4)_2$	811.54	$ZnCl_2$	136.29
Na_3PO_4	163.94	PbS	239.30	$Zn(CH_3COO)_2$	183.47
Na_2S	78.04	$PbSO_4$	303.30	$Zn(CH_3COO)_2 \cdot 2H_2O$	219.50
$Na_2S \cdot 9H_2O$	240.18	SO_2	64.06	$Zn(NO_3)_2$	189.39
Na_2SO_3	126.04	SO_3	80.06	$Zn(NO_3)_2 \cdot 6H_2O$	297.48
Na_2SO_4	142.04	$SbCl_3$	228.11	ZnO	81.38
$Na_2S_2O_3$	158.10	$SbCl_5$	299.02	ZnS	97.44
$Na_2S_2O_3 \cdot 5H_2O$	248.17	Sb_2O_3	291.50	$ZnSO_4$	161.54
$NiCl_2 \cdot 6H_2O$	237.70	Sb_2S_3	339.68	$ZnSO_4 \cdot 7H_2O$	287.55
NiO	74.70	SiF_4	104.08		

附录 7 国际相对原子质量表(A_r 1999 年)

元素 符号	元素 名称	相对原子质量	元素 符号	元素 名称	相对原子质量	元素 符号	元素 名称	相对原子质量
Ac	锕	227.03	Ge	锗	72.64	^{210}Po	钋	209.98
Ag	银	107.87	H	氢	1.0079	Pr	镨	140.91
Al	铝	26.982	He	氦	4.0026	Pt	铂	195.08
^{241}Am	镅	241.06	Hf	铪	178.49(2)	^{239}Pu	钚	239.05
Ar	氩	39.948	Hg	汞	200.59(2)	^{226}Ra	镭	226.03
As	砷	74.922	Ho	钬	164.93	Rb	铷	85.468
^{210}At	砹	209.99	I	碘	126.90	Re	铼	186.21
Au	金	196.97	In	铟	114.82	Rh	铑	102.91
B	硼	10.811(7)	Ir	铱	192.22	^{222}Rn	氡	222.02
Ba	钡	137.33	K	钾	39.098	Ru	钌	101.07(2)
Be	铍	9.0122	Kr	氪	83.80	S	硫	32.065(5)
Bi	铋	208.98	La	镧	138.91	Sb	锑	121.76
^{249}Bk	锫	249.08	Li	锂	6.941(2)	Sc	钪	44.956
Br	溴	79.904	^{262}Lr	铹	262.11	Se	硒	78.96(3)
C	碳	12.011	Lu	镥	174.97	Si	硅	28.086
Ca	钙	40.078(4)	^{258}Md	钔	258.10	Sm	钐	150.36(3)
Cd	镉	112.41	Mg	镁	24.305	Sn	锡	118.71
Ce	铈	140.12	Mn	锰	54.938	Sr	锶	87.62
^{252}Cf	锎	252.08	Mo	钼	95.94	Ta	钽	180.95
Cl	氯	35.453(2)	N	氮	14.007	Tb	铽	158.93
^{244}Cm	锔	244.06	Na	钠	22.990	Tc	锝	98.906
Co	钴	58.933	Nb	铌	92.906	Te	碲	127.60(3)
Cr	铬	51.996	Nd	钕	144.24(3)	Th	钍	232.04
Cs	铯	132.91	Ne	氖	20.180	Ti	钛	47.867
Cu	铜	63.546(3)	Ni	镍	58.693	Tl	铊	204.38
Dy	镝	162.50(3)	^{259}No	锘	259.10	Tm	铥	168.93
Er	铒	167.26	^{237}Np	镎	237.05	U	铀	238.03
^{252}Es	锿	252.08	O	氧	15.999	V	钒	50.942
Eu	铕	151.96	Os	锇	190.23(3)	W	钨	183.84
F	氟	18.998	P	磷	30.974	Xe	氙	131.29
Fe	铁	55.845(2)	Pa	镤	231.04	Y	钇	88.906
^{257}Fm	镄	257.10	Pb	铅	207.2(1)	Yb	镱	173.04(3)
^{223}Fr	钫	223.02	Pd	钯	106.42	Zn	锌	65.39(2)
Ga	镓	69.723	^{147}Pm	钷	146.92	Zr	锆	91.224(2)
Gd	钆	157.25(3)						

注：以 $C^{12}=12$ 为基准，仅保留 5 位数，圆括号中的数为末位数的不确定度，未标者不确定度为 1。